AF130322

FORUM
ARBEITS- UND SOZIALRECHT

Herausgegeben von
Prof. Dr. Meinhard Heinze und Prof. Dr. Horst Konzen

Band 16

Der Rechtsschutz gegen die Entscheidungen der Schiedsstellen nach § 18 a KHG

Ulrich Trefz

Centaurus Verlag & Media UG 2002

Zum Autor: Dr. Ulrich Trefz ist seit drei Jahren Rechtsanwalt in der Kanzlei Zuck & Quaas in Stuttgart sowie Lehrbeauftragter an der Berufsakademie Stuttgart. Zuvor war er als Referent bei der Baden-Württembergischen Krankenhausgesellschaft (BWKG) beschäftigt.

Bibliographische Information der Deutschen Bibliothek

Die Deutsche Bibliothek verzeichnet diese Publikation in der Deutschen Nationalbibliographie; detaillierte bibliographische Daten sind im Internet über http://dnb.ddb.de abrufbar.

ISBN 978-3-8255-0385-7   ISBN 978-3-86226-337-0 (eBook)
DOI 10.1007/978-3-86226-337-0

ISSN 0936-028X

© *CENTAURUS Verlags-Gmbh & Co KG, Herbolzheim 2002*

Umschlaggestaltung: DTP-STUDIO, Antje Walter, Hinterzarten
Satz: Vorlage des Autors

Vorwort

Die vorliegende Arbeit wurde im Wintersemester 2001/2002 von der Rechts- und Staatswissenschaftlichen Fakultät der Rheinischen Friedrich-Wilhelms-Universität Bonn als Dissertation angenommen. Sie berücksichtigt die wesentliche Rechtsprechung und Literatur bis Sommer 2000.

Herrn Prof. Dr. Meinhard Heinze danke ich herzlich für die mir gewährte Freiheit bei der Bearbeitung des Themas sowie die Aufnahme des Werks in die von ihm mitherausgegebene Schriftenreihe. Herrn Prof. Raimund Waltermann danke ich für die rasche Erstellung des Zweitgutachtens.

Dieses Buch widme ich meiner Frau, Tanja Trefz, die mir bei der Entstehung der Arbeit stets verständnisvoll zur Seite stand, sowie meinen Eltern, denen ich für vielfältige Unterstützung in den vergangenen Jahren herzlich zu danken habe.

Stuttgart, im Mai 2002

Inhaltsverzeichnis

ABKÜRZUNGSVERZEICHNIS..XVII

EINLEITUNG...1

1. TEIL: GRUNDLAGEN DES PFLEGESATZVERFAHRENS 3

1. Abschnitt: Entwicklung des Krankenhausfinanzierungsrechts............ 3
  A. Historische Ursprünge.. 3
    I. Entstehung von Krankenhäusern und deren Finanzierung bis 1936.... 3
    II. Die weitere Entwicklung der Krankenhausfinanzierung bis 1972........ 5
  B. Neuere Entwicklung 7
    I. Entwicklung bis zur Bildung der Schiedsstellen nach
    § 18 a Abs. 1 KHG.. 7
      1. Krankenhausfinanzierungsgesetz (KHG 1972)................. 7
      2. Krankenhaus-Kostendämpfungsgesetz (KHKG 1981) 10
      3. Krankenhaus-Neuordnungsgesetz (KHNG 1984)......................... 11
    II. Weitere Entwicklung bis zur Bildung der Schiedsstelle nach
    § 18 a Abs. 6 KHG.. 13
      1. Gesundheitsstrukturgesetz (GSG 1993)........................... 13
      2. Gesetz zur Stabilisierung der Krankenhausausgaben 1996......... 14
      3. Das Beitragsentlastungsgesetz 15
      4. Zweites GKV-Neuordnungsgesetz (2. GKV-NOG) 15
    III. Entwicklung nach dem 2. GKV-Neuordnungsgesetz bis heute 17
      1. GKV-Solidaritätsstärkungsgesetz (GKV-SolG)...................... 17
      2. GKV-Gesundheitsreform 2000 18

**2. Abschnitt: Vertragliche Strukturen in der gesetzlichen
Krankenversicherung** 22

A. Normsetzungsverträge im Vertragsarztrecht 22

B. Verträge im Krankenhausbereich 25

   I. Verträge mit Normcharakter 25

      1. Landesverträge nach SGB V 25

      2. Vereinbarungen im Krankenhausfinanzierungsrecht 27

         a.) Vereinbarungen auf Bundesebene 27

         b.) Vereinbarungen auf Landesebene 29

      3. Rechtliche Wertung 30

         a.) Verfassungsrechtliche Grenzen der Normsetzungsverträge 30

         b.) Legitimation kraft eigener Entschließung 35

   II. Pflegesatzvereinbarung auf Ortsebene 36

      1. Verhandeln und Vereinbaren von Pflegesätzen 36

      2. Rechtsnatur der Pflegesatzvereinbarung 37

2. Teil: DIE SCHIEDSSTELLE NACH § 18 a Abs. 1 KHG 42

1. Abschnitt: Stellung der Schiedsstelle im Pflegesatzverfahren 42

A. Tätigwerden der Schiedsstelle 42

   I. Bildung und Zusammensetzung 42

   II. Aufgabenzuweisungen 44

      1. Aufgaben nach KHG und BPflV 44

      2. Sonstige Aufgabenzuweisungen 46

B. Funktionelle und systematische Einordnung der Schiedsstelle 48

   I. Einrichtung zur außerstaatlichen Streitregelung 48

   II. Schiedswesen in der gesetzlichen Krankenversicherung 51

      1. Schiedsämter nach § 89 Abs. 2 und 4 SGB V 52

      2. Schiedsstelle nach § 114 SGB V 55

      3. Weitere Schiedsämter und Schiedsstellen 56

III. Einordnung der Schiedsstelle...58

  1. Schlichtungsstelle...58

    a.) Meinungsstand in Literatur und Rechtsprechung...................58

    b.) Begriff und Gegenstand der Schlichtung 59

    c.) Stellungnahme..60

  2. Verhältnis zu den Vertragsparteien 62

    a.) Meinungsstand in Literatur und Rechtsprechung...................62

    b.) Begriff des Vertragshilfeorgans..63

    c.) Stellungnahme..65

      aa.) Funktionale Berührungspunkte 65

      bb.) Divergenzen 68

  3. Ergebnis 70

C. Rechtsnatur der Entscheidungen der Schiedsstelle...........................71

  I. Pflegesatzfestsetzung 71

    1. Meinungen in Literatur und Rechtsprechung 71

    2. Normativer Befund..72

    3. Genehmigungsbedürftigkeit der Schiedsstellenentscheidung 75

      a.) Mehrstufiger Verwaltungsakt 75

      b.) Aufsichtsrechtliche Genehmigung 78

      c.) Verhältnis der Pflegesatzfestsetzung und der Genehmigung

      zueinander 79

    4. Entstehungsgeschichte 83

    5. Merkmale des Verwaltungsaktes...88

      a.) Behörde 89

      aa.) Meinungsstand in Literatur und Rechtsprechung...............89

      bb.) Begriff der Behörde 90

      (1.) Organisationsrechtlicher Behördenbegriff 90

      (2.) Behördendefinitionen der Rechtsprechung 91

      (3.) Funktioneller Behördenbegriff 93

(a.) Stelle 93

(b.) Wahrnehmung von Aufgaben der öffentlichen
Verwaltung 94

cc.) Anwendung der Merkmale auf die Schiedsstelle 95

(1.) Beurteilung auf der Grundlage des
organisationsrechtlichen Behördenbegriffs 95

(2.) Beurteilung auf der Grundlage des funktionellen
Behördenbegriffs 97

b.) Hoheitliche Maßnahme 101

c.) Auf unmittelbare Rechtswirkung nach außen gerichtete
Regelung 103

6. Ergebnis 105

II. Entscheidungen auf Landesebene 106

1. Punktwertfestsetzung 106

2. Meinungsstand in Literatur und Rechtsprechung 107

3. Gesetzeswortlaut 108

4. Merkmale des Verwaltungsaktes 108

a.) Einzelfall 108

aa.) Normsetzungstheorie 109

bb.) Würdigung 109

b.) Übrige Merkmale 112

5. Ergebnis 112

2. Abschnitt: Rechtskontrolle durch die Verwaltungsbehörden 113

A. Rechtliche Überprüfung durch die Genehmigungsbehörde 113

I. Genehmigung 113

1. Antragserfordernis 113

2. Reichweite der Prüfungskompetenz 113

a.) Kontrolldichte 114

aa.) Rechtskontrolle 114

bb.) Beurteilungsspielraum der Schiedsstelle 115

cc.) Verfahrensrechtliche Kontrolle 118

b.) Gestaltende Genehmigung? 119

c.) Nebenbestimmungen 122

3. Regelungsgegenstand und Regelungsgehalt 126

4. Rechtswirkungen der Genehmigung 129

a.) Bindung der Parteien 129

b.) Privatrechtsgestaltender Verwaltungsakt 130

aa.) Mehrpolige Rechtsbeziehungen 130

bb.) Meinungsstand in Literatur und Rechtsprechung 132

cc.) Begriff 133

dd.) Würdigung 134

II. Versagung der Genehmigung 137

1. Antrag auf Versagung der Genehmigung 137

a.) Erweiternde Auslegung 137

b.) Antrag und Entscheidung 140

2. Versagungsentscheidung und erneute Anrufung der

Schiedsstelle 141

B. Rechtliche Überprüfung im Rahmen der Aufsicht 144

I. Rechtsaufsicht 144

II. Regelungsinhalt des § 18 a Abs. 5 KHG 145

1. Normativer Befund 145

2. Gesetzesinterpretation 146

3. Abschnitt: Gerichtlicher Rechtsschutz 150

A. Rechtsweg, Rechtsbehelf und zuständiges Gericht 150

I. Rechtsweg und Rechtsbehelf 150

II. Zuständiges Gericht 150

B. Klagegegenstand und Klageart 151

I. Entscheidung der Genehmigungsbehörde als Klagegegenstand..... 151

1. Kläger begehrt von der Genehmigung abweichende

Pflegesätze.. 152

   a.) Verpflichtungsklage 152

   b.) Allgemeine Leistungsklage 154

   c.) Anfechtungsklage 155

     aa.) Zulässigkeit 155

     bb.) Stattgebendes Urteils und weiteres Vorgehen 157

       (1.) Wirkungen des Urteils 157

       (2.) Erneute Anrufung der Schiedsstelle 159

         (a.) Rechtskraft.. 159

         (b.) Gestaltungswirkung 161

         (c.) Tatbestandswirkung 162

         (d.) Feststellungswirkung 162

   d.) Nichtigkeitsfeststellungsklage 164

2. Kläger begehrt die Genehmigung der vereinbarten oder

festgesetzten Pflegesätze 165

   a.) Verpflichtungsklage 165

   b.) Klage und erneute Anrufung der Schiedsstelle.................... 166

3. Fehlender Antrag auf Genehmigung 170

4. Kläger begehrt Versagungsentscheidung mit bestimmter

Begründung.. 173

   a.) Begründung eines Verwaltungsaktes 173

   b.) Relevanz der Begründung im nachfolgenden Verfahren 175

   c.) Verpflichtungsklage.. 177

II. Schiedsstellenentscheidung als Klagegegenstand 179

1. Eingeschränkter Rechtsschutz auf Grund § 44 a VwGO............. 180

2. Anwendung auf die Schiedsstellenentscheidung.................... 182

C. Verfahrensbeteiligte 184

  I. Hauptbeteiligte 184

II. Beiladung Dritter 186

   1. Arten von Beiladung 186

   2. Beiladung von Vertragsparteien 187

   3. Beiladung der Schiedsstelle 189

     a.) Beteiligungsfähigkeit 189

       aa.) Natürliche und juristische Personen 189

       bb.) Vereinigungen, soweit ihnen ein Recht zustehen kann 192

       cc.) Behörden, sofern das Landesrecht dies bestimmt 193

       dd.) Zwischenergebnis 194

     b.) Teleologischer Interpretationsansatz 194

     c.) Ergebnis 196

D. Individuelle rechtliche Betroffenheit 196

  I. Entscheidungen der Genehmigungsbehörde auf Ortsebene 197

   1. Vertragsparteien auf Ortsebene 197

   2. Parteien einer anderen Vertragsebene 203

     a.) Geltendmachung eigener Rechte 203

     b.) Prozessstandschaft 208

   3. Organisationen der privaten Krankenversicherung 209

     a.) Privates Krankenversicherungsunternehmen 209

     b.) Verband der privaten Krankenversicherung 210

     c.) Landesausschuss der privaten Krankenversicherung 211

   4. Selbstzahlender Krankenhauspatient 211

     a.) Verwaltungsakt gegenüber dem „Selbstzahler" 212

     b.) Rechtliche Betroffenheit 213

     c.) Schutznorm 215

       aa.) Rechtsprechung des Bundesverwaltungsgerichts 216

       bb.) Eigener Lösungsansatz 217

     d.) Rechtsschutz durch Zivilgerichte 223

     e.) Abschließende Wertung 228

aa.) Klagebefugnis 228

bb.) Umfang der gerichtlichen Aufhebungsentscheidung 230

5. Konkurrenten 233

II. Entscheidungen der Genehmigungsbehörde auf Landesebene 237

1. Vertragsparteien auf Landesebene 237

2. Sonstige... 238

E. Ausschluss des Vorverfahrens... 240

F. Vorläufiger Rechtsschutz.. 241

I. Genehmigung wurde erteilt 242

1. Wegfall der aufschiebenden Wirkung.................................... 242

2. Behördliche Aussetzung der Vollziehung 243

3. Gerichtliche Anordnung der aufschiebenden Wirkung.............. 245

4. Vorläufiger Rechtsschutz mit dem Ziel der sofortigen
Vollziehbarkeit 250

5. Weitergehender Rechtsschutz nach § 123 VwGO? 253

II. Genehmigung wurde versagt 255

1. Regelungsanordnung 255

2. Erneute Anrufung der Schiedsstelle 260

III. Vorbeugender Rechtsschutz... 264

1. Vorläufiger und vorbeugender Rechtsschutz......................... 265

2. Einstweilige Anordnung gegen die Schiedsstelle? 266

3. Einstweilige Anordnung gegen die Genehmigungsbehörde? 268

G. Rechtsschutz gegen sonstige Entscheidungen und bei Untätigkeit ... 272

I. Sonstige Entscheidungen der Schiedsstelle 272

1. Entscheidungen, die keine Festsetzungen enthalten 272

a.) Normrechtliche Voraussetzungen für die Festsetzungen........ 272

b.) Zurückverweisung ohne Sachentscheidung 275

c.) Rechtsschutz 278

2. Teilfestsetzungen mit Zurückverweisung................................ 281

a.) Schiedsstellenpraxis 281

b.) Rechtsschutz 284

II. Untätigkeit von Schiedsstelle oder Genehmigungsbehörde 287

1. Schiedsstelle entscheidet nicht 287

2. Genehmigungsbehörde entscheidet nicht 291

4. Abschnitt: Rechtsschutz gegen Entscheidungen bei

Aufgabenzuweisungen nach dem SGB V 293

A. Rechtsweg, Rechtsbehelf und zuständiges Gericht 293

I. Rechtsweg und Rechtsbehelf 293

II. Zuständiges Gericht 296

B. Klage im sozialgerichtlichen Verfahren 296

I. Klageart und Klagebefugnis 296

II. Verfahrensbeteiligte 298

3. Teil: DIE SCHIEDSSTELLE NACH § 18 a Abs. 6 KHG 300

1. Abschnitt: Tätigwerden der Schiedsstelle 300

A. Bildung und Zusammensetzung 300

B. Aufgabenzuweisungen 301

2. Abschnitt: Rechtsstellung der Schiedsstelle und Rechtsnatur

ihrer Beschlüsse 305

A. Rechtsstellung der Schiedsstelle 305

B. Rechtsnatur der Schiedsstellenbeschlüsse 308

I. Normativer Befund 308

II. Merkmale des Verwaltungsaktes 309

3. Abschnitt: Aufsicht 312

A. Lückenhafte Regelung 312

B. Gesetzesinterpretation 313

I. Rechtliche Vorgaben für das Handeln der Schiedsstelle 313

II. Rechtsaufsichtliches Einschreiten 314

4. Abschnitt: Gerichtlicher Rechtsschutz 317

A. Rechtsweg, Rechtsbehelf und zuständiges Gericht 317

   I. Rechtsweg und Rechtsbehelf 317

   II. Zuständiges Gericht 317

B. Klagearten 318

   I. Verpflichtungsklage 318

   II. Anfechtungsklage 320

   III. Nichtigkeitsfeststellungsklage 322

   IV. Untätigkeitsklage 322

C. Verfahrensbeteiligte 323

   I. Beteiligungsfähigkeit der Schiedsstelle 323

   II. Hauptbeteiligte und Beigeladene 324

D. Individuelle rechtliche Betroffenheit 325

E. Kontrolldichte 328

F. Vorläufiger Rechtsschutz 329

4. Teil: ZUSAMMENFASSSUNG UND AUSBLICK 333

LITERATURVERZEICHNIS 343

Abkürzungsverzeichnis

a. A. ....anderer Ansicht
Abschn. ....Abschnitt
a. E. ....am Ende
a. F. ....alte(r) Fassung
abl. ....ablehnend
Abs. ....Absatz
AGVwGO ....Ausführungsgesetz zur Verwaltungsgerichtsordnung
Alt. ....Alternative
Amtl. Slg. ....Amtliche Sammlung
Anh. ....Anhang
Anm. ....Anmerkung
AöR ....Archiv des öffentlichen Rechts (*Zeitschrift*)
Art. ....Artikel
Aufl. ....Auflage
Az. ....Aktenzeichen

BAG ....Bundesarbeitsgericht
BAGE ....Entscheidungen des Bundesarbeitsgerichts
BAT ....Bundes-Angestellten-Tarifvertrag
BauGB ....Baugesetzbuch
BayVBl. ....Bayerische Verwaltungsblätter (*Zeitschrift*)
BB ....Betriebsberater (*Zeitschrift*)
Bd. ....Band
betr. ....betreffend
BetrVG ....Betriebsverfassungsgesetz
BGB ....Bürgerliches Gesetzbuch
BGBl. ....Bundesgesetzblatt
BGH ....Bundesgerichtshof
BGHZ ....Entscheidungen des Bundesgerichtshof in Zivilsachen
BKK ....Die Betriebskrankenkasse (*Zeitschrift*)
Bl. ....Blatt
BPflV ....Bundespflegesatzverordnung
BR-Drucks. ....Drucksache des Deutschen Bundesrates
BRAO ....Bundesrechtsanwaltsordnung
BSG ....Bundessozialgericht
BSGE ....Entscheidungen des Bundessozialgerichts
BSHG ....Bundessozialhilfegesetz
BT-Drucks. ....Drucksache des Deutschen Bundestages
BVerfG ....Bundesverfassungsgericht
BVerfGE ....Entscheidungen des Bundesverfassungsgericht
BVerwG ....Bundesverwaltungsgericht

BVerwGE ....Entscheidungen des Bundesverwaltungsgerichts
BundesAnz. ....Bundesanzeiger
bzw. ....beziehungsweise

DB ....Der Betrieb (*Zeitschrift*)
ders. ....derselbe
d. h. ....das heißt
dies. ....dieselbe, dieselben
DÖV ....Die Öffentliche Verwaltung (*Zeitschrift*)
DOK ....Die Ortskrankenkasse (*Zeitschrift*)
Drucks. ....Drucksache
DVBl. ....Deutsches Verwaltungsblatt (*Zeitschrift*)

einschl. ....einschließlich
Erl. ....Erläuterung
Ersk ....Die Ersatzkasse (*Zeitschrift*)
ESVGH ....Entscheidungssammlung des Hessischen und Baden-
Württembergischen Verwaltungsgerichtshofs

f.; ff. ....folgende; fortfolgende
FStrG ....Bundesfernstraßengesetz
Fn. ....Fußnote
f&w ....führen und wirtschaften im Krankenhaus (*Zeitschrift*)

Gbl. ....Gesetzblatt
gem. ....gemäß
GG ....Grundgesetz
GKV ....Gesetzliche Krankenversicherung
GV.NW ....Gesetz- und Verordnungsblatt für das Land
Nordrhein-Westfalen

Halbs. ....Halbsatz
Hess. VGH ....Hessischer Verwaltungsgerichtshof
h. M. ....herrschende Meinung
Hrsg. ....Herausgeber

i. d. F. ....in der Fassung
i. S. ....im Sinne
i. V. m. ....in Verbindung mit

JZ ....Juristenzeitung

Kass.Komm. ....Kasseler Kommentar zum Sozialversicherungsrecht
KHG ....Krankenhausfinanzierungsgesetz

KRS..........................Krankenhausrechtsprechung (*Urteilssammlung*)
KRS II.......................Krankenhausrechtsprechung, Teil 2 (*Urteilssammlung*)
KU ....Krankenhaus Umschau (*Zeitschrift*)

LG ....Landgericht
LSG ....Landessozialgericht
LVwVfG (BW) ....Verwaltungsverfahrensgesetz für Baden-Württemberg

MDR.........................Monatsschrift für deutsches Recht (*Zeitschrift*)
MedR ....Medizinrecht (*Zeitschrift*)
MünchKomm. ....Münchener Kommentar zum Bürgerlichen Gesetzbuch
m. w. N. ....mit weiteren Nachweisen
NDV..........................Nachrichtendienst des Vereins für öffentliche und pri-
                           vate Fürsorge (*Zeitschrift*)
n. F. ....neue Fassung
NJW ....Neue Juristische Wochenschrift
NJW-RR ....Neue Juristische Wochenschrift-Rechtsprechungs-
                           Report Zivilrecht
Nr. ....Nummer
NRW ....Nordrhein-Westfalen
NVWBL ....Nordrhein-Westfälische Verwaltungsblätter (*Zeitschrift*)
NVwZ ....Neue Zeitschrift für Verwaltungsrecht
NVwZ-RR ....Neue Zeitschrift für Verwaltungsrecht-
                           Rechtsprechungsreport Verwaltungsrecht
NZA ....Neue Zeitschrift für Arbeitsrecht
NZS ....Neue Zeitschrift für Sozialrecht

OLG ....Oberlandesgericht
OVG ....Oberverwaltungsgericht

PBefG ....Personenbeförderungsgesetz

Rdnr. ....Randnummer
RG ....Reichsgericht
RGBl. ....Reichsgesetzblatt
RGSt ....Entscheidungen des Reichsgerichts in Strafsachen
RGZ ....Entscheidungen des Reichsgerichts in Zivilsachen
Rspr. ....Rechtsprechung
RVO ....Reichsversicherungsordnung

S..............................Seite
SächsOVG ....Sächsisches Oberverwaltungsgericht
SächsVBl. ....Sächsische Verwaltungsblätter (*Zeitschrift*)
SG ....Sozialgericht

SGB ....Sozialgesetzbuch
SGb ....Sozialgerichtsbarkeit (*Zeitschrift*)
SGG ....Sozialgerichtsgesetz
Slg. ....Sammlung
sog. ....sogenannt(e)
str. ....streitig
st. Rspr. ....ständige Rechtsprechung
StVG ....Straßenverkehrsgesetz

Thür. ....Thüringen

u. ....und
USK ....Urteilssammlung für die gesetzliche Krankenversicherung
usw. ....und so weiter

v. ....von
VBlBW ....Verwaltungsblätter für Baden-Württemberg (*Zeitschrift*)
VerwArch ....Verwaltungsarchiv (*Zeitschrift*)
VG ....Verwaltungsgericht
VGH ....Verwaltungsgerichtshof
VGH Bad.-Württ. .....Verwaltungsgerichtshof Baden-Württemberg
vgl. ....vergleiche
VO ....Verordnung
VSSR ....Vierteljahresschrift Sozialrecht
VVDStRL ....Veröffentlichungen der Vereinigung der Deutschen
Staatsrechtslehrer
VwGO ....Verwaltungsgerichtsordnung
VwVfG ....Verwaltungsverfahrensgesetz
2. VwVfÄndG ....Zweites Gesetz zur Änderung
verwaltungsverfahrensrechtlicher Vorschriften
VwVfG.NW. ....Verwaltungsverfahrensgesetz für das
Land Nordrhein-Westfalen

z. B. ....zum Beispiel
ZFSH/SGB ....Zeitschrift für Sozialhilfe und Sozialgesetzbuch
ZPO ....Zivilprozeßordnung

Einleitung

Die vorliegende Arbeit befasst sich mit den Rechtsschutzmöglichkeiten gegen die Entscheidungen der Schiedsstellen nach § 18 a KHG. Sowohl die Schiedsstellen nach § 18 a Abs. 1 KHG (Landesschiedsstellen[1]) wie auch die Schiedsstelle nach § 18 a Abs. 6 KHG (Bundesschiedsstelle) entscheiden über Regelungsgegenstände der Krankenhausfinanzierung, namentlich über pflegesatzrechtliche Streitigkeiten. Der Umfang und die Bedeutung des hier angesprochenen Regelungskomplexes wird deutlich, wenn man sich vergegenwärtigt, dass etwa ein Drittel der Ausgaben der gesetzlichen Krankenversicherung in diesen Bereich fließt. Der von den Schiedsstellen im Falle der Nichteinigung zwischen den Vertragsparteien der jeweiligen Vereinbarungsebene zu regelnde Streitgegenstand betrifft mit der Finanzierung des Gesundheitswesens nicht nur einen wesentlichen Kostenfaktor im wirtschaftlichen Wettbewerb, sondern auch eine vielversprechende Zukunftsbranche. Der Interessenwiderstreit zwischen dem Grundsatz der Beitragssatzstabilität und den gesteigerten Anforderungen an den Leistungsbereich, ausgelöst durch den medizinischen Fortschritt, die demographische Entwicklung und veränderte Erwartungen der Allgemeinheit an eine qualitativ hochwertige Krankenhausmedizin, muss zwangsläufig verstärkt zu Konflikten über die Vergütung der Krankenhausleistungen führen. Da die Streitregelungen durch die Schiedsstellen nicht alle Beteiligten zufrieden stellen können, ergeben sich Fragen nach der Ausgestaltung eines effektiven Rechtsschutzes, die bisher zu einem großen Teil ungeklärt sind und in der Literatur in der Vergangenheit wenig Beachtung gefunden haben.

Die Untersuchung beginnt mit einer Darstellung der Grundlagen des Pflegesatzverfahrens (1. Teil). Dabei wird die historische Entwicklung des Krankenhausfinanzierungsrechts aufgezeigt (1. Abschnitt). Die Einführung schließt mit einer Untersuchung über die anzutreffenden vertraglichen Strukturen in der gesetzlichen Krankenversicherung. Umfassende Ausführungen betreffen

---

1 Soweit in dieser Arbeit der Begriff der Landesschiedsstelle ohne weiteren Zusatz verwendet wird, ist die Schiedsstelle nach § 18 a Abs. 1 KHG angesprochen.

1

die Schiedsstelle nach § 18 a Abs. 1 KHG (2. Teil). Untersucht wird die Stellung der Schiedsstelle im Pflegesatzverfahren, insbesondere ihre funktionelle und systematische Einordnung sowie die Rechtsnatur ihrer Entscheidungen (1. Abschnitt). Die Darstellung wird fortgesetzt durch eine Untersuchung über die verwaltungsbehördliche Rechtskontrolle (3. Abschnitt). Breiten Raum nimmt die Untersuchung des gerichtlichen Rechtsschutzes gegen die Entscheidungen der Schiedsstelle nach § 18 a Abs. 1 KHG ein (3. Abschnitt). Neben der Befassung mit dem Klagegegenstand und den Klagearten steht dort auch die Klagebefugnis im Mittelpunkt der Betrachtung. Im Weiteren werden die Entscheidungen der Landesschiedsstellen untersucht, die auf Grund von Aufgabenzuweisungen nach dem Fünften Buch des Sozialgesetzbuches ergehen (4. Abschnitt). Die weitere Darstellung beschäftigt sich mit der Bundesschiedsstelle (3. Teil). Dort sind häufig ähnliche Fragestellungen aufgeworfen wie bei der Schiedsstelle nach § 18 a Abs. 1 KHG, deren Beantwortung allerdings – wegen einer vom Gesetzgeber gewählten andersartigen Systementscheidung – abweichend ausfallen muss. Die Arbeit findet ihren Abschluss in einer Zusammenfassung der wichtigsten Ergebnisse der Untersuchung und einem Ausblick (4. Teil).

1. Teil: Grundlagen des Pflegesatzverfahrens

1. Abschnitt: Entwicklung des Krankenhausfinanzierungsrechts

A. Historische Ursprünge

I. Entstehung von Krankenhäusern und deren Finanzierung bis 1936

Vorgänger der heutigen Krankenhäuser waren die mittelalterlichen Hospitäler. Die ersten wurden überwiegend von Bischöfen oder Mönchen gegründet. Die Pflege und Betreuung der meist mittellosen Kranken wurde in den Hospitälern als eine Form des Dienstes an Jesus Christus betrachtet. Einige Zeit nach den kirchlichen Spitälern entwickelten sich die Bürgerspitale. Es entstanden so unterschiedliche Spitaltypen, wie die Armenhäuser, die Invalidenhäuser für Soldaten, die Militärspitäler, die Pesthäuser und die Irrenspitäler. Aufgenommen wurden, soweit sie nicht Hilfe und Pflege in den Familien fanden, insbesondere die Armen, die Altersschwachen, die Kranken, die Gebrechlichen und die Obdachlosen. Die vorrangige Funktion der Hospitäler wurde zunächst nicht in der Krankenbehandlung, sondern in der geistlichen und pflegerischen Betreuung der Spitalinsassen gesehen. Die ärztliche Krankenversorgung fand noch überwiegend im häuslichen Umfeld der Patienten statt. Die Hospitäler konnten nur durch Zuwendungen der Bischöfe oder Klöster, aus Steuermitteln oder auf Grund privater Stiftungen bestehen.

Ausgelöst durch die Epoche der Aufklärung, vollzog sich in den Jahrzehnten um 1800 die Verwandlung des Hospitals in ein Krankenhaus und damit der Übergang der *„Herberge zum lieben Gott in eine Werkstätte zur Beseitigung* *fehlerhafter Körperzustände"* [2]. Das Betreiben von Spitälern fiel im Laufe der Zeit immer mehr in die Verantwortung der Gemeinden. Unter dem Einfluss wachsender städtischer Interessen wurde das Hospital zu einem wichtigen Faktor christlich motivierter, aber bürgerlich organisierter Wohlfahrts- und Sozialpolitik, die sich auch nicht mehr ausschließlich auf die sozialen Randgruppen der städtischen Bevölkerung konzentrierte.[3] Durch die Einführung neuer medizinisch-wissenschaftlicher Methoden (Narkose, Antisepsis und Asepsis) konnte sich die Krankenhausbehandlung erheblich weiterentwickeln. Aus den Hospitälern wurden im Laufe der Zeit Versorgungseinrichtungen für alle Bevölkerungsschichten. Dieser Wandel führte zu einem Finanzmittelbedarf, der die Leistungsfähigkeit der Krankenhausträger in zunehmendem Maße überforderte.

Eine Änderung brachte das Krankenversicherungsgesetz, das im Rahmen der Sozialgesetzgebung 1883 verabschiedet wurde und die Grundlage für die Finanzierung der Krankenhausleistungen verbesserte. Auch der Aufbau der übrigen Zweige der Sozialversicherung und der Ausbau der gesetzlichen Krankenversicherung durch nachfolgende Gesetze wirkte sich günstig auf die Entwicklung des Krankenhauswesens aus.[4] Zwischen den Krankenhäusern und den Krankenkassen wurden nun Verträge über die Pflegesätze geschlossen. Dadurch sollten sowohl die Investitions- als auch die Betriebskosten des Krankenhausbetriebes gedeckt und das eingesetzte Kapital des Krankenhausträgers angemessen verzinst werden.[5] Dennoch blieben die Krankenhäuser tendenziell Zuschussbetriebe, deren Vorhaltung ohne finanzielle Hilfe seitens der Krankenhausträger nicht möglich gewesen wäre.[6] Gesetzliche Regelungen über das Pflegesatzwesen gab es noch nicht, so dass die Vertragsparteien weitgehend frei von staatlichen Eingriffen und Regle-

---

2   *Jetter*, Das europäische Hospital, S. 199.
3   *Eckart*, Geschichte der Medizin, S. 307 f.
4   Vgl. *Tuschen/Quaas*, Bundespflegesatzverordnung, S. 2.
5   Vgl. Bericht der Kommission Krankenhausfinanzierung der Robert Bosch Stiftung, S. 38.
6   Vgl. Bericht der Kommission Krankenhausfinanzierung der Robert Bosch Stiftung, S. 38.

mentierungen Vereinbarungen bezüglich der Übernahme von Krankenhaus-
behandlungskosten treffen konnten.[7]

II. Die weitere Entwicklung der Krankenhausfinanzierung bis 1972

Die Preisgestaltung der Krankenhäuser blieb bis zum Jahr 1936 frei von unmittelbaren staatlichen Eingriffen. Mit der „Verordnung über das Verbot von
Preiserhöhungen" (sog. Preisstoppverordnung) vom 26. November 1936[8]
wurde die Vertragsfreiheit zwischen den Krankenhäusern und den Krankenversicherungen aufgehoben. Ebenso wie für fast alle anderen Güter und
Dienstleistungen waren Preiserhöhungen für stationäre und ambulante Krankenhausleistungen grundsätzlich ausgeschlossen.[9] Dadurch reduzierte sich
der finanzielle Spielraum für die Krankenhäuser weiter. Von noch entschei-
denderem Einfluss für die weitere Entwicklung des Krankenhauswesens war
freilich der zweite Weltkrieg, der einen großen Teil der bestehenden Krankenhäuser beschädigte oder zerstörte.

Nachdem die Krankenhäuser in Folge der „Anordnung über Preisbildung und
Preisüberwachung nach der Währungsreform" (sog. Preisfreigabeverord-
nung) vom 25. Juni 1948[10] für sechs Monate aus der Preisbildung entlassen
worden waren, wurden sie auf Grund des Widerspruchs der Sozialversicherungsträger, deren Beiträge weiterhin den Preisvorschriften unterlagen, durch
die „Anordnung PR Nr. 140/48 über Pflegesätze der Kranken- und Heilan-
stalten und sonstigen pflegerischen Anstalten aller Art" (Preisrechtsverord-

---

7   Vgl. *Tuschen/Quaas*, Bundespflegesatzverordnung, S. 2.
8   Reichsgesetzblatt I. S. 955.
9   Bericht der Kommission Krankenhausfinanzierung der Robert Bosch Stiftung, S. 39.
10   Gesetz- u. Verordnungsblatt des Wirtschaftsrates des Vereinigten Wirtschaftsgebietes
    (Wirtschaftsgesetzblatt), S. 61.

nung 140/48) vom 18. Dezember 1948[11] wieder dem Preisstopp unterworfen.[12]

Die Preisrechtsverordnung 140/48 wurde zum 10. September 1954 von der Verordnung PR Nr. 7/54 über die Pflegesätze von Krankenhausleistungen[13] (Bundespflegesatzverordnung 1954) abgelöst. Die Bundespflegesatzverordnung 1954, die auf der Grundlage des Preisgesetzes vom 10. April 1948 erlassen wurde, hat die Preisbindung bei den Krankenhäusern beibehalten. Die Verordnung sprach nicht von Krankenhäusern, sondern von Krankenanstalten; diese umfassten auch Entbindungsanstalten. Nach § 2 Abs. 1 PR Nr. 7/54 waren die Pflegesätze von den Preisbildungsstellen der Länder zu genehmigen oder festzusetzen. Die Preisbildungsstellen sollten bei dem Verfahren darauf hinwirken, dass eine Einigung zwischen den Vertragsparteien zu Stande kommt. Das Ergebnis war bei der Genehmigung oder Festsetzung zu Grunde zu legen.[14] Kam eine Einigung binnen angemessener Frist nicht zu Stande, so war die Kosten- und Ertragslage der Krankenanstalten und die wirtschaftliche Leistungsfähigkeit der beteiligten Sozialversicherungsträger – bei diesen im Benehmen mit der Aufsichtsbehörde – zu prüfen und bei der Genehmigung oder Festsetzung zu berücksichtigen.[15] Die Regelungen der Verordnung PR Nr. 7/54 führten in der Praxis dazu, dass von nachgewiesenen Selbstkosten Abschläge vorgenommen wurden.[16] Einzelne Arten von Selbstkosten wurden nach § 6 Abs. 1 von der Berücksichtigung im Pflegesatz ausgeschlossen; so war die Verzinsung des Eigenkapitals nach § 6 Abs. 2 Nr. 5 nicht pflegesatzfähig. Dies führte dazu, dass die Kosten zunehmend nicht mehr gedeckt wurden und die Lage der Krankenhäuser sich verschlechterte.

---

11 Mitteilungsblatt der Verwaltung für Wirtschaft des Vereinigten Wirtschaftsgebietes (VfWMBl.), II. S. 199.
12 Vgl. *Tuschen/Quaas*, Bundespflegesatzverordnung, S. 3.
13 Bundesanzeiger Nr. 173 vom 9. September 1954.
14 Vgl. § 2 Abs. 3 PR Nr. 7/54.
15 Vgl. § 2 Abs. 4 PR Nr. 7/54.
16 Vgl. *Jung*, Krankenhausfinanzierungsgesetz, 2. Aufl., S. 1.

Grundlage für eine bundesrechtliche Neuordnung der Krankenhausfinanzierung war eine Änderung des Grundgesetzes. Nach anfänglichen Widerständen des Bundesrates wurde die von der Bundesregierung angestrebte Gesetzgebungskompetenz durch das 22. Gesetz zur Änderung des Grundgesetzes vom 12. Mai 1969[17] geschaffen.[18] Durch die Einfügung des Art. 74 Nr. 19 a in das Grundgesetz wurde dem Bund die konkurrierende Gesetzgebungszuständigkeit im Bereich der Krankenhausfinanzierung eingeräumt.

B. Neuere Entwicklung

I. Entwicklung bis zur Bildung der Schiedsstellen nach § 18 a Abs. 1 KHG

1. Krankenhausfinanzierungsgesetz (KHG 1972)

Ausgangspunkt der neueren Entstehungsgeschichte des Pflegesatzrechtes ist das Krankenhausfinanzierungsgesetz vom 29. Juni 1972[19]. Es ist in der Zeit seiner Entstehung und unmittelbar nach der Verabschiedung mit dem Prädikat „Jahrhundertgesetz" versehen worden.[20] Die Grundsatzvorschrift des § 1 KHG 1972 bezeichnet ausdrücklich als Zweck des Gesetzes *„die wirtschaftliche Sicherung der Krankenhäuser, um eine bedarfsgerechte Versorgung der Bevölkerung mit leistungsfähigen, eigenverantwortlich wirtschaftenden Krankenhäusern zu gewährleisten und zu sozial tragbaren Pflegesätzen beizutragen".*[21] Krankenhäuser, die der bedarfsgerechten Versorgung der Bevölkerung dienen, die leistungsfähig sind und eigenverantwort-

---

17 BGBl. I. S. 362.
18 *Tuschen/Quaas*, Bundespflegesatzverordnung, S. 5.
19 BGBl. I. S. 1009.
20 *Jung*, Krankenhausfinanzierungsgesetz, 2. Aufl., S. 3.
21 *Vollmer*, NJW 1985, 2161.

lich ordnungsgemäß wirtschaften, waren danach zu fördern.[22] Dem Krankenhausfinanzierungsgesetz lag die Vorstellung zu Grunde, dass die Finanzierung der Vorhaltekosten für Krankenhäuser eine öffentliche Aufgabe darstellt. Dieser Konzeption folgend ist in § 4 KHG das duale Krankenhausfinanzierungssystem manifestiert worden. Die öffentliche Förderung der Investitionskosten und die Finanzierung der laufenden Kosten über die Pflegesätze müssen die Selbstkosten eines sparsam wirtschaftenden und leistungsfähigen Krankenhauses decken. Durch die Schaffung des Krankenhausfinanzierungsgesetzes ist der Gesetzgeber dem Gedanken gefolgt, die Bereitstellung von Krankenhäusern sei eine Aufgabe der Allgemeinheit.[23]

Das KHG 1972 regelte in § 17 die Grundsätze der Pflegesatzregelung und in § 18 das Festsetzungsverfahren. Demnach waren die Pflegesätze auf der Grundlage der Selbstkosten eines sparsam wirtschaftenden, leistungsfähigen Krankenhauses zu bemessen. Die Pflegesätze waren gem. § 18 Abs. 1 KHG 1972 von der zuständigen Behörde festzusetzen. Es wurde damit die Unterscheidung zwischen der behördlichen Festsetzung und der behördlichen Genehmigung aufgegeben. Die in § 18 Abs. 1 KHG 1972 vorgesehenen Einigungsverhandlungen stellten lediglich die Basis dar, auf deren Grundlage die Landesbehörde den Festsetzungsbescheid als Verwaltungsakt verabschiedete.[24] Hierzu *Adam/Stiefel:*[25]

„*Wie aus Abs 1[Anm. des Verfassers: gemeint ist § 18 Abs. 1 KHG 1972] hervorgeht, gibt es mit dem Inkrafttreten des KHG nur noch eine staatliche Festsetzung der Pflegesätze. Die nach der Bundespflegesatz – Verordnung 1954 außerdem noch mögliche Genehmigung von Pflegesätzen ist als Rechtsinstitution entfallen. Zwar sieht die Vorschrift des Abs. 1 auch noch Einigungsverhandlungen vor; ihr*

---

22 Vgl. *Redeker*, NJW 1988, 1481, 1482.
23 Vgl. *Jung*, Krankenhausfinanzierungsgesetz, 2. Aufl., S. 3.
24 Vgl. *Krauskopf*, in: Heinze/Wagner (Hrsg.), Die Schiedsstelle des Krankenhausfinanzierungsgesetzes, S. 39, 42.
25 *Adam/Stiefel*, Krankenhausfinanzierungsgesetz, S. 214.

*Ergebnis ist bei der Festsetzung auch zu berücksichtigen. Rechtsge-
staltender Akt allein bleibt aber die Festsetzung."*

Der Regierungsentwurf zum Krankenhausfinanzierungsgesetz begründete
die Abweichung vom bisherigen Recht damit, dass *„bei einer Einigung der
Vertragspartner auf einen Pflegesatz, der die Benutzungskosten nicht voll
deckt, die Differenz möglicherweise aus den pauschalen Zuwendungen, d. h.
aus öffentlichen Mitteln gedeckt werden würde".*[26] Die Regelung über die
Höhe der Pflegesätze sollte, um Defizite bei den Krankenhäusern zu vermeiden, nicht alleine den Parteien überlassen bleiben, sondern entscheidend
von der staatlichen Festsetzungsbehörde wahrgenommen werden. Sie sollte
auf der Grundlage der Selbstkosten des Krankenhauses die Pflegesätze als
Festpreise festsetzen.

Das Krankenhausfinanzierungsgesetz hat durch die öffentliche Investitions-
förderung und das Prinzip kostendeckender Pflegesätze zur wirtschaftlichen
Absicherung der Krankenhäuser beigetragen. Dennoch gab es massive Kritik
an den Auswirkungen des Gesetzes. Die Kehrseite dieser vom Gesetzgeber
gewollten Fortschritte war, dass das Krankenhausfinanzierungsgesetz die zu
Beginn der 70-er Jahre einsetzende „Leistungs- und Kostenexplosion im Gesundheitswesen" keineswegs bremste, sondern nachhaltig förderte.[27] Die
Krankenkassen kritisierten die gesetzliche Verankerung des Selbstkostendeckungsprinzips, weil es die Krankenhäuser zur Unwirtschaftlichkeit verlei-
tet habe.[28]

---

26 Vgl. BT-Drucks. 6/1874 – Anlage 1, abgedruckt in: Harsdorf/Friedrich, Krankenhausfi-
    nanzierungsgesetz, Bd. 1, S. 51, 94.
27 Vgl. *Vollmer*, NJW 1985, 2161, 2162.
28 Vgl. *Jung*, Krankenhausfinanzierungsgesetz, 2. Aufl., S. 9.

2. Krankenhaus-Kostendämpfungsgesetz (KHKG 1981)

Nachdem zwei Reformanläufe zur Novellierung des Krankenhausfinanzierungsgesetzes in den Jahren 1977 bis 1980 am Widerstand der Länder gescheitert waren,[29] brachte das Krankenhaus-Kostendämpfungsgesetz (KHKG) vom 22. Dezember 1981[30] eine erste inhaltliche Änderung des KHG 1972. Das Gesetz war – wie sein Titel schon aussagt – anders als das KHG 1972, auf Kostendämpfung ausgerichtet. Die Beteiligten sollten durch eine Stärkung der Selbstverwaltung zur Kostendämpfung angehalten werden. Inhaltliche Schwerpunkte des Gesetzes waren im Bereich der Krankenhausplanung und der öffentlichen Förderung zu finden. Eine weitere wesentliche Änderung war im Bereich des Pflegesatzverfahrens durch die Einführung des Verhandlungsgrundsatzes beabsichtigt. Die staatliche Festsetzung der Pflegesätze war nur noch für den Fall der Nichteinigung der Vertragsparteien vorgesehen. Für die zwischen den Krankenhäusern und Krankenkassen vereinbarten Pflegesätze sollte ein Genehmigungserfordernis durch die zuständige Landesbehörde gelten. In der Begründung des Gesetzentwurfes der Bundesregierung ist unter § 18 zu lesen:[31]

> *„Für die Fälle der Nichteinigung oder der Ablehnung der Genehmigung sieht Absatz 4 eine Festsetzung durch die zuständige Landesbehörde vor, wobei jedoch vor einer Festsetzung auf eine Einigung der Beteiligten hinzuwirken ist. Unter welchen Voraussetzungen und mit welchen Rechtswirkungen hierbei Wirtschaftlichkeitsprüfungen vorzusehen sind, bleibt der Einzelregelung in der Bundespflegesatzverordnung vorbehalten. Die Festsetzung des Pflegesatzes durch die zuständige Landesbehörde ist ein Verwaltungsakt, der nach den allgemeinen Vorschriften der verwaltungsrechtlichen Nachprüfung unterliegt."*

---

29 Vgl. hierzu *Tuschen/Quaas*, Bundespflegesatzverordnung, S. 11.
30 BGBl. I. S.1568.
31 Vgl. BT-Drucks. 9/570, abgedruckt in: Jung, Krankenhausfinanzierungsgesetz, S. 119, 175.

Die Neuregelung in § 18 KHG über das Pflegesatzverfahren sollte nach der Übergangsvorschrift des § 30 KHG erst mit der Neufassung der Bundespflegesatzverordnung in Kraft treten. Bis dahin sollte die bisherige Rechtslage weitergelten. Da aber die vorgesehene Neufassung der Bundespflegesatzverordnung in der näheren Folgezeit nicht zu Stande kam, ist die Realisierung des Verhandlungs- und Vereinbarungsgrundsatzes – vorläufig – gescheitert. Die Novellierungsbemühungen sind von dem Krankenhausneuordnungsgesetz überholt worden.[32]

3. Krankenhaus-Neuordnungsgesetz (KHNG 1984)

Wesentliche Auswirkungen auf das Pflegesatzwesen hat das Krankenhaus-Neuordnungsgesetz (KHNG) vom 20. Dezember 1984[33] gebracht. Durch den Regierungswechsel im Herbst 1982 wurde eine grundlegende Diskussion über die Krankenhausfinanzierung ausgelöst. So wurde zunächst insbesondere das durch das KHG 1972 eingeführte Prinzip der Mischfinanzierung von Investitionskosten in Frage gestellt. Ein Grundgedanke dieses Gesetzes war die gemeinschaftliche Finanzierung der Investitionskosten für Krankenhäuser. Dabei war politische Geschäftsgrundlage die Mischfinanzierung zwischen dem Bund und der Länder im Verhältnis 1/3 zu 2/3.[34] Rechtlicher Hintergrund dieser aus verfassungsrechtlicher Sicht heftig umstrittenen Finanzierungsform war die 1969 in das Grundgesetz eingefügte Regelung des Art. 104 a Abs. 4 GG. Durch die Auflösung der Mischfinanzierung waren nun die Länder allein für die Investitionsfinanzierung zuständig. Als Ausgleich für den Wegfall seiner Finanzhilfen an die Länder übernahm der Bund einen höheren Bundesanteil bei Geldleistungsgesetzen (Wohnbau–Prämiengesetz, Wohngeldgesetz, Gesetz über die Sozialversicherung Behinderter) in Höhe von jährlich rund 972 Mio. DM.[35]

---

32 *Jung*, in: Heinze/Wagner (Hrsg.), Die Schiedsstelle des Krankenhausfinanzierungsgesetzes, S. 1, 10.
33 BGBl. I. S. 1716.
34 Vgl. *Jung*, Krankenhausfinanzierungsgesetz, 2. Aufl., S. 4.
35 *Tuschen/Quaas*, Bundespflegesatzverordnung, S. 14.

Neben der Auflösung der Mischfinanzierung brachte das Gesetz die bereits durch das Krankenhauskostendämpfungsgesetz beabsichtigte Einführung des Vereinbarungsprinzips im Pflegesatzverfahren. Im Rahmen des Gesetzgebungsverfahrens musste über zwei verschiedene Gesetzesentwürfe beraten werden. Während die Bundesregierung im Nichteinigungsfall zwischen dem Krankenhausträger und den Sozialleistungsträgern über die Pflegesätze eine Regelung durch eine unabhängige Schiedsstelle vorsah, sollte nach Auffassung der Länder eine Pflegesatzkommission mit einem weisungsgebundenen Vorsitzenden entscheiden. Als politische Kompromisslösung hat man sich auf die Schaffung einer Schiedsstelle verständigt, deren Entscheidungen über die Pflegesätze einem Genehmigungsvorbehalt der zuständigen Landesbehörde unterliegen.[36] So konnte sich die Bundesregierung mit ihrem Wunsch nach einer unabhängigen Schiedsstelle durchsetzen, konnte aber ihre Vorstellung nach einer unmittelbaren Rechtsverbindlichkeit der Pflegesatzvereinbarung der Parteien und der Pflegesatzfestsetzung der Schiedsstelle nicht verwirklichen. Die Länder konnten die Beibehaltung des Genehmigungserfordernisses im Sinne eines Letztentscheidungsrechts über die Pflegesätze für sich verbuchen. Dieser offenkundige Kompromisscharakter der Regelungen hat zu überaus kontroversen Rechtsauffassungen und bis heute andauernden, rechtsdogmatischen Unsicherheiten geführt.

---

36 Zur Entstehungsgeschichte der Regelungen über die Schiedsstelle nach § 18 a Abs. 1 KHG: vgl. unten 2.1.C.I.4.

II. Weitere Entwicklung bis zur Bildung der Schiedsstelle nach § 18 a Abs. 6 KHG

1. Gesundheitsstrukturgesetz (GSG 1993)

Nachdem der stationäre Krankenhausbereich von dem Gesundheitsreformgesetz (GRG) vom 20. Dezember 1988[37] weitgehend verschont blieb, bildeten Regelungen über die Krankenhausfinanzierung einen Schwerpunkt des Gesundheitsstrukturgesetzes (GSG) vom 21. Dezember 1992[38]. Entscheidungen mit weitreichenden Auswirkungen betrafen die Aufhebung des Selbstkostendeckungsprinzips und die Einführung von pauschalierten Entgelten in Form von Fallpauschalen und Sonderentgelten. Ein leistungsorientiertes Entgeltsystem sollte die Krankenhäuser zu einer wirtschaftlichen Betriebsführung anhalten. Die Landeskrankenhausgesellschaft, die Landesverbände der Krankenkassen, die Verbände der Ersatzkassen und der Landesausschuss des Verbandes der privaten Krankenversicherung bekamen die Aufgabe, die Höhe der Punktwerte für Fallpauschalen und Sonderentgelte als wesentlichen Bemessungsfaktor für die Abrechnung dieser pauschalierten Entgelte zu vereinbaren. Die Kompetenz dieser Verbände im Pflegesatzverfahren wurde wesentlich ausgebaut, nachdem sie bisher auf ein formales Beteiligungsrecht an den Verhandlungen auf Ortsebene beschränkt waren. Sie wurden als Vertragsparteien auf Landesebene etabliert. Im Falle einer Nichteinigung über die Punktwerte für Fallpauschalen und Sonderentgelte sollte die Schiedsstelle nach § 18 a Abs. 1 KHG entscheiden.

Das Gesetz sah im Hinblick auf die angespannte Finanzlage der gesetzlichen Krankenversicherungen eine Begrenzung der Ausgaben vor. Während in anderen Leistungsbereichen der Zuwachs für den jeweiligen Bereich insgesamt budgetiert wurde, bezog sich die „Deckelung" bei den Krankenhäu-

---

37 BGBl. I. S. 2477.
38 BGBl. I. S. 2266.

sern auf das einzelne Krankenhausbudget.[39] Die Budgets wurden in dem Zeitraum von 1993 bis 1995 grundsätzlich auf die Einnahmeentwicklung bei den Krankenkassen begrenzt. Durch die generelle Fortschreibung des Ausgangsbudgets 1992 mit der Steigerungsrate der Krankenkasseneinnahmen wurde der Verhandlungsspielraum für die Vertragsparteien erheblich eingeschränkt.

2. Gesetz zur Stabilisierung der Krankenhausausgaben 1996

Das „Gesetz zur Stabilisierung der Krankenhausausgaben 1996"[40] hat vorgesehen, dass die Erlöse der Krankenhäuser für den Pflegesatzzeitraum 1996 in ihrem Zuwachs auf einen krankenhausindividuell zu ermittelnden Gesamtbetrag begrenzt werden. Dieser Betrag ergab sich aus den Gesamterlösen des einzelnen Krankenhauses aus der stationären Behandlung, der vor- und nachstationären Vergütung und dem ambulanten Operieren; er durfte grundsätzlich nicht höher sein als der vergleichbare Erlösbetrag aus dem Jahr 1995 angepasst an die Erhöhung der Gehälter im öffentlichen Dienst im Jahr 1996.[41] Damit wurde der Zuwachs der Erlöse der Krankenhäuser um ein weiteres Jahr pauschal begrenzt. Die starren Budgetbegrenzungen der Vorjahre sind mit dem Unterschied weitergeführt worden, dass sich die maßgebliche Zuwachsrate nicht aus den beitragspflichtigen Einnahmen der Kassenmitgliedern errechnen sollte, sondern aus der linearen Vergütungssteigerung im öffentlichen Dienst. Das Gesetz wurde mit Datum vom 29. April 1996 verkündet und trat rückwirkend zum 01. Januar 1996 in Kraft.

---

39 Vgl. *Tuschen/Quaas*, Bundespflegesatzverordnung, S. 20.
40 BGBl. I. S. 654.
41 Maßgebend für die Ermittlung des Gesamtbetrages sollte die von den Tarifvertragsparteien vereinbarte lineare Erhöhung des Tarifvertrages nach dem Bundes-Angestelltentarifvertrag (BAT) sein; diese gesetzliche Vorgabe wurde teilweise modifiziert durch die „Maßgaben zur Anwendung des Gesetzes zur Stabilisierung der Krankenhausausgaben 1996", die in Art. 10 des 2. GKV-NOG (vgl. unten 4.) enthalten waren.

3. Das Beitragsentlastungsgesetz

Vor dem Hintergrund der Einführung der Pflegeversicherung sollten Finanzie-
rungsmittel bei den Krankenhäusern durch den Abbau von Fehlbelegungen
freigesetzt werden. Hierzu hat Art. 3 des Beitragsentlastungsgesetzes vom
01. November 1996[42] in Art. 17 a Abs. 3 KHG eine Regelung vorgesehen.
Danach wurden die Vertragsparteien der Pflegesatzvereinbarung dazu verpflichtet, zum Abbau von Fehlbelegungen die Krankenhausbudgets für die
Jahre 1997 bis 1999 pauschal um mindestens ein Prozent abzusenken.[43]

4. Zweites GKV-Neuordnungsgesetz (2. GKV-NOG)

Die Bundesregierung hat, nachdem der Gesetzentwurf eines Krankenhaus-
Neuordnungsgesetzes 1997[44] an der Mitwirkung des Bundesrates gescheitert ist, ein anderes Gesetzesvorhaben mit dem Titel „Zweites Gesetz zur
Neuordnung von Selbstverwaltung und Eigenverantwortung in der gesetzlichen Krankenversicherung (2. GKV–Neuordnungsgesetz – 2. GKV-NOG)"
mit Datum vom 23. Juni 1997[45], verwirklicht. Dieses Gesetz, das rückwirkend
zum 01. Januar 1997 in Kraft getreten ist, brachte das vorläufige Ende der
strikten „Deckelung" der Krankenhausbudgets. Die Erlöse der Krankenhäuser aus Pflegesätzen sollten sich zukünftig innerhalb einer von den Spitzenverbänden der Krankenkassen, dem Verband der privaten Krankenversicherung und der Deutschen Krankenhausgesellschaft vereinbarten Steigerungsrate entwickeln. Bei dieser Steigerungsrate handelte es sich um die ge-
schätzte Veränderungsrate der beitragspflichtigen Einnahmen der Mitglieder
aller Krankenkassen. Trotz der grundsätzlichen Rückkehr zur leistungsge-

---

42 BGBl. I. S. 1631.
43 Durch die 5. Änderungsverordnung zur Bundespflegesatzverordnung vom 09. Dezem-
    ber 1997 wurde in § 28 Abs. 3 Satz 3 klargestellt, dass der Abzug auf gleichbleibend ein
    Prozent für drei Jahre begrenzt ist. Damit wurde eine in der Praxis strittige Frage, ob der
    Betrag über die Jahre gleichbleibend oder kumulativ abgezogen wird, geklärt.
44 BT-Drucks. 13/3062.
45 BGBl. I. S. 1520.

rechten Vergütung war – nach wie vor – der Grundsatz der Beitragssatzstabilität uneingeschränkt zu beachten. Neu war aber, dass bei der Vereinbarung der Budgets die vorgegebene Steigerungsrate in Einzelfällen überschritten werden durfte, wenn bestimmte Ausnahmetatbestände nach § 6 Abs. 3 BPflV a. F. gegeben waren und diese die Überschreitung der Veränderungsrate erforderlich machten.

Eine erklärte Zielsetzung des Gesetzes war es, die Selbstverwaltung der Verbände zu stärken. Das Gesetz brachte einen teilweisen Abbau von staatlichen Reglementierungen – einhergehend mit einer gleichzeitigen erheblichen Stärkung der höchsten Stufe der Selbstverwaltung im Krankenhausbereich auf Bundesebene. Die Spitzenverbände der Krankenkassen und der Verband der privaten Krankenversicherung vereinbaren zukünftig gemeinsam mit der Deutschen Krankenhausgesellschaft die Weiterentwicklung der Entgeltkataloge für Fallpauschalen und Sonderentgelte, die bisher durch eine Rechtsverordnung[46] der Bundesregierung bestimmt wurden. Die zentralistische Orientierung des Regelungssystems wurde dadurch beibehalten.[47]

In Anbetracht der den Vertragsparteien auf Bundesebene neu übertragenen Aufgaben erfolgte die Schaffung einer Bundesschiedsstelle. Hierzu wird § 18 a KHG um einen weiteren Absatz erweitert. Die Schiedsstelle nach § 18 a Abs. 6 KHG entscheidet, soweit sich die Parteien auf der höchsten Vertragsebene im Pflegesatzrecht über die ihnen übertragenen Vereinbarungsgegenstände nicht einigen können. Gegen die Entscheidungen der Bundesschiedsstelle ist unmittelbar der Verwaltungsrechtsweg eröffnet.

---

46 Ehemals Anlagen 1 und 2 zur Bundespflegesatzverordnung.
47 Kritisch hierzu: *Heinze*, SGb 1997, 397.

III. Entwicklung nach dem 2. GKV-Neuordnungsgesetz bis heute

1. GKV-Solidaritätsstärkungsgesetz (GKV-SolG)

Mit dem Gesetz zur Stärkung der Solidarität in der gesetzlichen Krankenversicherung (GKV-Solidaritätsstärkungsgesetz – GKV-SolG) vom 19. Dezember 1998[48] wollte die neue Koalition aus SPD und Bündnis 90/Die Grünen die Voraussetzungen für eine grundlegende Gesundheitsreform in der gesetzlichen Krankenversicherung zum Jahr 2000 schaffen. Das Gesetz hatte laut seiner amtlichen Begründung[49] die Schwerpunkte der vorläufigen Ausgabenbegrenzung zur Beitragssatzstabilisierung, der Reduzierung von Zuzahlungen und Leistungsausgrenzungen sowie der Rücknahme von Elementen der privaten Versicherungswirtschaft. Die Krankenhäuser hatten – ähnlich wie bei dem Gesetz zur Stabilisierung der Krankenhausausgaben 1996[50] – einen Gesamtbetrag für die Erlöse aus Pflegesätzen zu vereinbaren. Die Erlöse wurden in ihrem Zuwachs begrenzt auf die Veränderungsrate der beitragspflichtigen Einnahmen der Mitglieder aller Krankenkassen je Mitglied. Die Sondertatbestände zur Überschreitung dieser vom Bundesministerium für Gesundheit festgestellten Veränderungsrate wurden im Vergleich zu den Vorgaben für die Jahre 1997 und 1998 durch das 2. GKV-Neuordnungsgesetz[51] wesentlich restriktiver formuliert.

---

48 BGBl. I. S. 3853; Gesetzesbegründung: BT-Drucks. 14/24; Beschlussempfehlung und Bericht des Ausschusses für Gesundheit: BT-Drucks. 14/157.
49 BT- Drucks. 14/24, S. 14.
50 Vgl. oben 1.1.B.II.2.
51 Vgl. oben 1.1.B.II.4.

2. GKV-Gesundheitsreform 2000

Der Gesetzentwurf der Fraktionen SPD und Bündnis 90/Die Grünen zur Reform der gesetzlichen Krankenversicherung ab dem Jahr 2000[52] enthielt eine Vielzahl von fundamentalen Änderungen im Bereich des Krankenhauswesens. So sollte durch eine Änderung der §§ 108 ff. SGB V zukünftig der Kontrahierungszwang der Krankenkassen mit den Krankenhäusern entfallen, die erst nach dem 01. Januar 2003 in den Krankenhausplan eines Landes aufgenommen werden. Nach dem Entwurf benötigten diese Krankenhäuser, um Leistungen zu Lasten der gesetzlichen Krankenkassen erbringen zu können, einen Versorgungsvertrag mit den Verbänden der Krankenkassen auf Landesebene. Das gestärkte Beteiligungsrecht der Krankenkassen an der Kapazitätsplanung der Krankenhäuser verfolgte die Zielsetzung einer leistungsgerechten Mittelverteilung. Das duale Finanzierungsystem sollte einer monistischen Krankenhausfinanzierung weichen. Durch die Bildung sektorübergreifender Globalbudgets nach § 142 SGB V sollte den einzelnen Krankenkassen eine Ausgabenobergrenze vorgegeben werden. Beabsichtigt war durch diese Veränderung eine Stabilisierung der Beitragssätze bei gleichzeitiger Flexibilisierung der Leistungs- und Ausgabensteuerung zu erzielen. Die Landesverbände der Krankenkassen, die Verbände der Ersatzkassen und der Landesausschuss des Verbandes der privaten Krankenversicherung sollten einen Gesamtbetrag für die im Land erbrachten allgemeinen Krankenhausleistungen vereinbaren. Weiter war beabsichtigt, ein durchgängiges, leistungsorientiertes und pauschaliertes Vergütungssystem ab dem 01. Januar 2002 mit einjähriger Erprobungsphase einzuführen.

Nachdem der Bundesrat dem ursprünglichen Gesetzentwurf die Zustimmung verweigert hatte, wurde das Vorhaben auf eine zustimmungsfreie Formulierungsvariante reduziert. Das „Gesetz zur GKV-Gesundheitsreform 2000"[53] ist zusammen mit dem „Gesetz zur Rechtsangleichung in der gesetzlichen

---

52 BT-Drucks. 14/1245.
53 BGBl. I. S. 2626.

Krankenversicherung"[54], beide vom 22. Dezember 1999, in den wesentlichen Teilen am 01. Januar 2000 in Kraft getreten. Als gravierende Veränderung der Krankenhauslandschaft stellt sich die beabsichtigte Schaffung eines neuen Vergütungssystems dar. Nach § 17 b KHG ist bezüglich der Vergütung der allgemeinen Krankenhausleistungen für alle Krankenhäuser, für die die Bundespflegesatzverordnung gilt, ein durchgängiges, leistungsorientiertes und pauschaliertes Vergütungssystem einzuführen. Hierzu werden die Spitzenverbände der Krankenkassen und der Verband der privaten Krankenversicherung gemeinsam mit der Deutschen Krankenhausgesellschaft beauftragt, ein Vergütungssystem zu vereinbaren, das sich an einem international bereits eingesetzten Vergütungssystem auf der Grundlage der Diagnosis Related Groups (DRG) orientiert. Die Selbstverwaltung auf Bundesebene hat die Aufgabe, bereits bis zum 30. Juni 2000 die Grundstrukturen des Vergütungssystems und des Verfahrens zur Ermittlung der Bewertungsrelationen sowie die Grundzüge zur laufenden Pflege des Systems zu vereinbaren. Soweit eine Vereinbarung bis zu dem vorgesehenen Termin nicht zu Stande kommt, bestimmt die Bundesregierung den Inhalt nach § 17 b Abs. 4 Satz 1 KHG durch Rechtsverordnung. Im Übrigen soll nach § 17 b Abs. 4 Satz 2 KHG auf Antrag einer Vertragspartei die Schiedsstelle nach § 18 a Abs. 6 KHG entscheiden. Das neue Vergütungssystem soll nach § 17 b Abs. 3 Satz 5 KHG für das Jahr 2003 budgetneutral umgesetzt werden. Der Beschlussempfehlung des Ausschusses für Gesundheit,[55] die eine stufenweise Angleichungsphase des krankenhausindividuellen zum zukünfig maßgeblichen bundesweiten oder regionalen Punktwert in den Jahren 2004 bis 2006 enthielt, ist der Gesetzgeber letztlich nicht gefolgt. Ob der Verordnungsgeber künftig ein dreijähriges Übergangsverfahren vorsieht, bleibt abzuwarten.[56] Der Gesetzgeber hat in § 17 b KHG den Selbstverwaltungsverbänden einen kaum erkennbaren Rahmen für die Gestaltung des neuen Entgeltsystems aufgezeigt. Zusätzliche Rechtsunsicherheiten entstehen durch die Verwendung einer Vielzahl von unbestimmten Rechtsbegriffen und einer nicht klar

---

54 BGBl. I. S. 2657.

55 BT-Drucks. 14/1977, S. 117.

56 In diese Richtung wohl *Tuschen*, f&w 2000, 6, 12.

erkennbaren Abgrenzung der Kompetenzen des Verordnungsgebers einerseits und der Bundesschiedsstelle andererseits im Falle einer Nichteinigung unter den Verbänden.

Eine weitere wesentliche Änderung ist in der nunmehr vorgesehenen Bindung der Pflegesatzparteien an eine vom Bundesministerium für Gesundheit nach § 71 Abs. 3 SGB V festgesetzte Veränderungsrate zu erkennen. Veränderungen der medizinischen Leistungsstruktur oder der Fallzahlen können zwar grundsätzlich dazu berechtigen, diese Rate im Einzelfall nach § 6 Abs. 1 Satz 4 Nr. 1 BPflV zu überschreiten, jedoch soll der Tatbestand nach § 19 Abs. 3 BPflV nicht schiedsstellenfähig sein. Ein Anspruch auf die BAT-Berichtigungsrate soll den Krankenhäusern nach § 6 Abs. 3 Satz 3 BPflV künftig nur dann zustehen, wenn dies erforderlich ist, um den Versorgungsauftrag zu erfüllen.

Neben der Vereinbarung eines neuen Entgeltsystems nach § 17 b KHG wurden der Selbstverwaltung auf Bundesebene weitere Aufgaben zugewiesen. Der schon durch das 2. NOG einsetzende Trend zur Verlagerung von Regelungskompetenzen einerseits vom Gesetz- oder Verordnungsgeber und andererseits von der Landesebene hin zu der Selbstverwaltung auf Bundesebene hält damit nach wie vor an. Nach § 115 b Abs. 1 SGB V vereinbaren die Spitzenverbände der Krankenkassen gemeinsam, die Deutsche Krankenhausgesellschaft oder die Bundesverbände der Krankenhausträger gemeinsam mit der Kassenärztlichen Bundesvereinigung einen Katalog ambulant durchführbarer Operationen und sonstiger stationsersetzender Eingriffe. Auf Bundesebene sollen auch Maßnahmen zur Qualitätssicherung bei zugelassenen Krankenhäusern nach § 137 SGB V vereinbart werden. Die Vereinbarungen sind nach § 137 Abs. 2 Satz 2 SGB V vorrangig gegenüber den Landesverträgen nach § 112 Abs. 1 SGB V. Weiter soll ebenfalls auf Bundesebene nach § 137 b SGB V eine Arbeitsgemeinschaft zur Förderung der Qualitätssicherung in der Medizin gebildet werden. Für die Abstimmung zwischen ambulanter und stationärer Versorgung ist nach § 137 e SGB V ein Koordinierungsausschuss zu errichten. Eine wesentliche Neuerung bringen die §§ 140 a bis h SGB V, die es den Krankenkassen erlauben, mit einzelnen

Leistungserbringern oder Gemeinschaften von ihnen Verträge über integrierte Versorgungsformen abzuschließen. Dabei kann nach § 140 b Abs. 4 SGB V von den Vorschriften des Krankenhausfinanzierungsgesetzes abgewichen werden.[57] Soweit Krankenhäuser an der integrierten Versorgung teilnehmen, sind die hierüber finanzierten Leistungen nach § 6 Abs. 1 Satz 2 Nr. 4 BPflV nicht mehr über den Gesamtbetrag zu finanzieren.

---

57   Vgl. *Tuschen*, f&w 2000, 6, 8.

2. Abschnitt: Vertragliche Strukturen in der gesetzlichen Krankenversicherung

Die gesetzlichen und vertraglichen Regelungen über die Leistungserbringung der Krankenhäuser einschließlich der Vergütung hierfür sind Bestandteil eines umfangreichen und mehrstufigen rechtlichen Beziehungsgeflechts, das zwischen den Leistungserbringern, den gesetzlichen Krankenkassen und Patienten gebildet wird. Die unterste Vereinbarungsebene, die die Rechtsverhältnisse „vor Ort" betrifft, wird überlagert durch eine Reihe von Verträgen, die auf darüberliegenden Ebenen geschlossen werden.

Zunächst sollen die anzutreffenden, vertraglichen Strukturen in der gesetzlichen Krankenversicherung am Beispiel des Vertragsarztrechts (unten A.) skizziert werden, denn der Gesetzgeber hat dieser Materie bei der Normierung der Rechtsbeziehungen im Krankenhausbereich eine Leitbildfunktion[58] zugestanden. Anschließend sind die Rechtsverhältnisse bei der Leistungserbringung des Krankenhauses (unten B.) darzustellen.

A. Normsetzungsverträge im Vertragsarztrecht

Die Vertragsstrukturen in der gesetzlichen Krankenversicherung können exemplarisch anhand des vertragsärztlichen Versorgungssystems verdeutlicht werden. Die Kassenärztlichen Vereinigungen und die Kassenärztliche Bundesvereinigung haben im Rahmen ihres Sicherstellungsauftrages eine angemessene Versorgung der Versicherten zu gewährleisten. Zu diesem Zweck werden mit den Landesverbänden der Krankenkassen und den Verbänden der Ersatzkassen Gesamtverträge geschlossen (§ 83 SGB V), in denen die Gesamtvergütung festgelegt wird, die mit befreiender Wirkung an die Kassenärztliche Vereinigung gezahlt wird (§ 85 SGB V).[59] Über dem pri-

---

58 Zur Leitbildfunktion des Vertragsarztrechts für den Krankenhausbereich: vgl. *Heinze*, in: Schulin (Hrsg.), Handbuch des Sozialversicherungsrechts, Bd. 1, § 38 Rdnrn. 12, 35.

59 Vgl. *Gitter*, SGb 1991, 85, 89.

vatrechtlichen Vertragsverhältnis zwischen dem Vertragsarzt und dem Versicherten[60] baut sich in drei Stufen gegliedert – auf öffentlich-rechtlicher Mitgliedschaft beruhend – das vertragsärztliche Versorgungsystem auf, vom Vertragsarzt über die Kassenärztlichen Vereinigungen bis zu der Kassenärztlichen Bundesvereinigung einerseits, vom Versicherten und den Krankenkassen über die Landesverbände der Krankenkassen und den Verbänden der Ersatzkassen zu den Spitzenverbänden der Krankenkassen andererseits.[61] Während die Bundesmantelverträge als Rahmenverträge auf der dritten Stufe neben dem vom Bewertungsausschuss vereinbarten Bewertungsmaßstab nur den „allgemeinen Inhalt der Gesamtverträge" regeln (§ 82 Abs. 1 SGB V), erfassen die von den Kassenärztlichen Vereinigungen mit den Landesverbänden der Krankenkassen und den Verbänden der Ersatzkassen abzuschließenden Gesamtverträge auf der zweiten Stufe die vertragsärztliche Versorgung im Einzelnen, die Höhe der Gesamtvergütung und die Verfahren zur Abrechnungsprüfung.[62] Die Höhe der Gesamtvergütung wird nach § 85 Abs. 2 Satz 1 SGB V mit Wirkung für die beteiligten Krankenkassen vereinbart. Nach § 95 Abs. 3 Satz 2 SGB V sind die vertraglichen Bestimmungen über die vertragsärztliche Versorgung für die Vertragsärzte verbindlich.

Die Verträge auf Bundes- und Landesebene zur Sicherstellung der vertragsärztlichen Versorgung der Versicherten werden teils als Normsetzungsverträge[63] und teils als Kollektivverträge[64] bezeichnet. Damit wird gleichbedeu-

---

60 Die Rechtsnatur dieses Rechtsverhältnisses war lange umstritten, die h. M. geht heute zu Recht von einem privatrechtlichen Charakter des Vertragsverhältnisses aus. Vgl. auch § 76 Abs. 4 SGB V. Hierzu auch *Schnapp/Düring*, NJW 1989, 2913, 2916 m. w. N.

61 Vgl. *Heinze*, SGb 1990, 173.

62 Vgl. *Heinze*, SGb 1990, 173.

63 *Ebsen*, in: Schulin (Hrsg.), Handbuch des Sozialversicherungsrechts, Bd. 1, § 7 Rdnr. 110; *Schnapp*, NZS 1997, 152, 153; *Sodan*, NZS 1998, 305, 306; *Neumann*, MedR 1996, 389, 391; *Wimmer*, MedR 1996, 425.

64 *Heinze*, SGb 1997, 173 ff.; *Funk*: in: Schulin (Hrsg.), Handbuch des Sozialversicherungsrechts, Bd. 1, § 32 Rdnr. 14; *Hofmann*, Das Schiedsamt im Kassenarztrecht nach dem Sozialgesetzbuch Teil V, S. 40 f.; auch *Gitter*, SGb 1991, 85, 90, er spricht von *„einem Vertragswesen mit gesetzlich angeordneter Kollektivwirkung"*.

tend zum Ausdruck gebracht, dass die Verträge als echte Rechtsquellen unmittelbare Rechtswirkungen gegenüber den durch ihre abstrakt-generellen Regelungen betroffenen Dritten entfalten.[65] Das Bundessozialgericht hat in einem Leitsatz eines Urteils vom 30. Mai 1969 zu den Gesamtverträgen festgestellt,[66] dass die Kassenärztlichen Vereinigungen und die Krankenkassen für die ihrer Rechtssetzungsmacht Unterworfenen verbindliches Recht schaffen, soweit sie von ihrer vom Gesetzgeber erteilten Ermächtigung Gebrauch machen, die kassenärztliche Versorgung im Rahmen der gesetzlichen Vorschriften und der Richtlinien der Bundesausschüsse zu regeln. Das Gericht hat in diesem Zusammenhang ausgeführt, der Gesetzgeber habe mit der Wahl der Vertragsform lediglich die gleichberechtigte Beteiligung beider Seiten an der Normsetzung sicherstellen wollen, und im Übrigen sei es auch nicht ungewöhnlich, dass *„im Vertrags- bzw. Vereinbarungswege Recht gesetzt werden kann"*[67]. Das Bundessozialgericht verweist hier auf das seiner Auffassung nach ähnlich gelagerte Tarifvertragsrecht, auch § 1 Tarifvertragsgesetz gebe *„den Tarifvertragsparteien die Ermächtigung zur normativen Regelung des Arbeitsverhältnisses in der Form des Vertrages"*. Das Bundessozialgericht bestätigt in einem späteren Urteil[68] diese Haltung und konstatiert, die Normsetzung durch Vertrag habe *„eine lange Tradition"* und sei in ständiger Rechtsprechung anerkannt. Das Gericht führt weiter aus, das SGB V gebe *„keine Veranlassung, den Normcharakter wiederum in Frage zu stellen"*.

Die Normsetzungsverträge im Bereich der vertragsärztlichen Versorgung werden zwischen Körperschaften des öffentlichen Rechts[69] geschlossen; sie sind als kollektive öffentlich-rechtliche Verträge zu qualifizieren, weil es sich bei der Ausgestaltung der vertragsärztlichen Versorgung im Rahmen der vorgegebenen Regelungen des SGB V um eine öffentlich-rechtlich geregelte

---

65 Vgl. *Ebsen*, in: Schulin (Hrsg.), Handbuch des Sozialversicherungsrechts, Bd. 1, § 7 Rdnr. 110.
66 Vgl. BSGE 29, 254.
67 Vgl. BSGE 29, 254, 256.
68 Vgl. BSGE 71, 42, 48.
69 Vgl. §§ 77 Abs. 5, 207 Abs. 1 Satz 2, 212 Abs. 4 SGB V.

Rechtsmaterie handelt.[70] Die vertragsärztliche Versorgung obliegt den Krankenkassen und kassenärztlichen Vereinigungen nach § 27 Abs. 1 Satz 2 Nr. 1 SGB V und § 72 Abs. 1 Satz 1 SGB V als öffentliche Aufgabe.[71]

B. Verträge im Krankenhausbereich

I. Verträge mit Normcharakter

1. Landesverträge nach SGB V

Auch im Krankenhausbereich sieht das SGB V auf Landesebene Verträge vor, denen der Gesetzgeber eine normative Wirkung zugedacht hat. Ausgangspunkt einer Würdigung der dort anzutreffenden Rechtsbeziehungen soll das Rechtsverhältnis zwischen Patient und Krankenhausträger sein. Der zwischen diesen Parteien entstehende Behandlungsvertrag[72] ist privatrechtlich ausgestaltet.[73] Über diese *„Keimzelle des Krankenhausrechts"* wölbt sich dann ein öffentlich-rechtliches Vertragsgebäude.[74] Nach § 112 Abs. 1 SGB V schließen die Landesverbände der Krankenkassen und die Verbände der

---

70 Vgl. *Düring*, Das Schiedswesen in der gesetzlichen Krankenversicherung, S. 36; *Hess*, in: Kass.Komm., Sozialversicherungsrecht, Bd. 1, § 82 Rdnrn. 7, 9. Klarstellend zu den Rechtsbeziehungen der Krankenkassen und ihren Verbänden mit den Leistungserbringern und ihren Verbänden im Allgemeinen nunmehr die Vorschrift des § 69 SGB V in der Fassung des GKV-Gesundheitsreformgesetzes 2000. Hierzu bringt die amtliche Begründung in BT-Drucks. 14/1245, S. 68 zum Ausdruck, dass die in § 69 Satz 1 SGB V – diese Regelung hat im Laufe des Gesetzgebungsverfahrens eine insoweit nur unwesentliche Veränderung erfahren – genannten Rechtsbeziehungen allein sozialversicherungsrechtlicher und nicht privatrechtlicher Natur seien.
71 Vgl. Schneider, Handbuch des Kassenarztrechts, Rdnr. 694.
72 Auch als so genannter Krankenhausaufnahmevertrag bezeichnet.
73 Vgl. BGH NJW 1984, 1820; BSGE 51, 108, 111; 53, 62, 65; *Heinze*, das Krankenhaus 1994, 298, 299; *Lenz*, NJW 1985, 649, 651.
74 Vgl. *Heinze*, das Krankenhaus 1994, 298, 300.

Ersatzkassen gemeinsam mit der Landeskrankenhausgesellschaft oder mit den Vereinigungen der Krankenhausträger im Land gemeinsam Verträge über die Art und den Umfang der Krankenhausbehandlung. Neben diesen zweiseitigen Verträgen hat der Gesetzgeber im Krankenhausbereich dreiseitige Verträge nach § 115 Abs. 1 SGB V[75] vorgesehen, die zwischen den Landesverbänden der Krankenkassen und den Verbänden der Ersatzkassen gemeinsam mit den Kassenärztlichen Vereinigungen und der Landeskrankenhausgesellschaft oder mit den Vereinigungen der Krankenhausträger im Land gemeinsam geschlossen werden. Die Verträge sollen eine nahtlose ambulante und stationäre Behandlung der Versicherten durch eine enge Zusammenarbeit zwischen den Vertragsärzten und den zugelassenen Krankenhäusern errreichen.

Nach dem Modell des Normensetzungsvertrages sollen sich die Verträge in ihrer Verbindlichkeit auf Dritte erstrecken. So begründet § 112 Abs. 2 Satz 2 SGB V die Verbindlichkeit der zweiseitigen Verträge für die Krankenkassen und die zugelassenen Krankenhäuser im jeweiligen Vertragsbereich. Eine entsprechende Bestimmung enthält § 115 Abs. 2 Satz 2 SGB V.

Nach § 112 Abs. 5 SGB V sollen die Spitzenverbände der Krankenkassen mit der Deutschen Krankenhausgesellschaft oder den Bundesverbänden der Krankenhausträger Rahmenempfehlungen zum Inhalt der zweiseitigen Landesverträge abgeben. Eine entsprechende Regelung ist in § 115 Abs. 5 SGB V für die dreiseitigen Landesverträge unter Einbeziehung der Kassenärztlichen Bundesvereinigung zu finden. Von diesen Möglichkeiten wurde auf der Bundesebene in nicht unerheblichem Umfang Gebrauch gemacht.[76]

---

75 Vgl. hierzu auch *Schlichtner-Wicker*, Die dreiseitigen Verträge nach § 115 SGB V, die jedoch die dreiseitigen Verträge privatrechlich qualifiziert. Dies erscheint zweifelhaft, vgl. hierzu: *Krauskopf/Schroeder-Printzen*, Soziale Krankenversicherung/Pflegeversicherung, § 115 Rdnr. 2; *Hauck*, Sozialgesetzbuch, 2.Bd., § 115 Rdnr. 3.

76 Vgl. *Heinze*, in: Schulin (Hrsg.), Handbuch des Sozialversicherungsrechts, Bd. 1, § 38 Rdnrn. 66 ff. und 80 ff.

2. Vereinbarungen im Krankenhausfinanzierungsrecht

a.) Vereinbarungen auf Bundesebene

Die höchste Vereinbarungsebene im Krankenhausfinanzierungsbereich wird
– gewissermaßen auf der dritten Stufe – zwischen den Spitzenverbänden der
Krankenkassen und dem Verband der privaten Krankenversicherung gemeinsam mit der Deutschen Krankenhausgesellschaft gebildet. Die Spitzenverbände der Krankenkassen sind nach § 213 Abs. 1 SGB V die Bundesverbände der Krankenkassen, die Bundesknappschaft, die Verbände der Ersatzkassen und die See-Krankenkasse. Diese Vertragsparteien auf Bundesebene sind zuständig für die Vereinbarung der Entgeltkataloge für Fallpauschalen und Sonderentgelte nach § 17 Abs. 2a Satz 3 KHG i. V. m. § 15
Abs. 1 Satz 1 Nr. 1, Abs. 3 BPflV. Sie vereinbaren die Berichtigungsrate nach
§ 6 Abs. 3 Satz 1 i. V. m. § 15 Abs. 1 Nr. 2 BPflV. Die Vertragsparteien auf
Bundesebene können nach § 15 Abs. 1 Satz 2 i. V. m. § 11 Abs. 8 Satz 2
BPflV einen abweichenden Vomhundertsatz für den Mehrerlösausgleich bei
Fallpauschalen und Sonderentgelten vereinbaren. Ebenfalls auf der dritten
Stufe vereinbaren die Spitzenverbände der Krankenkassen mit der Deutschen Krankenhausgesellschaft – ohne Mitwirkung des Verbandes der privaten Krankenversicherung – den einheitlichen Aufbau der Datensätze und
die Übermittlung von Daten nach Maßgabe von § 15 Abs. 2 BPflV. Im Hinblick auf die im Rahmen des GKV-Gesundheitsreformgesetzes 2000 vom
22. Dezember 1999[77] beabsichtigte Einführung eines durchgängigen, pauschalierenden Entgeltsystems sollen die Spitzenverbände der Krankenkassen und der Verband der privaten Krankenversicherung gemeinsam mit
der Deutschen Krankenhausgesellschaft ein Vergütungssystem nach Maßgabe des § 17 b Abs. 2 KHG vereinbaren.

Sind sich die Verbände der Kostenträger bei der Vereinbarung der Entgeltkataloge nach § 17 Abs. 2a KHG oder des durchgängigen, pauschalierenden

---

77   BGBl. I. S. 2626, 2648.

Entgeltsystems nach § 17 b KHG untereinander nicht einig, so gilt die Regelung des § 213 Abs. 2 SGB V entsprechend. Das nach dieser Regelung zu bildende kasseninterne Beschlussgremium wird um einen Vertreter des Verbandes der privaten Krankenversicherung erweitert und die Beschlüsse bedürfen der Mehrheit von mindestens sieben Stimmen. Durch diese Entscheidungen kommt aber nicht die anvisierte Vereinbarung auf Bundesebene zu Stande, sondern es wird nur die Position der Kostenträger kassenseitig festgelegt.

Durch das 2. GKV-Neuordnungsgesetz ging die Zuständigkeit zur Regelung der Entgeltkataloge auf die Selbstverwaltung der Krankenhäuser und Krankenkassen auf Bundesebene über. Vor dieser Rechtsänderung waren die Fallpauschalen und Sonderentgelte mit der Vorgabe bundeseinheitlicher Bewertungsrelationen durch den Verordnungsgeber der Bundespflegesatzverordnung zu bestimmen. Dies ist bis dahin in den Anlagen 1 und 2 zur Bundespflegesatzverordnung geschehen. Nach § 17 Abs. 2a Satz 7 KHG gelten die in der Rechtsverordnung bestimmten Fallpauschalen und Sonderentgelte seit dem 01. Januar 1998 *„als vertraglich vereinbart"*. Diese ungewöhnliche Regelung führt dazu, dass die vom Verordnungsgeber festgelegten Entgelte in einer fingierten Vereinbarung weiter bestehen und jederzeit von den Vertragsparteien geändert werden können, ohne damit gegen eine Rechtsnorm zu verstoßen.[78]

Die Vereinbarungen über die Entgeltkataloge sind nach § 17 Abs. 2a Satz 6 KHG für die Träger von Krankenhäusern unmittelbar verbindlich, soweit sie Mitglied einer Landeskrankenhausgesellschaft sind. Ist der Träger des Krankenhauses nicht Mitglied einer Landeskrankenhausgesellschaft, so sind die Entgeltkataloge der Pflegesatzvereinbarung zu Grunde zu legen. Nach § 15 Abs. 2 Satz 2 BPflV gilt diese Regelung für die Vereinbarungen über die zu übermittelnden Daten entsprechend. Dieser Differenzierung des § 17 Abs. 2a Satz 6 KHG ist allerdings der Verordnungsgeber für die Entgeltkataloge nicht

---

78 Vgl. *Dietz/Bofinger*, Krankenhausfinanzierungsrecht, § 17 KHG Erl. IX. 2.

gefolgt, denn nach § 15 Abs. 1 Nr. 1 BPflV werden die Entgeltkataloge „*mit Wirkung für die Vertragsparteien nach § 17*" vereinbart.

b.) Vereinbarungen auf Landesebene

Auf der zweiten Stufe der Vereinbarungsebene – gewissermaßen zwischen den Pflegesatzvereinbarungen und den Vereinbarungen auf Bundesebene – sind die Vereinbarungen auf Landesebene angesiedelt. Die Vorschrift des § 16 BPflV definiert den Begriff der Vertragsparteien auf Landesebene nicht, sondern setzt ihn voraus. Nach § 11 Abs. 3 BPflV i. V. m. § 18 Abs. 1 Satz 2 KHG sind die Landeskrankenhausgesellschaft, die Landesverbände der Krankenkassen, die Verbände der Ersatzkassen und der Landesausschuss des Verbandes der privaten Krankenversicherung angesprochen. Sie vereinbaren die für die Höhe der Fallpauschalen und Sonderentgelte maßgeblichen Punktwerte nach § 18 Abs. 3 Satz 3 KHG i. V. m. § 16 Abs. 1 BPflV. Auch können sie weitere – über den bundesweiten Entgeltkatalog hinausgehende – Fallpauschalen und Sonderentgelte auf Landesebene nach § 17 Abs. 2a Satz 9 KHG i. V. m. § 16 Abs. 2 BPflV vereinbaren. Schließlich sollen sie nach § 18 Abs. 3 Satz 3 KHG i. V. m. § 16 Abs. 3 BPflV eine Vereinbarung über ein landeseinheitliches pauschaliertes Entgelt für Unterkunft und Verpflegung anstreben.

Die Vereinbarungen der Parteien auf Landesebene entfalten nach § 16 Abs. 1 bis 3 BPflV „*Wirkung für die Vertragsparteien*". Gemeint sind hier die Parteien der Pflegesatzvereinbarung auf Ortsebene. Zu berücksichtigen ist jedoch, dass die Verträge auf Landesebene der Genehmigung durch die zuständige Landesbehörde bedürfen. Das Genehmigungserfordernis verhindert lediglich die unmittelbare Verbindlichkeit der Vereinbarung, spricht aber nicht gegen ihre normative Eigenschaft, denn sie regelt nicht nur für die Vertragspartner, sondern auch – und zwar vorwiegend – für Dritte.

3. Rechtliche Wertung

a.) Verfassungsrechtliche Grenzen der Normsetzungsverträge

Es bedarf der Klärung, ob das von dem Gesetzgeber für den Krankenhausbereich gewählte System von Verträgen mit Normcharakter rechtliche Probleme aufwirft. Die oben dargestellten Vereinbarungen dienen alle der Erfüllung der auf der Grundlage des öffentlich-rechtlichen Versicherungsverhältnisses bestehenden Sachleistungsverpflichtung der Krankenkassen; es handelt sich mithin um öffentlich-rechtliche Verträge.

Die Zulässigkeit von kollektiven Normsetzungsverträgen ist teilweise in anderen Bereichen außerhalb des Rechts der gesetzlichen Krankenversicherung anerkannt und historisch gewachsen. Als derartig anerkannte *„atypische Rechtsnormen"*[79] sind zunächst die Tarifverträge zu erwähnen. Diese haben regelmäßig einen normativen und einen schuldrechtlichen Teil. Die Rechtsnormen des Tarifvertrages gelten nach § 4 Abs. 1 TVG unmittelbar und zwingend zwischen den beiderseits Tarifgebundenen, die unter den Geltungsbereich des Tarifvertrages fallen. Die Rechte der Tarifvertragsparteien sind in Art. 9 Abs. 3 GG verfassungsrechtlich abgesichert. Das Grundrecht der Koalitionsfreiheit schützt auch die spezifisch koalitionsmäßige Betätigung; hierzu gehört auch der Abschluss von Tarifverträgen.[80] Die darin gesetzten Normen gelten als „autonome Rechtsnormen der Koalitionen" kraft Anerkennung durch staatliche Gewalt.[81]

Dagegen findet der hier interessierende Bereich der Sozialversicherung die Basis für die normsetzende Kraft der Kollektivverträge nicht im Grundgesetz, sondern im einfachen Gesetz. Die Rechtsetzungsautonomie der Sozialversicherungsträger und ihrer Verbände weist weder in der Form der Satzungs-

---

79 Vgl. *Wimmer*, MedR 1996, 425.
80 Vgl. *Jarass*, in: Jarass/Pieroth, Grundgesetz, Art. 9 Rdnr. 29.
81 Vgl. *Scholz*, in: Maunz/Dürig, Grundgesetz, Art. 9 Rdnr. 301.

gebung noch in der der Normsetzungverträge eine verfassungsrechtliche Gewährleistung auf.[82] Gegen die einfachgesetzlich begründete Zulassung einer untergesetzlichen Rechtsetzung im Sozialversicherungsrecht bestehen keine grundsätzlichen Bedenken. Jedoch ist der Gesetzgeber nicht zur Erteilung *„einer Blankovollmacht zugunsten der Vertragspartner und zu Lasten Dritter befugt"*[83]. Wenngleich die Normsetzungsverträge im Vertragsarztrecht ebenfalls nicht unumstritten sind,[84] so erweisen sie sich doch als weniger angreifbar als diejenigen im Krankenhausbereich. Dies muss zumindest für das Erfordernis einer hinreichenden demokratischen Legitimation des Normsetzers gelten. So hat der Gesetzgeber die Vertragspartner im Vertragsarztrecht als Körperschaften des öffentlichen Rechts ausgestaltet und ihnen zum einen Satzungsautonomie und zum anderen weitere Normsetzungsbefugnisse im Rahmen der Kollektivverträge verliehen. Die mitgliedschaftliche Legitimation, die der Geltungskraft von Satzungen immanent ist, bezieht sich auch auf die Normsetzung durch Kollektivverträge.[85] Im Verhältnis der Kassenärztlichen Vereinigung zu ihren Mitgliedern, den Vertragsärzten, ist eine ausreichende demokratische Legitimation gegeben.[86] Das Repräsentantenverhältnis zwischen dem Normsetzer und den Normadressaten ist ungestört, man kann allenfalls über den Grad der *„Verdünnung"* der Legitimationskette streiten.[87]

Anerkennt man die Zulässigkeit einer normsetzenden Vereinbarung im Allgemeinen und im Vertragsarztrecht im Besonderen, so drängen sich doch im Leistungserbringungsrecht der Krankenhäuser erhebliche Zweifel auf, ob die vom Gesetzgeber den Beteiligten eingeräumte Rechtsautonomie die Normadressaten in verbindlicher Form treffen kann. Die Einwände und Bedenken

---

82 Vgl. *Papier*, VSSR 1990, 123, 134.

83 Vgl. *Sodan*, NZS 1998, 305, 308.

84 Vgl. *Wimmer*, MedR 1996, 425; *ders.*, NZS 1999, 113; *Schnapp*, MedR 1996, 418.

85 Vgl. *Papier*, VSSR 1990, 123, 135.

86 Vgl. *Sodan*, NZS 1998, 305, 309; *Clemens*, MedR 1996, 432, 435 f.; a. A. *Wimmer*, MedR 1996, 425, 426, der verlangt, der Rechtsnormgeber müsse unmittelbar demokratisch legitimiert sein.

87 Vgl. *Sodan*, NZS 1998, 305, 309.

resultieren aus der privatrechtlichen Organisationsform der Krankenhausge-
sellschaften und aus der Erstreckung der normativen Verbindlichkeitserklä-
rung auf so genannte „Außenseiter". Der Gesetz- oder Verordnungsgeber hat
die Verbindlichkeit der Verträge *„für die Vertragsparteien"*[88] oder *„die zugelassenen Krankenhäuser im Land"*[89] angeordnet, obwohl die Landeskrankenhausgesellschaften und die Deutsche Krankenhausgesellschaft als eingetragene Vereine des Privatrechts organisiert sind.[90] Auch die alternativ als
Vertragsparteien neben diesen Verbänden im Rahmen der Landesverträge
nach §§ 112, 115 SGB V vorgesehenen Vereinigungen von Krankenhausträgern sind – soweit sie eine eigene Rechtspersönlichkeit besitzen – privatrechtlich organisiert.[91] An der Normsetzung durch öffentlich- rechtlichen Vertrag sind in verfassungsrechtlich bedenklicher Weise privatrechtliche Vereinigungen beteiligt.[92] Mehr noch als aus diesem Grund wird man die normative
Wirkung der Verträge im Krankenhausbereich als unzulässig betrachten
müssen, weil sie sich nicht bloß auf die Mitglieder der Verbände erstrecken
sollen, sondern auch Träger von Krankenhäusern betreffen, die sich einer
Landeskrankenhausgesellschaft nicht angeschlossen haben. Es besteht aber
weder ein Zwang gesetzlicher Art für das einzelne Krankenhaus, sich einem
solchen Verband anzuschließen, noch sind alle Krankenhäuser in den Landeskrankenhausgesellschaften oder in den Vereinigungen der Krankenhausträger verbunden.[93] Die aus verfassungsrechtlichen Gründen zu for-
dernde demokratische Legitimation des Normsetzers fehlt jedoch dann, wenn
er seinen hoheitlichen Akt der Rechtsetzung nicht nur an die Personen richtet, denen er seine Position verdankt. Es gilt der aus Art. 20 Abs. 2 GG zu
gewinnende Grundsatz, dass sowohl gesellschaftliche als auch staatliche

---

88 Vgl. § 15 Abs. 1 Nr. 1 BPflV, § 16 Abs. 1 bis 3 BPflV.
89 Vgl. § 112 Abs. 2 Satz 2 SGB V, § 115 Abs. 2 Satz 2 SGB V.
90 Vgl. *Hess,* in: Kass.Komm., Sozialversicherungsrecht, Bd. 1, § 108 a SGB V Rdnr. 3.
91 Vgl. *Heinze,* in: Schulin (Hrsg.), Handbuch des Sozialversicherungsrechts, Bd. 1, § 38
     Rdnr. 62.
92 Vgl. *Papier,* VSSR 1990, 123, 136, er hält Normsetzungsverträge, an denen auch privat-
     rechtliche Vereinigungen beteiligt sind, für verfassungsrechtlich unzulässig.
93 Vgl. *Heinze,* in: Schulin (Hrsg.), Handbuch des Sozialversicherungsrechts, Bd. 1, § 38
     Rdnr. 62.

Machtträger die ihnen zustehenden Befugnisse legitimerweise nur – für und gegen – den Personenkreis ausüben dürfen, denen sie ihre Beauftragung verdanken.[94] An einer derartigen Gruppenidentität fehlt es im Krankenhausbereich, die wohl prinzipiell nur dann vorliegen würde, wenn sie durch eine Zwangsmitgliedschaft sichergestellt wäre. Weiter ist zu bedenken, dass sich die angeordnete Bindungswirkung gegenüber den Krankenhäusern nicht nur für die Nichtmitglieder, sondern auch für die Mitglieder der Landeskrankenhausgesellschaften als eine verfassungsrechtlich bedenkliche Maßnahme darstellt. Der Verein und seine Mitglieder stehen unter dem Schutz der kollektiven und individuellen Vereinigungsfreiheit nach Art. 9 Abs. 1 GG. Das Grundrecht gewährt das Recht, sich zu jedem verfassungsmäßig erlaubten Zweck zusammenzuschließen. Geschützt ist hier auch die Selbstbestimmung über die eigene Organisation, das Verfahren der Willensbildung und die Führung der Geschäfte.[95] Die vom Gesetzgeber im Krankenhausbereich vorgesehenen Verträge mit Normcharakter greifen aber in das Recht der Mitglieder ein, selbst den Vereinszweck und über das Tätigwerden der Vereinigung zu bestimmen.[96] Eine Bindungswirkung der Verträge auf Bundes- oder Landesebene könnte gegenüber den Mitgliedern nur durch entsprechende Satzungsbeschlüsse der Vereine hergestellt werden. So könnten die Entgeltkataloge legitimiert werden, wenn die Mitglieder der Landeskrankenhausgesellschaften sich ihrerseits im Rahmen eines Satzungsbeschlusses damit einverstanden erklären würden, dass die jeweilige Landeskrankenhausgesellschaft Mitglied der Deutschen Krankenhausgesellschaft sein kann, und diese ermächtigt ist, bindende Vereinbarungen zu Lasten der Mitglieder der Landeskrankenhausgesellschaften zu treffen.[97] Die Verträge mit Normsetzungscharakter im Krankenhausbereich entfalten damit keine normative Wirkung für die Normadressaten, weil an ihnen privatrechtliche Vereinigungen betei-

---

94 Vgl. *Herzog*, in: Maunz/Dürig, Grundgesetz, Art. 20 Rdnr. 57.
95 Vgl. *Jarass*, in: Jarass/Pieroth, Grundgesetz, Art. 9 Rdnr. 9.
96 Die Aufgabenwahrnehmung durch privatrechtliche Vereinigungen muss auch deshalb als fragwürdig erscheinen, weil den Vereinen auf Grund der negativen Vereinigungsfreiheit auch das Recht zur Selbstauflösung zusteht, vgl. hierzu: *Scholz*, in: Maunz/Dürig, Grundgesetz, Art. 9 Rdnr. 94.
97 So schon *Heinze*, SGb 1997, 398, 399.

ligt sind und die Wirkung nicht nur Mitglieder, sondern auch Dritte betreffen soll, die in keinerlei Repräsentantenverhältnis zu einem Vertragspartner stehen. Die normativ angeordnete Bindungswirkung der Verträge verletzt auch die Grundrechte der Krankenhausträger aus Art. 12 und 14 GG und soweit ein kirchlicher Träger betroffen wird, zusätzlich Art. 4 Abs. 2 GG und 140 GG i. V .m. Art. 137 Abs. 3 WRV und Art. 138 Abs. 2 WRV.[98] Der Hintergrund, dass die Verbindlichkeit der Kollektivverträge im Krankenhausbereich nach dem derzeit geltenden Recht *„auf sehr unsicherem Boden steht",*[99] liegt darin begründet, dass der Gesetzgeber aus verfassungsrechtlichen Bedenken, die insbesondere auf den Grundrechten der kirchlichen Krankenhausträger basieren, bisher davon abgesehen hat, diese in Körperschaften des öffentlichen Rechts nach dem Muster der kassenärztlichen Vereinigungen zusammenzufassen.[100]

Überzeugen kann auch nicht die vom Gesetzgeber in § 17 Abs. 2a Satz 6 KHG getroffene Differenzierung. Die Entgeltkataloge sollen für Krankenhausträger, die Mitglied einer Landeskrankenhausgesellschaft sind, unmittelbar verbindlich sein; dagegen sind für die Nichtmitglieder die Entgeltkataloge der Pflegesatzvereinbarung lediglich „zugrunde zu legen". Da es der Gesetzgeber auch hier den Vertragsparteien keineswegs überlassen will, ob sie die Vereinbarung auf Bundesebene umsetzen oder nicht, ist auch in diesen Fällen von einer Fremdbestimmung des Entgeltkatalogs auszugehen. Die betroffenen Krankenhäuser werden sich durch die differenzierte gesetzliche Regelung kaum einer Anwendung der auf Bundesebene vereinbarten oder festgesetzten Entgeltkataloge entziehen können. Es liegt damit auch in diesem Fall eine unwirksame Anordnung einer normativen Wirkung gegenüber Dritten vor.

---

98 Vgl. *Heinze*, in: Schulin (Hrsg.), Handbuch des Sozialversicherungsrechts, Bd. 1, § 38 Rdnr. 62.

99 So *Rüfner*, NZS 1996, 49, 51.

100 Zum Problem der Einbindung der Krankenhausträger in ein öffentlich-rechtliches Sicherstellungs- und Mitgliedschaftsverhältnis (so genanntes Körperschaftsmodell): *Rüfner*, NZS 1996, 49 ff.; *Wannagat*, das Krankenhaus 1984, 335, 337; *Bieback*, in: Festschrift Krasney, S. 1 ff.

b.) Legitimation kraft eigener Entschließung

Wenn auch die Verträge mit Normcharakter im Krankenhausbereich nach der hier vertretenen Auffassung keine unmittelbaren Wirkungen gegenüber den Normuntergebenen entfalten können, so ist doch zu beachten, dass diese die von einer höherrangigen Ebene gesetzten Regelungen autonom übernehmen können. Dies geschieht durch ausdrückliche Einigung der Vertragsparteien oder durch stillschweigende Anerkennung. Legen die Parteien etwa die auf Bundesebene vereinbarten Entgeltkataloge oder die von der Landesebene vereinbarten Punktwerte der Pflegesatzvereinbarung zu Grunde[101] und werden die hieraus ermittelten Pflegesätze von der Landesbehörde genehmigt, so haben sie kraft ihrer eigenen Willensentscheidung die Anerkennung und Umsetzung der Regelung beschlossen. Die Vereinbarungen auf Bundes- und Landesebene sind also nicht unmittelbar verbindlich, sondern sie gewinnen ihre Bedeutung in rechtlicher Hinsicht erst durch die eigenständige Legitimation der Vertragsparteien auf Ortsebene. Die Willenseinigung der Verbände – und dies ist der entscheidende Unterschied – reicht allein nicht aus.[102]

---

101 Im Zweifel wäre dies durch Auslegung der Pflegesatzvereinbarung zu ermitteln. Haben die Parteien etwa in den Formularen V 2 und V 3 der LKA die (unwirksamen) Vorgaben der Bundes- oder Landesebene betreffend der Fallpauschalen und Sonderentgelte übernommen oder auf dieser Grundlage den Gesamtbetrag der Erlöse aus den Fallpauschalen und Sonderentgelten bestimmt, so kann von einer entsprechenden Einigung über die Entgelte und deren Bemessungsfaktoren auf Ortsebene ausgegangen werden.

102 Vgl. *Heinze*, in: Schulin (Hrsg.), Handbuch des Sozialversicherungsrechts, Bd. 1, § 38 Rdnr. 64, für die Frage der Verbindlichkeit der Regelungen aus den Landesverträgen nach § 112 SGB V.

II. Pflegesatzvereinbarung auf Ortsebene

1. Verhandeln und Vereinbaren von Pflegesätzen

Nach § 18 Abs. 1 Satz 1 KHG werden die Pflegesätze eines Krankenhauses zwischen dem Krankenhausträger und den Sozialleistungsträgern vereinbart. Sozialleistungsträger sind die Leistungsträger im Sinne der §§ 18 ff. SGB I, die Krankenhauspflege zu gewähren haben.[103] Im Vordergrund stehen die Träger der gesetzlichen Krankenversicherung nach § 21 Abs. 2 SGB I, die in folgende Kassenarten[104] gegliedert werden: die Allgemeinen Ortskrankenkassen, die Betriebskrankenkassen, die Innungskrankenkassen, die See-Krankenkasse, die Landwirtschaftlichen Krankenkassen die Bundesknappschaft und die Ersatzkassen. Vertragsparteien auf Ortsebene sind auf Seiten der Kostenträger nach § 18 Abs. 2 KHG lediglich die Sozialleistungsträger, die eine Quote von 5 % der Berechnungstage im Jahr vor Beginn der Pflegesatzverhandlung bei dem betroffenen Krankenhaus erreicht haben.

Die Parteien verhandeln in der Regel einmal jährlich die Pflegesätze für den Pflegesatzzeitraum, der ein Kalenderjahr umfasst.[105] Die Verhandlungen sind unverzüglich aufzunehmen, nachdem eine Vertragspartei dazu schriftlich aufgefordert hat.[106] Sie sollen prospektiv geführt werden und die neuen Pflegesätze sollen mit Ablauf des laufenden Pflegesatzzeitraumes in Kraft treten können.[107] Zur Vorbereitung der Pflegesatzverhandlung hat der Krankenhausträger auf Verlangen einer Vertragspartei die Leistungs- und Kalkulationsaufstellung (LKA)[108] oder Teile davon zu übermitteln.[109] Der Gesetzgeber hat das Pflegesatzverfahren unter das Gebot größtmöglicher Beschleu-

---

103 *Dietz/Bofinger*, Krankenhausfinanzierungsrecht, § 18 KHG Erl. II. 3.
104 Vgl. § 4 Abs. 2 SGB V.
105 Vgl. § 17 Abs. 2 BPflV.
106 Vgl. § 17 Abs. 3 Satz 1 BPflV.
107 Vgl. § 18 Abs. 3 Satz 1 KHG, § 17 Abs. 3 Satz 2 BPflV.
108 Muster nach Anlage 1 zur Bundespflegesatzverordnung.
109 Vgl. § 18 Abs. 3 Satz 2 KHG, § 17 Abs. 4 Satz 2 BPflV.

nigung gestellt, um die rechtzeitige Inkraftsetzung der neuen Pflegesätze zu ermöglichen.

Nach § 18 Abs. 1 Satz 2 KHG können sich die Landeskrankenhausgesellschaft, die Landesverbände der Krankenkassen, die Verbände der Ersatzkassen und der Landesausschuss des Verbandes der privaten Krankenversicherung am Pflegesatzverfahren beteiligen. Machen sie von dem Recht Gebrauch, so werden sie damit nicht zu einer Vertragspartei. Die Beteiligten haben aber mehr als ein bloßes Teilnahmerecht, denn die Pflegesatzvereinbarung bedarf ihrer Zustimmung nach § 18 Abs. 1 Satz 3 KHG. Sie gilt jedoch gemäß § 18 Abs. 1 Satz 4 KHG als erteilt, wenn die Mehrheit der Beteiligten der Vereinbarung nicht innerhalb von zwei Wochen nach Vertragsschluß widerspricht. Durch diese Regelungen können die Landesverbände Einfluss auf das örtliche Pflegesatzverfahren nehmen.

2. Rechtsnatur der Pflegesatzvereinbarung

Die Rechtsnatur der Pflegesatzvereinbarung wird zum Teil dem privaten Recht[110], überwiegend aber dem öffentlichen Recht[111] zugeordnet. Nach ständiger Rechtsprechung[112] kommt es für die Zuweisung eines Vertrages zum öffentlichen oder privaten Recht entscheidend auf den Gegenstand des Vertrages an, also auf die objektive Rechtsnatur des Rechtsverhältnisses, das durch den Vertrag begründet, geändert oder aufgehoben wird.[113] Es ist

---

110 Vgl. *Harsdorf-Friedrich*, Krankenhausfinanzierungsgesetz, 2. Bd., § 18 Tz. 238.8; *Brackmann*, Handbuch der Sozialversicherung einschl. des Sozialgesetzbuchs und angrenzender Gebiete, Bd. 2, S. 402 i, der das Verhältnis *„der KK zu der KrHausverwaltung"* bürgerlich-rechtlich einordnet.

111 *Zuck/Quaas*, NJW 1987, 687, 688; *Lenz*, NJW 1985, 649, 653; *Vollmer/Hoffmann*, Ersk. 1986, 32, 37; *Kiemann/Eul*, DOK 1985, 648, 649; *Dietz/Bofinger*, Krankenhausfinanzierungsrecht, § 18 KHG Erl. II. 2.

112 BGH NJW 1975, 2015; BGHZ 97, 312; BVerwGE 30, 65, 67; BVerwG NJW 1966, 219; BVerwG NJW 1973, 1895; BVerwG NJW 1976, 2360.

113 *Bonk*, in: Stelkens/Bonk/Sachs, Verwaltungsverfahrensgesetz, § 54 Rn. 35.

festzustellen, ob sich der Vertrag auf einen Sachverhalt bezieht, der im öffentlichen Recht oder im Privatrecht angesiedelt ist. Nach § 17 Abs. 1 Satz 1 BPflV ist in der Pflegesatzvereinbarung das Budget und Art, Höhe und Laufzeit der tagesgleichen Pflegesätze, die Zu- und Abschläge auf Fallpauschalen und Sonderentgelte sowie der Erlösausgleich nach § 11 Abs. 8 BPflV zu bestimmen. Unter den Pflegesätzen versteht man die Entgelte der Benutzer oder ihrer Kostenträger für stationäre und teilstationäre Leistungen des Krankenhauses.[114] Bei dem zu regelnden Sachverhalt handelt es sich um das Krankenhausfinanzierungsrecht, das die wirtschaftliche Sicherung der Krankenhäuser anstrebt, um eine bedarfsgerechte Versorgung der Bevölkerung mit leistungskräftigen, eigenverantwortlich wirtschaftenden Krankenhäusern zu gewährleisten und zu sozial tragbaren Pflegesätzen beizutragen[115]. Der Vertragsinhalt der Pflegesatzvereinbarung, der weitgehend durch öffentlich-rechtliche Vorschriften vorgegeben wird und der Sachzusammenhang, in dem das Pflegesatzverfahren steht, sprechen für die Annahme eines öffentlich-rechtlichen Vertrages. Die Krankenkassen, die mit dem Träger des Krankenhauses eine Pflegesatzvereinbarung abschließen, handeln in Erfüllung der ihnen auferlegten sozialrechtlichen Verpflichtungen. Nach § 109 Abs. 4 Satz 3 SGB V haben sie mit den zur Krankenhausbehandlung zugelassenen Krankenhäusern Pflegesatzverhandlungen zu führen. Durch die Vereinbarung von Pflegesätzen kommen die Krankenkassen ihrer gegenüber den Versicherten bestehenden öffentlich-rechtlichen Verpflichtung zur Gewährung von Krankenhausbehandlung als Sachleistung nach. Die Versicherten haben nach §§ 2 Abs. 1, Abs. 2, 27 Abs. 1 Satz 2 Nr. 5, 39 SGB V einen Anspruch auf Krankenhausbehandlung; die Erbringung der Leistung erfolgt durch das zugelassene Krankenhaus. Sowohl der Anspruch des Versicherten wie auch das Rechtsverhältnis des Krankenhauses zum öffentlich-rechtlichen Kostenträger[116] ist dem öffentlichen Recht zugeordnet. Dagegen sehen *Harsdorf/Friedrich*[117] in der Pflegesatzvereinbarung eine zivilrechtliche Ver-

---

114 Vgl. § 2 Nr. 4 KHG.
115 Vgl. § 1 Abs. 1 KHG.
116 Vgl. BSGE 51, 108, 110.
117 *Harsdorf-Friedrich*, Krankenhausfinanzierungsgesetz, 2. Bd., § 18 Tz. 238.8.

einbarung. Im Gegensatz zur Festsetzung von Pflegesätzen, bei der es sich um einen Verwaltungsakt handle, sei die Vereinbarung von Pflegesätzen privatrechtlicher Natur. Dieser Auffassung kann nicht gefolgt werden, weil bei der zu beurteilenden Rechtsfrage nicht das Behandlungsverhältnis auf der Grundlage des privatrechtlichen Krankenhausaufnahmevertrages Gegenstand der Betrachtung ist, sondern es geht hier vielmehr um das Rechtsverhältnis des Krankenhausträgers zu den gesetzlichen Krankenkassen, das in einen öffentlich-rechtlichen Normenkomplex eingebettet ist. Dabei ist auch zu berücksichtigen, dass etwaige Wirkungen eines rechtserheblichen Handelns auf bürgerlich-rechtliche Rechtsverhältnisse noch nichts darüber aussagen, ob dieses Handeln dem öffentlichen Recht oder dem Privatrecht zuzuordnen ist, wie das Beispiel des privatrechtsgestaltenden Verwaltungsakts deutlich belegt.[118] Mit *Kiemann/Eul*[119] kann die öffentlich-rechtliche Natur der Pflegesatzvereinbarung auch aus historischer Sicht begründet werden:

> *„Nach den bis zum 31.12.1985 geltenden Vorschriften des KHG erfolgt[e] die Festsetzung der Pflegesätze durch die zuständige Landesbehörde (§ 18 Abs. 1 KHG a.F.). Nach ständiger Rechtsprechung der Verwaltungsgerichtsbarkeit sind diese Festsetzungen Verwaltungsakte. Wenn nun der Gesetzgeber die Regelung der Pflegesätze den Krankenhausträgern und den Sozialleistungsträgern überträgt und hierfür das Mittel der Vereinbarung auf der Ebene der Gleichordnung vorschreibt, so wird hierdurch der öffentliche Charakter der gesamten Materie nicht beseitigt."*

Die Pflegesatzvereinbarung ist demnach nicht als eine zivilrechtliche Preisvereinbarung, sondern als ein öffentlich-rechtlicher Vertrag zu qualifizieren. Sie ist nicht ein subordinationsrechtlicher, sondern ein koordinationsrechtlicher Vertrag,[120] weil die Vertragspartner nicht in einem Über- und Unterordnungsverhältnis zueinander stehen. Zwar handelt es sich bei den Kranken-

---

118 BGH NJW 1975, 2015.
119 *Kiemann/Eul*, DOK 1985, 648, 649.
120 So auch *Lenz*, NJW 1985, 649, 653.

kassen um Hoheitsträger,[121] jedoch sind diese bei der Verhandlung und Vereinbarung von Pflegesätzen den Trägern des Krankenhauses nicht übergeordnet, insbesondere sind sie nicht zur einseitigen, hoheitlichen Festsetzung von Pflegesätzen befugt. Die Pflegesatzparteien stehen sich bei der Vereinbarung als gleichgeordnete Rechtsträger gegenüber. Weiter stellt sich die Frage, ob und welche kodifizierten Verfahrensvorschriften für das Zustandekommen der Pflegesatzvereinbarung einschlägig sind. Hier ist zu beachten, dass sich die Vorschriften des SGB X über den öffentlich-rechtlichen Vertrag nach §§ 53 ff. SGB X, § 1 Abs. 1 SGB X und Art. II § 1 SGB I nicht auf die Pflegesatzvereinbarung erstrecken. Es könnten damit die Regelungen der Verwaltungsverfahrensgesetze Anwendung finden. Nach § 1 Abs. 3 VwVfG findet das Verwaltungsverfahrensgesetz des Bundes für die Ausführung von Bundesrecht durch die Länder keine Anwendung, soweit die öffentlich-rechtliche Verwaltungstätigkeit der Behörden landesrechtlich durch ein Verwaltungsverfahrensgesetz geregelt ist. Da alle Länder über ein solches Gesetz verfügen, wird damit die Geltung des Verwaltungsverfahrensgesetzes des Bundes überwiegend auf die öffentlich-rechtliche Tätigkeit seiner Behörden beschränkt.[122] Die Verwaltungsverfahrensgesetze der Länder stimmen, von wenigen landesrechtlich bedingten Besonderheiten abgesehen, mit der bundesrechtlichen Regelung überein.[123] Da aber regelmäßig weder der Krankenhausträger, noch die Sozialleistungsträger dem Begriff der „Länder" nach § 1 Abs. 3 VwVfG zuzuordnen sind, bleibt es bei der Anwendbarkeit des Verwaltungsverfahrensgesetzes des Bundes. Zu beachten sind jedoch die in den Verwaltungsverfahrensgesetzen enthaltenen Subsidiaritätsklauseln, nach denen das besondere Verfahrensrecht dem allgemeinen Verfahrensrecht vorgeht.[124] Da das Krankenhausfinanzierungsgesetz und die Bundespflege-

---

121 Vgl. BSGE 51, 108, 109 f.

122 Vgl. *Bonk*, in: Stelkens/Bonk/Sachs, Verwaltungsverfahrensgesetz, § 1 Rdnr. 55 f., mit dem Hinweis darauf, dass offenbar aus redaktionellen Gründen darauf verzichtet worden ist, in Abs. 3 wie in Abs. 1 und 2 die Behörden „der Länder, der Gemeinden und Gemeindeverbände, der sonstigen der Aufsicht des Landes unterstehenden juristischen Personen des öffentlichen Rechts" aufzuführen.

123 *Bonk*, in: Stelkens/Bonk/Sachs, Verwaltungsverfahrensgesetz, § 1 Rdnr. 253.

124 Vgl. § 1 Abs. 1 VwVfG, § 1 Abs. 1 VwVfG.NW., § 1 Abs. 1 LVwVfG (BW).

satzverordnung teilweise Regelungen zur Pflegesatzvereinbarung enthalten, sind diese gegenüber den allgemeinen Regelungen der Verwaltungsverfahrensgesetze vorrangig anzuwenden. So ergibt sich das Schriftlichkeitsgebot für die Pflegesatzvereinbarung nicht aus § 57 VwVfG, sondern aus § 17 Abs. 1 Satz 4 BPflV.

Es kann festgestellt werden, dass es sich bei der Pflegesatzvereinbarung um einen öffentlich-rechtlichen Vertrag der koordinationsrechtlichen Art handelt. Für ihn gelten primär die Regelungen des Krankenhausfinanzierungsgesetzes und der Bundespflegesatzverordnung und subsidiär das Verwaltungsverfahrensgesetz des Bundes.[125]

---

125 Vgl. zum öffentlich-rechtlichen Vertrag: §§ 54 VwVfG.

2. Teil: Die Schiedsstelle nach § 18 a Abs. 1 KHG

1. Abschnitt: Stellung der Schiedsstelle im Pflegesatzverfahren

A. Tätigwerden der Schiedsstelle

I. Bildung und Zusammensetzung

Die Schiedsstellen nach § 18 a Abs. 1 KHG (Landesschiedsstellen) wurden durch Gesetz errrichtet[126], denn das Krankenhausneuordnungsgesetz vom 20. Dezember 1984 hat ihre Bildung und ihr Bestehen angeordnet und ihnen eine bestimmte sachliche und örtliche Kompetenz zugewiesen. Sie wurden von den Landeskrankenhausgesellschaften und den Verbänden der Krankenkassen eingerichtet. Der Gesetzgeber hat diesen Selbstverwaltungsverbänden die Befugnis erteilt, durch Organisationsakt eine Schiedsstelle zu bilden.[127] Die Landeskrankenhausgesellschaft ist ein Zusammenschluss von Trägern zugelassener Krankenhäuser im Land.[128] Was ein Landesverband der Krankenkassen im Sinne von § 18 a Abs. 1 KHG ist, wird in § 27 KHG[129] festgelegt. Die Verbände der Ersatzkassen sind hier ebenfalls angesprochen; sie nehmen für diese Kassen Aufgaben nach dem Krankenhausfinanzierungsgesetz auf Landesebene wahr.

Die Landesschiedsstellen erstrecken sich in ihrer Zuständigkeit auf ein Bundesland oder auf Teile hiervon. In § 18 a Abs. 1 KHG ist ausdrücklich die

---

126 Zu den Begriffen der „Errichtung", „Bildung", „Einrichtung": vgl. *Rudolf*, in: Erichsen (Hrsg.), Allgemeines Verwaltungsrecht, § 52 Rdnr. 1; teilweise abweichend hierzu: *Wolff/Bachof*, Verwaltungsrecht II, § 78 I.

127 Vgl. *Dietz/Bofinger*, Krankenhausfinanzierungsrecht, § 18 a KHG Erl. II.1.

128 Vgl. § 108 a SGB V.

129 Eine entsprechende Regelung enthält auch § 27 BPflV.

Möglichkeit eröffnet worden, mehrere Schiedsstellen in einem Land zu bilden. Dies ist auch teilweise geschehen.[130] In diesem Fall sind die regionalen Zuständigkeiten innerhalb des Bundeslandes abzugrenzen und diejenige Schiedsstelle zu bestimmen, die die Entscheidungen mit landesweiter Geltung trifft.

Die Schiedsstelle besteht kraft Gesetzes aus einem neutralen Vorsitzenden sowie aus Vertretern der Krankenhäuser und Krankenkassen in gleicher Zahl. Der Verband der privaten Krankenversicherung ist bei der Bildung der Schiedsstelle nicht zu beteiligen, weil er auch unter Berücksichtigung des § 27 KHG keine Kompetenzen in diesem Bereich hat. Jedoch gehört der Schiedsstelle auch ein vom Landesausschuss des Verbandes der privaten Krankenversicherung bestellter Vertreter an. Dieser wird auf die Zahl der Vertreter der Krankenkassen angerechnet. Die Mitglieder sind ehrenamtlich tätig und sind an Weisungen nicht gebunden. Sie sind nach dem Wortlaut des § 18 a Abs. 3 Satz 1 KHG Vertreter der Krankenhäuser oder der Krankenkassen, also keine Vertreter der Organisationen, von denen sie bestellt wurden.

Die Mitglieder auf der Krankenhausseite werden von der Landeskrankenhausgesellschaft und die Mitglieder auf der Krankenkassenseite werden von den Verbänden der Krankenkassen bestellt. Der Vorsitzende soll von der Landeskrankenhausgesellschaft und den Landesverbänden der Krankenkassen gemeinsam bestellt werden. Das nähere Verfahren über die Bestellung der Mitglieder wird in der Bundespflegesatzverordnung nicht bestimmt, sondern bleibt den Rechtsverordnungen der Landesregierungen nach § 18 a Abs. 4 Nr. 1 KHG vorbehalten.[131]

---

130 So etwa in Nordrhein-Westfalen, vgl. hierzu die „Vereinbarung über Schiedsstellen nach § 18 a KHG in Nordrhein-Westfalen" vom 22.02.1986, abgedruckt in: Heinze/Wagner (Hrsg.), Die Schiedsstelle des Krankenhausfinanzierungsgesetzes, S. 157, die je eine Schiedsstelle für den Bereich Rheinland und Westfalen-Lippe vorsieht.
131 Die Schiedsstellenverordnungen sind bei Heinze/Wagner (Hrsg.), Die Schiedsstelle des Krankenhausfinanzierungsgesetzes, S. 131 ff. abgedruckt (Stand: 1989).

II. Aufgabenzuweisungen

1. Aufgaben nach KHG und BPflV

Nach § 18 Abs. 4 Satz 1, 1. Alt. KHG entscheidet die Schiedsstelle in den Fällen, in denen eine Vereinbarung über die Pflegesätze zwischen den Vertragsparteien nicht zu Stande gekommen ist. Die Schiedsstelle kann jedoch nicht nur dann angerufen werden, wenn die Vereinbarung der Pflegesätze gescheitert ist. Dies wird durch § 19 Abs. 1 BPflV klargestellt, denn nach dieser Regelung erstreckt sich die sachliche Zuständigkeit der Schiedsstelle nicht nur auf die Festsetzung des Pflegesatzes, gewissermaßen als Endprodukt des Pflegesatzverfahrens, sondern ihre Befassung ist in allen Fällen möglich, in denen die Pflegesatzvereinbarung[132] ganz oder teilweise nicht zu Stande gekommen ist. Dabei ist zu beachten, dass die Pflegesatzvereinbarung in der Regel weit mehr Regelungen enthält, als die Vereinbarung von Pflegesätzen.[133] Im Zusammenhang mit § 17 Abs. 1 Satz 1 BPflV wird deutlich, dass die Schiedsstelle auch andere pflegesatzrelevante Festsetzungen treffen kann,[134] etwa die des Budgets oder der Zu- und Abschläge auf die Fallpauschalen und Sonderentgelte. Die Schiedsstelle kann bei Anrufung durch eine Vertragspartei im Rahmen der Anträge grundsätzlich all das fest-

---

132 Ähnlich wie bei dem Begriff des Pflegesatzes wird auch der Begriff der Pflegesatzvereinbarung im KHG und in der BPflV unterschiedlich verwandt. In § 18 Abs. 1 und Abs. 2 KHG und § 17 Abs. 1 BPflV wird damit nur die Vereinbarung auf Ortsebene angesprochen, während in der Überschrift von § 16 BPflV von der Vereinbarung auf Landesebene gesprochen wird. Dagegen erstreckt § 19 Abs. 1 BPflV den Begriff der Pflegesatzvereinbarung überraschend auch auf die Vereinbarungen auf Landesebene, obwohl dort wie dargelegt keine Pflegesätze, sondern Punktwerte vereinbart werden. Im Rahmen dieser Untersuchung soll, soweit sich nicht ausdrücklich oder aus dem Zusammenhang etwas anderes ergibt, mit der Pflegesatzvereinbarung lediglich die Vereinbarung auf Ortsebene angesprochen sein.

133 Zu den Regelungen in der Pflegesatzvereinbarung: § 17 Abs 1 Satz 1 BPflV, diese Vorschrift dürfte allerdings darüber hinausgehende Regelungen in der Pflegesatzvereinbarung, soweit diese pflegesatzrelevant sind, nicht verbieten.

134 Vgl. VG Göttingen, KRS II, 95.007, S. 1, 8.

setzen, was auch die Parteien durch eine Pflegesatzvereinbarung regeln könnten. Eingeschränkt wird der Festsetzungsrahmen der Schiedsstelle lediglich von der Regelung des § 19 Abs. 3 BPflV, nach der die Schiedsstelle über die Anwendung einiger einzeln aufgezählter Vorschriften nicht entscheiden darf.

Die Regelungskompetenz der Landesschiedsstelle beschränkt sich aber nicht auf Konfliktregelungen, die die Ortsebene betreffen. Die Gesetzesformulierung in § 18 Abs. 4 Satz 1, 2. Alt. KHG ist zumindest etwas verkürzt, soweit dort geregelt ist, die Schiedsstelle würde die Pflegesätze für die Höhe der Entgelte aus Fallpauschalen und Sonderentgelten festsetzen. Dem kann so nicht zugestimmt werden, denn die Schiedsstelle legt nur einen Faktor – die Punktwerte für den Personal- und Sachkostenanteil der Entgelte nach § 16 Abs. 1 BPflV – fest. Demnach trifft die Schiedsstelle in diesem Bereich keine Festsetzung von Pflegesätzen, sondern von Punktwerten.[135] Die von der Schiedsstelle festgesetzten Punktwerte sind der bestimmende Teil für die Höhe der Fallpauschalen und Sonderentgelte; sie sind Gegenstand der nachfolgenden Genehmigung durch die Landesbehörde.[136] In dem so verstandenen Sinn verwendet auch § 10 Abs. 1 BPflV den Begriff des Pflegesatzes. Demnach sind Pflegesätze zum einen die Fallpauschalen und Sonderentgelte und zum anderen die tagesgleichen Pflegesätze. Es ist darauf hinzuweisen, dass der Gesetz- und Verordnungsgeber auch an anderer Stelle den Begriff „Pflegesatz" unterschiedlich verwendet.[137]

---

135 Natürlich hat die Festsetzung der Punktwerte unmittelbare Auswirkungen auf die Pflegesätze, da sich diese aus der Multiplikation der landesweiten Punktwerte und den bundesweit vorgegebenen Punktzahlen ergeben. Das BVerwG, KRS II, 97.008, S. 1, 4 spricht bei § 18 Abs. 4 KHG in diesem Zusammenhang von einem „redaktionellen Mißgriff".

136 BVerwG, KRS II, 97.008, S. 1, 4.

137 So sind Pflegesätze nach der Legaldefinition des § 2 Nr. 4 KHG „die Entgelte der Benutzer oder ihrer Kostenträger für stationäre und teilstationäre Leistungen des Krankenhauses", und würden damit nicht nur die Entgelte für allgemeine Krankenhausleistungen, sondern auch die Wahlleistungen umfassen.

Der durch das Gesundheitsstrukturgesetz 1993 eingefügte § 18 Abs. 4 Satz 2 KHG hat der Schiedsstelle eine weitere Aufgabe übertragen, bei der es nicht um eine Pflegesatzfestsetzung geht.[138] Nach dieser Regelung kann die Schiedsstelle zur Ermittlung von vergleichbaren Krankenhäusern gemäß § 17 Abs. 5 KHG auch gesondert angerufen werden. Hintergrund ist, dass Krankenhäuser, die nicht oder nur teilweise öffentlich gefördert werden, von den Sozialleistungsträgern und sonstigen öffentlich-rechtlichen Kostenträgern keine höheren Pflegesätze fordern dürfen, als sie von diesen für Leistungen vergleichbarer, voll geförderter Krankenhäuser zu entrichten sind.

2. Sonstige Aufgabenzuweisungen

Der Schiedsstelle nach § 18 a Abs. 1 KHG sind weitere Zuständigkeiten außerhalb des Krankenhausfinanzierungsgesetzes und der Bundespflegesatzverordnung zugewiesen. Sie entscheidet Streitigkeiten über Vergütungsregelungen bei der vor- und nachstationären Behandlung im Krankenhaus, der psychiatrischen Institutsambulanzen und den sozialpädiatrischen Zentren.

Gemeinsam vereinbaren die Landesverbände der Krankenkassen, die Verbände der Ersatzkassen und der Landesausschuss des Verbandes der privaten Krankenversicherung mit der Landeskrankenhausgesellschaft oder mit den Vereinigungen der Krankenhausträger im Land gemeinsam und im Benehmen mit der Kassenärztlichen Vereinigung nach § 115 a Abs. 3 Satz 1 SGB V die Vergütung der vor- und nachstationären Behandlung im Krankenhaus. Die Vergütungsvereinbarung entfaltet unmittelbare Rechtswirkungen für die Vertragsparteien der Pflegesatzvereinbarung, die am Vertragsschluss nicht beteiligt waren. Die Vergütungsvereinbarung ist daher als Normsetzungsvertrag zu qualifizieren.[139] Kommt eine Vereinbarung nicht zu Stande, so setzt die Schiedsstelle nach § 18 a KHG auf Antrag die Vergütung fest. Antragsberechtigt sind gemäß § 115 a Abs. 3 Satz 5 SGB V nicht nur die

---

138 Vgl. *Dietz/Bofinger*, Krankenhausfinanzierungsrecht, § 18 KHG Erl. IV. 2.
139 Vgl. *Steege* in: Hauck, Sozialgesetzbuch, Bd. 2, § 115 a SGB V, Rdnr. 13.

Vertragsparteien, sondern auch die zuständige Landesbehörde. Das Anrufungsrecht der zuständigen Landesbehörde ist im Gesetzgebungsverfahren mit der Bedeutung der Vergütungsgestaltung für das einzelne Krankenhaus begründet worden.[140]

Die Landesschiedsstelle hat nach § 120 Abs. 4 SGB V auch die Vergütung für die Leistungen der psychiatrischen Institutsambulanzen und der sozialpädiatrischen Zentren festzusetzen, wenn eine entsprechende Vereinbarung nicht zu Stande kommt. Vertragspartner dieser Vereinbarungen nach § 120 Abs. 2 Satz 2 SGB V sind auf der einen Seite die Landesverbände der Krankenkassen und die Verbände der Ersatzkassen gemeinsam und auf der anderen Seite die Krankenhäuser oder die sie vertretenden Vereinigungen im Land. Auffallend ist hier zum einen, dass die Krankenhäuser selbst Vertragspartner der Vergütungsvereinbarung sein können und zum anderen spricht das Gesetz „von den sie vertretenden Vereinigungen" und erwähnt die Landeskrankenhausgesellschaften nicht explizit. Da die sozialpädiatrischen Zentren nicht zwingend zugelassene Krankenhäuser sein müssen, sondern auch ausschließlich für die ambulante Versorgung errichtet werden können, erscheint die ausschließliche Erstreckung der Vertragspartnerschaft auf Krankenhäuser problematisch.[141]

Die Aufgabenzuweisungen im Fünften Buch des Sozialgesetzbuches zur Schiedsstelle nach § 18 a Abs. 1 KHG sind aus Gründen des Sachzusammenhangs mit der stationären Vergütung von Krankenhausleistungen erfolgt. Die Vergütung der vor- und nachstationären Behandlung im Krankenhaus stellt ein Entgelt für Krankenhauspflege dar.[142] Auch in dem der Landesschiedsstelle zugewiesenen ambulanten Bereich der psychiatrischen Institutsambulanzen und der sozialpädiatrischen Zentren, die nicht von den kas-

---

140 Vgl. *Steege* in: Hauck, Sozialgesetzbuch, Bd. 2, § 115 a SGB V, Rdnr. 13.

141 Nach *Knittel*, in: Krauskopf/Schroeder-Printzen, Soziale Krankenversicherung/Pflegeversicherung, § 120 SGB V Rdnr. 7, sind daher als Krankenhäuser i. S. d. § 120 Abs. 2 Satz 2 SGB V alle sozialpädiatrischen Zentren zu verstehen.

142 Vgl. *Hess*, in: Kass.Komm., Sozialversicherungsrecht, Bd. 1, § 115 a SGB V Rdnr. 5.

senärztlichen Vereinigungen, sondern von den Krankenkassen unmittelbar vergütet werden, scheint die Schiedsstelle nach § 18 a Abs. 1 KHG zur Konfliktlösung eher geeignet zu sein als die Landesschiedsstelle nach § 114 SGB V.

B. Funktionelle und systematische Einordnung der Schiedsstelle

I. Einrichtung zur außerstaatlichen Streitregelung

Die Rechtsordnung kann unterschiedliche Wege bereithalten, einen Streit zwischen den Betroffenen zu regeln. In erster Linie sind für die Durchsetzung der Rechte des Einzelnen die staatlichen Gerichte zuständig. Der Richterspruch bedeutet häufig auch die Bewährung und Fortentwicklung der Rechtsordnung.[143] Die Tätigkeit der Gerichte ist gekennzeichnet durch die Entgegengesetztheit von Rechtsauffassungen der Parteien, mag sich im konkreten Einzelfall auch eine Annäherung der Standpunkte ergeben haben.[144] Bei den von den staatlichen Gerichten zu entscheidenden Rechtsstreitigkeiten geht es wesentlich um die Auslegung und Anwendung einzelner Rechtsnormen. Die Rechtsprechung im materiellen Sinne wird aber nicht nur von den staatlichen Gerichten, sondern auch von der *„privaten Gerichtsbarkeit"*[145] ausgeübt. Hierzu zählt in erster Linie die Schiedsgerichtsbarkeit nach §§ 1025 ff. ZPO, aber auch die Vereinsgerichtsbarkeit und die Parteigerichtsbarkeit nach § 14 Parteiengesetz. Es entspricht einem unleugbaren praktischen Bedürfnis des Wirtschaftslebens, dass in gewissen Grenzen das staatliche Monopol des Privatrechtsschutzes durch Schaffung einer auf dem

---

143 Vgl. *Jauernig*, Zivilprozeßrecht, § 1 I.2.
144 Vgl. *Achterberg*, in: Festschrift Menger, S. 125, 136 zu dem Begriff „Rechtsprechung im materiellen Sinne"; hierzu auch: *Wolff/Bachof/Stober*, Verwaltungsrecht I, § 20 Rdnr. 44.
145 *Achterberg*, in: Festschrift Menger, S. 125, 139.

Willen der Beteiligten beruhenden, außerstaatlichen Gerichtsbarkeit durchbrochen wird.[146]

Neben einer gerichtlichen Aufgabenwahrnehmung gibt es auch andere Formen der Streitregelung, bei denen allerdings nicht die Rechtsfindung im Vordergrund steht, sondern die Gestaltung eines Lebenssachverhalts. Bei den Regelungsstreitigkeiten ist die gesuchte Lösung des Konflikts nicht bereits im Gesetz bereitgestellt,[147] vielmehr hat die Institution, die zur Streitregelung berufen ist, die verschiedenen Interessenstandpunkte der Parteien in einen Ausgleich zu bringen. Das Verfahrensziel des Interessenausgleichs unterscheidet sich deutlich von der Funktion des Urteils im Prozess, das seiner Idee nach die Widerspiegelung der gegebenen Rechtslage sein soll.[148] Einzuordnen sind hier eine Vielzahl von unterschiedlichen branchengebundenen Schieds- und Gütestellen der Industrie- und Handelskammern, der Handwerkskammern oder der Innungen, denen der Grundgedanke der außergerichtlichen Streitregelung innewohnt.[149] Träger der Schieds- und Schlichtungsstellen der gewerblichen Wirtschaft sind in der Regel die Innungen oder Verbände des betreffenden Zweiges.[150] Einige Autoren[151] beschäftigen sich mit den gesetzgeberischen Motiven für die Einrichtung von Schlichtungs- und

---

146 *Schlosser*, in: Stein/Jonas, Zivilprozeßordnung, vor § 1025 Rdnr. 1.
147 Vgl. *Bötticher*, in: Festschrift Lent, S. 89, 102.
148 *Bötticher*, in: Festschrift Lent, S. 89, 102.
149 Nur beispielhaft: Vermittlungsstellen der Handelskammern, die nach § 91 Abs. 1 Nr. 11 HandwO einzurichten sind zur Beilegung von Streitigkeiten zwischen selbstständigen Handwerkern und ihren Auftraggebern; Einigungsstellen bei den Industrie- und Handelskammern, die nach § 27 a UWG einzurichten sind zur Beilegung von Rechtsstreitigkeiten nach dem Gesetz gegen den unlauteren Wettbewerb (UWG); Einigungsstellen nach dem Betriebsverfassungsgesetz, die nach § 76 BetrVG zur Beilegung von Meinungsverschiedenheiten zwischen Arbeitgeber und Betriebsrat, Gesamtbetriebsrat und Konzernbetriebsrat bei Bedarf zu bilden sind; Feststellungsverfahren einer Verwaltungsbehörde in Wild- und Jagdschutzsachen (Vorverfahren) nach § 35 BJagdG und Landesrecht nach dieser Ermächtigung. Vgl. auch *Prütting*, JZ 1985, 261, 263 ff. m. w. N.
150 Vgl. *Nicklisch*, in: Festschrift A. Bülow, S. 159, 164.
151 Vgl. *Preibisch*, Außergerichtliche Vorverfahren in Streitigkeiten der Zivilgerichtsbarkeit, S. 75 ff.; *Gottwald*, Streitbeilegung ohne Urteil, S. 42 ff.; *Prütting*, JZ 1985, 261, 262 ff.

Schiedsstellen und stellen die Probleme der Konfliktregelung durch Gerichte dar. *Prütting*[152] konstatiert ein *„Bedürfnis für kostengünstige, schnelle, bürgernahe, sowie leicht zugängliche und verständliche Institutionen zur Konfliktregelung"*. In der außergerichtlichen Streitbeilegung werden auch qualitative Vorzüge gesehen. Für diese Art der Konfliktbewältigung spricht auch die Erkenntnis, dass die justizförmige Konfliktregelung vielfach dort an ihre funktionalen Grenzen stößt und die Gefahr von unbefriedigend empfundener Entscheidungen steigt, wo es nicht um die rechtliche Bewältigung in der Vergangenheit liegender Sachverhalte geht, sondern schlicht um die Gestaltung in der Zukunft.[153] Das gerichtliche Verfahren ist rechtstypisch vergangenheitsbezogen, während die Zukunftsgestaltung der Parteibeziehung demgegenüber deutlich in den Hintergrund tritt.[154] Neben der Entlastung der Gerichte verfolgt der Gesetzgeber durch die Abkoppelung der Streitigkeiten von der Gerichtsbarkeit das Ziel, auf flexibleren Lösungswegen zu einer effektiven Konfliktbewältigung zu gelangen. Die Schieds- und Schlichtungsstellen können durch eine gezielte Auswahl ihrer Mitglieder zu einer entscheidenden Sachnähe und zu einem gruppenspezifischen Fachwissen gelangen. Nicht zu unterschätzen ist auch, dass man bei Vereinen, Verbänden und Betrieben ein Interesse vermuten kann, die Regelung eines Konflikts möglichst nicht aus der Hand zu geben, sondern selbst für dessen Abwicklung zu sorgen.[155]

Auch die Schiedsstelle nach § 18 a Abs. 1 KHG ist eine Einrichtung zur Streitregelung, die außerhalb von Justiz und weisungsabhängiger Staatsverwaltung anzusiedeln ist.[156] Sie ist eine Institution zur Regelung von pflegesatzrechtlichen Streitigkeiten nach Maßgabe der ihr durch das Krankenhausfinanzierungsrecht zugewiesenen Aufgaben. In ihrem Tätigwerden ist sie

---

152 Vgl. *Prütting*, JZ 1985, 261, 262.
153 Vgl. *Heinze*, in: Heinze/Wagner (Hrsg.), Die Schiedsstelle des Krankenhausfinanzierungsgesetzes, S. 61; *Gottwald*, Streitbeilegung ohne Urteil, S. 16 f.
154 Vgl. *Heinze*, in: Heinze/Wagner (Hrsg.), Die Schiedsstelle des Krankenhausfinanzierungsgesetzes, S. 61.
155 Vgl. *Prütting*, JZ 1985, 261, 263.
156 So auch schon *Heinze*, in: Heinze/Wagner (Hrsg.), Die Schiedsstelle des Krankenhausfinanzierungsgesetzes, S. 61 f.

nicht auf die rechtliche Auslegung von Normen beschränkt, sondern sie hat für die Vertragsparteien eine Regelung für die Zukunft zu treffen. Demnach entscheidet sie nicht primär über Rechts-, sondern über Regelungsstreitigkeiten. Seit ihrem Bestehen ist sie auch nicht an die Stelle der Gerichte getreten, sie nimmt vielmehr in einem Teilbereich ein Tätigkeitsfeld wahr, das bisher von den staatlichen Pflegesatzbehörden – also der Verwaltung – besetzt war. Trotz einer teilweise differenzierten gesetzgeberischen Ausgangslage bei der Schaffung von außergerichtlichen Institutionen zur Streitbeilegung im Allgemeinen und bei der Schiedsstelle nach § 18 a Abs. 1 KHG im Besonderen, so verbindet diese Einrichtungen doch das gesetzgeberische Motiv nach staatlicher Entlastung und die Hoffnung darauf, dass, wenn nicht konsensuale, so doch vermittelnde Lösungen eher geeignet sind, einen dauerhaften Rechtsfrieden zu stiften. Für die vom Gesetzgeber geschaffene Selbstverwaltungslösung durch Errichtung einer paritätisch besetzten Schiedsstelle spricht insbesondere das Einbringen des gruppenspezifischen Sachverstandes der Schiedsstellenmitglieder in den Entscheidungsprozess und das Streben nach einer von den beteiligten Verbänden getragenen effektiven Konfliktlösung.

II. Schiedswesen in der gesetzlichen Krankenversicherung

Neben den Schiedsstellen nach § 18 a Abs. 1 und Abs. 6[157] KHG sieht das Recht der gesetzlichen Krankenversicherung weitere Schiedsstellen und Schiedsämter vor.[158] Auch das Sozialrecht außerhalb der gesetzlichen Krankenversicherung kennt die Institution der Schiedsstelle.[159]

---

157 Hierzu unten 3.

158 Es ist jedoch nicht in jedem Leistungsbereich der gesetzlichen Krankenversicherung eine Schiedsstelle oder ein Schiedsamt vorgesehen. So enthält das SGB V keine entsprechende Regelung im Bereich der Heil- und Hilfsmittelversorgung; hierzu *Schimmelpfennig-Schütte*, NZS 1997, 503; *Fichte*, NZS 1998, 58.

159 Vgl. § 76 SGB XI, § 94 BSHG.

1. Schiedsämter nach § 89 Abs. 2 und 4 SGB V

Für die rechtliche Einordnung der Landesschiedsstellen nach § 18 a Abs. 1 KHG haben die Schiedsämter des Vertragsarztrechts eine besondere Bedeutung. Nach den Vorstellungen der Bundesregierung im Rahmen des Gesetzgebungsverfahrens zum Krankenhausneuordnungsgesetz vom 20. Dezember 1984[160] sollte für das Pflegesatzrecht der Krankenhäuser *„eine dem Kassenarztrecht vergleichbare Regelung eingeführt"* werden.[161] Man kann davon sprechen, dass dem Schiedsamt des Kassenarztrechts bei der Schaffung der Schiedsstelle für den Krankenhausbereich eine Vorbildfunktion zugekommen ist.[162] Obwohl sich die Bundesregierung im Gesetzgebungsverfahren mit ihrer Vorstellung von einer unabhängigen Schiedsstelle, die ohne Mitwirkung der Länder die Pflegesätze unmittelbar verbindlich festsetzen kann, nicht durchsetzen konnte, ist an dieser Stelle die Rechtsstellung des Schiedsamtes näher zu betrachten, um von dieser Seite Erkenntnisse über die Schiedsstelle nach § 18 a Abs. 1 KHG zu gewinnen. Bei den Schiedsämtern kann auf eine langjährige praktische Erfahrung zurückgeblickt werden.[163]

---

160 BGBl. I. S. 1716; vgl. auch oben 1.1.B.I.3.

161 Amtliche Begründung des Gesetzentwurfs der Bundesregierung, in: BT-Drucks. 10/2095.

162 Vgl. *Jung*, in: Heinze/Wagner (Hrsg.), Die Schiedsstelle des Krankenhausfinanzierungsgesetzes, S. 1 ff.

163 Die erste Regelung über das Schiedsamt findet sich im sog. Berliner Abkommen vom 23.12.1913. Die Bestimmungen über das kassenärztliche Schiedsamt wurden 1924 in die RVO eingefügt. Im Jahr 1955 wurde das „Gesetz über Kassenarztrecht" (GKAR) erlassen, das die §§ 368 ff. RVO neu fasste und bis zum Inkrafttreten des SGB V die Regelungen zum Schiedswesen (§§ 368 h und i RVO) vorgab. Durch das Gesundheitsreformgesetz wurden die Vorschriften über das kassenärztliche Schiedswesen in § 89 SGB V zusammengeführt. Zur geschichtlichen Entwicklung des Schiedsamtes im Kassenarztrecht ausführlich: *Hofmann*, Das Schiedsamt im Kassenarztrecht nach dem Sozialgesetzbuch Teil V, S. 5 ff.; *Düring*, Das Schiedswesen in der gesetzlichen Krankenversicherung, S. 39 ff.

Das Vertragsarztrecht kennt zunächst die Bundesschiedsämter, die nach § 89 Abs. 4 SGB V von den Kassenärztlichen Bundesvereinigungen, den Bundesverbänden der Krankenkassen, der Bundesknappschaft und den Verbänden der Ersatzkassen gebildet werden. Daneben gibt es die Landesschiedsämter nach § 89 Abs. 2 SGB V, an deren Bildung die Kassenärztlichen Vereinigungen, die Landesverbände der Krankenkassen und die Verbände der Ersatzkassen beteiligt sind. Diese Schiedsämter sind jeweils für die vertragsärztliche und die vertragszahnärztliche Versorgung vorgesehen. Die paritätische Besetzung der Schiedsämter ergibt sich aus Vertretern der Ärzte und der Krankenkassen in gleicher Zahl sowie einem unparteiischen Vorsitzenden und zwei weiteren unparteiischen Mitgliedern. Die Zuständigkeit des Landesschiedsamts grenzt sich von der des Bundesschiedsamts danach ab, ob der (neue) Vertrag auf Landes- oder auf Bundesebene abzuschließen ist;[164] die Zuständigkeit der Schiedsämter knüpft an die jeweilige Vertragsebene an.[165] Damit sind die Bundesschiedsämter inbesondere zuständig für den Regelungsbereich der Bundesmantelverträge und die Landesschiedsämter für den der Gesamtverträge.[166] Nach § 89 Abs. 1 SGB V setzt das Schiedsamt den Vertragsinhalt fest, wenn ein Vertrag über die vertragsärztliche Versorgung[167] ganz oder teilweise nicht zu Stande kommt. Der Schiedsspruch entfaltet die gleiche Rechtswirkung wie die vertragliche Vereinbarung.

Durch das GKV-Gesundheitsreformgesetz 2000[168] hat das Bundesschiedsamt nach § 89 Abs. 4 SGB V zusätzliche Kompetenzen im Bereich des ambulanten Operierens im Krankenhaus und der Psychiatrischen Institutsam-

---

164 Vgl. *Funk*, in: Schulin (Hrsg.), Handbuch des Sozialversicherungsrecht, Bd. 1, § 32 Rdnr. 27.

165 Vgl. *Düring*, Das Schiedswesen in der gesetzlichen Krankenversicherung, S. 46.

166 Zur Frage der Schiedsamtsfähigkeit und den Zuständigkeiten im Einzelnen: *Hess*, in: Kass.Komm., Sozialversicherungsrecht, Bd. 1, § 89 SGB V Rdnm. 5, 26.

167 Gemeint ist hier auch die vertragszahnärztliche Versorgung, dies ergibt sich zwar nicht direkt aus § 89 Abs. 1 SGB V, doch aber aus § 89 Abs. 2 und 4 SGB V, vgl. auch § 72 Abs. 1 Satz 2 SGB V.

168 BGBl. I. S. 2626, 2636.

bulanzen erhalten. Kommen die in § 115 b Abs. 1 Satz 1 SGB V oder § 118 Abs. 2 Satz 2 SGB V vorgesehenen Vereinbarungen ganz oder teilweise zwischen den Vertragsparteien nicht zu Stande, so wird ihr Inhalt auf Antrag einer Vertragspartei gemäß § 115 b Abs. 3 Satz 1 SGB V oder § 118 Abs. 2 Satz 3 SGB V festgesetzt. Hierzu wird das Bundesschiedsamt um Vertreter der Deutschen Krankenhausgesellschaft in der gleichen Zahl erweitert, wie sie jeweils für die Vertreter der Krankenkassen und der Kassenärztlichen Bundesvereinigung vorgesehen ist. Dieses so genannte erweiterte Bundesschiedsamt beschließt mit einer Mehrheit von zwei Dritteln der Stimmen der Mitglieder.

Ähnlich, wie bereits für die Landesschiedsstellen nach § 18 a Abs. 1 KHG festgestellt, sind die Schiedsämter keine besonderen Gerichte, sondern ihre Aufgabe liegt in einer *„vorwärtsblickende[n] gestaltende[n] Tätigkeit im Sinne einer Friedensregelung"*[169]. Den Schiedsämtern im Vertragsarztrecht wird überwiegend die Behördeneigenschaft im Sinne des. § 1 Abs. 2 SGB X zugesprochen.[170] Der Schiedsspruch eines Schiedsamtes wird in der Literatur[171] nahezu einhellig als Verwaltungsakt qualifiziert. Auch das Bundessozialgericht hat in einem Leitsatz zu einem Urteil vom 30. Oktober 1963[172] aus-

---

169 So *Küchenhoff*, in: Festschrift Weber, S. 833, 844.

170 Vgl. *Düring*, Das Schiedswesen in der gesetzlichen Krankenversicherung, S. 63; *Schnapp*, in: Schulin (Hrsg.), Handbuch des Sozialversicherungsrecht, Bd. 1, § 49 Rdnr. 221; *Vahldiek*, in: Hauck, Sozialgesetzbuch, 2. Bd., § 89 SGB V Rdnr. 19; Schneider, Handbuch des Kassenarztrechts, Rdnr. 775; a. A.: *Hofmann*, Das Schiedsamt im Kassenarztrecht nach dem Sozialgesetzbuch Teil V, S. 65 ff.

171 Vgl. *Hess*, in: Kass.Komm., Sozialversicherungsrecht, Bd. 1, § 89 SGB V Rdnr. 18; *Vahldiek*, in: Hauck, Sozialgesetzbuch, 2. Bd., § 89 SGB V Rdnr. 19; *Düring*, Das Schiedswesen in der gesetzlichen Krankenversicherung, S. 120; *Siewert*, Das Kassenarztrecht, S. 89; *Schnapp*, in: Schulin (Hrsg.), Handbuch des Sozialversicherungsrecht, Bd. 1, § 49 Rdnr. 223; *Schneider*, Handbuch des Kassenarztrechts, Rdnr. 775; a. A. *Ebsen*, in: Schulin (Hrsg.), Handbuch des Sozialversicherungsrechts, Bd. 1, § 7 Rdnr. 151, der eine differenzierte Auffassung vertritt, nach der die Festsetzungen der Schiedsämter teilweise als Rechtssetzungsakte zu qualifizieren seien, *ders.*, VSSR 1990, 57, 66.

172 BSGE 20, 73.

geführt, dass *„die Festsetzungen des Inhalts eines Gesamtvertrags zwischen einer Kassenärztlichen – Kassenzahnärztlichen – Vereinigung und einer KK durch das Landesschiedsamt [...] ein Verwaltungsakt in einer Angelegenheit des Kassenarztrechts"* darstellt. Die Entscheidungen der Schiedsämter unterliegen der Rechtskontrolle der Sozialgerichte. Sie entscheiden über die Festsetzung als Angelegenheit der Sozialversicherung nach § 51 Abs. 2 Satz 1 Nr. 2 SGG im Rahmen einer Anfechtungs-, Verpflichtungs-, Untätigkeits- oder Nichtigkeitsfeststellungsklage.[173]

2. Schiedsstelle nach § 114 SGB V

Im Krankenhausbereich gibt es neben den Schiedsstellen nach § 18 a KHG die Landesschiedsstellen nach § 114 SGB V. Sie werden von den Landesverbänden der Krankenkassen und den Verbänden der Ersatzkassen gemeinsam mit den Landeskrankenhausgesellschaften oder den Vereinigungen der Krankenhausträger gebildet. Sie entscheiden über die Festsetzungen der Vertragsinhalte in den Fällen des § 112 Abs. 4 SGB V und § 115 Abs. 3 SGB V, in denen ein zwei- oder dreiseitiger Vertrag ganz oder teilweise nicht zu Stande gekommen ist. Die Landesschiedsstelle nach § 114 SGB V ist auch zuständig für die Bestellung eines Wirtschaftsprüfers gemäß § 113 SGB V. Die Schiedsstelle wird paritätisch mit den Vertretern der Krankenkassen und den Krankenhäusern besetzt und besteht ferner aus einem unparteiischen Vorsitzenden und zwei weiteren unparteiischen Mitgliedern. Die Vertreter der Krankenkassen und deren Stellvertreter werden von den Landesverbänden der Krankenkassen und den Verbänden der Ersatzkassen, die Vertreter der zugelassenen Krankenhäuser und deren Stellvertreter von der Landeskrankenhausgesellschaft bestellt. Der Vorsitzende und die weiteren unparteiischen Mitglieder werden von den beteiligten Organisationen gemeinsam bestellt. Im Rahmen ihrer Zuständigkeit für die dreiseitigen Verträge ist die Landesschiedsstelle nach § 114 SGB V um die Vertreter der Vertragsärzte nach § 115 Abs. 3 Satz 2 und 3 SGB V zu erweitern (sog. er-

---

173 Vgl. *Schneider*, Handbuch des Kassenarztrechts, Rdnr. 775.

weiterte Schiedsstelle). Es ist *Heinze*[174] zuzustimmen, wenn er es als rechtspolitisch fragwürdig bezeichnet, dass die Kassenärztlichen Vereinigungen bei der Bildung der Landesschiedsstellen nicht beteiligt sind. So bleiben die Kassenärztlichen Vereinigungen auch dann bei der Bestellung des Vorsitzenden und der unparteiischen Mitglieder unbeteiligt, wenn die erweiterte Schiedsstelle zur Sachentscheidung aufgerufen ist.

Den Schiedsstellen nach § 114 SGB V wird in der Literatur die Behördeneigenschaft nach § 1 Abs. 2 SGB X zuerkannt.[175] Dadurch, dass sie den Inhalt der Landesverträge nach §§ 112, 115 SGB V festsetzen oder einen Prüfer nach § 113 SGB V bestellen, üben sie öffentlich-rechtliche Verwaltungstätigkeit nach dem Sozialgesetzbuch aus.[176] Die Entscheidungen der Landesschiedsstellen nach § 114 SGB V werden im Schrifttum – wie die der Schiedsämter nach § 89 SGB V – als Verwaltungsakte qualifiziert.[177]

3. Weitere Schiedsämter und Schiedsstellen

Neben den Schiedsämtern im Vertragsarztrecht nach § 89 Abs. 2 und 4 SGB V, den Schiedsstellen im Krankenhausbereich nach § 114 SGB V und § 18 a KHG sieht das Recht der gesetzlichen Krankenversicherung weitere Schiedsämter und Schiedsstellen vor.

Nach § 89 Abs. 7 und 8 SGB V sind ein Bundesschiedsamt und die Landesschiedsämter für den Bereich der zahntechnischen Leistungen vorgesehen. Diese Schiedsämter wurden durch das GKV-Solidaritätsstärkungsgesetz

---

174 Vgl. *Heinze*, in: Schulin (Hrsg.), Handbuch des Sozialversicherungsrecht, Bd. 1, § 38 Rdnr. 112.

175 Vgl. *Düring*, Das Schiedswesen in der gesetzlichen Krankenversicherung, S. 65; *Brackmann*, Handbuch der Sozialversicherung, Bd. 2, S. 467 h.

176 Vgl. *Düring*, Das Schiedswesen in der gesetzlichen Krankenversicherung, S. 65.

177 Vgl. *Hess*, in: Kass.Komm., Sozialversicherungsrecht, Bd. 1, § 115 Rdnr. 17; *Düring*, Das Schiedswesen in der gesetzlichen Krankenversicherung, S. 120; *Brackmann*, Handbuch der Sozialversicherung, Bd. 2, S. 467 h.

vom 19. Dezember 1998[178] – nachdem sie durch das 2. GKV-Neuordnungs-gesetz vom 23. Juni 1997[179] abgeschafft wurden – auf Grund der Wieder-einführung des Sachleistungsprinzips bei der Versorgung mit Zahnersatz erneut wieder in § 89 Abs. 7 und 8 SGB V aufgenommen.

Nach § 129 Abs. 8 SGB V bilden die Spitzenverbände der Krankenkassen und die für die Wahrnehmung der wirtschaftlichen Interessen gebildete maß-gebliche Spitzenorganisation der Apotheker eine Schiedsstelle. Sie entschei-det über den Vertragsinhalt eines Rahmenvertrages nach § 129 Abs. 2 SGB V, wenn dieser zwischen den Vertragsparteien ganz oder teilweise nicht zu Stande gekommen ist. Anders als beim Abschluss zweiseitiger und dreiseiti-ger Verträge mit Krankenhausträgervereinigungen, die kraft Gesetzes für alle Krankenhäuser unabhängig von der Mitgliedschaft in der betreffenden Kran-kenhausvereinigung Gültigkeit haben sollen, wird in § 129 Abs. 3 SGB V zu Recht die Verbindlichkeit der Rahmenverträge für Apotheken nur dann ange-nommen, wenn die Apotheke einem Mitgliedsverband der Spitzenorganisa-tion angehört und dessen Satzung die Rechtswirkung des Rahmenvertrages für die eigenen Verbandsmitglieder vorschreibt oder die Apotheke dem Rah-menvertrag ausdrücklich beigetreten ist.[180]

---

178 BGBl. I. S. 3853.
179 BGBl. I. S. 1716.
180 Vgl. *Hess*, in: Kass.Komm., Sozialversicherungsrecht, Bd. 1, § 129 SGB V Rdnr. 10.

III. Einordnung der Schiedsstelle

1. Schlichtungsstelle

a.) Meinungsstand in Literatur und Rechtsprechung

Häufig wird die Aufgabenwahrnehmung der Schiedsstellen und Schiedsämter als streitschlichtende Tätigkeit charakterisiert. In der Rechtsprechung wird die Tätigkeit des vertragsärztlichen Schiedsamts als eine *„Form der Schlichtung"* verstanden.[181] Nach einem Urteil des Bundesverwaltungsgerichts[182] kann *„die Schiedsstelle [nach § 18 a Abs. 1 KHG] durchaus als eine vertragliche Schlichtungsstelle, die letztlich auf der Ebene der Pflegesatzparteien und damit nicht hoheitlich handelt, begriffen werden."* Weitere Urteile bezeichnen die Schiedsstelle nach § 18 a Abs. 1 KHG als *„ein Instrument der Streitschlichtung"[183]* oder als *„Schlichtungsstelle"[184]*, das Schiedsstellenverfahren als *„obligatorisches Schlichtungsverfahren"[185]* oder das Verfahren der vertragsärztlichen Schiedsämter als *„streitschlichtende[s] Schiedsverfahren[186]*. Auch in der Literatur wird vereinzelt die Auffassung vertreten, bei der Tätigkeit der Schiedsstelle handle es sich um eine streitschlichtende Tätigkeit oder die Schiedsstelle sei *„eine mit hoheitlicher Schlichtungsgewalt ausgestattete Einrichtung der Selbstverwaltung".[187]*

---

181 Vgl. BSGE 20, 73, 76.
182 Vgl. BVerwG NJW 1994, 2435.
183 OVG Münster, KRS II, 97.038, S. 1, 4.
184 BVerwG, KRS II, 97.008, S. 1, 8.
185 VGH Bad.-Württ. DVBl. 1990, 996, 997.
186 BSGE 36, 151, 152.
187 *Vollmer/Graeve*, Kommentar zum KHG, § 18 a Erl. 318a.05.

b.) Begriff und Gegenstand der Schlichtung

Schlichtung ist Hilfeleistung in einem Streit über eine zu treffende Regelung zur Herbeiführung dieser Regelung.[188] Gegenstand der Schlichtung ist nicht ein Rechtsstreit, der durch die Anwendung von Rechtsnormen entschieden wird, sondern ein Regelungsstreit. Die Schlichtung ist im kollektiven Arbeitsrecht beheimatet; dort geht es um die Lösung eines tariflichen oder kollektiven betrieblichen Konfliktes. Während man auf tariflicher Ebene von einer Schlichtungsstelle und einem Schlichtungsverfahren (Schlichtung im engeren Sinn) spricht, heißt die Schlichtungsstelle im Betriebsverfassungs- und im Personalvertretungsrecht Einigungsstelle (§ 76 BetrVG, § 71 BPersVG), das Schlichtungsverfahren Einigungsstellenverfahren.[189] Bei der Schlichtung im engeren Sinn ist zu unterscheiden zwischen den staatlichen Schlichtungen,[190] die auf Grund einer staatlichen Regelung durchgeführt werden und den zwischen den Tarifvertragsparteien durch so genannte Schlichtungsabkommen vereinbarten Schlichtungen, die heute im Vordergrund stehen.[191] Was die Entscheidung der Schlichtungsstelle angeht, lassen sich der Intensität nach drei Formen der Schlichtung unterscheiden:[192] Sie kann als freiwillige (einfache) Schlichtung lediglich in einem Verfahren bestehen, dem sich die Konfliktparteien bedienen können, aber grundsätzlich nicht müssen.[193] Die tarifvertraglich vereinbarte Schlichtung kann aber auch einen Schlichtungszwang (Einlassungszwang) vorsehen, also die Parteien verpflichten, sich auf Verlangen der jeweils anderen auf das Schlichtungsverfahren ein-

---

188 *Zöllner/Loritz*, Arbeitsrecht, § 42 I.

189 *Hromadka/Maschmann*, Arbeitsrecht, Bd. 2, § 20 Rdnr. 3.

190 Grundlage staatlicher Schlichtungen ist das Kontrollratsgesetz Nr. 35 (KRG Nr. 35) vom 20.08.1946 und einige landesrechtliche Regelungen.

191 Vgl. *Löwisch/Rumler*, in: Löwisch, Schlichtung- und Arbeitskampfrecht, Rdnr. 123 f.; *Hanau/Adomeit*, Arbeitsrecht, C.III.13; *Zöllner/Loritz*, Arbeitsrecht, § 42 II.

192 Vgl. *Löwisch/Rieble*, Tarifvertragsgesetz, § 1 Rdnr. 294.

193 Vgl. aber die Vorschläge von *Heinze*, in: Festschrift Däubler, S. 431 ff. zu einem Modell des Zwangs zur Schlichtung und *Rüthers*, in: Festschrift Dietz, S. 299, 308, der auf Grund des ultima-ratio-Prinzips einen Anrufungszwang für vorhandene Schlichtungsinstanzen annimmt.

zulassen. Schließlich kann die Schlichtung als Zwangsschlichtung eine verbindliche Entscheidung des Regelungsstreites durch die Schlichtungsinstanz
vorsehen. Allerdings ist nach geltendem Recht die Zwangsschlichtung auf
tariflicher Ebene mit Art. 9 Abs. 3 GG unvereinbar.[194] Dies hat jedenfalls solange zu gelten, solange keine außergewöhnlichen Umstände vorliegen, in
denen schwerwiegende öffentliche Interessen auf dem Spiel stehen.[195] Von
der Zwangsschlichtung abgesehen, erlangen die Schiedssprüche regelmäßig
nur dann Verbindlichkeit, wenn die Parteien des Schlichtungsverfahrens sich
dem Schiedsspruch vorher unterworfen haben oder ihn nachträglich annehmen. Der verbindliche Schlichtungsspruch über einen tariflichen Regelungsstreit hat die Wirkung eines Tarifvertrages und kann damit eine Rechtsnorm-
wirkung entfalten.[196]

c.) Stellungnahme

Die Schiedsstelle regelt im Konfliktfall auf Antrag die Höhe der Pflegesätze
eines Krankenhauses und trifft weitere Entscheidungen, die an sich den
Parteien zugedacht sind. Es geht dabei, wie dies für eine Regelungstreitigkeit
üblich ist, nicht um die Durchsetzung bestehender, sondern die Begründung
künftiger Ansprüche; es sind mehrere Konfliktlösungen denkbar. Bei der Tätigkeit der Schiedsstelle geht es um eine echte Hilfeleistung bei einem Streit
der Parteien um einen gerechten Interessenausgleich. Die Regelungen des
Krankenhausfinanzierungsrechts sprechen für die Charakterisierung der
Schiedsstelle als Schlichtungsstelle, weil sie im Streitfall eine gestaltende
Regelung an Stelle der Parteien trifft.

Fraglich erscheint jedoch, ob hier von einer freien Schlichtung gesprochen
werden kann. Es könnte den Vertragsparteien ein Zwang zur Schlichtung
(Schlichtungszwang) oder gar eine Zwangsschlichtung vorgegeben sein. Zu-

---

194 Vgl. Gamillscheg, Kollektives Arbeitsrecht, Bd. 1, S. 1304.
195 Vgl. Zöllner/Loritz, Arbeitsrecht, § 42 II.2.b.).
196 Vgl. BAG NZA 1988, 553.

nächst deutet die nähere Ausgestaltung des Pflegesatzrechts auf einen beschränkten Einlassungszwang der Beteiligten hin. Hat ein Vertragspartner nach § 18 Abs. 4 Satz 1 KHG i. V. m. § 19 Abs. 1 BPflV die Schiedsstelle angerufen, so muss sich die andere Seite auf das Verfahren einlassen. Da die Schiedsstelle nicht von Amts wegen entscheidet, kann nicht ohne weiteres von einem zweiseitigen Schlichtungszwang gesprochen werden.[197] Hiervon zu reden wäre aber auch dann gerechtfertigt, wenn die Parteien beim Vorliegen bestimmter Tatbestandsvoraussetzungen dazu verpflichtet wären, die Schiedsstelle anzurufen. Aus der Regelung über die Sechs-Wochenfrist des § 18 Abs. 4 Satz 1 KHG und aus weiteren pflegesatzrechtlichen Vorschriften kann entnommen werden, dass das Pflegesatzverfahren unverzüglich in Gang zu setzen und mit einer Vereinbarung oder Festsetzung abzuschließen ist.[198] Den Pflegesatzparteien stehen neben der Schlichtung keine weiteren Konfliktlösungsmechanismen zur Seite. Aus nahe liegenden Gründen des überragenden Rechtsgutes der bedarfsgerechten Versorgung der Bevölkerung mit Krankenhausleistungen scheidet eine Leistungsverweigerung des Krankenhauses – ähnlich den den Tarifvertragsparteien zustehenden Kampfmitteln in Form von Streik und Aussperrung – von vorherein aus. Aus der fehlenden Alternative der Vertragsparteien zur Anrufung der Schiedsstelle im Konfliktfall und aus dem Gesichtspunkt des Bestehens des pflegesatzrechtlichen Beschleunigungsgrundsatzes ist zu schließen, dass es den Parteien rechtlich zwingend aufgegeben ist, im Falle der Nichteinigung schnellstmöglich die Schiedsstelle anzurufen. Es kann demnach von einem Zwang zur Schlichtung gesprochen werden.

---

197 Zum Begriff des „einseitigen" und „zweiseitigen Schlichtungszwangs": *Hromadka/ Maschmann*, Arbeitsrecht, Bd. 2, § 20 Rdnr. 5.

198 Sog. pflegesatzrechtlicher Beschleunigungsgrundsatz, der aus dem Zusammenspiel einiger pflegesatzrechtlicher Vorschriften herleitbar ist: § 18 Abs. 4 Satz 1 KHG (Sechs-Wochenfrist, *„unverzüglich"*), § 18 Abs. 5 Satz 2 KHG (*„unverzüglich"*), § 17 Abs. 5 Satz 1 BPflV (Pflicht zur Vorklärung), § 18 BPflV (Vorläufige Pflegesatzvereinbarung), § 19 Abs. 2 BPflV (Sechs-Wochenfrist für Schiedsstelle), § 21 Abs. 2 Satz 4 BPflV (Entfallen des Ausgleichs von Mindererlösen, soweit die verspätete Genehmigung vom Krankenhaus zu vertreten ist).

Von einer Zwangsschlichtung hingegen könnte man nur dann ohne weiteres sprechen, wenn die Entscheidung der Schiedsstelle ohne weiteres Zutun der Parteien in Verbindlichkeit erwachsen würde. Hier bestehen Zweifel, weil die Parteien an die Pflegesatzfestsetzung der Schiedsstelle nicht gebunden sind. Den Pflegesatzparteien bleibt es auch nach Ergehen der Festsetzung durch die Schiedsstelle unbenommen, keinen Antrag auf Genehmigung dieser Festsetzung zu stellen, sondern eine andere Vereinbarung zu treffen.[199] Es kann konstatiert werden, dass die Entscheidung der Landesschiedsstelle zur ihrer Wirksamkeit zwingend die Mitwirkungshandlung wenigstens einer Vertragspartei in Form der Beantragung der Genehmigung bei der zuständigen Landesbehörde benötigt. Da eine einzelne Vertragspartei das Wirksamwerden des Schiedsstellenbeschlusses nicht verhindern kann, gleichwohl aber die Entscheidung der Schiedsstelle nicht ohne weiteres für die Parteien verbindlich ist, sondern zumindest voraussetzt, dass eine Partei die Genehmigung der festgesetzten Pflegesätze beantragt hat, kommt das Schiedsstellenverfahren einer einseitigen Zwangsschlichtung nahe.

2. Verhältnis zu den Vertragsparteien

a.) Meinungsstand in Literatur und Rechtsprechung

Auch über das funktionale Verständnis der Schiedsstelle und die Einordnung ihres Tätigwerdens gegenüber den Vertragsparteien herrscht Unklarheit. *Heinze* vertritt die Auffassung, die Schiedsstelle sei als ein Vertragshilfeorgan entsprechend der Leistungserbringung durch Dritte gemäß § 317 Abs. 1 BGB anzusehen.[200] Dagegen wird teilweise eingewandt, die Schiedsstelle habe keine vertragsausfüllende, sondern eine vertragsbegründende Funktion

---

199 Vgl. BVerwG NJW 1994, 2435, 2436; VG Stade, KRS II, 95.020, S. 1, 9.
200 Vgl. *Heinze*, in: Heinze/Wagner (Hrsg.), Die Schiedsstelle des Krankenhausfinanzierungsgesetzes, S. 61, 63; *ders.*, SGb 1990, 173, 174 und 178; *ders.*, SGb 1997, 397, 402.

und könne damit nicht als Vertragshilfeorgan qualifiziert werden.[201] Auch für die vertragsärztlichen Schiedsämter nach § 89 SGB V wird teilweise die Auffassung vertreten, sie seien Vertragshilfeorgane.[202] Der Bundesgerichtshof hat es in einem Urteil vom 19. Dezember 1978[203] abgelehnt, die nach dem damaligem Recht für die Festsetzung der Pflegesätze zuständigen Landesbehörden als „Dritte" im Sinne von § 317 Abs. 1 BGB zu qualifizieren. Das Gericht hat die Auffassung vertreten, die behördliche Festsetzung der Krankenhauspflegesätze unterliege grundsätzlich nicht der rechtlichen Nachprüfung durch die ordentlichen Gerichte, weil es sich um einen Verwaltungsakt handle. Eine Überprüfung der Pflegesätze auf ihre Billigkeit scheide aus, weil es sich bei den Behörden, die im Rahmen ihres gesetzlichen Wirkungskreises tätig werden, nicht um „Dritte" im Sinne des § 317 BGB handle, denen die Bestimmung der Leistung eines privatrechtlichen Vertrages überlassen sei. Ähnlich wie der Begriff der Schlichtung seine Wurzeln im kollektiven Arbeitsrecht hat, so findet auch das Erklärungsmodell des Vertragshilfeorgans im kollektiven Arbeitsrecht Parallelen, denn dem Schlichter in einem Tarifstreit wird teilweise die Funktion eines Vertragsgehilfen zugeordnet.[204]

b.) Begriff des Vertragshilfeorgans

Nach der Regelung des § 317 Abs. 1 BGB hat ein „Dritter", dem die Leistungsbestimmung überlassen wurde, diese im Zweifel nach billigem Ermessen zu treffen. Angesprochen ist hier die Befugnis eines „Dritten" zur rechtsgestaltenden Vertragsergänzung.[205] Bestimmungsberechtigte Dritte im Sinne von § 317 BGB können sowohl natürliche als auch juristische Personen sein.[206] Der „Dritte" muss die Bestimmung in Ausübung der vertraglichen

---

201 So *Wagner*, NJW 1991, 737, 738.

202 Vgl. *Jörg*, Das neue Kassenarztrecht, Rdnr. 525; *Heinze*, SGb 1990, 173, 174.

203 BGHZ 73, 114, 116.

204 Vgl. *Löwisch/Rieble*, Tarifvertragsgesetz, § 1 Rdnr. 136.

205 Vgl. MünchKomm.-*Gottwald* § 317 Rdnr. 5; Soergel-*Wolf* § 317 Rdnr. 5; Palandt-*Heinrichs* § 317 Rdnr. 3.

206 Vgl. MünchKomm.-*Gottwald* § 317 Rdnr. 7; Soergel-*Wolf* § 317 Rdnr. 7.

Kompetenz vornehmen, d. h. er muss durch Vereinbarung zur Ausübung des Bestimmungsrechts eingesetzt sein.[207] Von diesem so genannten Schiedsgutachten im weiteren Sinne nach § 317 BGB ist das Schiedsgutachten im engeren Sinne und die Tätigkeit des Schiedsgerichts nach §§ 1025 ff. ZPO zu trennen. Soll der „Dritte" bestimmte Umstände klarstellen oder tatsächliche Anspruchsvoraussetzungen feststellen, so sind die §§ 317 bis 319 BGB entsprechend anzuwenden (Schiedsgutachten im engeren Sinn).[208] Der Sachverständige gestaltet hier also nicht; er stellt lediglich fest und seine Feststellung wirkt – wenn es zum Rechtsstreit kommt – prozessual.[209] Dagegen zeichnet sich das Schiedsgericht entgegen dem Schiedsgutachter dadurch aus, dass es an Stelle des staatlichen Gerichts über einen Rechtsstreit endgültig entscheidet. Das Schiedsgericht übernimmt die volle Funktion eines staatlichen Gerichts und der Schiedsspruch hat weitgehend die Wirkungen eines rechtskräftigen Urteils (§ 1040 ZPO) und kann Grundlage für die Zwangsvollstreckung nach der Vollstreckbarkeitserklärung gemäß § 1042 ZPO sein.[210]

Soweit die Schiedsstelle als Vertragshilfeorgan bezeichnet wird, ist nicht das Schiedsgutachten im engeren Sinne angesprochen, denn sie wird nicht tätig, um bestimmte Umstände klarzustellen, sondern übt ein echtes Gestaltungsrecht aus. Mit dem Begriff des Vertragshilfeorgans ist auch nicht die Tätigkeit eines Schiedsgerichts gemeint, denn die Schiedsstelle nimmt keine Aufgaben der Justiz wahr; sie entscheidet nicht über Rechtsstreitigkeiten, sondern über Regelungsstreitigkeiten und sie hat grundsätzlich keine Rechtsmacht, die über die der Vertragsparteien hinausgeht. Charakteristisch für das Vertragshilfeorgan ist ein Tätigwerden auf vertraglicher Ebene. Der „Dritte" wird von den Vertragsparteien bestimmt oder sie überlassen diese Bestimmung einem anderen. Der „Dritte" tritt an die Stelle der Vertragsparteien, er wird

---

207 Vgl. Soergel-*Wolf* § 317 Rdnr. 6; MünchKomm.-*Gottwald* § 317 Rdnr. 8.
208 Vgl. MünchKomm.-*Gottwald* § 317 Rdnr. 5.
209 *Habscheid*, in: Festschrift Lehmann, S. 789, 808.
210 Soergel-*Wolf* § 317 Rdnr. 21.

bezüglich der Bestimmung der Leistung oder der Modalitäten der Leistungserbringung vertragsergänzend tätig.

c.) Stellungnahme

aa.) Funktionale Berührungspunkte

Die Schiedsstelle nach § 18 a Abs. 1 KHG tritt bei ihrer Entscheidung an die
Stelle der primär zur Regelung des Sachverhalts berufenen Parteien. Die
Entscheidungen der Landesschiedsstellen nach dem Krankenhausfinanzie-
rungsgesetz unterscheiden sich von denen der vertragsärztlichen Schiedsämter dadurch, dass die Pflegesatzfestsetzungen der Genehmigung einer
Landesbehörde bedürfen. Dabei sind die Regelungen der Vertragsparteien in
Form der Pflegesatzvereinbarung und die der Schiedsstelle durch Pflegesatzfestsetzung als gleichrangig anzusehen. Dies ergibt sich auch aus § 18
Abs. 5 Satz 1 KHG, wonach die vereinbarten oder festgesetzten Pflegesätze
von der zuständigen Landesbehörde genehmigt werden, wenn sie dem geltenden Recht entsprechen. Beides, die vereinbarten und die festgesetzten
Pflegesätze finden ihre rechtliche Vollendung in der Genehmigung der Landesbehörde. Die Kompetenz der Schiedsstelle ist gegenüber den Vertragsschließenden zwar verfahrensrechtlich nachgeordnet, da sie erst beim Miss-
lingen einer Einigung tätig wird, sachlich jedoch vollkommen gleichgeschal-
tet.[211]

Für das Modell des Vertragshilfeorgans spricht der Umfang der rechtlichen
Bindung und der Rechtsmacht der Schiedsstelle. Sie ist in ihrem Tätigwerden
nach § 19 Abs. 1 Satz 2 BPflV an die für die Vertragsparteien geltenden
Rechtsvorschriften gebunden. Unzweifelhaft hat die Schiedsstelle damit das
Bestimmungsrecht im Rahmen des materiellen Pflegesatzrechts auszuüben

---

211 Vgl. *Schneider*, Handbuch des Kassenarztrechts, Rdnr. 766 entsprechend für das vertragsärztliche Schiedsamt.

und darf die rechtlichen Vorgaben, die für die Parteien gelten, nicht verlassen. Eine zusätzliche Verengung des ihr zustehenden Rechtsrahmens ergibt sich für die Schiedsstelle aus § 19 Abs. 3 BPflV, wonach sie über bestimmte Sachverhalte (so genannte *„Kann-Vorschriften"*[212]) nicht entscheiden darf. Das Leistungsbestimmungsrecht bewegt sich, ähnlich dem des „Dritten" nach § 317 Abs. 1 BGB innerhalb der vertraglichen Gestaltungsfreiheit der Parteien.[213] In beiden Fällen kann von einer *„Rechtsgestaltung durch einen Dritten"*[214] gesprochen werden. Er ordnet an Stelle der Parteien mit der Ausübung des Gestaltungsrechts deren Rechtsbeziehungen zueinander. Der Umfang des Bestimmungsrechts der Schiedsstelle wird wie bei dem „Dritten" nach § 317 Abs. 1 BGB von den Vertragsparteien vorgegeben. Sie bestimmen durch die Festsetzungsanträge den Entscheidungsbereich der Schiedsstelle. Diese ist an die Parteianträge gebunden und kann weder den Antrag des Antragstellers überschreiten noch den Antrag des Antragsgegners unterschreiten.[215] Ein weiteres Merkmal des Schiedsgutachtens im weiteren Sinne ist es, dass der beauftragte Dritte einen gerechten Interessenausgleich zwischen den Vertragsparteien anzustreben hat.[216] Wie die Schiedsstelle, so hat auch er die Interessen beider Seiten zu berücksichtigen und gegeneinander abzuwägen.

Vergleicht man die Rechtsschutzmöglichkeiten gegen die Entscheidungen der Schiedsstelle mit denen des „Dritten" nach § 317 Abs. 1 BGB, so fällt auf, dass in beiden Fällen die Kontrolldichte der richterlichen Überprüfung begrenzt ist. Die Leistungsbestimmung des „Dritten", der diese nach § 317 Abs. 1 BGB im Zweifel nach billigem Ermessen zu treffen hat, ist nach § 319 Abs. 1 Satz 1 BGB nur dann nicht verbindlich, wenn sie offenbar unbillig ist. Der gerichtlich nicht überprüfbare Spielraum des „Dritten" erklärt sich daraus,

---

212 Vgl. *Tuschen/Quaas*, Bundespflegesatzverordnung, Erl. § 19, S. 376.

213 Zum Gestaltungsrecht des Schiedsgutachters im weiteren Sinne: vgl. *Wittmann*, Struktur und Grundprobleme des Schiedsgutachtenvertrages, S. 14, 19.

214 *Habscheid*, in: Festschrift Lehmann, S. 789, 810.

215 *Heinze*, in: Heinze/Wagner (Hrsg.), Die Schiedsstelle des Krankenhausfinanzierungsgesetzes, S. 61, 76.

216 Vgl. *Wittmann*, Struktur und Grundprobleme des Schiedsgutachtenvertrages, S. 23 f.

dass bei einem „Dritten" Unabhängigkeit, Unparteilichkeit und Objektivität vorausgesetzt werden kann.[217] Auch der Schiedsstelle wird man einen richterlich nicht überprüfbaren Beurteilungsspielraum zugestehen müssen[218]. Durch die höchstrichterliche Rechtsprechung ist dies zwischenzeitlich für das vertragsärztliche Schiedsamt[219] und für die Schiedsstelle nach § 94 BSHG[220] anerkannt. Eine ältere Entscheidung,[221] die der Landesbehörde bei der Festsetzung der Krankenhauspflegesätze keinen Beurteilungsspielraum zuerkannte, dürfte wohl auf die Schiedsstelle nach § 18 a Abs. 1 KHG nicht übertragbar sein. Es ist demnach sowohl der Schiedsstelle, wie auch dem „Dritten" im Sinne von § 317 Abs. 1 BGB[222] ein Beurteilungsspielraum einzuräumen.

Bei der Einordnung der Schiedsstelle ist ein in der Praxis nicht zu unterschätzender, weiterer Gesichtspunkt zu berücksichtigen. Die Schiedsstelle könnte deswegen als Vertragshilfeorgan anzusehen sein, weil die Parteien des öfteren den Inhalt der Schiedsstellenentscheidung als eigene vertragliche Bestimmung in die Pflegesatzvereinbarung übernehmen werden. Da die Schiedsstelle nach § 19 Abs. 2 BPflV nur über die Gegenstände entscheidet, über die keine Einigung erreicht werden konnte und zu denen eine Entscheidung von einer Partei beantragt wurde, sind die Festsetzungen nur selten alleiniger Genehmigungsgegenstand. Hat die Schiedsstelle in dem ihr vorgegebenen rechtlichen Rahmen eine Entscheidung getroffen, so können die Parteien diese Festsetzung mit dem Ergebnis aus der Pflegesatzverhandlung in einer Pflegesatzvereinbarung zusammenführen oder auf dieser Grundlage die Einigungsbemühungen fortsetzen. Die so ermittelten Pflegesätze sind unter Hinzuziehung der Schiedsstelle in ihrer Funktion als Vertragshilfeorgan zu Stande gekommen. Sie hat als Vertragshelfer einzelne Leistungen oder Leistungsmodalitäten der Pflegesatzvereinbarung ergänzend geregelt und

---

217 Vgl. MünchKomm.-*Gottwald* § 319 Rdnr. 1.
218 Vgl. hierzu unten 2.2.A.I.2.a.) bb.).
219 BSGE 20, 73,76 ff.; 36, 153; BSG, Urteil vom 19.03.1997, USK 9782, S. 457, 462.
220 BVerwG NVwZ-RR 1999, 446.
221 BVerwG 1984, 2648, 2649.
222 Vgl. *Wittmann*, Struktur und Grundprobleme des Schiedsgutachtenvertrages, S. 32.

ihre Entscheidung ist nach dem Willen der Parteien in der Pflegesatzvereinbarung aufgegangen. Ihnen steht es stets frei, die Entscheidung der Schiedsstelle anzunehmen und folglich die Genehmigung zu beantragen oder eine Vereinbarung mit demselben oder einem anderen Inhalt zu treffen.[223]

bb.) Divergenzen

Handelt die Schiedsstelle als Vertragshilfeorgan, so müsste ihre Entscheidung der vertraglichen Ebene zurechenbar sein. Dagegen könnte schon der Wortlaut des Krankenhausfinanzierungsgesetzes sprechen, das in § 18 Abs. 5 Satz 1 KHG zwischen den vereinbarten und den festgesetzten Pflegesätzen differenziert. Den gesetzlichen Regelungen kann nicht ohne weiteres entnommen werden, dass die Schiedsstelle einen Vertrag ergänzt oder einzelne Vertragsbestandteile festsetzt, sondern sie setzt nach § 18 Abs. 4 Satz 1 KHG die Pflegesätze fest. Damit wird die Rechtsform der Maßnahme offengelassen, lediglich sein Inhalt in abstrakter Weise determiniert. Demnach kann dem normativen Befund weder eine Argumentationshilfe für oder gegen das Modell der Vertragshilfe entnommen werden. Wesentlicher erweist sich in diesem Zusammenhang, die den Vertragsparteien fehlende Berechtigung zur autonomen Bestimmung des „Dritten". Die Schiedsstelle ist eine vom Gesetzgeber staatlich vorgegebene Konfliktlösungsstelle. Der für die Parteien, insbesondere für den Krankenhausträger begründete Zwang, sich einer Schiedsstellenentscheidung zu unterwerfen, lässt sich schwerlich als Ausdruck von Vertragsautonomie und einer freiwilligen Unterwerfung unter ein vertragliches Schlichtungsverfahren begreifen, da das Schiedsstellenverfahren nicht auf einer vertragsautonomen Entscheidung der Verfahrensbeteiligten, sondern auf staatlicher Setzung beruht.[224] Es erscheint daher auch nicht zutreffend, von einer *„vertragliche[n] Schlichtungsstelle"* zu sprechen.[225]

---

223 Vgl. BVerwG NJW 1994, 2435, 2436; VG Stade, KRS II, 95.020, S. 1, 9.
224 Ähnlich BVerwG NVwZ-RR 1999, 446 für die Schiedsstelle nach § 94 BSHG.
225 So aber BVerwG NJW 1994, 2435.

Spricht wie schon oben dargelegt die Einräumung eines gerichtlich nicht überprüfbaren Spielraumes der Schiedsstelle für ihre Eigenschaft als Vertragshilfeorgan im Sinne des § 317 Abs. 1 BGB, so darf nicht übersehen werden, dass die Regelung des § 319 Abs. 1 Satz 2 BGB gegen eine derartige Qualifizierung eingewandt werden kann. Stellt sich die Leistungsbestimmung des Vertragshelfers als nicht verbindlich, weil unbillig dar, so geht die Bestimmungsbefugnis nach § 319 Abs. 1 Satz 2 BGB auf das Gericht über. Eine Leistungsbestimmung, abweichend von der Festsetzung der Schiedsstelle, ist aber im Pflegesatzrecht, was noch im Einzelnen darzulegen ist,[226] weder der Genehmigungsbehörde noch dem Gericht erlaubt. Es entfällt eine unmittelbare Ersetzung der Schiedsstellenentscheidung durch ein gerichtliches Urteil.[227]

Auch die Konzeption des Gesetzgebers über die Eröffnung des Rechtsweges gegen die pflegesatzrechtliche Genehmigung nach § 18 Abs. 5 Satz 2 KHG ist formal kaum vereinbar mit dem Modell der Vertragshilfe. Will eine Vertragspartei eine nach § 319 Abs. 1 Satz 1 BGB unwirksame Leistungsbestimmung durch eine gerichtliche Entscheidung ersetzen, so wird sie einen Prozess gegen den Vertragspartner anstrengen und nicht gegen den „Dritten".[228] Das gerichtliche Urteil nach § 319 Abs. 1 Satz 2 BGB ist Gestaltungsurteil.[229] Wäre der Gesetzgeber dem Modell der Vertragshilfe gefolgt, so hätte er den Rechtsschutz nicht gegen das Land[230] eröffnen dürfen, sondern gegen eine oder mehrere Vertragsparteien. Im Sozialhilferecht hat der Gesetzgeber diesen Weg beschritten, als er in § 93 b Abs. 1 Satz 4 BSHG bestimmte, dass sich die Klage gegen den Schiedsspruch gegen eine der beiden Vertragsparteien zu richten habe und nicht gegen die Schiedsstelle selbst.[231] Dort ist die Klage gegen die ganz oder teilweise obsiegende Ver-

---

226 Zur fehlenden Befugnis zur gestaltenden Genehmigung: vgl. unten 2.2.A.I.2.b.); zur insoweit fehlenden gerichtlichen Gestaltungsbefugnis: vgl. 2.3.B.I.1.a.).
227 So auch OVG Rheinland-Pfalz, KRS, 93.008, S. 1, 10.
228 Vgl. BGH NJW 1996, 452; BGH NJW 1991, 2761; BGH NJW 1974, 1235.
229 Soergel-*Wolf* § 319 Rdnr. 17.
230 Oder die Genehmigungsbehörde selbst: vgl. hierzu oben 2.3.C.I.
231 Kritisch hierzu *Armborst*, NDV 1998, 191.

tragspartei zu richten.[232] Der Gesetzgeber hat diese Regelung mit den bisherigen Erfahrungen mit dem Schiedsstellenverfahren begründet.[233]

3. Ergebnis

Als Ergebnis kann festgehalten werden, dass es sich bei der Schiedsstelle nach § 18 a Abs. 1 KHG um eine Schlichtungsstelle handelt. Die Parteien unterliegen im Nichteinigungsfall einem Zwang zur Schlichtung. Da unbeschadet des bestehenden Genehmigungserfordernisses, die von der Schiedsstelle getroffene Entscheidung auch gegen den Willen einer Partei wirksam werden kann, liegt es nahe, von einer einseitigen Zwangsschlichtung zu sprechen. Der Tendenz der Charakterisierung der Schiedsstelle als Vertragshilfeorgan kann zugestimmt werden. Wenngleich sich die Schiedsstelle aus formaler Sichtweise von der Person des „Dritten" nach § 317 Abs. 1 BGB unterscheidet, gibt es doch erhebliche Berührungspunkte zu dem Modell des Vertragshilfeorgans. Ähnlich wie die betriebsverfassungsrechtliche Einigungsstelle nach § 76 BertrVG[234] und auch die Schlichtungsstelle in einem Streit der Tarifvertragsparteien[235], kann auch die Landesschiedsstelle nach rein funktionaler Sichtweise als ein Vertragshilfeorgan begriffen werden. Kann man also dem Grundgedanken des Modells des Vertragshilfeorgans beitreten, so ist doch zu berücksichtigen, dass die Beauftragung der Schiedsstelle durch die Parteien letztlich nicht auf ihrer vertragsautonomen Entscheidung, sondern auf gesetzgeberischer Vorgabe beruht.

---

232 *Fichtner*, in: Fichtner (Hrsg.), Bundessozialhilfegesetz, § 93 b Rdnr. 6.

233 Vgl. BT-Drucks. 13/2440, S. 49.

234 Vgl. MünchKomm.-*Gottwald* § 317 Rdnr. 10.

235 Vgl. *Löwisch/Rieble*, Tarifvertragsgesetz, § 1 Rdnr. 136.

C. Rechtsnatur der Entscheidungen der Schiedsstelle

Wie oben dargestellt, entscheidet die Schiedsstelle nach § 18 a Abs. 1 KHG über Regelungsgegenstände, die entweder der Landes- oder der Ortsebene zugeordnet sind. Für die Untersuchung der Rechtsschutzmöglichkeiten gegen die Entscheidungen der Landesschiedsstelle müssen folglich im Weiteren diese beiden Ebenen getrennt betrachtet werden. Zur Beantwortung der Fragen, die sich im Zusammenhang mit der gerichtlichen Überprüfung dieser Entscheidungen auftun, ist die rechtliche Qualifizierung der Schiedsstellenbeschlüsse unentbehrlich.

I. Pflegesatzfestsetzung

1. Meinungen in Literatur und Rechtsprechung

Lange Zeit war die Rechtsnatur der Entscheidungen der Schiedsstelle nach § 18 a Abs. 1 KHG im Zusammenhang mit der Festsetzung der Pflegesätze auf Ortsebene heftig umstritten. Es standen sich die Auffassungen derer gegenüber, die in der Schiedsstellenfestsetzung keinen Verwaltungsakt sahen, weil es sich hierbei lediglich um einen internen Mitwirkungsakt handle[236] oder die Schiedsstelle keine Behörde sei[237] und auf der anderen Seite diejenigen, die in der Entscheidung der Schiedsstelle eine rechtlich selbstständige Entscheidung erblickten. [238]

Nachdem der Gesetzeswortlaut auf Grund der unterschiedlichen Auffassungen der am Gesetzgebungsverfahren Beteiligten vielerlei Deutungen offen gelassen hat, brachte das Urteil des Bundesverwaltungsgerichts vom

---

236 Vgl. *Zuck/Quaas*, NJW 1987, 687, 690; *Zimmer*, KU 1985, 759, 764.
237 Vgl. *Zimmer*, KU 1985, 759, 764.
238 Vgl. *Kiemann/Eul*, Die Ortskrankenkasse, 1985. 648, 651; *Vollmer/Graeve*, Kommmentar zum KHG, § 18 Erl. 318.50; *Vollmer/Hoffmann*, Ersk 1986, 74, 75.

23. November 1993[239], das dem Schiedsstellenbeschluss die Eigenschaft eines Verwaltungsaktes absprach, für die Praxis der Rechtsanwender eine gewisse Rechtsklarheit. Dieser gerichtlichen Entscheidung lag eine Klage der Krankenkassen gegen die Schiedsstelle zu Grunde. In einem weiteren Rechtsstreit, der nicht Gegenstand dieses Verfahrens war, haben die Kläger die Genehmigung der Pflegesatzfestsetzung angefochten. Die Kläger begehrten die Herabsetzung des von der Schiedsstelle festgesetzten Pflegesatzes. Das Verwaltungsgericht hat die Klage als unzulässig abgewiesen. Die Festsetzung des Pflegesatzes stelle zwar einen Verwaltungsakt dar, doch sei dieser nach dem Willen des Gesetzgebers nicht anfechtbar. Das Oberverwaltungsgericht und das Bundesverwaltungsgericht sind dieser Begründung nicht gefolgt. Bei der Festsetzung durch die Schiedsstelle handle es sich nicht um einen Verwaltungsakt, sondern um einen internen Mitwirkungsakt. Der Pflegesatzfestsetzung fehle jedenfalls *„das für den Verwaltungsaktbegriff konstituierende Merkmal der ‚unmittelbaren Rechtswirkung nach außen"*[240]. Die einen Verwaltungsakt kennzeichnende Außenwirkung komme allein der Genehmigung zu.

2. Normativer Befund

Aufschlussreich ist zunächst der Normtext; bei ihm hat jede Auslegung anzusetzen.[241] Die Regelung des § 18 Abs. 4 Satz 1 KHG überträgt der Schiedsstelle die Aufgabe der Konfliktlösung, wenn sich die Vertragsparteien über die Pflegesätze eines Krankenhauses nicht einigen können. Voraussetzung ist, dass die Vereinbarung innerhalb von sechs Wochen, nachdem eine Vertragspartei schriftlich zur Aufnahme der Pflegesatzverhandlung aufgefordert hat, nicht zu Stande gekommen ist und mindestens eine Partei einen Antrag bei der Schiedsstelle gestellt hat. Wird die Schiedsstelle in diesen Fällen angerufen, so setzt sie die Pflegesätze unverzüglich fest. Die Regelungszu-

---

239 BVerwG NJW 1994, 2435.
240 BVerwG NJW 1994, 2435.
241 Vgl. *Rüthers*, Rechtstheorie, Rdnrn. 731 ff., 743.

ständigkeit der Schiedsstelle wird in der Bundespflegesatzverordnung näher konkretisiert. Da sich die Festsetzungskompetenz der Schiedsstelle aus der Vereinbarungskompetenz der Vertragsparteien ableitet, können grundsätzlich alle Regelungsgegenstände, die Inhalt der Pflegesatzvereinbarung sein können, bei entsprechender Anrufung auch von der Schiedsstelle festgesetzt werden. So kann die Schiedsstelle zu allen möglichen inhaltlichen Bestandteilen der Pflegesatzvereinbarung angerufen werden.[242] Hierzu einschränkend ist aber § 19 BPflV zu beachten. Nach Absatz 2 dieser Vorschrift entscheidet die Schiedsstelle nur über die Gegenstände, über die keine Einigung erreicht werden konnte. Nach § 19 Abs. 3 BPflV entscheidet die Schiedsstelle nicht über die Anwendung von einigen enumerativ genannten Bestimmungen der Bundespflegesatzverordnung. Insoweit ist also die Vereinbarungskompetenz der Vertragsparteien weiter gefasst als die Festsetzungskompetenz der Schiedsstelle.

Der Gesetzeswortlaut des § 18 Abs. 4 Satz 1 KHG deutet für sich allein betrachtet darauf hin, dass die Entscheidung der Schiedsstelle einen Verwaltungsakt darstellt, denn die Formulierung des Festsetzens der Pflegesätze durch die Schiedsstelle kommt dem Begriff der „Entscheidung" im Sinne der Legaldefinition des Verwaltungsaktes nach § 35 VwVfG sehr nahe.[243] Auch § 18 a Abs. 3 Satz 2 KHG spricht von der Entscheidung der Schiedsstelle, was wiederum darauf hinweist, dass die Schiedsstelle eine Regelung mit Außenwirkung, gewissermaßen die eigentliche Sachentscheidung trifft. Wenngleich die Bundespflegesatzverordnung eine Bestimmung des formellen Gesetzes nicht ändern kann, so kann die Wortwahl des Verordnungsgebers doch als weitere Auslegungshilfe herangezogen werden. § 19 Abs. 1 bis 3 BPflV und § 20 Abs. 3 BPflV sprechen von den Entscheidungen der Schiedsstelle. Auch § 20 Abs. 1 BPflV stützt die in einer ersten Auslegung des Gesetzeswortlautes gewonnene Erkenntnis, soweit die Bestimmung von den *„von der Schiedsstelle festgesetzten Pflegesätze[n]"* spricht.

---

242 Vgl. hierzu § 17 BPflV, wobei die dort genannten Gegenstände den möglichen Inhalt der Pflegesatzvereinbarung nicht abschließend wiedergeben.

243 Vgl. *Zuck/Quaas*, NJW 1987, 687, 688.

Bei der Bewertung der normativen Ausgestaltung des Pflegesatzverfahrens ergeben sich Irritationen, die aus § 18 Abs. 5 KHG erwachsen und die *Kisker*[244] dazu veranlasst haben, festzustellen, wie das bei mühsam ausgehandelten Kompromissen häufig sei, enthalte die im Rahmen des Krankenhausneuordnungsgesetzes 1984 schließlich verabschiedete Formulierung des Gesetzestextes dann aber doch Passagen, die Zweifel darüber aufkommen lassen, ob man sich überhaupt und gegebenenfalls auf was man sich geeinigt habe. Nach § 18 Abs. 5 Satz 1 KHG bedürfen die festgesetzten – wie auch die zwischen den Vertragsparteien vereinbarten – Pflegesätze der Genehmigung durch die zuständige Landesbehörde. Nach § 18 Abs. 5 Satz 2 KHG ist gegen die Genehmigung der Verwaltungsrechtsweg gegeben. Nach dieser ausdrücklichen Regelung wäre, wenn man unmittelbaren Rechtsschutz gegen die Festsetzung gewähren wollte, der Rechtsweg zwingend zweifach eröffnet. Dagegen könnte sprechen, dass beide Entscheidungen in einem engen formellen und sachlichen Zusammenhang zueinander stehen. Es kann konstatiert werden, dass der Gesetzgeber in § 18 Abs. 5 KHG zwei Regelungen getroffen hat, die bei der Beurteilung der Rechtsnatur der Pflegesatzfestsetzung wesentliche Beachtung verdienen. Zum einen bedarf der Beschluss der Schiedsstelle der Genehmigung durch eine Landesbehörde und zum anderen wird der Rechtsweg gegen die Genehmigung eröffnet. Die Frage nach der Rechtsnatur des Schiedsstellenbeschlusses steht in einem engen Zusammenhang mit der im Folgenden zu untersuchenden Frage des Verhältnisses dieser Entscheidung zu der Genehmigungsentscheidung.

---

244 Vgl. *Kisker*, in: Heinze/Wagner (Hrsg.), Die Schiedsstelle des Krankenhausfinanzierungsgesetzes, S. 21, 23.

3. Genehmigungsbedürftigkeit der Schiedsstellenentscheidung

Soweit sich die Vertragsparteien über die Pflegesätze einigen konnten, bedürfen diese vereinbarten Entgelte noch der Genehmigung durch die zuständige Landesbehörde. Hat die Schiedsstelle über die Pflegesätze entschieden, so muss auch diese Entscheidung – um Rechtsverbindlichkeit zu erlangen – durch die Landesbehörde genehmigt werden. Das Verfahren ist also in jedem Fall zweistufig angelegt. Im Verwaltungsrecht sind eine Reihe von Entscheidungen von Behörden bekannt, die eine irgendwie geartete Mitwirkungshandlung einer anderen Behörde voraussetzen. Typologisch zu trennen sind die so genannten mehrstufigen Verwaltungsakte (unten a.)) von den Maßnahmen im Rahmen von Aufsichtsverhältnissen. In der weiteren Untersuchung ist eine rechtsdogmatische Zuordnung der pflegesatzrechtlichen Genehmigung (unten c.)) anzustreben.

a.) Mehrstufiger Verwaltungsakt

Soweit einer entscheidungszuständigen Behörde kraft besonderer Rechtsvorschrift aufgegeben wird, eine mitwirkungsberechtigte Behörde oder einen mitwirkungsberechtigten Verwaltungsträger an dem Zustandekommen des Verwaltungsaktes zu beteiligen, spricht man von einem mehrstufigen Verwaltungsakt.[245] Die Mitwirkungsbefugnis beruht meist darauf, dass die Rechtsposition dieser Stelle durch die Entscheidung berührt wird oder diese Stelle auf Grund ihrer besonderen Sachkenntnis herangezogen wird. Der Einfluss und die Rechte der mitwirkungsberechtigten Behörde sind je nach Zweck der Mitwirkungsbefugnis unterschiedlich ausgestaltet. Teilweise ist die entscheidungszuständige Behörde inhaltlich an den Mitwirkungsakt gebunden. Das Gesetz drückt die Bindungswirkung in der Regel dadurch aus, in-

---

245 Vgl. *P. Stelkens/U. Stelkens*, in: Stelkens/Bonk/Sachs, Verwaltungsverfahrensgesetz, § 35 Rdnr. 91; *Erichsen*, in: Erichsen (Hrsg.), Allgemeines Verwaltungsrecht, § 12 Rdnr. 44; kritisch zu dem Begriff „mehrstufiger Verwaltungsakt": *Badura*, in: Erichsen (Hrsg.), Allgemeines Verwaltungsrecht, § 37 Rdnr. 33.

dem es die Entscheidung von der „Zustimmung"[246] der anderen Stelle abhängig macht oder bestimmt, die Entscheidung habe „im Einvernehmen"[247] mit der anderen Stelle zu ergehen.[248] Spricht das Gesetz von der „Anhörung"[249] einer anderen Stelle oder sieht es vor, dass die Entscheidung „im Benehmen"[250] mit einer anderen Stelle zu treffen ist, so hat die Mitwirkungsentscheidung keine rechtlich zwingende Bindungswirkung für die entscheidungszuständige Behörde.

Die rechtliche Einordnung der Mitwirkungsakte bezüglich ihrer Rechtsnatur bereitet teilweise Schwierigkeiten. Relativ unproblematisch sind diejenigen Mitwirkungsakte, die keinerlei bindenden Charakter gegenüber der entscheidungszuständigen Behörde entfalten. Die mitwirkende Behörde hat hier noch keine regelnde Entscheidung getroffen, sondern lediglich einen beratenden Einfluss ausgeübt. Die entscheidungszuständige Behörde ist auch nach Ausübung der Mitwirkungshandlung der anderen Stelle in der Sache nicht gebunden. Nach *Bäumler*[251] trägt die mitwirkende Stelle mit ihrem *„Gutachten"* lediglich zur Entscheidung bei.

Problematischer gestaltet sich hingegen die rechtliche Einschätzung, wenn dem Mitwirkungsakt ein bindenderer Charakter zugeschrieben wird. In diesen Fällen ist fraglich, ob der Mitwirkungshandlung bereits die Eigenschaft eines Verwaltungsaktes zukommt. Diese Auffassung wurde teilweise im Hinblick auf den nicht vorhandenen Entscheidungsspielraum der entscheidungszuständigen Stelle vertreten. Nach *Friauf*[252] ist es widersprüchlich, wenn der entscheidungszuständigen Behörde nicht gestattet ist, die Entschließung der mitwirkungsberechtigten Behörde nachzuprüfen, weil sie an deren Entscheidung gebunden ist, andererseits aber dem Verwaltungsgericht ein derartiges

---

246 Bsp: § 9 Abs. 2 FStrG.
247 Bsp: § 36 Abs. 1 BauGB.
248 Vgl. *Badura*, in: Erichsen, Allgemeines Verwaltungsrecht, § 37 Rdnr. 33.
249 Bsp: § 14 PBefG.
250 Bsp: § 5 Abs. 4 Satz 4 FStrG.
251 Vgl. *Bäumler*, BayVBl 1978, 492, 493.
252 Vgl. *Friauf*, DÖV 1961, 666, 673.

Kontrollrecht einzuräumen. Das Inzidentprüfungsrecht des Verwaltungsrichters könne nicht weiter gehen als das der Genehmigungsbehörde selbst. Demnach sei die als notwendig anerkannte Rechtskontrolle gegenüber der Entschließung der Zustimmungsbehörde nur dann gewährleistet, wenn man sie selbst als anfechtbaren Verwaltungsakt betrachte. Auch das Rechtsschutzbedürfnis des Bürgers erfordere die Annahme eines Verwaltungsaktes, ansonsten sei die mitwirkende Behörde an ein eventuell ergehendes Gerichtsurteil gegen die entscheidungszuständige Behörde nicht gebunden.[253] Dagegen wurde vorgetragen, dass die Mitwirkungsbehörde, deren Mitwirkungsakt kein Verwaltungsakt ist, im Wege der Beiladung durch die prozessrechtliche Bindungswirkung des Urteils verpflichtet werden könne.[254] Entscheidend ist nach *Bäumler*[255] auch, dass *„der Gesetzgeber immer dann, wenn die – bloße – Mitwirkung einer Behörde an der Entscheidung einer anderen Behörde vorgesehen ist, eben nur eine einheitliche Entscheidung nach außen hin für wünschenswert gehalten hat."* Es könne nicht angehen, ein Verfahren, das der Gesetzgeber bewusst vereinheitlicht hat, im nachhinein aufzuspalten. Nachdem die Rechtsprechung zunächst uneinheitlich gewesen ist,[256] hat das Bundesverwaltungsgericht in mehreren Entscheidungen festgestellt,[257] dass es sich auch bei den Mitwirkungsformen der Zustimmung und des Einvernehmens lediglich um innerbehördliche Beteiligungen der Zweitbehörde handelt und die Befugnis zum Erlass des Verwaltungsakts über das strittige Rechtsverhältnis gegenüber dem Bürger allein der Erstbehörde zukommt. In aller Regel wird der Bürger im Falle der Verweigerung

---

253 Vgl. *Fickert*, DVBl. 1964, 173, 182.

254 Vgl. *C. Heinze*, DÖV 1967, 33, 45.

255 Vgl. *Bäumler*, BayVBl. 1978, 492, 494.

256 Als Verwaltungsakt haben den Mitwirkungsakt angesehen: OVG Rheinland-Pfalz DÖV 1961, 117; Hess. VGH DÖV 1964, 783; Als bloßes Verwaltungsinternum haben den Mitwirkungsakt angesehen: BVerwGE 1, 169; VGH Bad.-Württ. DÖV 1964, 751; vgl. *Bäumler*, BayVBl. 1978, 492, 494 m. w. N.

257 Vgl. BVerwGE 16, 116 (Zustimmung der obersten Landesstraßenbaubehörde nach § 9 Abs. 2 FStrG); BVerwGE 21, 354 (Zustimmung der Luftfahrtbehörde nach § 12 Abs. 2 LuftVG); BVerwGE 22, 342 (Einvernehmen der Gemeinde im Baugenehmigungsverfahren nach § 36 Abs. 1 BauGB).

des Einvernehmens oder der Zustimmung auf die Verpflichtungsklage gegen die nach außen hin zum Handeln berufene Behörde verwiesen, wobei im Rahmen dieser Klage die Rechtmäßigkeit der Verweigerung mit überprüft und bei Rechtswidrigkeit die Mitwirkungshandlung als durch das Urteil des Verwaltungsgerichts ersetzt angesehen wird.[258]

b.) Aufsichtsrechtliche Genehmigung

Das Verwaltungsrecht kennt neben den oben genannten mitwirkenden Genehmigungsvorbehalten im Rahmen der mehrstufigen Verwaltungsakte die so genannten aufsichtsrechtlichen Genehmigungsvorbehalte. Diese differenzierende Einordnung hat ihren Ursprung im Kommunalrecht, wobei die Zuordnung der Genehmigungsvorbehalte zur Kommunalaufsicht im Einzelnen nicht unstrittig ist,[259] denn bisweilen spielen auch hier staatliche Ansprüche nach fachlicher Mitentscheidung hinein.[260] Während der Begriff des mehrstufigen Verwaltungsaktes unabhängig von einer möglichen Über- oder Gleichordnung der beteiligten Behörden verwandt wird, zeichnen sich die aufsichtsrechtlichen Genehmigungserfordernisse dadurch aus, dass ein Selbstverwaltungsträger für bestimmte Rechtsakte die Zustimmung staatlicher Exekutivorgane benötigt. Bei den aufsichtsrechtlichen Genehmigungsvorbehalten handelt es sich um gesetzliche Einschränkungen des Selbstverwaltungsrechts, kraft denen bestimmte Rechtsakte erst wirksam werden, wenn eine staatliche Behörde gegenüber dem Selbstverwaltungsträger ihre Zustimmung erklärt hat.[261] Maßgeblicher, nach außen für den Bürger in Erscheinung tretender Rechtsakt ist nicht die Genehmigung, sondern die genehmigte Maßnahme. Diese Genehmigungsvorbehalte sind in den Bereichen des privaten Handelns und des hoheitlichen Handelns – dort bei Rechtsset-

---

258 Vgl. *Erichsen*, in: Erichsen (Hrsg.), Allgemeines Verwaltungsrecht, § 12 Rdnr. 44 m. w. N.

259 Vgl. *Humpert*, Genehmigungsvorbehalte im Kommunalverfassungsrecht, S. 63 ff.

260 Vgl. *Schmidt-Jortzig*, in: von Oertzen (Hrsg.), Rechtsstaatliche Verwaltung im Aufbau III, S. 25, 29.

261 Vgl. *Salzwedel*, Staatsaufsicht in der Verwaltung, VVDStRL 22 (1965), S. 206, 243.

zungsakten und Einzelmaßnahmen – anzutreffen. Im Vordergrund steht bei der aufsichtsrechtlichen Genehmigung das Interesse des beaufsichtigten Gliedes, dem die staatliche Zustimmung in der Regel nur dann verweigert werden darf, wenn der von ihm beabsichtigten Maßnahme Rechtsgründe entgegen stehen. Das Interesse des Staates ist nicht kondominaler Art, da es nicht um eine gemeinsame Aufgabenwahrnehmung geht, sondern um eine präventive Kontrolle einer konkreten Maßnahme des Beaufsichtigten.

Die im Rahmen einer Selbstverwaltungsangelegenheit auf Grund eines aufsichtsrechtlichen Genehmigungsvorbehaltes ergehende Entscheidung über die Erteilung oder die Versagung einer staatlichen Genehmigung wird überwiegend als Verwaltungsakt qualifiziert.[262] Dies gilt zumindest für den unmittelbaren Adressaten der Genehmigung. Ob die Genehmigung gegenüber jedermann ein Verwaltungsakt ist, wird nicht einheitlich beurteilt. Teilweise wird die Auffassung vertreten, eine behördliche Maßnahme könne gegenüber einem Betroffenen Verwaltungsakt sein, anderen Betroffenen gegenüber nicht.[263]

c.) Verhältnis der Pflegesatzfestsetzung und der Genehmigung zueinander

Der Gesetzeswortlaut des § 18 Abs. 5 Satz 1 KHG, der eine reine Rechtskontrolle der vereinbarten und festgesetzten Pflegesätze anordnet, spricht für die Annahme eines aufsichtsrechtlichen Genehmigungsvorbehaltes. Die Landesbehörde hat die Genehmigung zu erteilen, wenn die Entgelte den Vorschriften des Gesetzes und sonstigem Recht entsprechen. Der normative Befund deutet insoweit nicht auf ein echtes staatliches Mitentscheiden in der

---

262 Vgl. BVerwGE 16, 83, 84; 34, 301, 303; *P. Stelkens/U. Stelkens*, in: Stelkens/Bonk/Sachs, Verwaltungsverfahrensgesetz, § 35 Rdnr. 107.

263 Vgl. BVerwGE 74, 124, 125; zu Recht kritisch zur Teilbarkeit der Rechtsnatur einer Maßnahme („relativer Verwaltungsakt"): *Happ*, in: Eyermann, Verwaltungsgerichtsordnung, § 42 Rdnr. 9; *Hufen*, Verwaltungsprozeßrecht, § 14 Rdnr. 40; *Humpert*, Genehmigungsvorbehalte im Kommunalverfassungsrecht, S. 193 ff.

Sache im Rahmen eines mitwirkenden Genehmigungsvorbehalts hin, sondern auf eine bloße aufsichtsrechtliche Überprüfung der Rechtmäßigkeit. Auch der systematische Interpretationsansatz, der auf Beachtung von Kontext, sachlichem Zusammenhang und des Verhältnisses der zu interpretierenden Vorschrift gegenüber anderen Bestimmungen gerichtet ist,[264] könnte für das Vorliegen eines aufsichtsrechtlichen Genehmigungsvorbehaltes sprechen, weil der Gesetz- und Verordnungsgeber das Vereinbarungs- und Schiedsstellenverfahren als wesentlichen Bestandteil des Pflegesatzverfahrens ausgestaltet hat. Die gewichtige Bedeutung der Pflegesatzvereinbarung wird schon durch § 18 Abs. 1 Satz 1 KHG verdeutlicht (*„Die Pflegesätze werden...vereinbart."*). Es wurde bereits erwähnt, dass die Wortwahl des Gesetz- und Verordnungsgebers auf einen erheblichen Entscheidungsgehalt der Schiedsstellenbeschlüsse hindeutet, soweit von Festsetzungen und Entscheidungen der Schiedsstelle gesprochen wird. Weiter bemerkenswert ist der relativ breite Raum, den die gesetzlichen Regelungen über das Einigungs- und Schiedsstellenverfahren in § 18 Abs. 1 bis 4 KHG und § 18 a KHG einnehmen, während das Genehmigungsverfahren vom Gesetzgeber nur sehr knapp in einem Satz des Gesetzes (§ 18 Abs. 5 Satz 1 KHG) genannt wird. Diese Überlegungen sprechen dafür, dass die wesentliche Entscheidung über die Pflegesätze zu dem Zeitpunkt bereits getroffen ist, zu dem die Landesbehörde über die Genehmigungsfähigkeit der Entgelte befindet.

Zweifel an dem Vorliegen einer rechtstypischen aufsichtsrechtlichen Genehmigung drängen sich aber dann auf, wenn man § 18 Abs. 5 Satz 2 KHG in die Auslegung einbezieht. Nach dieser Regelung ist der Verwaltungsrechtsweg gegen die Genehmigung gegeben. Für den Beschluss der Schiedsstelle fehlt es an einer entsprechenden Norm. Bei Annahme eines aufsichtsrechtlichen Genehmigungsvorbehalts hätte es nahegelegen, den Verwaltungsrechtsweg nicht gegen die Entscheidung der Landesbehörde zu eröffnen,

---

264 Zur systematischen Auslegung: vgl. *Rüthers*, Rechtstheorie, Rdnrn. 744 ff.

sondern gegen die genehmigte Pflegesatzfestsetzung.[265] Kennzeichnend für diese Form der staatlichen Genehmigungen ist es, dass der Rechtsakt des Beaufsichtigten ab dem Zeitpunkt, zu dem er durch die Genehmigung seine Wirksamkeit erlangt hat, als maßgebliche Sachentscheidung in Erscheinung tritt. Gerade hiergegen hat sich der Gesetzgeber entschieden, wenn er den Rechtsweg gegen die Genehmigung eröffnet. Die ausdrückliche Gewährleistung eines gerichtlichen Rechtsschutzes gegen die Entscheidung der Landesbehörde spricht nicht nur gegen den Typus einer aufsichtsrechtlichen Genehmigung, bei der im Regelfall die maßgebliche Sachentscheidung zweifellos die genehmigte Maßnahme des Selbstverwaltungsträgers darstellt, sondern letztlich auch gegen die Zulassung des gerichtlichen Rechtsschutzes unmittelbar gegen die Entscheidung der Schiedsstelle. Wird der zuständigen Landesbehörde im Genehmigungsverfahren nur eine Rechtskontrolle ohne jeglichen behördlichen Gestaltungsspielraum zugestanden, so fehlt es auch an einem Bedürfnis einer weiteren Rechtswegeröffnung gegen die genehmigte Pflegesatzfestsetzung neben der ausdrücklichen Zulassung des Rechtsweges gegen die Genehmigung. Bei der Zuordnung zu dem Grundmodell des aufsichtsrechtlichen Genehmigungsvorbehalts wäre es weiter ungewöhnlich, dass die Schiedsstelle die Genehmigung ihrer eigenen Entscheidung selbst nicht herbeiführen kann. Die Einleitung des Genehmigungsverfahrens steht unter der Dispositionsmaxime der Vertragsparteien und die Rechtswirkungen der Entscheidung der Landesbehörde trifft nur sie und nicht auch die Schiedsstelle. Wenn keine Vertragspartei nach Bekanntgabe der Pflegesatzfestsetzung durch die Schiedsstelle die Genehmigung beantragt, so kann das zweistufige Verfahren in der ersten Stufe „stecken bleiben", weil die Genehmigungsbehörde nur auf Antrag entscheidet. Es bleibt den Parteien überlassen, ob sie sich doch noch über die Pflegesätze vereinbaren oder die Genehmigung der festgesetzten Pflegesätze beantragen. Damit ist auch nach der Entscheidung der Schiedsstelle die Vertragsautonomie der Parteien noch gewährleistet.

---

265 Vgl. *Kisker*, in: Heinze/Wagner (Hrsg.), Die Schiedsstelle des Krankenhausfinanzierungsgesetzes, S. 21, 29.

Wurde demnach festgestellt, dass die pflegesatzrechtliche Genehmigung nicht ohne Weiteres in das bekannte System des aufsichtsrechtlichen Genehmigungsvorbehalts einzugliedern ist, ist weiter zu überlegen, ob das Erklärungsmodell des mitwirkenden Genehmigungsvorbehalts den Besonderheiten des Pflegesatzrechts eher Rechnung trägt. Beschäftigt man sich mit dem mehrstufigen Verwaltungsakt in Bezug auf die Pflegesatzfestsetzung, so stellt sich bereits die Frage, welche Behörde als entscheidungszuständig und welche als mitwirkungsberechtigt angesehen werden soll. Die Verwendung des Begriffes der Genehmigung scheint ähnlich wie bei dem Erfordernis der Erteilung des Einvernehmens oder der Zustimmung für eine bloße Mitwirkungshandlung der Genehmigungsbehörde zu sprechen.[266] Für diese Annahme spricht neben dem Wortlaut des Gesetzes auch, dass die Behörde, die lediglich über die Genehmigungsfähigkeit der Entscheidung einer anderen Stelle befindet, nicht primär zur Sachentscheidung berufen erscheint. Wollte man daher die Schiedsstelle als in der Sache entscheidungszuständig und die Genehmigungsbehörde als lediglich mitwirkungsberechtigt betrachten, so wäre man mit dem eigenartig anmutenden Befund konfrontiert, dass gerichtlicher Rechtsschutz lediglich gegen eine behördliche Mitwirkungshandlung gewährt wird. Durch die Rechtswegeröffnung gegen die pflegesatzrechtliche Genehmigung hat der Gesetzgeber zweifellos diese als Verwaltungsakt ausgestaltet. Die rechtliche Selbstständigkeit der „Mitwirkungshandlung" Genehmigung wird hier – entgegen dem sonst von der Rechtsprechung angenommenen Charakter des Mitwirkungsaktes – durch die Vorschrift des § 18 Abs. 5 KHG konstitutiv begründet.[267] Die Entscheidung der Landesbehörde ist gewichtiger ausgefallen, als dies durch die verwendete Begrifflichkeit „Genehmigung" zum Ausdruck gebracht wird. Maßgeblicher Rechtsakt nach außen ist die pflegesatzrechtliche Genehmigung. Daraus ergibt sich bei Zugrundelegung des Erklärungsmodells des mehrstufigen Verwaltungsaktes die mit Außenwirkung manifestierte Entscheidungszuständigkeit der Geneh-

---

266 Vgl. *Zuck/Quaas*, NJW 1987, 687, 690; so wohl auch, allerdings mit anderen rechtlichen Folgerungen: *Kiemann/Eul*, Die Ortskrankenkasse, S. 648, 650 f., *Vollmer/Hoffmann*, Ersk 1986, 74, 75.

267 Vgl. *Vollmer/Hoffmann*, Ersk 1986, 74, 75.

migungsbehörde und das funktionale Verständnis einer lediglich mitwirkungsberechtigten Stellung der Schiedsstelle.

Es kann mit *Zuck/Quaas*[268] konstatiert werden, dass die gesetzliche Regelung bezüglich der Beteiligung der Schiedsstelle und der Genehmigungsbehörde über das Zustandekommen der Rechtsverbindlichkeit der Pflegesatzregelung – soweit ersichtlich – im deutschen Recht ohne Beispiel ist. Gleichwohl stellt die Genehmigung einen mehrstufigen Verwaltungsakt dar und die
Schiedsstelle trifft hierzu mit der Festsetzung der Pflegesätze einen internen
Mitwirkungsakt. Nach formalistischer Sicht steht die behördliche Genehmigung in ihrer Bedeutung vor der Pflegesatzfestsetzung.

4. Entstehungsgeschichte

Der Ablauf des Gesetzgebungsverfahrens zum Krankenhausneuordnungsgesetz 1984 vermag die Herkunft des zweistufigen Pflegesatzverfahrens,
bestehend aus Pflegesatzvereinbarung oder -festsetzung einerseits und dem
staatlichen Genehmigungsakt als dem maßgeblichen, mit Außenwirkung
ausgestalteten Rechtsakt andererseits, erklären. Mit Hilfe eines historischen
Interpretationsansatzes ist im Folgenden die Rechtsnatur der Pflegesatzfestsetzung zu untersuchen. Dies erscheint besonders in Fällen der vorliegenden
Art erforderlich, in denen sich die gesetzliche Regelung als widersprüchlich
erweist, denn oft gibt die Entstehungsgeschichte über den genauen Rege-
lungszweck einer Norm die verlässlichere Auskunft als der Wortlaut oder die
systematische Stellung.[269]

Zur Reformierung des Krankenhausfinanzierungsrechts wurden im Jahre
1984 jeweils ein Gesetzentwurf der Bundesregierung und des Bundesrates
vorgelegt. Der ursprüngliche Entwurf der Bundesregierung vom 10. Dezem-

---

268 Vgl. *Zuck/Quaas*, NJW 1987, 687, 690.
269 Vgl. *Rüthers*, Rechtstheorie, Rdnr. 792.

ber 1984[270] sah im Bereich des Pflegesatzverfahrens die Vereinbarung der Pflegesätze zwischen den Krankenhäusern und den Krankenkassen vor. Im Konfliktfall sollte eine unabhängige Schiedsstelle entscheiden. Für die Länder war im Bereich des Pflegesatzverfahrens keine Kompetenz mehr vorgesehen. Ein Genehmigungserfordernis war weder für die Pflegesatzvereinbarung noch für die Schiedsstellenfestsetzung normiert. In dem Entwurf finden sich in § 18 Abs. 4 und Abs. 5 KHG Regelungen zu den Rechtsschutzmöglichkeiten gegen die Vereinbarung der Vertragsparteien und auch gegen die Festsetzung der Schiedsstelle. Ein Dritter, der die Pflegesatzvereinbarung nicht mit getroffen hat und geltend macht, er sei durch die Vereinbarung in seinen Rechten verletzt, wird auf den Verwaltungsrechtsweg verwiesen. Es gelten die Vorschrift der Anfechtungsklage entsprechend. Über den Widerspruch hat die Schiedsstelle zu entscheiden. Für Rechtsstreitigkeiten auf Grund der Festsetzung der Pflegesätze durch die Schiedsstelle ist ebenfalls der Verwaltungsrechtsweg gegeben. Hier wird ein Vorverfahren ausgeschlossen. Die Klage ist gegen die Schiedsstelle zu richten. Demnach sieht der Entwurf für beide Regelungen – Pflegesatzvereinbarung und Pflegesatzfestsetzung – ohne Zwischenschaltung einer Landesbehörde die Eröffnung des Verwaltungsrechtsweges, einmal mit und einmal ohne Vorverfahren, vor.

Nach dem Gesetzentwurf des Bundesrates vom 10. Dezember 1984[271] sollte eine Pflegesatzkommission auf Antrag die Pflegesätze festsetzen, wenn eine Einigung hierüber zwischen den Parteien nicht innerhalb von sechs Wochen zu Stande gekommen ist. Die Pflegesatzkommission sollte aus einem Vertreter der zuständigen Landesbehörde als Vorsitzenden und aus Vertretern der Krankenhäuser und der Krankenkassen in gleicher Zahl bestehen. Nach dem Entwurf der Länderkammer hatte jedes Mitglied eine Stimme und bei Stimmengleichheit gab die Stimme des Vorsitzenden den Ausschlag. Damit

---

270 Vgl. BT-Drucks. 10/2095, abgedruckt in: Jung, Krankenhausfinanzierungsgesetz, 2. Aufl., S. 81.

271 Vgl. BT-Drucks. 10/2096, abgedruckt in: Jung, Krankenhausfinanzierungsgesetz, 2. Aufl., S. 111.

sollte die politische Letztverantwortung für die Pflegesatzfindung stets bei den Ländern bleiben. In der Begründung des Entwurfs wurde ausgeführt:[272]

> *„Es ist eine Regelung erforderlich für den Fall, daß eine Einigung über die Pflegesätze nicht zustande kommt. Diese Regelung muß die Besonderheiten im Krankenhauswesen berücksichtigen, insbesondere im Hinblick auf die Zielsetzungen und auf die Organisationsformen und -strukturen auf Träger- und Verbandsebene im stationären Bereich.*
> *Die Einrichtung von Pflegesatzkommissionen berücksichtigt voll diese Gesichtspunkte. Darüber hinaus ermöglicht sie eine stärkere Beteiligung der Selbstverwaltung von Krankenkassen und Krankenhäusern. Die politische Letztverantwortung für die Krankenhausversorgung liegt bei den Ländern. Das von der Bundesregierung vorgesehene Schiedsverfahren (...) berücksichtigt die Besonderheiten nicht in ausreichendem Maße."*

Beide Gesetzentwürfe wurden vom Bundestag federführend an den Ausschuss für Arbeit und Sozialordnung und zur Mitberatung den Ausschüssen für Jugend, Familie und Gesundheit, für Bildung und Wissenschaft und dem Haushaltsausschuss überwiesen.[273] Der federführende Ausschuss gab dann gegenüber dem Bundestag eine Beschlussempfehlung[274] ab, die schließlich Gesetz wurde. Der Bericht des Ausschusses für Arbeit und Sozialordnung enthält zu dem Pflegesatzverfahren folgende Feststellung:[275]

---

272 Vgl. BT-Drucks. 10/2096, abgedruckt in: Jung, Krankenhausfinanzierungsgesetz, 2. Aufl., S. 116.

273 Vgl. *Jung*, Krankenhausfinanzierungsgesetz, 2. Aufl., S. 44.

274 Vgl. Beschlussempfehlung und Bericht des Ausschusses für Arbeit und Sozialordnung (11. Ausschuss), BT-Drucks. 10/2565, abgedruckt in: Jung, Krankenhausfinanzierungsgesetz, 2. Aufl., S. 148.

275 Vgl. Bericht des Abgeordneten Dr. Becker, abgedruckt in: Jung, Krankenhausfinanzierungsgesetz, 2. Aufl., S. 155, 158.

„Die Pflegesätze werden von den Beteiligten vereinbart oder im Nichteinigungsfall durch eine Schiedsstelle mit neutralem Vorsitzenden festgesetzt. Die Mitglieder der Schiedsstelle sind nicht weisungsgebunden. Die vereinbarten oder festgesetzten Pflegesätze bedürfen der Genehmigung durch die zuständige Landesbehörde (Prüfung auf Rechtmäßigkeit)."

Weiter heißt es in der Einzelbegründung der Beschlussempfehlung zu § 18 KHG:[276]

„Für die Festlegung der Pflegesätze gilt zwar grundsätzlich das Vereinbarungsprinzip (Abs. 1 Satz 1). Die Pflegesätze werden jedoch nicht bereits mit dem Abschluß der Pflegesatzvereinbarung für alle Benutzer unmittelbar verbindlich, sondern erst durch die Genehmigung der zuständigen Landesbehörde; das gleiche gilt für die Festsetzung der Pflegesätze durch die Schiedsstelle (Abs. 5 Satz 1). Die Befugnis der Landesbehörde beinhaltet in beiden Fällen eine Prüfung der Rechtmäßigkeit.

...

Da die Pflegesätze erst durch die Genehmigung wirksam werden, sind Klagen nicht gegen die Schiedsstelle, sondern gegen die Landesbehörde zu richten. Dem Grundsatz der Festlegung der Pflegesätze durch die Beteiligten entspricht es, daß Klagen nur gegen die Genehmigung der Landesbehörde zulässig sind (Abs. 5 Satz 2). Lehnt die Behörde die Genehmigung ab, so haben die Pflegesatzparteien erneut zu verhandeln und bei Nichteinigung die Schiedsstelle anzurufen. Das gilt auch, wenn eine Pflegesatzfestsetzung der Schiedsstelle nicht genehmigt wird.

Diese Regelung trägt einerseits dem Grundsatz der Selbstverwaltung der Krankenhäuser und Krankenkassen im Pflegesatzverfahren

---

276 Vgl. Bericht des Abgeordneten Dr. Becker, abgedruckt in: Jung, Krankenhausfinanzierungsgesetz, 2. Aufl., S. 155, 165.

Rechnung, anerkennt andererseits aber auch die Verantwortung der Länder für die Rechtmäßigkeit der Pflegesatzfestlegung."

Die Ausführungen in der Einzelbegründung der Beschlussempfehlung, die Klage müsse gegen die Landesbehörde und nicht gegen die Schiedsstelle gerichtet werden, weil die Pflegesätze erst durch deren Genehmigung wirksam würden, wären dann unzutreffend, wenn die Ausschussmitglieder einen aufsichtsrechtlichen Genehmigungsvorbehalt vor Augen hatten. Denn die Genehmigung stellt in diesen Fällen nicht die zu Grunde liegende Sachentscheidung dar, sondern trägt lediglich zu deren Wirksamkeit bei. Besteht Streit über die genehmigte Maßnahme, so bildet nicht die aufsichtsrechtliche Genehmigung den Klagegegenstand, sondern die Maßnahme selbst. Die Argumentation wäre auch dann mit Fehlern behaftet, wenn der Landesbehörde eine intern mitwirkungsberechtigte Rolle zukommen sollte. Auch in diesem Fall bliebe nach den Regeln des allgemeinen Verwaltungsrechts alleinige nach außen tretende maßgebliche Regelung die Pflegesatzfestsetzung der Schiedsstelle. Nur dann, wenn man davon ausgeht, dass die Pflegesatzfestsetzung eine nicht gesondert anfechtbare, interne Mitwirkungshandlung darstellt, erscheinen die Ausführungen in dem Bericht des Ausschusses als rechtlich zutreffend.

Die Entstehungsgeschichte unterstreicht den Kompromisscharakter der schließlich Gesetz gewordenen Regelung. Das Ergebnis der Analyse der entstehungsgeschichtlich bedeutsamen Gesetzesmaterialien – insbesondere des Berichts des Ausschusses für Arbeit und Sozialordnung – belegt, dass sich die Bundesregierung mit dem Gedanken einer unmittelbar verbindlichen Schiedsstellenentscheidung ähnlich dem Vertragsarztrecht nicht durchsetzen konnte. Der Landesbehörde wurde die Letztentscheidung im Verfahren zugedacht. Im Genehmigungsverfahren, und insoweit besteht eine funktionale Affinität zur aufsichtsrechtlichen Genehmigung, sollte die Landesbehörde auf eine reine Rechtskontrolle beschränkt sein. Als Gegenstand einer gerichtlichen Klärung war ausschließlich die Entscheidung der Genehmigungsbehörde vorgesehen.

Die Rechtswegeröffnung gegen die Genehmigung nach § 18 Abs. 5 Satz 2 KHG, das Abstandnehmen der am Gesetzgebungsverfahren Beteiligten von dem Gesetzentwurf der Bundesregierung und die Begründung der Beschlussempfehlung des federführenden Ausschusses des Bundestages verdeutlichen, dass selbstständig angreifbar nur die Entscheidung der Genehmigungsbehörde sein sollte.[277] Unbeschadet dessen sollte nach dem Willen des Gesetzgebers der Festsetzung durch die Schiedsstelle eine maßgebliche Bedeutung zukommen, denn die Landesbehörde ist auf eine Überprüfung der Rechtmäßigkeit der Pflegesatzfestsetzung beschränkt worden.

5. Merkmale des Verwaltungsaktes

Die bisherige Untersuchung zur Rechtsnatur hat sich auf eine Auslegung der normativen Regelungen unter Hinzuziehung der Gesetzesmaterialien und eine systematischen Einordnung des Genehmigungserfordernisses beschränkt. Zu überprüfen sind im Weiteren die Merkmale des Verwaltungsaktes nach § 35 VwVfG. Neben einigen hier angesprochenen weitergehenden Fragestellungen geht es insbesondere darum, zu hinterfragen, ob dieser Untersuchungsansatz das bisherige Auslegungsergebnis von der Genehmigung als einem mehrstufigen Verwaltungsakt unter interner Mitwirkung der Schiedsstelle bestätigt. Zu prüfen ist demnach, ob die Pflegesatzfestsetzung eine Verfügung, Entscheidung oder andere hoheitliche Maßnahme einer Behörde zur Regelung eines Einzelfalls auf dem Gebiet des öffentlichen Rechts darstellt, die auf unmittelbare Rechtswirkung nach außen gerichtet ist.

---

277 Im Ergebnis ebenso: BVerwG NJW 1994, 2435; *Dietz/Bofinger*, Krankenhausfinanzierungsrecht, § 18 KHG Erl. § 18 VI 3; *Zimmer*, KU 1985, 759, 764; *Zuck/Quaas*, NJW 1987, 687, 689; *Schlichtner*, das Krankenhaus 1990, 63, 66.

a.) Behörde

Die Bestimmung der Rechtsnatur der Schiedsstelle nach § 18 a Abs. 1 KHG bereitet Probleme. Bei der aufgeworfenen Fragestellung geht es darum, ob die Schiedsstelle als Behörde anzusehen ist. Die rechtliche Qualifikation der Schiedsstelle als Behörde kann nicht nur Auswirkungen auf die Rechtsnatur ihrer Entscheidungen haben, sondern auch auf die Frage der Anwendung von gesetzlichen Regelungen zum Verwaltungsverfahren. Die Qualifizierung der Schiedsstelle als Behörde im Sinne des § 1 Abs. 4 VwVfG könnte dazu führen, dass auf die Tätigkeit der Schiedsstelle im Zweifel die Vorschriften der Verwaltungsverfahrensgesetze anzuwenden wären.[278]

aa.) Meinungsstand in Literatur und Rechtsprechung

In der Literatur ist die Behördeneigenschaft der Schiedsstelle umstritten. Einige Autoren[279] qualifizieren die Schiedsstelle als Behörde im Sinne von § 1 Abs. 4 VwVfG, weil sie Aufgaben der öffentlichen Verwaltung erfülle. Die Behördeneigenschaft der Schiedsstelle folge unmittelbar aus der weiten Definition des verwaltungsrechtlichen Behördenbegriffs.[280] Teilweise wird der Schiedsstelle die Behördeneigenschaft abgesprochen, weil sie keiner juristischen Person des öffentlichen Rechts zugeordnet sei[281] oder weil die Tätigkeit der Schiedsstelle im vorbereitenden Stadium verbleibe.[282]

---

278 Vgl. *Kisker*, in: Heinze/Wagner (Hrsg.), Die Schiedsstelle des Krankenhausfinanzierungsgesetzes, S. 21, 23, er merkt hierzu an, die Frage der Anwendbarkeit der Verwaltungsverfahrensgesetze sei es doch wohl auch, was bei der Beantwortung der etwas „metaphysischen" Frage nach der Rechtsnatur der Schiedsstelle eigentlich interessiere.
279 Vgl. *Kisker*, in: Heinze/Wagner (Hrsg.), Die Schiedsstelle des Krankenhausfinanzierungsgesetzes, S. 21, 25; *Vollmer/Graeve*, Kommentar zum KHG, § 18 a Erl. 318a.05; *Zuck/Quaas*, NJW 1987, 687, 688.
280 Vgl. *Zuck/Quaas*, NJW 1987, 687, 688.
281 Vgl. *Wagner*, NJW 1991, 737.
282 Vgl. *Manssen*, ZFSH/SGB 1997, 81, 84; ähnlich wohl auch *Zimmer*, KU 1985, 759, 764.

Das Bundesverwaltungsgericht[283] hat die Frage, ob die Schiedsstelle als eine Behörde anzusehen ist, ausdrücklich offen gelassen. Es hat dabei allerdings Zweifel offenbart, indem es anmerkte, die Schiedsstelle könne *„durchaus als eine vertragliche Schlichtungsstelle, die letztlich auf der Ebene der Pflegesatzparteien und damit nicht hoheitlich handelt, begriffen werden"*. Dagegen hat das VG Koblenz[284] ausdrücklich die Behördeneigenschaft bejaht, zumal dies nach der Definition des § 1 Abs. 4 VwVfG jede Stelle sei, die Aufgaben der öffentlichen Verwaltung wahrnehme.

bb.) Begriff der Behörde

Die Behörde ist ein *„Zentralbegriff des Verwaltungsorganisationsrechts"*[285]. Der Behördenbegriff wird allerdings in der Praxis mehrdeutig verwandt und ist in der Lehre umstritten.

(1.) Organisationsrechtlicher Behördenbegriff

Der organisationsrechtliche Behördenbegriff nach *Hans J. Wolff*[286] beinhaltet *„ein (selbständiges, nicht-rechtsfähiges) Organ des Staates oder eines anderen Trägers öffentlicher Verwaltung, das mit Außenzuständigkeiten zu konkreten Rechtshandlungen auf dem Gebiete der Verwaltung oder der Rechtsprechung ausgestattet ist"*. Als Organ des Staates oder eines anderen Trägers öffentlicher Verwaltung sei die Behörde ein durch organisierte Rechtsätze gebildetes, vom Wechsel seiner persönlichen Walter unabhängiges (institutionelles) Subjekt von transitorischen Wahrnehmungszuständigkeiten, das unter eigenem Namen entscheidungskräftig für den Staat handeln könne. Die Behörde steht damit im engen funktionellen Zusammenhang mit

---

283 Vgl. BVerwG NJW 1994, 2435.
284 VG Koblenz, abgedruckt in: Heinze/Wagner (Hrsg.), Die Schiedsstelle des Krankenhausfinanzierungsgesetzes, S. 187; auch OVG Hamburg, KRS, 91.005, S. 1, 8.
285 *Maurer*, Allgemeines Verwaltungsrecht, § 21 Rdnr. 31.
286 Vgl. *Wolff/Bachof*, Verwaltungsrecht II, § 76 I d.

dem Begriff des Organs, sie bildet begrifflich „*einen Unterfall des Organs*"[287]. Die für die Bestimmung des Organs maßgeblichen Kriterien streiten gleichzeitig für die Qualifizierung einer Behörde im Organisationsrecht.[288] Maßgeblich für das Verständnis des organisationsrechtlichen Behördenbegriffes ist die Zurechnung des Handelns zu einer juristischen Person. Behördliche Maßnahmen, die im Rahmen der Wahrnehmungszuständigkeit getroffen werden, bewirken regelmäßig, dass die Rechtsfolgen im Außenverhältnis nicht dem Organ „Behörde", sondern der juristischen Person, der dieses Organ angehört, zugerechnet werden.[289] Die Behörden sind in die Verwaltungshierarchie eingeordnete Organe eines Verwaltungsträgers. Es kann mit *Hans J. Wolff*[290] festgestellt werden, „*daß juristische Personen des öffentlichen Rechts nicht Behörden sind, sondern Behörden haben*".

(2.) Behördendefinitionen der Rechtsprechung

Das Reichsgericht[291] hat unter dem Begriff „Behörde" „*eine rechtlich geregelte Organisation des Amtes, der Amtsstelle*" verstanden, „*die sie derart in den Behördenorganismus einfügt, daß der Bestand der Amtsstelle von der physischen Person des Beamten, ihrem Dasein, Wechsel und Wegfall unabhängig*" sei. Der Bundesgerichtshof[292] hat den vom Reichsgericht geprägten Behördenbegriff nahtlos weitergeführt. Das Gericht hat ausgeführt, eine öffentliche Behörde sei „*ein in den allgemeinen Organismus der Behörden eingefügtes Organ der Staatsgewalt, das dazu berufen ist, unter öffentlicher Autorität für die Erreichung der Zwecke des Staates oder der von ihm geförderten Zwecke tätig zu sein, gleichviel ob das Organ unmittelbar vom Staate oder einer dem Staate untergeordneten Körperschaft zunächst für deren eigene Zwecke bestellt ist, sofern diese Angelegenheit grundsätzlich zugleich*

---

287 *Maurer*, Allgemeines Verwaltungsrecht, § 21 Rdnr. 32.

288 Vgl. *Düring*, Das Schiedswesen in der gesetzlichen Krankenversicherung, S. 57.

289 Vgl. *Schnapp*, SGb 1985, 89, 90.

290 Vgl. *Wolff/Bachof*, Verwaltungsrecht II, § 76 I d 5.

291 Vgl. RGSt 32, 365, 366.

292 Vgl. BGHZ 40, 225, 228 mit Verweis auf RGSt 18, 246.

in den Bereich der bezeichneten Zwecke fallen". Ähnliche Ausführungen hat auch das Bundesverfassungsgericht[293] gemacht:

> *"Unter einer Behörde versteht man im allgemeinen eine in den Organismus der Staatsverwaltung eingeordnete, organisatorische Einheit von Personen und sächlichen Mitteln, die mit einer gewissen Selbständigkeit ausgestattet dazu berufen ist, unter öffentlicher Autorität für die Erreichung der Zwecke des Staates oder von ihm geförderter Zwecke tätig zu sein".*

Das OVG Münster[294] hat die Behördeneigenschaft von Prüfungsausschüssen, die bei den Pädagogischen Prüfungsämtern des Landes Nordrhein-Westfalen gebildet wurden, abgelehnt. Da die Prüfungsausschüsse nicht dazu berufen seien, ihre Prüfungsentscheidungen nach außen unter eigenem Namen zu treffen, scheide die Behördeneigenschaft aus. Das Gericht definiert den Begriff der Verwaltungsbehörden als Stellen, die *"durch Organisationsrecht gebildet, vom Wechsel der Amtsinhaber unabhängig und nach der einschlägigen Zuständigkeitsregelung berufen sind, unter eigenem Namen nach außen eigenständig Aufgaben der öffentlichen Verwaltung wahrzunehmen".* Ein ähnlicher verwaltungsprozessualer Behördenbegriff liegt der Entscheidung des Bundesverwaltungsgerichts vom 20. Juli 1984[295] zu Grunde. Das Gericht hat festgestellt, bei den Prüfungsausschüssen der Industrie- und Handelskammern nach dem Berufsbildungsgesetz handle es sich um keine Behörden, weil ihnen das erforderliche Maß an Selbstständigkeit, auch hinsichtlich der sächlichen und personellen Ausstattung an Verwaltungsmitteln fehle und sie insbesondere nicht dazu ermächtigt seien, ihre Entscheidungen nach außen in eigenem Namen zu treffen.

---

293 Vgl. BVerfGE 10, 20, 48.
294 Vgl. OVG Münster NJW 1967, 949.
295 Vgl. BVerwGE 70, 4, 13.

(3.) Funktioneller Behördenbegriff

Unter Behörden im funktionellen Sinn versteht man alle Organe, soweit sie zur hoheitlichen Durchführung konkreter Verwaltungsmaßnahmen im Außenverhältnis berufen sind.[296] In diesem funktionellen Sinne definiert § 1 Abs. 4 VwVfG die Behörde als *„jede Stelle, die Aufgaben der öffentlichen Verwaltung wahrnimmt"*. Gleichlautende Definitionen finden sich in § 1 Abs. 2 SGB X und § 6 Abs. 1 AO. Der Wortlaut des Verwaltungsverfahrensgesetzes wurde von den Landesgesetzgebern weitgehend inhaltsgleich in entsprechender Form übernommen.[297]

(a.) Stelle

Der Behördenbegriff der Verwaltungsverfahrensgesetze hat zwar keine organisationsrechtlichen Wurzeln, setzt aber dennoch eine gewisse organisatorische Selbstständigkeit der handelnden Stelle voraus. Die Stelle muss organisatorisch von anderen Einrichtungen abgrenzbar sein und über eigenes Personal verfügen. Sie ist vom Wechsel der in ihr tätigen Personen unabhängig, mit hinreichender organisatorischer Selbstständigkeit ausgestattet und ihr sind Zuständigkeiten zur eigenverantwortlichen Wahrnehmung übertragen worden.[298] Erforderlich ist eine eigene Außenzuständigkeit und eine eigene Behördenleitung.

Nicht als Behörden in Betracht kommen bloße Arbeitseinheiten innerhalb einer internen Geschäftsverteilung, die nach außen nicht in Erscheinung treten, beispielsweise Referate, Abteilungen und Dezernate einer Behörde, Ämter einer Kommunalverwaltung. Derartige Einrichtungen sind nur dann

---

296 Vgl. *Maurer*, Allgemeines Verwaltungsrecht, § 21 Rdnr. 32.
297 Vgl. *Stelkens*, in: Stelkens/Bonk/Sachs, Verwaltungsverfahrensgesetz, Einleitung Rdnr. 60 f.
298 Vgl. *Kopp*, Verwaltungsverfahrensgesetz, § 1 Rdnr. 20; *Ule/Laubinger*, Verwaltungsverfahrensrecht, § 9 Rdnr. 5.

Behörden, wenn ihnen durch Rechtsvorschriften – also nicht durch Geschäftsverteilungspläne oder andere Verwaltungsvorschriften – Zuständigkeiten übertragen worden sind.[299]

(b.) Wahrnehmung von Aufgaben der öffentlichen Verwaltung

Behörden im Sinne der Verwaltungsverfahrensgesetze sind nur diejenigen Stellen, die Aufgaben der öffentlichen Verwaltung wahrnehmen. Maßgebend ist der materielle Verwaltungsbegriff ohne Rücksicht auf die Rechtsform, in der die Verwaltungsaufgabe gelöst wird.[300] Demnach ist es gleichgültig, ob die Stelle öffentlich-rechtlich oder privatrechtlich handelt.[301] Es gibt zwei Methoden, um den Begriff der Verwaltung im materiellen Sinn näher zu bestimmen. Die erste Methode grenzt die Verwaltung lediglich negativ ab und verzichtet damit von vornherein auf eine positive Begriffsbestimmung. Nach dieser Lehre ist die Verwaltung jene Staatstätigkeit, die nicht Gesetzgebung und nicht Rechtsprechung ist.[302] Die zweite Methode versucht, den Begriff der Verwaltung über eine positive Aussage darzustellen. Hier gibt es eine Reihe von Ansätzen, die sich allerdings darauf beschränken, einzelne typische Merkmale der Verwaltung zu beschreiben.[303] Die bisher bekannt gewordenen Definitionsversuche zeigen, dass sich der Begriff der Verwaltung kaum präzise definieren lässt, möglich sind lediglich einzelne Beschreibungen von wesentlichen Aspekten der Verwaltung.

---

299 Vgl. *Ule/Laubinger*, Verwaltungsverfahrensrecht, § 9 Rdnr. 5.

300 Vgl. *Stelkens/Schmitz*, in: Stelkens/Bonk/Sachs, Verwaltungsverfahrensgesetz, § 1 Rdnr. 229.

301 Vgl. *Wolff/Bachof*, Verwaltungsrecht II, § 76 I d 4; *Stelkens/Schmitz*, in: Stelkens/Bonk/Sachs, Verwaltungsverfahrensgesetz, § 1 Rdnr. 230.

302 Vgl. Maurer, Allgemeines Verwaltungsrecht, § 1 Rdnr. 6.

303 Vgl. *Wolff/Bachof/Stober*, Verwaltungsrecht I, § 2 Rdnrn. 1 ff.; *Ehlers*, in: Erichsen, Allgemeines Verwaltungsrecht, § 1 Rdnr. 6.

cc.) Anwendung der Merkmale auf die Schiedsstelle

Es ist zu prüfen, ob die Landesschiedsstelle des Krankenhausfinanzierungsrechts eine Behörde im aufgezeigten Sinn ist.

(1.) Beurteilung auf der Grundlage des organisationsrechtlichen
Behördenbegriffs

Bei der Schiedsstelle handelt es sich um ein durch Rechtssatz gebildetes
Subjekt, dem durch Gesetz konkrete Zuständigkeiten im Bereich des Krankenhausfinanzierungsrechts zugewiesen sind; sie hat im Fall der Uneinigkeit
unter den Vertragsparteien die Krankenhauspflegesätze festzusetzen. Die
rechtliche Existenz der Schiedsstelle ist nicht an eine bestimmte Besetzung
durch die Mitglieder gebunden; sie ist unabhängig vom Wechsel der Personen, die jeweils für sie tätig werden. Es muss weiter danach gefragt werden,
wem das Handeln der Schiedsstelle zugerechnet wird, denn eine Behörde
handelt nach dem organisatorischen Behördenbegriff als Organ einer juristischen Person des öffentlichen Rechts. Es geht hier um ein wesentliches
Merkmal dieses Behördenbegriffes, nämlich um die so genannte „transitori-
sche Wahrnehmungszuständigkeit", kraft derer die Maßnahmen der Behörde
einer übergeordneten organisatorischen Einheit zugerechnet werden.[304] Als
Zuordnungssubjekt für die Maßnahmen der Schiedsstelle kommen die Verbände in Betracht, die die Schiedsstellenmitglieder bestellen oder auch das
Land. Die Landesschiedsstelle wird von der Landeskrankenhausgesellschaft
und den Landesverbänden der Krankenkassen[305] nach § 18 a Abs. 1 KHG
gebildet. Diese Formulierung ist allerdings noch etwas ungenau. Es ist präzise zu trennen zwischen der abstrakten und der konkreten Entstehung[306]

---

304 Vgl. *Schnapp*, SGb 1985, 89, 90.
305 Es ist hier die Regelung des § 27 KHG zu beachten, demnach wird der Begriff der Landesverbände der Krankenkassen abweichend von den Vorgaben des SGB V verwendet.
306 Vgl. *Rudolf*, in: Erichsen (Hrsg.), Allgemeines Verwaltungsrecht, § 52 Rdnr. 1; *Wolff/
  Bachof*, Verwaltungsrecht II, § 74 III und § 78 I.

der Schiedsstelle. Bei dem ersten Vorgang geht es um die gesetzliche Errichtung (Bildung) der Schiedsstelle als Institution und im zweiten Vorgang ist die tatsächliche Etablierung durch die dazu berufenen Gremien angesprochen. Da die Schiedsstelle zwar von den genannten Verbänden auf Landesebene konkret eingesetzt wird, nicht aber für diese handelt, können die Rechtshandlungen weder der Landeskrankenhausgesellschaft, noch den Krankenkassenverbänden zugerechnet werden. Die Schiedsstelle handelt weder in Wahrnehmung von Zuständigkeiten dieser Verbände, noch erledigt sie deren Aufgaben. Für die fehlende Zurechnung spricht auch die Weisungsfreiheit der Mitglieder. Es wäre doch zumindest sehr ungewöhnlich, wenn die Verbände ihren eigenen Organen keine Weisungen erteilen dürften. Die Handlungen der Schiedsstelle können auch nicht dem Staat zugerechnet werden. Hiergegen spricht zunächst, dass die Schiedsstelle nach § 18 a Abs. 1 KHG ohne Beteiligung der Länder „gebildet" wird. Wesentlicher dürfte jedoch sein, dass die Entscheidungen der Schiedsstelle vom Land selbst genehmigt werden und dass das Land die Rechtsaufsicht über die Schiedsstelle ausübt. Wollte man dem Land die Handlungen der Schiedsstelle zurechnen, so würde das Land seine eigenen Entscheidungen genehmigen und könnte seine eigenen Maßnahmen im Wege der Aufsicht beanstanden. Bei der Rechtsaufsicht handelt es sich aber um eine Aufsicht über die Rechtmäßigkeit des Handelns eines beaufsichtigten Verwaltungsträgers[307] oder einer sonstigen Stelle außerhalb des Organisationsgefüges der Aufsichtsbehörde.

Es ist festzustellen, dass eine hinter der Schiedsstelle stehende juristische Person nicht auszumachen ist. Es fehlt nach dem organisationsrechtlichen Begriffssystem an der maßgeblichen Zurechnungsfunktion. Demnach ist die Schiedsstelle nach ihrer organisationsrechtlichen Qualifikation keine Behörde.

---

307 Vgl. *Rudolf*, in: Erichsen (Hrsg.), Allgemeines Verwaltungsrecht, § 53 Rdnr. 53.

(2.) Beurteilung auf der Grundlage des funktionellen Behördenbegriffs

Da die Frage der Behördeneigenschaft der Schiedsstelle hier im Rahmen der Auseinandersetzung um die Rechtsnatur ihrer Entscheidungen angesprochen wird, hat die Qualifizierung der Schiedsstelle unter verwaltungsverfahrensrechtlichen Aspekten maßgebliche Bedeutung. Es sprechen beachtliche Argumente für die Annahme, die Landesschiedsstelle sei eine Behörde im Sinne des § 1 Abs. 4 VwVfG. Zunächst wird man kaum behaupten können, die Schiedsstelle nehme keine Aufgaben der öffentlichen Verwaltung wahr. Bei der hier angesprochenen Frage geht es nicht darum, das konkrete Handeln einer Rechtsform zuzuweisen, sondern maßgeblich ist lediglich die rechtliche Charakterisierung der Aufgabenstellung. Die Aufgabenzuweisung an die Schiedsstelle erfolgt ausschließlich durch öffentlich-rechtliche Vorschriften. Ihre Tätigkeit im Bereich der gesetzlichen Krankenversicherung dient den Gemeinwohlbelangen einer bedarfsgerechten und leistungsfähigen Krankenhauspflege.[308] Die pflegesatzrechtlichen Vorschriften über die Bestimmung von Krankenhauspflegesätzen waren schon vor dem Bestehen der Schiedsstellen dem öffentlichen Recht zugeordnet, eine Rechtsänderung ist durch deren Entstehen nicht eingetreten. Die Regelungen über das Festsetzen der Entgelte ist – wie auch die Vereinbarung der Pflegesätze – im öffentlichen Recht verankert. Man kann davon sprechen, dass die Schiedsstelle öffentliche Verwaltung betreibt. Nach der negativen Begriffsbestimmmung auf der Grundlage des Gewaltenteilungsprinzips ist die Verwaltung diejenige Tätigkeit, die nicht Gesetzgebung und nicht Rechtsprechung ist. Bei dem streitschlichtenden Schiedsverfahren geht es nicht um eine gesetzgeberische Tätigkeit, da die Schiedsstelle bei der Festsetzung von Pflegesätzen auf der Ortsebene weder formelle noch materielle Gesetze erlässt und damit nicht in dem Bereich der Rechtsetzung anzusiedeln ist. Die Schiedsstelle könnte eher der Justiz zuzuordnen sein. Aber auch dies ist abzulehnen[309], weil sich das streitschlichtende Schiedsverfahren im Vorfeld der gerichtlichen Rechtsschutzmöglichkeiten abspielt und nach dem Gesetzeswortlaut des § 18 Abs.

---

308 Zur Bedeutung dieser Gemeinwohlbelange: vgl. BVerfGE 82, 209, 230.
309 Vgl. auch schon oben 2.1.B.I.

5 KHG gegen die Genehmigung der Pflegesatzfestsetzung der Rechtsweg gegeben ist. Würde man die Tätigkeit der Schiedsstelle der Rechtsprechung zuordnen, so müsste man erklären, warum der Beschluss der Schiedsstelle der Genehmigung einer Verwaltungsbehörde bedarf und hiergegen dann ein (weiterer) gerichtlicher Rechtsschutz möglich ist. Damit kann zunächst festgehalten werden, dass die Schiedsstelle eine öffentlich-rechtliche Aufgabe wahrnimmt, die dem Bereich der Verwaltung zugewiesen ist.

Teilweise wird aus der pflegesatzrechtlichen Vorschrift[310], wonach die Vertragsparteien und die Schiedsstelle zur Vorlage von Unterlagen und zur Erteilung von Auskünften gegenüber der Genehmigungsbehörde verpflichtet sind, geschlossen, dass die Schiedsstelle keine Behörde sein könne, da die Regelung im Hinblick auf die ohnehin geltenden Vorschriften zur Amtshilfe überflüssig wäre.[311] Aus dieser Feststellung lässt sich jedoch nicht ableiten, dass die Schiedsstelle keine Behörde ist, denn die Vorschrift des § 20 Abs. 2 BPflV könnte auch als *„deklaratorische Meinungsäußerung"*[312] des Verordnungsgebers verstanden werden und wäre damit unschädlich. Dem Gesetz- und Verordnungsgeber steht es frei, einen Sachverhalt in wiederholender und klarstellender Weise zu regeln. So könnte die Regelung in der Bundespflegesatzverordnung als eine besondere pflegesatzrechtliche Amtshilfevorschrift zu begreifen sein, die als lex specialis § 4 Abs. 1 VwVfG vorgeht. Es ist entsprechend dem allgemeinen Subsidaritätsprinzips auch bei der verwaltungsverfahrensrechtlichen Regelung zur Amtshilfe anerkannt, dass inhaltsgleiche und entgegenstehende Rechtsvorschriften in Fachgesetzen Vorrang genießen und spezialgesetzliche Teilregelungen ergänzungsfähig und ergänzungsbedürftig sind.[313]

Die aus dem Kriterium „Stelle" geforderte organisatorische Selbstständigkeit wird man der Schiedsstelle bescheinigen können. Sie ist organisatorisch von

---

310 Jetzt § 20 Abs. 2 Satz 1 BPflV, ehemals § 18 Absatz 2 Satz 1 BPflV.
311 Vgl. *Schlichtner*, das Krankenhaus 1990, 63, 64.
312 *Zuck/Quaas*, NJW 1987, 687, 689.
313 Vgl. *Bonk*, in: Stelkens/Bonk/Sachs, Verwaltungsverfahrensgesetz, § 4 Rdnr. 12.

anderen Einrichtungen abgrenzbar und auch kein Teil eines Landesverbandes oder eines Bundeslandes. Unabhängig davon, wo die Geschäftsstelle der Schiedsstelle angesiedelt ist, handelt es sich bei der Schiedsstelle um eine eigenständige Einrichtung der Selbstverwaltung, die personell, räumlich wie sachlich abgetrennt bestehen muss, damit ihre Neutralität, Weisungsungebundenheit und Verschwiegenheit gewahrt ist und bleibt.[314] Über die Festsetzungsanträge entscheidet sie eigenverantwortlich im eigenen Namen. Auch die Genehmigungsbedürftigkeit der Schiedsstellenentscheidung spricht keineswegs gegen die Behördeneigenschaft der Landesschiedsstelle, denn es sind – wie bereits aufgezeigt – eine Reihe unterschiedlicher Beteiligungsformen zwischen den Behörden bekannt. Der Bestand der Schiedsstelle und ihre Aufgabenzuweisung sind vom Wechsel der Mitglieder unabhängig. Die Eigenständigkeit der Schiedsstelle und deren Mitglieder gegenüber den Verbänden wird besonders dadurch betont, dass die Mitglieder an Weisungen nicht gebunden sind.

Verwaltungsbehörden sind ganz überwiegend monokratisch organisiert. Das bedeutet, dass die Entscheidungen der Behörde nach einem hierarchischen Prinzip getroffen werden. Die Zuständigkeiten der Behörde werden von einem leitenden Amtswalter oder für diesen von mehreren weisungsabhängigen Amtsträgern wahrgenommen.[315] Demgegenüber ist der Leiter einer Kollegialbehörde in der Regel nur deren Verwaltungsleiter und Vertreter nach außen; ferner ist er zwischen den Sitzungen der Behörde mit der laufenden Verwaltung betraut. Die Schiedsstelle nimmt ihre Zuständigkeiten durch mehrere Mitglieder wahr. Unter den grundsätzlich gleichberechtigten Mitgliedern der Schiedsstelle nimmt der Vorsitzende eine herausragende Stellung ein. Er leitet die Sitzungen und seine Stimme gibt den Ausschlag, wenn eine Stimmenmehrheit nicht zu Stande kommt. Für die Beurteilung der Behördeneigenschaft der Schiedsstelle ist damit deren kollegiale Organisation unerheb-

---

314 Vgl. *Heinze*, in: Heinze/Wagner (Hrsg.), Die Schiedsstelle des Krankenhausfinanzierungsgesetzes, S. 61, 70.

315 Vgl. *Wolff/Bachof*, Verwaltungsrecht II, § 75 II b); *Rudolf*, in: Erichsen (Hrsg.), Allgemeines Verwaltungsrecht, § 52 III 1.b).

lich, denn auch Kollegialbehörden, deren Zuständigkeiten von mehreren Organwaltern wahrgenommen werden, können eine Behörde nach § 1 Abs. 4 VwVfG bilden.

Wenn insoweit im Wesentlichen Einigkeit über die Rechtsnatur der Schiedsstelle nach § 18 a Abs. 1 KHG erzielt werden kann, so besteht doch Streit über das weitere Merkmal der Außenwirkung innerhalb des Kriteriums „Stelle" im Sinne von § 1 Abs. 4 VwVfG.[316] Jedenfalls ist auch dann, wenn man eine nach außen wirkende Verwaltungstätigkeit verlangt, nicht zu fordern, die Behörde nach § 1 Abs. 4 VwVfG müsse selbst Verwaltungsakte erlassen; ansonsten würde man die unter § 9 VwVfG für die Anwendbarkeit dieses Gesetzes geforderten Voraussetzungen des Verwaltungsverfahrens in unzulässiger Weise überbieten. Darüber hinaus würde die Befugnis zum Erlass von Verwaltungsakten als Kriterium der Prüfung der Merkmale des § 35 VwVfG eingeführt, was zu einem Zirkelschluss führen müsste.[317] Eine hinreichende Außenwirkung könnte schon in der Bekanntgabe des Schiedsspruchs gegenüber den an dem Verfahren Beteiligten zu sehen sein. Es wurde auch als ausreichend angesehen, dass das Handeln der Schiedsstelle auf den Erlass des Verwaltungsaktes der staatlichen Genehmigung gerichtet ist.[318] *Kisker*[319] erwähnt, die Literatur und Rechtsprechung wende in recht freier Auslegung des § 1 Abs. 4 VwVfG den Begriff „Stelle" nur auf solche Einrichtungen an, auf welche die Regelungen des Verwaltungsverfahrensgesetzes passen; er spricht in diesem Zusammenhang von einer *„teleologischen Bremse"*. Dennoch vertritt er die Auffassung, eine ausreichende Außenzuständigkeit liege bei der Schiedsstelle vor, da jede Form der Außenbeziehung als relevant anzusehen sei, insbesondere jede Art von Dienstleistung für Außenstehende, dies vor allem dann, wenn solche Dienstleistungen von den Außenstehenden „beantragt" werden könnten, wie das § 18 Abs. 4

---

316 Zu dem Merkmal der Außenzuständigkeit: vgl. *Ule/Laubinger*, Verwaltungsverfahrensrecht, § 9 Rdnr. 6.

317 Vgl. auch *Düring*, Das Schiedswesen in der gesetzlichen Krankenversicherung, S. 70.

318 Vgl. *Zuck/Quaas*, NJW 1987, 687, 689.

319 Vgl. *Kisker*, in: Heinze/Wagner(Hrsg.): Die Schiedsstelle des Krankenhausfinanzierungsgesetzes, S. 21, 25.

KHG vorsehe und wenn eine Verpflichtung bestehe, diese Anträge zu behandeln.

Die Annahme, die Schiedsstelle nach § 18 a Abs. 1 KHG sei eine Verwaltungsbehörde, erscheint im Rahmen der Prüfung des § 1 Abs. 4 VwVfG weder rechtlich zwingend, noch im Hinblick auf ihre Funktion sachgerecht. Die Entscheidung der Schiedsstelle hat lediglich verwaltungsinternen Charakter und steht gleichwertig neben der Vereinbarung der Parteien. Das Pflegesatzverfahren auf Ortsebene ist gekennzeichnet durch eine Zweistufigkeit. Die erste Stufe ist geprägt von einer Auseinandersetzung über einen gerechten Interessenausgleich zwischen den Parteien und endet in einem gestalterischen Rechtsakt, dem keine verbindliche Außenwirkung zukommt. Erst auf der zweiten Stufe wird eine rechtlich beachtliche Regelung über die Pflegesätze getroffen, die sich in ihrer Relevanz nun nicht mehr auf das Innenverhältnis der Parteien zueinander beschränkt. Die Zuordnung der Schiedsstelle zu der funktionell den Vertragsparteien zugeordneten ersten Stufe rechtfertigt die Annahme, dass sie keine Behörde im Sinne des § 1 Abs. 4 VwVfG ist. Sie ist eine besondere Einrichtung der gemeinsamen Selbstverwaltung von Krankenhäusern und Krankenkassen im Bereich des öffentlichen Rechts, deren Entscheidungen – und das ist hier wesentlich – genauso wie die Einigung der Vertragsparteien nicht auf eine Außenwirkung gerichtet sind.

b.) Hoheitliche Maßnahme

Es besteht Streit darüber, ob das Merkmal *„hoheitliche Maßnahme"* neben dem Kriterium *„auf dem Gebiet des öffentlichen Rechts"* in § 35 VwVfG selbstständige Bedeutung hat. Vielfach wird „hoheitlich" mit „öffentlich-rechtlich" gleichgesetzt und lediglich als Gegensatz zum privatrechtlichen Handeln angesehen.[320] In der gleichzeitigen Erwähnung der beiden Merkmale ist al-

---

320 So wohl *Maurer*, Allgemeines Verwaltungsrecht, § 9 Rdnr. 11.

lerdings kein Pleonasmus zu sehen.[321] Durch den Zusatz „hoheitlich" wird auf die einseitige Regelung eines Sachverhalts als Gegenstück zur vertraglichen Regelung abgestellt.[322] Unter Berücksichtigung der Rechtsfigur des Beliehenen wird man dem Merkmal aber wohl nicht zu entnehmen haben, die öffentlich-rechtliche Maßnahme müsse unmittelbar oder zumindest mittelbar dem Staat zugerechnet werden können.[323] Der Pflegesatzfestsetzung durch die Schiedsstelle kann also nicht schon deshalb die Verwaltungsaktqualität abgesprochen werden, weil die Regelung über die Pflegesätze dem Staat nicht zugerechnet werden kann. Bedeutsam wird das Merkmal „hoheitlich" jedoch bei Zugrundelegung der Rechtsauffassung, welche die Schiedsstelle als Vertragshilfeorgan einordnet.[324] Folgt man dieser Ansicht, so läge keine hoheitliche Maßnahme vor, weil sich der Rechtscharakter der Einigung zwischen den Vertragsparteien durch die Entscheidung der Schiedsstelle nicht ändern würde.[325] Wenngleich der Tendenz einer Charakterisierung der Schiedsstelle als Vertragshilfeorgan gefolgt werden kann,[326] so ist doch zu bedenken, dass die Entscheidung durch die Schiedsstelle nicht lediglich als eine verfahrensmäßige Modifikation zur Pflegesatzvereinbarung begriffen werden kann.[327] Der für die Parteien bestehende Zwang, sich im Falle einer Nichteinigung einem staatlich gesetzten Schiedsverfahren zu unterwerfen, kann kaum als Ausdruck der Vertragsautonomie gedeutet werden.[328] Die Pflegesatzfestsetzung ist daher nicht als vertragliche Einigung einzuschätzen, sondern als eine einseitige Regelung der Schiedsstelle zu qualifizieren.

---

321 Vgl. *P. Stelkens/U. Stelkens*, in: Stelkens/Bonk/Sachs, Verwaltungsverfahrensgesetz, § 35 Rdnr. 68.

322 Vgl. BVerwG NJW 1983, 776; Hill, DVBl. 1989, 321, 323; *Erichsen*, in: Erichsen (Hrsg.), Allgemeines Verwaltungsrecht, § 12 Rdnr. 22.

323 So aber. *P. Stelkens/U. Stelkens*, in: Stelkens/Bonk/Sachs, Verwaltungsverfahrensgesetz, § 35 Rdnr. 68.

324 Vgl. oben 2.1.B.III.2.a.).

325 Vgl. Heinze, SGb 1997, 397, 402 zur Schiedsstelle nach § 18 a Abs. 6 KHG.

326 Vgl. oben 2.1.B.III.2.c.).

327 Ähnlich Ebsen, VSSR 1990, 57, 65 zu dem Schiedsamt nach § 89 SGB V.

328 Vgl. oben 2.1.B.III.2.c.).

Es ist daher festzustellen, dass die Schiedsstellenentscheidung nicht nur auf dem Gebiet des öffentlichen Rechts ergeht, sondern auch im hoheitlichen Wirkungskreis der Schiedsstelle anzusiedeln ist.

c.) Auf unmittelbare Rechtswirkung nach außen gerichtete Regelung

Die Tatbestandsmerkmale des § 35 VwVfG „Regelung", „Einzelfall", und „unmittelbare Außenwirkung" können zwar begrifflich, aber kaum sachlich voneinander abgegrenzt werden[329] und sollen daher nicht auf der Grundlage einer stringenten Abgrenzung untersucht werden. Die Regelung ist eine rechtsverbindliche Anordnung, eine Willenserklärung, die auf die Setzung einer Rechtsfolge gerichtet ist.[330] Eine Regelung mit Außenwirkung ist dann zu bejahen, wenn die Maßnahme auf Setzung einer Rechtsfolge für eine natürliche oder juristische Person in der Weise gerichtet ist, dass sie ihren Rechtskreis erweiternd, verringernd oder feststellend gestaltet und damit interpersonal wirken soll.[331] Das Begriffsmerkmal des Einzelfalles dient der Abgrenzung zur Rechtsnorm. Wesentlich für die Abgrenzung des Merkmals „Einzelfall" ist, dass nicht nur abstrakte Regelungen getroffen werden, sondern ein Einzelfall des öffentlichen Rechts geregelt wird.[332] Die Festsetzung der Pflegesätze eines einzelnen Krankenhauses beinhaltet eine konkret-individuelle Regelung, denn sie bestimmt die Entgelte eines Krankenhauses gegenüber den Parteien des Schiedsstellenverfahrens. Damit regelt die Maßnahme einen bestimmten Lebenssachverhalt für den Empfängerkreis des Schiedsstellenbeschlusses. Dagegen tritt der Gesichtspunkt in den Hintergrund, dass die Pflegesatzfestsetzung im Falle ihrer Wirksamkeit eine Viel-

---

329 Vgl. *P. Stelkens/U. Stelkens*, in: Stelkens/Bonk/Sachs, Verwaltungsverfahrensgesetz, § 35 Rdnr. 77; *Ule/Laubinger*, Verwaltungsverfahrensrecht, § 48 Rdnr. 5.

330 Vgl. *Maurer*, Allgemeines Verwaltungsrecht, § 9 Rdnr. 6; *Erichsen*, in: Erichsen (Hrsg.), Allgemeines Verwaltungsrecht, § 12 Rdnr. 26.

331 Vgl. *Erichsen*, in: Erichsen (Hrsg.), Allgemeines Verwaltungsrecht, § 12 Rdnr. 38.

332 Vgl. BVerwGE 7, 54, 55.

zahl von Personen erfasst[333] und auf deren privatrechtliche Beziehungen gestaltend einwirkt.

Die bisherige Untersuchung legt die Annahme nahe, bei der Festsetzung der Schiedsstelle nach § 18 a Abs. 1 KHG handle es sich lediglich um einen Vorbereitungsakt oder um eine Regelungsvoraussetzung zur Genehmigung ohne Außenwirkung. Eine verbindliche Regelung über die Krankenhauspflegesätze kommt erst mit der Genehmigung der Landesbehörde zu Stande. Die Auslegung des Gesetzes unter Einbeziehung der entstehungsgeschichtlichen Materialien hat ergeben, dass maßgeblicher Rechtsakt die pflegesatzrechtliche Genehmigung ist. Die Feststellung, dass der Rechtsweg gegen den Genehmigungsakt eröffnet ist und die daraus resultierende Folgerung, der Genehmigung die Rechtsqualität eines Verwaltungsaktes zuzuschreiben, erscheint unverrückbar. Es kann daher nur um die Frage gehen, ob neben der Genehmigung auch gegen die Pflegesatzfestsetzung der Rechtsweg eröffnet werden soll. Das Bundesverwaltungsgericht[334] hat hier zu Recht konstatiert, dass die Verdoppelung der Anfechtungsmöglichkeiten zu zeitlichen Verzögerungen im Pflegesatzverfahren führen könne und letztlich das Genehmigungsverfahren überflüssig machen würde. Letzteres würde die gesetzgeberischen Motive, die zum Genehmigungserfordernis geführt haben, konterkarieren. *Kisker*[335] hat hier von einem prozessökonomisch unsinnigen Verdoppeln der Rechtsschutzmöglichkeiten gesprochen und dargelegt, dass die Gesetzesauslegung befugt sei, im Zweifelsfall der prozessökonomisch angemessenen Lösung den Vorzug zu geben. Die Anerkennung einer Regelung mit Außenwirkung würde faktisch auch den Gestaltungsspielraum der Pflegesatzparteien eingrenzen, weil diesen durch die Verrechtlichung des Pflegesatzverfahrens und die Gefahr der vorschnellen Anrufung der Gerichte die gesetzlich geschützte und gewünschte Möglichkeit genommen wäre,

---

333 Vgl. *Zuck/Quaas*, NJW 1987, 687, 690.
334 Vgl. BVerwG NJW 1994, 2435, 2436.
335 Vgl. *Kisker*, in: Heinze/Wagner (Hrsg.): Die Schiedsstelle des Krankenhausfinanzierungsgesetzes, S. 21, 27.

nach der Entscheidung der Schiedsstelle erneut zu verhandeln.[336] Es wurde bereits aufgezeigt, dass es durchaus außergewöhnlich anmutet, wenn der Gesetzgeber ausdrücklich den Rechtsweg gegen die Genehmigung einer Verwaltungsentscheidung eröffnet. Diese Anordnung kann aber nur bedeuten, dass weder die zu genehmigende noch die genehmigte Entscheidung ein Verwaltungsakt ist, vielmehr regelnde Außenwirkung erst der Genehmigung selbst zukommen kann.[337]

Die Regelung des § 18 Abs. 5 KHG geht von der Gleichwertigkeit von vereinbarten und festgesetzten Pflegesätzen aus. Beide sind genehmigungsbedürftig und Gegenstand der gerichtlichen Überprüfung kann jeweils nur die Entscheidung der Genehmigungsbehörde sein. Würde man bei den festgesetzten Pflegesätzen zwei Verwaltungsakte annehmen, so würde dies gegen die Gleichbehandlung der vereinbarten mit den festgesetzten Pflegesätzen sprechen. So streitet die Genehmigungsbedürftigkeit, die für die Pflegesatzvereinbarung und die Pflegesatzfestsetzung gleichermaßen angeordnet ist, gegen die Annahme eines Verwaltungsaktes.[338] Auch ein Blick auf die Regelungen über die Bundesschiedsstelle, bei denen der Gesetzgeber in § 18 a Abs. 6 Satz 11 und 12 KHG explizit Regelungen über die Anfechtbarkeit der Schiedsstellenentscheidung getroffen hat, sprechen im Wege eines Umkehrschlusses gegen die Annahme, die Landesschiedsstelle würde einen Verwaltungsakt erlassen.

6. Ergebnis

Der Wortlaut der Regelungen über die Genehmigungsbedürftigkeit der Schiedsstellenentscheidung und insbesondere die ausdrückliche Eröffnung des Rechtsweges gegen die Genehmigung, einschließlich der Berücksichtigung der Entstehungsgeschichte und einer Auslegung der Vorschriften nach

---

336 Vgl. BVerwG NJW 1994, 2435, 2436.
337 Vgl. *Redeker*, NJW 1988, 1481, 1485.
338 Vgl. *Zuck/Quaas*, NJW 1987, 687, 690.

Sinn und Zweck sprechen gegen die Qualifizierung der Pflegesatzfestsetzung als Verwaltungsakt.[339] Die Schiedsstelle nach § 18 a Abs. 1 KHG ist keine Behörde im Sinne des § 1 Abs. 4 VwVfG, sie handelt aber hoheitlich. Die Schiedsstellenbeschlüsse sind nicht auf eine unmittelbare Außenwirkung angelegt.

II. Entscheidungen auf Landesebene

1. Punktwertfestsetzung

Die Landesschiedsstelle nimmt auch Kompetenzen auf Landesebene wahr, soweit dies die pflegesatzrechtlichen Regelungen vorsehen.[340] Die Vertragsparteien auf Landesebene vereinbaren Normsetzungsverträge nach § 16 Abs. 1 bis 3 BPflV.[341] Die Schiedsstelle entscheidet nach § 19 Abs. 3 BPflV nicht über die Anwendung des § 16 Abs. 2 Satz 1 und § 16 Abs. 3 Satz 1 BPflV. Damit steht im Bereich des Tätigwerdens der Schiedsstelle auf Landesebene die Festsetzung der Punktwerte für Fallpauschalen und Sonderentgelte nach § 16 Abs. 1 BPflV im Vordergrund. Der Punktwert selbst ist kein Pflegesatz, sondern nur ein Faktor zur Bemessung des Pflegesatzes.[342] Betrachtet man nur das Krankenhausfinanzierungsgesetz, so bleibt unklar, ob die Vereinbarung oder Festsetzung der Punktwerte ein Genehmigungserfordernis nach sich zieht, weil § 18 Abs. 5 Satz 1 KHG nur von Pflegesätzen und nicht von einzelnen Bemessungsfaktoren spricht. Nach § 20 Abs. 1 BPflV sind auch die nach § 16 BPflV vereinbarten oder von der Schiedsstelle festgesetzten *„Pflegesätze"* genehmigungsbedürftig. Da aber nach § 16 Abs.

---

339 Im Ergebnis ebenso: BVerwG NJW 1994, 2435; *Zuck/Quaas*, NJW 1987, 687; *Dietz/Bofinger*, Krankenhausfinanzierungsrecht, § 18 KHG, Erl. VI. 3; *Tuschen/Quaas*, Bundespflegesatzverordnung, Erl. § 19, S. 371.

340 Vgl. oben 2.1.A.II.1.

341 Vgl. oben 1.2.B.I.

342 Vgl. *Dietz/Bofinger*, Krankenhausfinanzierungsrecht, § 16 BPflV Erl. I.1.; auch oben 2.1.A.II.1.

1 BPflV nur Bemessungsfaktoren vereinbart werden, bezieht sich das Genehmigungserfordernis insoweit nicht auf Pflegesätze, sondern auf die vereinbarten Punktwerte. Vereinbaren die Parteien auf Landesebene somit keine Pflegesätze, so setzt auch die Schiedsstelle keine fest und für beide Fälle sind Gegenstand der Genehmigung die Punktwerte als die bestimmenden Teile für die Höhe der Fallpauschalen und Sonderentgelte. Die Frage nach der Genehmigungsbedürftigkeit und nach dem Gegenstand der Genehmigung wird damit durch die Bundespflegesatzverordnung in zulässiger Weise konkretisiert.

2. Meinungsstand in Literatur und Rechtsprechung

In der Literatur ist kein Autor erkennbar, der die Entscheidungen der Schiedsstelle auf Landesebene anders qualifiziert als diejenigen auf Ortsebene. So wird den Schiedsstellenentscheidungen in den neueren Kommentierungen unter Bezugnahme auf das Urteil des Bundesverwaltungsgerichts vom 23. November 1993[343] ohne weitere Differenzierung die Eigenschaft eines Verwaltungsaktes abgesprochen.[344] Auch die Rechtsprechung hat sich – soweit ersichtlich – noch nicht mit der Rechtsnatur dieser Festsetzungen auseinandergesetzt.[345] Um festzustellen, ob die Rechtsqualität der Schiedsstellenbeschlüsse auf Landesebene denen der Ortsebene entsprechen und ob sich die Rechtsprechung des Bundesverwaltungsgerichts vom 23. November 1993 auch auf diese Festsetzungen übertragen lässt, ist nach

---

343 BVerwG NJW 1994, 2435; vgl. oben 2.1.C.I.1.

344 Vgl. *Tuschen/Quaas*, Bundespflegesatzverordnung, Erl. § 19, S. 371; *Dietz/Bofinger*, Krankenhausfinanzierungsrecht, § 18 KHG Erl. VI.3, differenzierend dagegen bei: § 19 BPflV Erl. 16., dort kommt zum Ausdruck, dass auch eine Entscheidung der Schiedsstelle, die nicht unmittelbar Pflegesätze festsetzt, kein anfechtbarer Verwaltungsakt sei.

345 Das Urteil des Bundesverwaltungsgerichts vom 19.06.1997 (3 C 24.96) behandelt zwar eine Punktwertfestsetzung auf Landesebene, jedoch war Klagegegenstand die Genehmigung, so dass das Urteil keine Ausführungen über die Rechtsnatur der Schiedsstellenentscheidung enthält.

Feststellung des normativen Befunds auch hier im Weiteren die Rechtsnatur an Hand der Merkmale des Verwaltungsaktes zu überprüfen.

3. Gesetzeswortlaut

Auch bei der Festsetzung von Punktwerten durch die Schiedsstelle spricht die Wortwahl des Gesetz- und Verordnungsgebers für die Annahme einer verbindlichen Regelung. Es wird in den Vorschriften des § 18 Abs. 4 Satz 1 KHG, § 18 a Abs. 3 Satz 4 KHG und in § 19 BPflV[346] vom *„Festsetzen"*[347] und von *„Entscheidungen"* der Schiedsstelle gesprochen. Der Gesetzeswortlaut dieser Vorschriften deutet auf eine unmittelbar verbindliche Regelung in Form eines Verwaltungsaktes hin.[348]

4. Merkmale des Verwaltungsaktes

a.) Einzelfall

Bei der Beurteilung der Punktwertfestsetzung durch die Schiedsstelle stellt sich die Frage, ob das Merkmal des Einzelfalles erfüllt ist. Hier bestehen Zweifel, weil die Schiedsstelle tätig wird, um eine Regelung zu treffen, die nicht nur die Beteiligten des Schiedsstellenverfahrens betrifft, sondern nach § 19 Abs. 1 BPflV in Verbindung mit § 16 Abs. 1 BPflV werden die Punktwerte mit Wirkung für die Vertragsparteien auf Ortsebene geregelt. Wenn man Normsetzungsverträge unter den Vertragsparteien im Allgemeinen anerkennt und die Punktwertvereinbarungen im Besonderen als derartige Verträge qualifiziert, dann erscheint es fraglich, ob die Regelungen über die Pflegesätze,

---

346 Vgl. § 19 Abs. 1 bis 3 BPflV: *„... entscheidet ..."*
347 Konkret in § 18 Abs. 4 Satz 1 KHG: *„... so setzt die Schiedsstelle ... fest."*
348 Insoweit ist kein Unterschied zur Pflegesatzfestsetzung erkennbar; vgl. hierzu oben 2.1.C.I.2.

soweit sie von der Schiedsstelle getroffen werden, ihre normative Wirkung verlieren können. Genauso, wie die autonom geschlossenen Verträge auf Landesebene betreffen die Festsetzungen der Schiedsstelle eine Vielzahl von Vertragsparteien auf Ortsebene. Der Schiedsstellenbeschluss in Form der Punktwertfestsetzung entfaltet – unter dem Vorbehalt der Genehmigung – Rechtswirkung für eine Vielzahl von Pflegesatzparteien. Für die Parteien auf Ortsebene sind die Rechtswirkungen einer Punktwertvereinbarung oder einer Punktwertfestsetzung dieselben.

aa.) Normsetzungstheorie

Ebsen[349] sieht in den Festsetzungen der vertragsärztlichen Schiedsämter Rechtsetzungsakte. Er kritisiert damit die in der Rechtsprechung und in der herrschenden Literatur anzutreffende Auffassung, die Entscheidungen seien Verwaltungsakte.[350] Soweit die Schiedsämter die Inhalte der jeweiligen Normsetzungsverträge mit unmittelbarer Rechtswirkung gegenüber den Adressaten der Regelungen festsetzen, handle es sich um abstrakt-generelle Regelungen, also um Rechtsetzung. Daneben seien die Normsetzungsakte der Schiedsämter im Verhältnis zu den jeweiligen Vertragsparteien in gleicher Weise als Verwaltungsakte zu qualifizieren wie dies für die Ausübung von Selbsteintrittsrechten der Rechtsaufsichtsbehörden gegenüber den Selbstverwaltungsträgern angenommen werde.[351]

bb.) Würdigung

Die Argumentation von *Ebsen* ist zwar beachtlich, weist sie doch einmal mehr auf ein dogmatisches Problem innerhalb der vertraglichen Strukturen

---

349 Vgl. *Ebsen*, in: Schulin (Hrsg.), Handbuch des Sozialversicherungsrecht, Bd. 1, § 7 Rdnr. 151; *ders.*, VSSR 1990, 57, 66.

350 Vgl. hierzu oben 2.1.B.II.1.

351 Vgl. *Ebsen*, in: Schulin (Hrsg.), Handbuch des Sozialversicherungsrecht, Bd. 1, § 7 Rdnr. 152.

im Recht der gesetzlichen Krankenversicherung unter Einbeziehung der Schiedsämter und Schiedsstellen hin. Dennoch ist bei den Entscheidungen der Schiedsstellen nach § 18 a Abs. 1 KHG auf Landesebene die Rechtsnormqualität abzulehnen, statt dessen die Einzelfallregelung anzunehmen. Aus dem Gegensatz zur Rechtsnorm folgt, dass ein Verwaltungsakt zumindest dann vorliegt, wenn eine Regelung einen konkreten Sachverhalt betrifft und sich an eine bestimmte Person richtet, also konkret-individuellen Charakter hat.[352] Eine individuelle Regelung liegt auch dann noch vor, wenn sich die Regelung an einen individuell bestimmten oder bestimmbaren Personenkreis richtet.[353] Eine Regelung ist generell-abstrakt und damit materiell-rechtlich als Rechtsnorm zu qualifizieren, wenn sie sich zum Zeitpunkt ihres Erlasses[354] an eine unbestimmte Anzahl von Personen für unbestimmt viele Sachverhalte richtet. Die Punktwertfestsetzung stellt, soweit man lediglich auf die Landesverbände abzielt, eine konkret-individuelle Regelung dar. Gegenüber diesen unmittelbar am Schiedsstellenverfahren Beteiligten wird ein konkreter Sachverhalt, nämlich die Punktwerte auf Landesebene geregelt. Auch soweit sich Landesverbände an dem Verfahren nicht beteiligen, bleibt es bei dem konkret-individuellen Charakter der Regelung, denn die Landesverbände sind, gleichgültig ob sie als Antragsteller oder Antragsgegner beteiligt sind oder nicht, jedenfalls für alle Fälle bestimmbar. Schwieriger erscheint allerdings die Einordnung der Regelung gegenüber den Vertragsparteien auf Ortsebene. Dieser Personenkreis kann zum Zeitpunkt der Entscheidung der Schiedsstelle nicht endgültig abgeschätzt werden. Es können ständig Krankenhäuser entstehen oder wegfallen; entsprechendes gilt auf der Seite der Krankenkassen. Die Parteien auf Ortsebene sind damit nicht bestimmt und jedenfalls nur schwer bestimmbar. Dies ist aber unschädlich, weil sie nicht Adressaten der Punktwertfestsetzung sind. Aus den Regelungen der § 18 Abs. 4 Satz 1 KHG, § 16 Abs. 1 Satz 1 BPflV und § 19 Abs. 1 Satz 1 BPflV ergibt sich, dass nur die Vertragsparteien auf Landesebene befugt sind, die

---

352 *Maurer*, Allgemeines Verwaltungsrecht, § 9 Rdnr. 15.
353 Vgl. *Maurer*, Allgemeines Verwaltungsrecht, § 9 Rdnr. 16; *Erichsen*, in: Erichsen (Hrsg.), Allgemeines Verwaltungsrecht, § 12 Rdnr. 47.
354 Vgl. dazu: *Von Mutius*, in Festschrift Wolff, S. 167, 196 f.

Schiedsstelle mit dem Antrag auf Festsetzung der Punktwerte anzurufen. Sind nur diese Parteien antragsbefugt, so sind auch nur sie die alleinigen Adressaten des Schiedsspruchs. Die Punktwertfestsetzung ist eine konkrete Regelung der Schiedsstelle, die sich ausschließlich an die Vertragsparteien der (gescheiterten) Punktwertvereinbarung richtet. Überdies spricht auch hier die Systementscheidung des Gesetzgebers über die alleinige nach außen tretende verbindliche Entscheidung der Landesbehörde gegen den Rechtsnormcharakter der Punktwertfestsetzung. Wollte man die Festsetzung der Schiedsstelle in diesem Bereich als Rechtsnorm ansehen, die als Voraussetzung für ihr Inkrafttreten – ähnlich einer kommunalen Satzung – der Genehmigung einer Landesbehörde bedarf, so wäre zwangsläufig die maßgebliche Sachentscheidung mit Außenwirkung nicht die Genehmigung, sondern die genehmigte Rechtsnorm, denn die Genehmigung selbst ist bloßer Verwaltungsakt und nicht Rechtssatz.

Die Auffassung von *Ebsen* würde schließlich auch zur Anerkennung der umstrittenen[355] Rechtsfigur der Rechtsakte mit Doppelnatur[356] führen. Das Bundesverwaltungsgericht[357] geht bei einer von der Kommunalaufsicht im Wege der Ersatzvornahme erlassenen Satzung davon aus, dass die Maßnahme zugleich Rechtsnorm und Verwaltungsakt sein könne.[358] Bei der Regelung durch die Kommunalaufsicht handle es sich gegenüber dem Bürger, ebenso wie beim Erlass einer entsprechenden Satzung durch die Gemeinde um eine Rechtsnorm. Der Umstand, dass die Kommunalaufsicht mit der Ersatzvornahme zugleich in das Selbstverwaltungsrecht der Gemeinde eingreife und dieser gegenüber einen anfechtbaren Verwaltungsakt erlasse, ändere an

---

355 Vgl. *Wolff/Bachof/Stober*, Verwaltungsrecht I, § 45 Rdnr. 73; *P. Stelkens/U. Stelkens*, in: Stelkens/Bonk/Sachs, Verwaltungsverfahrensgesetz, § 35 Rdnr. 19; *Voßkuhle*, SächsVBl 1995, 54.

356 Vgl. zu den Rechtsakten mit Doppelnatur und zum „relativen Verwaltungsakt" nur *P. Stelkens/U. Stelkens*, in: Stelkens/Bonk/Sachs, Verwaltungsverfahrensgesetz, § 35 Rdnr. 18 ff. m. w. N.

357 BVerwG DÖV 1993, 1093.

358 Zur Satzungsoktroi und kritisch zu den „Verwaltungsakten mit Doppelnatur": *Bachof*, in: Festschrift W. Weber, S. 515 ff.

dem für den Bürger maßgeblichen Rechtsnormcharakter einer so zu Stande kommenden Satzung nichts. Da jedoch wie dargestellt, die Punktwertfestsetzung keine abstrakt-generellen Regelungen enthält, ist ein Rückgriff auf das Modell des Rechtsakts mit Doppelnatur von vornherein entbehrlich.

b.) Übrige Merkmale

Bezüglich der vorliegend nicht erfüllten Merkmale „Behörde" und „unmittelbare Außenwirkung" gelten die oben genannten Ausführungen zur Pflegesatzfestsetzung auf Ortsebene entsprechend. Die Schiedsstelle ist keine Behörde und ihre Entscheidungen sind nicht auf Außenwirkung angelegt.

5. Ergebnis

Die Punktwertfestsetzung der Schiedsstelle nach § 18 a Abs. 1 KHG ist kein Verwaltungsakt im Sinne von § 35 VwVfG, sondern ebenfalls ein interner Mitwirkungsakt im Rahmen der pflegesatzrechtlichen Genehmigung.

2. Abschnitt: Rechtskontrolle durch die Verwaltungs- behörden

A. Rechtliche Überprüfung durch die Genehmigungsbehörde

I. Genehmigung

1. Antragserfordernis

Die Genehmigung der vereinbarten oder festgesetzten Pflegesätze ist bei der zuständigen Landesbehörde nach § 20 Abs. 1 BPflV zu beantragen. Dies ist die Behörde, der durch landesrechtliche Zuständigkeitsregelung die Genehmigung von Pflegesätzen übertragen worden ist.[359] Die Genehmigung kann nur auf Antrag erteilt werden.[360] Die zuständige Landesbehörde darf nach § 22 Satz 2 Nr. 2 VwVfG nicht von Amts wegen tätig werden. Insoweit gilt für die Eröffnung des Genehmigungsverfahrens nicht die im Verwaltungsverfahren grundsätzlich übliche Offizialmaxime, sondern die Dispositionsmaxime. Antragsberechtigt sind nach § 20 Abs. 1 BPflV die einzelnen Vertragspartei- en der jeweiligen Vertragsebene, aber nicht die Schiedsstelle.

2. Reichweite der Prüfungskompetenz

Zu klären ist der von der Genehmigungsbehörde anzuwendende Prüfungs- maßstab. Es gilt zu untersuchen, mit welcher Intensität die Behörde die Pfle- gesatzvereinbarungen und die Pflegesatzfestsetzungen zu kontrollieren be-

---

359 Dies ist in den einzelnen Bundesländern unterschiedlich geregelt; beispielsweise für Baden-Württemberg: VO vom 26.03.1990, GBl. 1990, S. 167; für Nordrhein-Westfalen: VO vom 20.06.1989, GVNW 1989, S. 431.

360 Vgl. *Tuschen/Quaas*, Bundespflegesatzverordnung, Erl. § 20 BPflV, S. 378; *Dietz/ Bofinger*, Krankenhausfinanzierungsrecht, § 20 BPflV Erl. 6.

fugt ist. Mit der Erörterung der Kontrolldichte wird aber eine weitere Frage aufgeworfen, die lange Zeit Literatur und Rechtsprechung beschäftigt hat. Fraglich ist, ob die Genehmigungsbehörde berechtigt ist, nicht nur zu kontrollieren, sondern auch zu korrigieren.

a.) Kontrolldichte

aa.) Rechtskontrolle

Die Frage der Kontrolldichte ist ausgehend vom Wortlaut des § 18 Abs. 5 Satz 1 KHG zu beantworten. Nach dieser Regelung werden die vereinbarten und festgesetzten Pflegesätze von der zuständigen Landesbehörde genehmigt, wenn sie den Vorschriften des Krankenhausfinanzierungsgesetzes und sonstigem Recht entsprechen. Die Formulierung deutet darauf hin, dass sich das Genehmigungsverfahren nur auf eine Rechtskontrolle erstreckt. Auch § 20 Abs. 2 Satz 1 BPflV spricht im Rahmen der Verpflichtung der Parteien, Unterlagen vorzulegen und Auskünfte zu erteilen, von einer Prüfung der Rechtmäßigkeit. Auch aus dem systematischen Zusammenhang, der Entstehungsgeschichte und dem Sinn und Zweck des Genehmigungserfordernisses folgt, dass die Landesbehörde allein eine Rechtskontrolle und keine Zweckmäßigkeitsprüfung durchzuführen hat.[361] Nach dem im Rahmen des Gesetzgebungsverfahrens zum Krankenhausneuordnungsgesetz 1984 maßgeblichen Bericht des Ausschusses für Arbeit und Sozialordnung[362] wurde der Genehmigungsbehörde lediglich eine Überprüfung der Rechtmäßigkeit der vereinbarten und festgesetzten Pflegesätze zugewiesen.[363] Die Be-

---

361 Vgl. BVerwG NJW 1993, 2391.
362 Bericht des Abgeordneten Dr. Becker, abgedruckt in: Jung, Krankenhausfinanzierungsgesetz, 2. Aufl., S. 155, 158.
363 Vgl. hierzu oben 2.1.C.I.4.

schränkung des Prüfungmaßstabs auf eine reine Rechtskontrolle ist in Literatur[364] und Rechtsprechung[365] im Ergebnis unstrittig.

bb.) Beurteilungsspielraum der Schiedsstelle

Mit der Beschränkung der behördlichen Prüfungsbefugnis auf eine bloße Rechtmäßigkeitskontrolle wurde noch keine Aussage darüber getroffen, ob der Schiedsstelle eine nicht nachprüfbare Einschätzungsprärogative zugestanden wird. Bei der Anerkennung eines Beurteilungsspielraumes geht es in der Regel um eine beschränkte gerichtliche Überprüfbarkeit von unbestimmten Rechtsbegriffen.[366] Im pflegesatzrechtlichen Genehmigungsverfahren ist allerdings keine gerichtliche Kontrolle einer Maßnahme angesprochen, sondern eine rechtliche Überprüfung durch eine Verwaltungsbehörde. Die Gestaltungsbefugnis der Vertragsparteien und der prospektive Charakter der Pflegesatzvereinbarung könnten dafür sprechen, auch der Schiedsstelle einen Beurteilungsspielraum zuzugestehen, der im genehmigungsbehördlichen wie auch im gerichtlichen Verfahren zu beachten wäre.

Das Bundesverwaltungsgericht[367] hat für die frühere Rechtslage den damals zuständigen Pflegesatzbehörden bei der Festsetzung von Pflegesätzen keinen Beurteilungsspielraum zugestanden.[368] Das Gericht hat in dieser Entscheidung aber auch Konzessionen gemacht, soweit es anerkannt hat, dass dort, wo prognostische Elemente den Normgehalt bestimmen, der rechtsan-

---

364 Vgl. *Kisker*, in: Heinze/Wagner (Hrsg.), Die Schiedsstelle des Krankenhausfinanzierungsgesetzes, S. 21, 31; *Vollmer/Graeve*, Kommentar zum KHG, § 18 KHG, Erl. 318.70 Rdnr. 302; *Tuschen/Quaas*, Bundespflegesatzverordnung, Erl. § 20 BPflV, S. 379; *Dietz/Bofinger*, Krankenhausfinanzierungsrecht, § 20 BPflV, Erl. 9.
365 BVerwG NJW 1993, 2391; VGH Bad.-Württ., DVBl. 1990, 996, 997; OVG Münster, KRS II, 97.038, S. 1, 3; ThürOVG ThürVBl. 1998, 164.
366 Vgl. *Maurer*, Allgemeines Verwaltungsrecht, § 7 Rdnr. 20 ff.
367 Vgl. BVerwG NJW 1984, 2648 unter Bezugnahme auf BVerwGE 62, 86.
368 Teilweise wird unter Berufung auf diese ältere Rechtsprechung der Genehmigungsbehörde die uneingeschränkte Rechskontrolle zugestanden; vgl. *Zuck/Quaas*, NJW 1987, 687, 691; *Zimmer*, KU 1985, 759, 764.

wendenden Behörde ein Prognosespielraum einzuräumen sei.[369] Anerkannt ist ein Beurteilungsspielraum in zwei Fällen, die beide für die Anerkennung einer eingeschränkten Kontrolldichte im pflegesatzrechtlichen Genehmigungsverfahren streiten. Zum einen kann nach der Rechtsprechung[370] und Lehre[371] ein Beurteilungsspielraum für Entscheidungen wertender Art durch weisungsfreie, mit Sachverständigen besetzten Ausschüssen bestehen. Zum anderen ist regelmäßig ein Beurteilungsspielraum anzuerkennen, soweit die Behörde vorausschauend künftig anstehende Sachverhalte im Wege einer Prognose zu bewerten hat.[372] Die letztgenannte Ausnahme vom Grundsatz der vollen Überprüfbarkeit der Auslegung unbestimmter Rechtsbegriffe ist zweifellos für die Vertragsparteien einschlägig, weil sie als Entscheidungsträger über die Pflegesätze eine prospektive Würdigung der unbestimmten Rechtsbegriffe des Krankenhausfinanzierungsrechts, wie *„medizinisch leistungsgerecht"* und *„bei wirtschaftlicher Betriebsführung"* (jeweils § 17 Abs. 1 Satz 3 KHG und § 3 Abs. 1 Satz 3 BPflV) durchzuführen haben. Die prognostische Einschätzung ergibt sich aus § 17 Abs. 1 Satz 2 KHG, nach dem die Pflegesätze im Voraus zu bemessen sind. Den Vertragsparteien steht bei der Einigung über die Krankenhauspflegesätze eine Gestaltungsfreiheit zu; sie ist gemeint, wenn das Bundesverwaltungsgericht von dem *„gesetzlich geschützten Verhandlungsspielraum der Pflegesatzparteien"*[373] spricht. Die allein auf eine Rechtskontrolle beschränkte Genehmigungsbehörde hat aber nicht nur den Gestaltungsspielraum der Pflegesatzparteien zu achten, sondern darf auch nicht – entsprechend den angeführten Argumenten – in den Beurteilungsspielraum der Schiedsstelle eingreifen, denn sie tritt im Falle der Nichteinigung an die Stelle der Parteien. Zusätzlich kann bei ihr, auf Grund der paritätischen Zusammensetzung des Gremiums und der Weisungsfrei-

---

369 Vgl. *Kisker*, in: Heinze/Wagner (Hrsg.), Die Schiedsstelle des Krankenhausfinanzierungsgesetzes, S. 21, 32.

370 Vgl. BVerwGE 59, 213, 216 f.; 72, 195, 200.

371 Vgl. *Ossenbühl*, in: Erichsen (Hrsg.), Allgemeines Verwaltungsrecht, § 10 Rdnr. 37; *Maurer*, Allgemeines Verwaltungsrecht, § 7 Rdnr. 23 m. w. N.

372 Vgl. BVerwGE 56, 110, 121 f.; *Ossenbühl*, in: Erichsen (Hrsg.), Allgemeines Verwaltungsrecht, § 10 Rdnr. 38; *Ule/Laubinger*, Verwaltungsverfahrensrecht, § 55 Rdnr. 4.

373 BVerwG NJW 1993, 2391, 2392.

heit der Mitglieder, das Bestehen einer Einschätzungsprärogative auch mit der oben genannten Rechtsprechung zu den Wertentscheidungen durch unabhängige Sachverständige und Ausschüsse begründet werden.

Für die Annahme einer von der Genehmigungsbehörde nicht nachprüfbaren Beurteilungsermächtigung der Schiedsstelle spricht auch die Rechtsprechung des Bundessozialgerichts zu den vertragsärztlichen Schiedsämtern und neuerdings auch ein Urteil des Bundesverwaltungsgerichts zur Schiedsstelle nach § 94 BSHG. Das Bundessozialgericht[374] hat für die Festsetzung des Inhalts eines Gesamtvertrages über die vertrags(zahn)ärztliche Vergütung gemäß § 89 SGB V dem Schiedsamt einen besonders weiten Beurteilungsspielraum zugestanden, der *„der gerichtlichen Nachprüfung Grenzen setzt"*. Die gerichtliche Kontrolle der Festsetzung von Vergütungsvereinbarungen durch das Schiedsamt sei auf die Prüfung beschränkt, ob der Entscheidung zutreffend ermittelte Tatsachen zu Grunde gelegt worden sind, ob das Schiedsamt die Grenzen des ihm zustehenden Beurteilungsspielraums eingehalten und sein Gestaltungsermessen – soweit ihm ein solches zukomme – sachgerecht ausgeübt habe. Das Bundesverwaltungsgericht[375] gesteht der Schiedsstelle nach § 94 BSHG im Rahmen der Anwendung von unbestimmten Rechtsbegriffen eine Einschätzungsprärogative zu. Die gesetzlich vorgesehene Möglichkeit, die ergangene Schiedsstellenentscheidung verwaltungsgerichtlich überprüfen zu lassen, führe *„nicht zu einer vollinhaltlichen, sondern nur zu einer Überprüfung mit eingeschränkter Kontrolldichte"*. Bei den angegebenen gerichtlichen Entscheidungen zu dem Schiedsamt nach § 89 SGB V und zur Schiedsstelle nach § 94 BSHG ist allerdings anzumerken, dass deren Entscheidungen keinem behördlichen Genehmigungserfordernis unterliegen und damit das Zugeständnis eines Beurteilungsspielraums nicht eine begrenzte verwaltungsbehördliche Kontrolle – wie hier im Krankenhausfinanzierungsrecht bei der Schiedsstelle nach § 18 a Abs. 1 KHG – zur Folge hat, sondern unmittelbar zu einer begrenzten gerichtlichen Überprüfung führt. Eine andere rechtliche Einschätzung für das

---

374 Vgl. BSG, USK, 9782, S. 457, 462.
375 Vgl. BVerwG NVwZ-RR 1999, 446.

Bestehen des Beurteilungsspielraumes der Schiedsstelle ergibt sich hieraus freilich nicht, denn sind der gerichtlichen Überprüfung Grenzen gesetzt, so muss entsprechendes auch für die Rechtskontrolle einer Verwaltungsbehörde gelten. Einen Beurteilungsspielraum für die Schiedsstelle nach § 18 a Abs. 1 KHG hat inzwischen der Hessische VGH ausdrücklich anerkannt.[376]

Da die Bestimmung der „richtigen" Höhe der Pflegesätze stets eine wertende Komponente beinhaltet und die Festsetzung nicht durch eine einfache rechtliche Subsumtion der pflegesatzrechtlichen Vorschriften erfolgen kann, es mithin denklogisch ausgeschlossen ist, von einem einzig „richtigen" Ergebnis zu sprechen, erscheint die Anerkennung eines Beurteilungsspielraums sachgerecht. Die Genehmigungsbehörde hat entsprechend den allgemeinen Grundsätzen zur Kontrolle von Beurteilungsspielräumen[377] insbesondere zu überprüfen, ob die Schiedsstelle zwingende Verfahrensvorschriften nicht eingehalten hat[378], von einem unzutreffenden Sachverhalt ausgegangen ist, wesentliche entscheidungsrelevante Gesichtspunkte nicht berücksichtigt hat oder sich von sachfremden Erwägungen hat leiten lassen. Dabei wird aber weiter zu beachten sein, dass die Schiedsstelle nur den Sachverhalt berücksichtigen kann und darf, der von den Parteien vorgetragen wurde.

cc.) Verfahrensrechtliche Kontrolle

Der Einhaltung der gültigen Verfahrensvorschriften kommt angesichts der in sachlich-rechtlicher Hinsicht eingeschränkten Überprüfung gesteigerte Bedeutung zu.[379] Gerade die Reduzierung der gerichtlichen oder behördlichen Kontrollintensität verlangt danach, dass die Sachentscheidung der Schiedsstelle in einem einwandfreien Verfahren getroffen wurde. Jedoch bereitet die Bestimmung des für die Schiedsstelle maßgeblichen Verfahrensrechts Pro-

---

376 Vgl. Hess. VGH, Urteil vom 27. Mai 1999, Az. 11 UE 5014/96.
377 Vgl. *Rennert*, in: Eyermann, Verwaltungsgerichtsordnung, § 114 Rdnr. 77 ff.
378 Vgl. hierzu auch unten cc.).
379 Vgl. *Rennert*, in: Eyermann, Verwaltungsgerichtsordnung, § 114 Rdnr. 79.

bleme, weil das Krankenhausfinanzierungsgesetz und die Bundespflegesatz-verordnung hierzu weitgehend schweigen. Der Entscheidung der Schieds-stelle ist zweifellos dann die Genehmigung zu versagen, wenn sie nicht in der – nach § 18 a Abs. 2 KHG in Verbindung mit den einschlägigen Rege-lungen der Schiedsstellenverordnungen – vorgesehenen Besetzung ent-schieden hat oder eine Stimmenmehrheit nach § 18 a Abs. 3 Satz 4 KHG tatsächlich nicht vorgelegen hat. Anders dagegen, wenn die Schiedsstelle nicht unverzüglich nach § 18 Abs. 4 Satz 1 KHG oder innerhalb von sechs Wochen nach § 19 Abs. 2 BPflV entschieden hat. Die verspätete Pflege-satzfestsetzung berechtigt die Landesbehörde nicht dazu, die Genehmigung zu versagen, denn die Schiedsstelle hat lediglich gegen eine Ordnungsvor-schrift verstoßen. Zusätzliche Verfahrensregelungen ergeben sich aus den Schiedsstellenverordnungen, die auf der Grundlage des § 18 a Abs. 4 KHG von den Ländern erlassen worden sind. Weitere Verfahrensgrundsätze las-sen sich herleiten, wenn man sich die Funktion der Schiedsstelle vergegen-wärtigt und sich dabei insbesondere verdeutlicht, dass die Schiedsstelle an Stelle der Parteien eine Entscheidung trifft und hierbei an dieselben Rechts-vorschriften gebunden ist.[380] Besondere Bedeutung kommt dem verfas-sungsrechtlich verbürgten Anspruch auf rechtliches Gehör nach Art. 103 Abs. 1 GG zu.[381] Der Schiedsstelle ist es nur gestattet, Tatsachen und Beweise zu verwerten, zu denen die Parteien bereits vorher die Gelegenheit hatten, sich zu äußern. Ihre Ausführungen sind zur Kenntnis zu nehmen und zu beden-ken.

b.) Gestaltende Genehmigung?

Zur Entscheidungskompetenz der Genehmigungsbehörde wurden zwei ge-genläufige Meinungen vertreten. Die eine Seite vertrat die Auffassung, die Landesbehörde dürfe lediglich die Genehmigung erteilen oder versagen.[382]

---

380 Vgl. im Einzelnen: *Heinze*, in Heinze/Wagner (Hrsg.), Die Schiedsstelle des Kranken-hausfinanzierungsgesetzes, S. 61 ff.

381 Vgl. hierzu BVerfG NJW 1991, 2823.

382 Vgl. *Zuck/Quaas*, NJW 1987, 687, 691; *Kiemann/Eul*, DOK 1985 648, 650.

Mit den Worten von *Dietz/Bofinger*[383] gesprochen, kann die Behörde nur „Ja" oder „Nein" sagen, nicht jedoch „Ja-aber".[384] Die andere Seite wollte der Genehmigungsbehörde aus Gründen eines effektiven Rechtsschutzes das Recht einräumen, auch einen von der Festsetzung der Schiedsstelle abweichenden Pflegesatz zu genehmigen.[385] Der VGH Baden-Württemberg hat sich mit seinem Urteil vom 06. Juni 1990[386] der letztgenannten Auffassung angeschlossen. Das Gericht hat den für die Genehmigung nach Landesrecht zuständigen Regierungspräsidien zugestanden, selbst den Pflegesatz in rechtmäßiger Höhe abweichend vom Schiedsspruch zu genehmigen. Die Behörde sei, wenn sie den Schiedsspruch aus Rechtsgründen nicht bestätigen könne, nicht darauf beschränkt, die Genehmigung abzulehnen. Durch die „gestaltende Genehmigung" wollte das Gericht ein faktisches Zurückverweisen des Verfahrens in das Vereinbarungs- oder Schiedsstellenstadium vermeiden. Sowohl der pflegesatzrechtliche Beschleunigungsgrundsatz, wie auch das verfassungskräftige Gebot eines effektiven Rechtsschutzes erfordere die Befugnis der Landesbehörde, aus Rechtsgründen innerhalb der gestellten Anträge ohne Bindung an den Schiedsspruch den Pflegesatz zu genehmigen.[387]

Ausgangspunkt für die Beurteilung der Rechtmäßigkeit einer abweichenden Genehmigung ist § 18 Abs. 5 Satz 1 KHG. Danach sind die Pflegesätze zu genehmigen, wenn sie den Vorschriften des Krankenhausfinanzierungsgesetzes und dem sonstigen Recht entsprechen. Der Wortlaut der Regelung berechtigt die Behörde nicht dazu, das „*Genehmigungssubstrat*"[388] zu verändern. Der Ausdruck „*werden ... genehmigt*" spricht für einen Akt der gesetz-

---

383 *Dietz/Bofinger*, Krankenhausfinanzierungsrecht, § 18 KHG, Erl. V. 3.

384 Diese Aussage ist allerdings im Hinblick auf die Befugnis der Genehmigungsbehörde zur Verbindung der Genehmigung mit Nebenbestimmungen zu relativieren, vgl. unten 2.2.A.I.2.c.).

385 Vgl. *Zimmer*, KU 1985, 759, 764.

386 VGH Bad.-Württ. DVBl. 1990, 996.

387 Vgl. VGH Bad.-Württ., DVBl. 1990, 996, 998 f.

388 Das BVerwG, NJW 1993, 2391, spricht bei der von den Parteien vorgelegten Vereinbarung oder der Schiedsstellenentscheidung von dem „Genehmigungssubstrat".

lich gebundenen Verwaltung. Das Bundesverwaltungsgericht hat mit einem Grundsatzurteil vom 21. Januar 1993[389] in diesem Sinne – unter Aufhebung des oben genannten Urteils des VGH Baden-Württemberg – entschieden. Das Gericht verweigert der Genehmigungsbehörde eine Gestaltungsbefugnis an dem von der Schiedsstelle festgesetzten Pflegesatz, denn irgendeine Korrekturbefugnis der Landesbehörde, einen von der Schiedsstelle vom Standpunkt der Landesbehörde aus gesehen zu niedrigen oder zu hohen Pflegesatz nachzubessern, indem ein von ihr selbst „festgesetzter" vom Genehmigungsantrag abweichender Pflegesatz genehmigt werde, sei dem Gesetzeswortlaut nicht zu entnehmen und werde durch die Entstehungsgeschichte des § 18 KHG bestätigt.[390]

Nicht immer sind die Tatsachengerichte dem Revisionsgericht bei der Verneinung der Gestaltungsmöglichkeit im Rahmen des Genehmigungsverfahrens gefolgt.[391] Das OVG Rheinland-Pfalz weicht in der Entscheidung vom 31. August 1993[392] von dem Urteil des Bundesverwaltungsgerichts ab.[393] Nach Auffassung des Gerichts muss einem betroffenen Krankenhausträger dann das Recht zustehen, seinen Anspruch auf einen selbstkostendeckenden Pflegesatz unmittelbar gerichtlich durchzusetzen, wenn die zuständige Behörde einen Schiedsspruch, der dem Gebot der Selbstkostendeckung nicht gerecht werde, genehmige. Ein entsprechendes Rechtsschutzziel könne mit der Verpflichtungsklage verfolgt werden. Das Bundesverwaltungsgericht[394] hat die Auffassung des OVG Rheinland-Pfalz zurückgewiesen. Eine ins Gewicht fallende Erschwerung der Rechtsverfolgung finde durch den Ausschluss jeder Gestaltungsmöglichkeit im Rahmen der Genehmigungserteilung nicht statt. Genehmige die zuständige Behörde eine mit dem Gesetz nicht in Einklang stehende Schiedsstellenentscheidung und lasse das

---

389 BVerwG NJW 1993, 2391.

390 Vgl. BVerwG NJW 1993, 2391.

391 OVG Rheinland-Pfalz, KRS 1979-1994, 93.008. Rechtlich bedenklich auch: VG Freiburg, Urteil vom 30.11.1995, Az: 9 K 1129/94.

392 OVG Rheinland-Pfalz, KRS 1979-1994, 93.008.

393 Vgl. *Dietz/Bofinger*, Krankenhausfinanzierungsrecht, § 18 KHG, Erl. V.3.

394 BVerwG, KRS II, 95.034.

Gesetz nur eine einzige rechtmäßige Entscheidungsmöglichkeit offen, so könne davon ausgegangen werden, dass die Beteiligten des Pflegesatzverfahrens alsbald nach der gerichtlichen Entscheidung über die Aufhebung der Genehmigung zu der vom Gesetz vorgesehenen Lösung finden.[395]

Der Ausschluss der behördlichen Gestaltungsbefugnis entspricht nicht nur dem Gesetzeswortlaut, sondern auch dem Sinn und Zweck des vom Vereinbarungs- und Verhandlungsgrundsatz geprägten Pflegesatzverfahrens. Seit der Übertragung der Schlichtungskompetenz auf eine unabhängige Schiedsstelle ist die nach der älteren Rechtslage den Pflegesatzbehörden der Länder zugewiesene Festsetzungsbefugnis – und damit das ihnen allein zustehende pflegesatzregelnde Gestaltungsrecht – entfallen. Spätestens seit dem Vorhandensein der Regelung über die Bindungswirkung der Schiedsstelle an die Rechtsauffassung der Genehmigungsbehörde im Falle der Versagung der Genehmigung nach § 20 Abs. 3 BPflV, dürfte der Einwand des Verstoßes gegen das Gebot des effektiven Rechtsschutzes im Sinne von Art. 19 Abs. 4 GG entkräftet sein. Jedenfalls besteht die vom VGH Baden-Württemberg[396] angesprochene Gefahr der fehlenden Beachtlichkeit der Gründe der Versagungsentscheidung bei der Einschränkung der Entscheidungsbefugnis der Genehmigungsbehörde seit Schaffung dieser Regelung nicht mehr.

c.) Nebenbestimmungen

Nach § 20 Abs. 2 Satz 3 BPflV – kann unter den dort näher bestimmten Voraussetzungen – die Genehmigung mit einer Nebenbestimmung verbunden werden. Die Regelung veranlasst dazu, die Reichweite dieser behördlichen Kompetenz im Lichte der Rechtsprechung über den Ausschluss einer Gestaltungsmöglichkeit für die Genehmigungsbehörde zu erörtern. Die Nebenbestimmungen spielen in der Verwaltungspraxis eine wesentliche Rolle und haben vornehmlich den Zweck, rechtliche oder auch tatsächliche Hinder-

---

395 BVerwG, KRS II, 95.034, S. 1, 7.
396 VGH Bad.-Württ., DVBl. 1990, 998.

nisse, die einer uneingeschränkten Genehmigung (noch) entgegenstehen, zu beseitigen.[397] Sie sind ein häufig verwandtes verwaltungsrechtliches Regelungsinstrument für die Fälle, in denen gegen eine uneingeschränkte Genehmigung Bedenken bestehen, aber eine Ablehnung der Genehmigung in der Sache nicht angemessen erscheint.

Die Vorschrift des § 20 Abs. 2 Satz 3 BPflV verdeutlicht im Zusammenhang mit § 36 VwVfG den der Genehmigungsbehörde vorgegebenen Rahmen. Nach § 20 Abs. 2 Satz 3 BPflV kann die Genehmigung mit Nebenbestimmungen verbunden werden, soweit dies erforderlich ist, um rechtliche Hindernisse zu beseitigen, die einer uneingeschränkten Genehmigung entgegenstehen. Die Vorschrift erlaubt eine zusätzliche Regelung zur Genehmigungsentscheidung durch ausdrückliche Rechtsvorschrift nach § 36 Abs. 1, 1. Alt. VwVfG, weil die Genehmigung einen Verwaltungsakt im Rahmen der gebundenen Verwaltung darstellt. Der Regelungsinhalt zur Zulässigkeit von Nebenbestimmungen in § 20 Abs. 2 Satz 3 BPflV deckt sich mit dem des § 36 Abs. 1, 2. Alt. VwVfG.[398] Damit lässt sich der Regelungsgehalt des § 20 Abs. 2 Satz 3 BPflV auch aus dem allgemeinen Verwaltungsrecht herleiten und die pflegesatzrechtliche Regelung wäre insoweit nicht erforderlich gewesen.

Zimmer[399] hat für die Vorgängerregelung über die Nebenbestimmungen in § 18 Abs. 2 Satz 3 BPflV 1986[400] die Auffassung vertreten, die Genehmigungsbehörde sei durch Nebenbestimmungen befugt, den festgesetzten Pflegesatz durch einen Zuschlag „nach oben" zu korrigieren und entsprechend zu genehmigen. Spätestens seit dem Bestehen der höchstrichterlichen Rechtsprechung[401] zum Ausschluss einer abweichenden Genehmigung ist die Auffassung von *Zimmer* nicht mehr haltbar. Die von den Parteien vor-

---

397 Vgl. *Maurer*, Allgemeines Verwaltungsrecht, § 12 Rdnr. 2.
398 „ ... *oder wenn sie* [die Nebenbestimmung] *sicherstellen soll, daß die gesetzlichen Voraussetzungen des Verwaltungsaktes erfüllt werden.*"
399 Vgl. *Zimmer*, KU 1985, 759, 764.
400 Bundespflegesatzverordnung i. d. F. vom 21.08.1985, BGBl. I. S. 1666.
401 Vgl. BVerwG NJW 1993, 2391.

gelegte Pflegesatzvereinbarung oder die von der Schiedsstelle entschiedene Pflegesatzfestsetzung darf die Behörde nicht mehr verändern. Nach der Rechtsprechung des Bundesverwaltungsgerichts[402] stellt die Pflegesatzvereinbarung gewissermaßen eine *„Paketlösung"* dar, die es nicht erlaubt, mehr oder weniger als von den Parteien vereinbart oder von der Schiedsstelle entschieden zu genehmigen. Eine Teilbarkeit der Genehmigungsentscheidung in dem Sinne, dass sich die Genehmigung auf Teile des vereinbarten oder festgesetzten Pflegesatzes erstrecke, sei mit § 18 Abs. 5 Satz 1 KHG nicht vereinbar. Die Erhöhung oder Ermäßigung eines Pflegesatzes durch eine Nebenbestimmung würde eine der Genehmigungsbehörde zustehende Gestaltungsbefugnis an der Pflegesatzregelung voraussetzen, die – wie dargelegt – nicht besteht.[403] Die von *Zimmer* eingeforderte Gestaltungsbefugnis der Landesbehörde kann auch nicht aus § 20 Abs. 2 Satz 3 BPflV entnommen werden. Fraglich ist schon, ob ein Zuschlag zu dem festgesetzten Pflegesatz begrifflich überhaupt eine Nebenbestimmung zum Verwaltungsakt darstellen kann. Zweifel drängen sich auf, weil die Erhöhung des Pflegesatzes durch die Genehmigungsbehörde kaum begriffen werden kann als eine dem Verwaltungsakt beigefügte Nebenbestimmung. Die Regelung über die Höhe des Pflegesatzes betrifft vielmehr den eigentlichen Regelungskern der Genehmigung, müsste also selbst Bestandteil des Verwaltungsaktes sein. Da die Definition der Nebenbestimmungen[404] und die Beantwortung der Frage, ob der Katalog des § 36 Abs. 2 VwVfG abschließend ist[405], bereits Schwierigkeiten bereitet, soll im Folgenden nicht auf begrifflich-formalrechtli-

---

402 Vgl. BVerwG NJW 1993, 2391, 2392.

403 Vgl. auch *Tuschen/Quaas*, Bundespflegesatzverordnung, Erl § 20, S. 379; *Vollmer/ Hoffmann*, Ersk 1986, 191, 196 ff.

404 § 36 Abs. 2 VwVfG legt zwar einzelne Nebenbestimmungen begrifflich fest, aber weder § 36 VwVfG noch eine andere Vorschrift definieren den Oberbegriff der Nebenbestimmung; zu den in der Literatur vorgenommenen Versuchen einer Definition des Oberbegriffs der Nebenbestimmung: vgl. *Ule/Laubinger*, Verwaltungsverfahrensrecht, § 50 Rdnr. 4.

405 Ob die Aufzählung in § 36 Abs. 2 VwVfG abschließend ist oder ob es noch andere Arten von Nebenbestimmungen gibt, ist umstritten; vgl. *Ule/Laubinger*, Verwaltungsverfahrensrecht, § 50 Rdnr. 5.

cher, sondern auf materiell-rechtlicher Ebene erörtert werden, ob der Zuschlag zum Pflegesatz als Nebenbestimmung verstanden werden kann. Bei § 36 Abs. 1 VwVfG ist anerkannt, dass wesentliche Voraus-setzungen des Verwaltungsakts nicht durch eine Nebenbestimmung gesichert werden können.[406] Im Pflegesatzrecht hat die Genehmigungsbehörde die Regelungen über die Pflegesätze von den Parteien oder der Schiedsstelle unverändert zu übernehmen, da diese Kernaussagen den wesentlichen Bestandteil des Verwaltungsaktes bilden. Diese für die Frage der Rechtmäßigkeit der Pflegesätze maßgeblichen Regelungen können nicht in einer Nebenbestimmung erfolgen und dürfen auch nicht durch eine solche abgeändert werden, vielmehr ist die Höhe der Pflegesätze durch den Verwaltungsakt selbst zu regeln. Gelangt die Landesbehörde zu dem Entschluss, die vereinbarten oder festgesetzten Pflegesätze sind nicht genehmigungsfähig, weil sie in rechtswidriger Weise zu hoch oder zu niedrig sind, so hat sie die Genehmigung zwingend zu versagen. Eine Nebenbestimmung zur Genehmigung kann nicht die Rechtmäßigkeit (der zu hohen oder zu niedrigen) Pflegesätze sicherstellen.

Der Sinn des § 20 Abs. 2 Satz 3 BPflV liegt darin, dass die Landesbehörde die Genehmigung erteilen kann, wenn lediglich noch gegen einen oder mehrere untergeordnete Punkte Einwände bestehen.[407] Keinesfalls darf die Landesbehörde die zur Genehmigung beantragten pflegesatzrelevanten Faktoren abändern. In Zweifelsfällen ist durch Auslegung des Genehmigungsantrages unter Hinzuziehung der Pflegesatzvereinbarung oder der Pflegesatzfestsetzung der Kern der Pflegesatzregelung festzustellen. Wenn die Auslegung der Erklärungen der Parteien oder der Schiedsstelle entsprechend § 133 BGB, die Vermutung nahe legt, dass die Vertragsparteien die Genehmigungsfähigkeit durch eine inhaltlich andere Regelung im Verhandlungsweg herstellen könnten, so hat die Genehmigungsbehörde im Zweifel die Ge

---

406 Vgl. *Stelkens*, in: Stelkens/Bonk/Sachs, Verwaltungsverfahrensgesetz, § 36 Rdnr. 71.
407 Vgl. *Vollmer/Hoffmann*, Ersk 1996, 191, 196 f., die als Beispiel eines untergeordneten Punktes, der durch eine Nebenbestimmung geregelt werden kann, die fehlende Regelung über die zeitnahe Zahlung (§ 17 Abs. 1 Satz 3 BPflV) anführen.

nehmigung zu versagen, um damit den Parteien die Gelegenheit einzuräumen, selbst die Genehmigungsfähigkeit herzustellen.

Die gebotene restriktive Auslegung des § 20 Abs. 2 Satz 3 BPflV verdeutlicht, dass die Genehmigungsbehörde nur einzelne noch offene und untergeordnete Voraussetzungen für die Erteilung der Genehmigung durch eine Nebenbestimmung regeln darf.

3. Regelungsgegenstand und Regelungsgehalt

Nach § 18 Abs. 5 Satz 1 KHG werden lediglich die vereinbarten oder festgesetzten Pflegesätze von der Landesbehörde genehmigt. Entsprechend trifft § 20 Abs. 1 BPflV die Bestimmung, dass von den Vertragsparteien die Genehmigung der vereinbarten oder festgesetzten Pflegesätze zu beantragen ist. Die Beschränkung der Genehmigungsfähigkeit und Genehmigungsbedürftigkeit auf die Pflegesätze erscheint zweifelhaft.[408] Auch die Bundespflegesatzverordnung trifft in § 21 hiervon abweichende Regelungen zum Genehmigungsgegenstand. In Absatz 1 Satz 2, Absatz 2 Satz 2 und Absatz 2 Satz 4 dieser Vorschrift wird jeweils nicht von den genehmigten Pflegesätzen gesprochen, sondern von dem genehmigten Budget. Auf Grund der Perplexität der Aussagen des Gesetz- und Verordnungsgebers lässt sich aus dem Wortlaut der Vorschriften keine eindeutige Aussage über den konkreten Regelungsgegenstand der Genehmigung entnehmen.

Die Anordnung der Genehmigungsbedürftigkeit für vereinbarte und festgesetzte Pflegesätze auf Landesebene darf nicht wörtlich verstanden werden. Die Vereinbarungen auf Landesebene nach § 16 Abs. 1 bis 3 BPflV führen nicht direkt zu einem Pflegesatz, sondern geben nur einen Bemessungsfak-

---

408 Nach der Pflegesatzsystematik stellen die tagesgleichen Pflegesätze nur eine „Abschlagszahlung" auf das Budget dar. Das Budget und die Summe der Erlöse aus Fallpauschalen und Sonderentgelten ergeben die Gesamterlöse des Krankenhauses im stationären Bereich.

tor für einen Pflegesatz vor. Bei § 16 Abs. 1 BPflV geht es um die Vereinbarung von Punktwerten, die genehmigungspflichtig sind.[409] Auch bei den weiteren, in § 16 BPflV erwähnten Vereinbarungen auf Landesebene ist der Vereinbarungsgegenstand nicht ein Pflegesatz, sondern lediglich ein Bemessungsfaktor oder Bestandteil eines Pflegesatzes. Nach dem Wortlaut des § 16 Abs. 2 BPflV vereinbaren die Vertragsparteien auf Landesebene über den bundesweiten Entgeltkatalog hinaus landesweit geltende Fallpauschalen und Sonderentgelte. Aber auch hier werden – entgegen dem Wortlaut der Vorschrift – keine Pflegesätze vereinbart, weil sich nach § 16 Abs. 2 Satz 4 BPflV die Punktwerte für diese Entgelte erst aus dem Vertrag nach § 16 Abs. 1 Satz 1 BPflV ergeben. Die Vertragsparteien auf Landesebene sollen nach § 16 Abs. 3 BPflV die Vereinbarung eines landeseinheitlichen pauschalierten Entgelts für Unterkunft und Verpflegung als *„Bestandteil des Basispflegesatzes"* anstreben.

Die Beschränkung des Regelungsgegenstands der Genehmigung auf die Pflegesätze als das *„Endprodukt"*[410] erscheint auch nicht sachgerecht, denn die Vertragsparteien vereinbaren neben den Pflegesätzen eine Vielzahl weiterer Größen, die sowohl für den Krankenhausträger als auch für die Schuldner der Entgelte maßgebliche Bedeutung haben.[411] Das Bundesverwaltungsgericht[412] spricht in diesem Zusammenhang bei den Vereinbarungen und den Schiedsstellenentscheidungen von dem *„Genehmigungssubstrat".* Das Gericht bringt dadurch zum Ausdruck, dass der Genehmigung weit mehr zu Grunde liegt als lediglich die Pflegesätze. Die Entscheidungsgrundlage der Behörde ist die Pflegesatzvereinbarung oder die Pflegesatzfestsetzung. Alle Regelungsgegenstände, die maßgebliche Faktoren für die Bemessung der Pflegesätze bestimmen, werden von der Genehmigung mit umfasst. Der

---

409 Vgl. oben 2.1.C.II.1.

410 *Dietz/Bofinger*, Krankenhausfinanzierungsrecht, § 20 BPflV Erl. 2.3.

411 Neben den Pflegesätzen wird auf Ortsebene beispielsweise vereinbart: Budget, Summe der vorauskalkulierten Erlöse aus Fallpauschalen und Sonderentgelten, Zu- und Abschläge auf Fallpauschalen und Sonderentgelte, verschiedene Ausgleichsbeträge und Regelungen über zeitnahe Zahlungen.

412 Vgl. BVerwG NJW 1993, 2391.

Genehmigungsgegenstand ist auf *„alle Vereinbarungen oder Festsetzungen, die sich auf die Höhe des Pflegesatzes auswirken"*[413], mithin auf alle *„pflegesatzrelevanten Faktoren"*[414] auszuweiten. Derartige Größen sind alle nach § 17 Abs. 1 Satz 1 BPflV vorgesehenen Regelungsgegenstände der Pflegesatzvereinbarung, insbesondere das Budget, die Zu- und Abschläge auf Fallpauschalen und Sonderentgelte, der Erlösausgleich nach § 11 Abs. 8 BPflV[415]. Bei der Regelung dieser Größen geht es nicht nur um ein Internum der Vertragsparteien, sondern diese Faktoren haben – nach der Genehmigung durch die Behörde – auch unmittelbare Bedeutung für die Zahlungspflichtigen des Krankenhauses.[416] Daneben gibt es weitere pflegesatzrelevante Regelungsgegenstände, die von der Genehmigung umfasst werden. Dies wird auch mittelbar durch das Urteil des Bundesverwaltungsgerichts vom 22. Juni 1995[417] verdeutlicht, in dem das Gericht die Rechtmäßigkeit der Genehmigung über den Beginn des Pflegesatzzeitraumes prüft.

Von dem Regelungsgegenstand der Genehmigung, der wie dargelegt nicht nur die Pflegesätze umfasst, ist die Frage nach dem Regelungsgehalt des Verwaltungsaktes zu trennen. Da die pflegesatzrechtliche Entscheidung der Landesbehörde einerseits als Genehmigung einer Maßnahme, die von anderen Entscheidungsträgern getroffen wurde, ausgestaltet ist, aber daneben auch, wie aufgezeigt selbst die nach außen tretende maßgebliche Sachentscheidung im Rahmen eines mehrstufigen Verwaltungsaktes verkörpert, hat die pflegesatzrechtliche Genehmigung eine doppelte Bedeutung. Dies wird deutlich, wenn man die pflegesatzrechtliche Genehmigung mit dem im allgemeinen Verwaltungsrecht bekannten aufsichtsrechtlichen Genehmigungsvorbehalt vergleicht. Wäre die pflegesatzrechtliche Entscheidung der Landesbehörde vom Gesetzgeber als eine aufsichtsrechtliche Genehmigung ausgestaltet worden, so würde sie nur eine Regelung über die Genehmi-

---

413 *Tuschen/Quaas*, Bundespflegesatzverordnung, Erl. § 20 BPflV, S. 378.

414 Vgl. *Dietz/Bofinger*, Krankenhausfinanzierungsrecht, § 20 BPflV Erl. 2.3.

415 Regelungsgegenstand der Genehmigung ist auch der Erlösausgleichsbetrag nach § 12 Abs. 4 BPflV, wenngleich § 17 Abs. 1 BPflV diesen nicht erwähnt.

416 Vgl. *Dietz/Bofinger*, Krankenhausfinanzierungsrecht, § 20 BPflV Erl. 2.3.

417 BVerwG, KRS II, 95.034.

gungsfähigkeit der Pflegesatzvereinbarung oder -festsetzung beinhalten. Maßgeblicher, die Sachentscheidung tragender Akt wäre dann die genehmigte Regelung der Parteien oder der Schiedsstelle. Da aber der Entscheidung der Schiedsstelle selbst nicht die Eigenschaft eines Verwaltungsaktes zukommt, kann nur in der Genehmigung selbst eine verbindliche Entscheidung mit Außenwirkung über die Pflegesätze gesehen werden. Damit muss die pflegesatzrechtliche Genehmigung mit einem doppelten Regelungsgehalt ausgestattet sein: Zum einen als Entscheidung über die Genehmigungsfähigkeit, die ausschließlich an die Vertragsparteien gerichtet ist und zum anderen als maßgebliche, nach außen regelnde Entscheidung über die Pflegesätze und pflegesatzrelevanten Faktoren.

4. Rechtswirkungen der Genehmigung

a.) Bindung der Parteien

Die Genehmigungsentscheidung verleiht den von einer Partei beantragten Pflegesätzen und pflegesatzrelevanten Faktoren die Verbindlichkeit. Die Bundespflegesatzverordnung drückt die Bindungswirkung in § 12 Abs. 7 Satz 1 nur zum Teil aus. Dort ist normiert: *„Die Vertragsparteien sind an das Budget gebunden.".* Gemeint ist hier, dass der Krankenhausträger und die anderen Vertragsparteien die Pflegesätze, das Budget und die weiteren pflegesatzrelevanten Faktoren, so wie diese der Genehmigungsentscheidung zu Grunde gelegt wurden, zu beachten haben. Die Bindungswirkung entfällt nur dann, wenn beim Vorliegen wesentlicher Änderungen der der Vereinbarung zu Grunde gelegten Annahmen auf Verlangen einer Seite das Budget für den laufenden Pflegesatzzeitraum nach § 12 Abs. 7 Satz 2 BPflV neu vereinbart oder festgesetzt wird. Diese Vorschrift stellt sich als Ausnahmeregelung dar und behandelt der Sache nach eine Regelung für den Fall des Wegfalls der

Geschäftsgrundlage.[418] Auch die auf Landesebene genehmigten Vereinbarungs- und Festsetzungsgegenstände sind auf eine Bindungswirkung unter den Vertragsparteien und wie sich aus § 16 Abs. 1 bis 3 BPflV ergibt, auch auf eine Verbindlichkeit gegenüber den Parteien auf Ortsebene gerichtet.[419] Die Bindungswirkung entfällt nach Maßgabe des § 16 Abs. 6 Satz 1 BPflV, wenn – ähnlich dem § 12 Abs. 7 Satz 2 BPflV – Entwicklungen eintreten, die so wesentlich sind, dass einer Vertragspartei (auf Landesebene) das Festhalten an der bisherigen Vereinbarung nicht mehr zugemutet werden kann.

b.) Privatrechtsgestaltender Verwaltungsakt

aa.) Mehrpolige Rechtsbeziehungen

Das Finanzierungsrecht der Krankenhäuser berührt eine Vielzahl von Rechtsbeziehungen. Die pflegesatzrechtliche Genehmigung wirkt zunächst unmittelbar auf die Vertragsebene ein, in der sich die Parteien befinden. Der Krankenhausträger wird verpflichtet, die genehmigten Pflegesätze zu berechnen; die anderen Vertragsparteien müssen diese bezahlen. Betrachtet man demnach das Pflegesatzverfahren unter Einbeziehung der Genehmigungsbehörde und der jeweiligen Vertragsparteien, so kann man sich mehrere rechtliche Dreiecksverhältnisse vorstellen, gebildet zwischen dem Land, dem Krankenhausträger und den einzelnen Sozialleistungsträgern, soweit diese Vertragsparteien nach § 18 Abs. 2 KHG sind. Die hier angesprochenen Rechtsverhältnisse sind dem öffentlichen Recht überantwortet. Es wurde die Auffassung vertreten, wenn eine Partei durch die Genehmigung der Landesbehörde beschwert werde, handle es sich bei der Entscheidung um einen

---

418 Vgl. BVerwG, KRS II, 95.141, S. 1, 7, allerdings für die Vorgängerregelung § 4 Abs. 3 BPflV a. F. (1986)

419 Zu den grundsätzlichen Bedenken gegen die Normsetzungsverträge im Krankenhausbereich: oben 1.2.B.I.3.

Verwaltungsakt mit Doppelwirkung.[420] Hiervon[421] wird gesprochen, wenn ein Verwaltungsakt, der ein subjektives Recht oder einen sonstigen rechtserheblichen Vorteil für eine Person begründet oder bestätigt, gleichzeitig in ein subjektives Recht oder eine sonstige geschützte Position einer anderen Person eingreift oder in Bezug auf ein solches Recht oder eine solche Rechtsposition eine ungünstige Feststellung trifft.[422] Kennzeichnend für diesen Verwaltungsakt ist, dass er ein einheitlicher Verwaltungsakt ist, der zwei oder mehr Betroffene hat, von denen mindestens einer rechtlich begünstigt und mindestens ein anderer rechtlich belastet ist, wobei die Begünstigung des einen die Belastung des anderen bedingt.[423] Es ist zu unterscheiden zwischen den begünstigenden Verwaltungsakten mit belastender Doppelwirkung und den belastenden Verwaltungsakten mit begünstigender Doppelwirkung. Die Charakterisierung der pflegesatzrechtlichen Genehmigung als Verwaltungsakt mit Doppelwirkung erscheint zweifelhaft und jedenfalls für die dogmatische Zuordnung des Verwaltungsaktes wenig hilfreich. Eine Einordnung der Genehmigung nach der Adressateneigenschaft scheidet schon von vornherein aus, weil alle Parteien der jeweiligen Vertragsebene Adressaten dieser Entscheidung sind.[424] Oftmals wird eine Begünstigung auf der einen bei gleichzeitiger Belastung auf der anderen Seite nicht feststellbar sein. Haben die Parteien eine Pflegesatzvereinbarung geschlossen oder beide Seiten die Genehmigung der vereinbarten oder festgesetzten Pflegesätze beantragt, so ist in der Entscheidung der Landesbehörde eine rechtliche Belastung weder für die eine noch für die andere Seite erkennbar. Die Begriffsschöpfung vom Verwaltungsakt mit Doppelwirkung als *„begriffstheoretischer Krücke"*[425] wird

---

420 Vgl. *Kuhla/Voß*, das Krankenhaus 1998, 689, 690.

421 Die Bezeichnung ist nicht einheitlich; der „Verwaltungsakt mit Doppelwirkung" wird teilweise auch als „Verwaltungsakt mit Drittwirkung" bezeichnet; vgl. *Sachs*, in: Stelkens/Bonk/Sachs, Verwaltungsverfahrensgesetz, § 50 Rdnrn. 12 ff.

422 Vgl. *Ule/Laubinger*, Verwaltungsverfahrensrecht, § 64 Rdnr. 1; *Laubinger*, Der Verwaltungsakt mit Doppelwirkung, S. 28 ff.

423 Vgl. *Ule/Laubinger*, Verwaltungsverfahrensrecht, § 64 Rdnr. 1; BVerfGE 69, 315, 370.

424 Zu den Adressaten der pflegesatzrechtlichen Genehmigung: vgl. BVerwGE 100, 231, 233.

425 So *Scholz*, VVDStRL 34 (1976), 145, 157.

im Pflegesatzrecht dem dort vorherrschenden Verhandlungs- und Vereinbarungsgrundsatz nicht gerecht und verstellt auch die Sicht auf die Tatsache, dass sich die Regelungen über die Pflegesätze nicht auf die aufgezeigten Dreiecksbeziehungen beschränken. In das rechtliche Beziehungsgeflecht sind auch die Krankenkassen einzubeziehen, die keine Vertragsparteien sind. Auf der untersten Stufe der Vertragsebene schließlich ist das Behandlungsverhältnis des Krankenhausträgers zum Patienten anzutreffen, das privatrechtlich ausgestaltet ist. Im Folgenden wird zu untersuchen sein, welchen rechtlichen Einfluss die pflegesatzrechtliche Genehmigung auf die angedeuteten mehrpoligen Rechtsbeziehungen, namentlich auf das privatrechtliche Behandlungsverhältnis nimmt.

bb.) Meinungsstand in Literatur und Rechtsprechung

Teilweise wird der pflegesatzrechtlichen Genehmigung in der Literatur eine privatrechtsgestaltende Wirkung zugeschrieben.[426] Auch in der Rechtsprechung wird überwiegend die Auffassung vertreten, die Genehmigung sei ein Verwaltungsakt mit privatrechtsgestaltender Wirkung.[427] Der Bundesgerichtshof wertet dabei den Sachverhalt der nunmehr genehmigten Pflegesätze[428] genauso wie den der nach dem früheren Pflegesatzrecht von der Landesbehörde festgesetzten Pflegesätze[429]. Diese Rechtslage ergibt sich für das Gericht aus der unmittelbaren Wirkung der auf Grund der pflegesatzrechtlichen Vorschriften ermittelten Krankenhauspflegesätze für die Parteien des Krankenhausaufnahmevertrages. Dagegen ist der Auffassung, der Ent-

---

426 Vgl. *Bunte*, JZ 1982, 279, 282 f.; *Dietz/Bofinger*, Krankenhausfinanzierungsrecht, § 20 BPflV Erl. 1.; *P. Stelkens/U. Stelkens*, in: Stelkens/Bonk/Sachs, Verwaltungsverfahrensgesetz, § 35 Rdnr. 140.

427 Vgl. BGHZ 73, 114, 119; 105, 160, 162; OVG Lüneburg NJW 1978, 1211; LG Frankfurt NJW 1978, 597; im Ergebnis auch VGH Bad.-Württ. DVBl. 1990, 997, wenn er davon spricht, dass die Genehmigung *„den Pflegesätzen Allgemeinverbindlichkeit verleiht."*; offengelassen von BVerwG NJW 1980, 660.

428 Vgl. BGHZ 105, 160, 162.

429 Vgl. BGHZ 73, 114, 119.

scheidung der Landesbehörde komme privatrechtsgestaltende Wirkung zu, das LG Frankfurt[430] entgegengetreten. In dem genannten Urteil lehnt es das Gericht auf Grund des bestehenden privatrechtlichen Rechtsverhältnisses zwischen dem Krankenhausträger und dem Patienten ab, *„ein öffentlich-rechtliches Element"* in diese Rechtsbeziehung einzuführen. Durch das Pflegesatzrecht werde nur der Krankenhausträger gebunden und die Krankenhausbenutzer seien auch nicht auf irgendeine Weise an dem Verfahren beteiligt. Folgt man dieser Rechtsprechung, so hätte das öffentlich-rechtlich geprägte Pflegesatzverfahren keine unmittelbare Auswirkung auf das Rechtsverhältnis des Patienten zum Krankenhausträger. Der Anspruch auf das Benutzerentgelt würde sich ausschließlich nach diesem Vertragsverhältnis richten.

cc.) Begriff

Jene Verwaltungsakte, die auf die Gestaltung von privatrechtlichen Beziehungen gerichtet sind, werden überwiegend als privatrechtsgestaltende Verwaltungsakte bezeichnet.[431] Hierzu werden insbesondere die öffentlich-rechtlichen Genehmigungen zu bestimmten Privatrechtsverhältnissen gezählt.[432] Aber auch bei diesen hoheitlichen Mitwirkungsakten, die in der Regel als Paradigma privatrechtsgestaltender Wirkungsweise gelten, ist die Anerkennung des privatrechtsgestaltenden Verwaltungsaktes nicht unbestritten. So differenziert *Schmidt-Preuß*[433] zwischen den Verwaltungsakten mit privat-rechts-

---

430 LG Frankfurt NJW 1985, 686.

431 Vgl. *Erichsen*, in: Erichsen (Hrsg.), Allgemeines Verwaltungsrecht, § 12 Rdnr. 21; *P. Stelkens/U. Stelkens*, in: Stelkens/Bonk/Sachs, Verwaltungsverfahrensgesetz, § 35 Rdnr. 140.

432 Bsp: Genehmigung nach Grundstücksverkehrsgesetz, Zustimmung der Hauptfürsorgestelle zur Kündigung des Arbeitsverhältnisses eines Schwerbehinderten. Vgl. *P. Stelkens/U. Stelkens*, in: Stelkens/Bonk/Sachs, Verwaltungsverfahrensgesetz, § 35 Rdnr. 140 m. w. N.

433 Vgl. *Schmidt-Preuß*, Kollidierende Privatinteressen im Verwaltungsrecht, S. 108 f., 160 f., 372 ff.

gestaltendem Charakter und denjenigen, die lediglich zivilrechtsbezogen sind. Es sei nur dann von einem privatrechtsgestaltenden Verwaltungsakt zu sprechen, wenn der Verwaltungsakt ipso iure die Begründung, Änderung, Übertragung oder Aufhebung einer zivilrechtlichen Position bewirke. Dagegen liege lediglich ein zivilrechtsbezogener Verwaltungsakt vor, wenn der Verwaltungsakt nur öffentlich-rechtliche Wirksamkeitsvoraussetzung für die Ausübung eines zivilrechtlichen Gestaltungsrechts oder für den Abschluss eines zivilrechtlichen Vertrages sei. Diese Definition erscheint als zu restriktiv, denn es kann keine Rolle spielen, ob ein Hoheitsakt alleinige oder eine von mehreren rechtlich notwendigen Bedingungen für die Mit- oder Umgestaltung der Privatrechtslage ist.[434] Der privatrechtsgestaltende Verwaltungsakt kann die Änderung der privaten Rechtslage mitbewirken, indem er Tatbestandsmerkmal einer entsprechenden Norm ist oder er kann die Änderung selbst und unmittelbar auf Grund eigener Regelungswirkung herbeiführen. Neben den privatrechtsgestaltenden Verwaltungsakten gibt es eine Vielzahl von privatrechtsrelevanten Hoheitsakten. *Manssen*[435] hat die Abgrenzung zwischen den privatrechtsgestaltenden und den nicht privatrechtsgestaltenden Akten pointiert so beschrieben: *„Die ‚Grenzbebauung' ist [...] dicht, besondere ‚Abstandsflächen' sieht der Gesetzgeber nicht vor.".*

dd.) Würdigung

Zu prüfen ist, ob die pflegesatzrechtliche Genehmigung das zu zahlende Entgelt als Gegenleistung für die Erbringung allgemeiner Krankenhausleistungen unmittelbar gegenüber den Patienten oder deren Kostenträgern bestimmt. Ausreichend für die Annahme eines privatrechtsgestaltenden Verwaltungsaktes wäre auch, wenn die Genehmigung als staatlicher Mitwirkungsakt den Pflegesatz unmittelbar mitbestimmt. Würde dagegen der Zahlungsanspruch über die Pflegesätze ausschließlich erst durch den privatrechtlichen Krankenhausaufnahmevertrag begründet, so könnte man nicht

---

434 Vgl. *Manssen*, Privatrechtsgestaltung durch Hoheitsakt, S. 37.
435 *Manssen*, Privatrechtsgestaltung durch Hoheitsakt, S. 51.

von einem privatrechtsgestaltenden Verwaltungsakt sprechen. In vergleichbaren Fällen der behördlichen Genehmigung von Beiträgen, Versicherungsprämien oder Benutzungsentgelten wird zum Teil das Vorliegen eines privatrechtsgestaltenden Verwaltungsaktes abgelehnt. So hat das Bundesverwaltungsgericht[436] der behördlichen Genehmigung einer Prämienerhöhung eines privaten Krankenversicherers durch das Bundesaufsichtsamt für das Versicherungswesen den privatrechtsgestaltenden Charakter abgesprochen. Zur Begründung wird in dem Urteil ausgeführt, die Genehmigung gestalte nicht das Rechtsverhältnis des Versicherten zum Versicherungsunternehmen, sondern dem Versicherungsunternehmen werde nur gestattet, nach dem genehmigten Geschäftsplan Geschäfte zu tätigen. Die Genehmigung wirkte sich also nicht unmittelbar auf das privatrechtliche Rechtsverhältnis aus, sondern ermöglichte dem Versicherungsunternehmen lediglich, die privatrechtliche Basis zu verändern. Dagegen soll bei den behördlichen Tarifgenehmigungen aber dann eine unmittelbare Privatrechtsgestaltung anzunehmen sein, wenn der Unternehmer einem Kontrahierungszwang ausgesetzt ist oder eine Abweichung von der Tarifgenehmigung die Nichtigkeit des zivilrechtlichen Vertrages nach § 134 BGB bewirkt.[437]

Der normative Befund im Pflegesatzrecht spricht dafür, eine privatrechtsgestaltende Wirkung der Genehmigung anzunehmen, weil das Pflegesatzverfahren ausschließlich öffentlich-rechtlich angelegt ist und die gesetzlichen Regelungen ein Abweichen von den in diesem Verfahren gefundenen Entgelten nicht gestatten. Die Entgeltformen der Vergütung für allgemeine Krankenhausleistungen werden in § 10 BPflV abschließend bestimmt. Demnach erfolgt die Vergütung durch die pauschalierten Entgelte (Fallpauschalen und Sonderentgelte) sowie die tagesgleichen Pflegesätze. Nach den Regelungen des § 17 Abs. 1 Satz 1 KHG und § 14 Abs. 1 Satz 1 BPflV sind die Pflegesätze einheitlich zu berechnen, ohne Rücksicht darauf, wer zu ihrer Zahlung verpflichtet ist. Auch der Zeitpunkt, zu dem die neu vereinbarten oder festgesetzten Pflegesätze erhoben werden dürfen – und müssen –, ist in § 21 Abs.

---

436 Vgl. BVerwGE 30, 135.
437 Vgl. *Manssen*, Privatrechtsgestaltung durch Hoheitsakt, S. 42 f.

1 BPflV normativ vorgegeben. Das geltende Pflegesatzsystem ist unbeschadet der Selbstverwaltungsrechte der Vertragsparteien von einem staatlich vorgegebenen formalistischen Preisermittlungsverfahren geprägt, das keinen Raum für die freie Vereinbarung der Pflegesätze zwischen dem Krankenhausträger und den einzelnen Patienten lässt. Das Genehmigungsverfahren bezweckt nicht nur eine behördliche Rechtskontrolle über die Höhe der Krankenhauspflegesätze, sondern gewährleistet auch die Einhaltung des Gebots der Einheitlichkeit der Pflegesätze. Die Genehmigung kommt damit in ihrer Funktion der Allgemeinverbindlichkeitserklärung nach § 5 TVG sehr nahe. Beide Maßnahmen bewirken die Erstreckung einer vertraglichen Regelung auf Dritte. Sie sind gleichzeitig auch eine notwendige staatliche Legitimation für die Anordnung der Drittwirkung. Während die Allgemeinverbindlichkeitserklärung im Tarifvertragsrecht nur unter bestimmten Voraussetzungen zulässig ist und nach § 5 Abs. 4 TVG auf die nicht tarifgebundenen Arbeitgeber und Arbeitnehmer abzielt, ist die pflegesatzrechtliche Genehmigung Rechtmäßigkeitsvoraussetzung für jede Inrechnungstellung von Krankenhauspflegesätzen.

Gegen die Annahme eines maßgeblichen Erfordernisses der Einbeziehung der Pflegesätze in eine zivilrechtliche Vereinbarung spricht auch, dass der Krankenhausaufnahmevertrag weder im Krankenhausfinanzierungsgesetz noch in der Bundespflegesatzverordnung Erwähnung findet.[438] Wenn aber der Gesetzgeber zweifellos Wert auf die Einheitlichkeit der Pflegesätze gelegt hat, eine Differenzierung der Entgelthöhe zwischen den Krankenhausbenutzern ausscheiden sollte und er deshalb die Ermittlung und Abrechnung der Krankenhausentgelte detailliert in dirigistischer Weise geregelt hat, so wäre es nicht erklärlich, warum die Höhe der Entgelte allein von einer zivilrechtlichen Absprache abhängig sein sollte.

Weiter spricht für die privatrechtsgestaltende Wirkung der Genehmigung auch die Entstehungsgeschichte des Krankenhausneuordnungsgesetzes im

---

438 Lediglich § 22 Abs. 2 Satz 1 BPflV sieht vor, dass Wahlleistungen vor ihrer Erbringung zu vereinbaren sind.

Jahre 1984.[439] Der Regierungsentwurf[440] zu diesem Gesetz hatte vorgesehen, dass die Pflegesätze *„für alle Benutzer verbindlich"* zwischen dem Krankenhausträger und den Sozialleistungsträgern vereinbart werden. Dieser Passus wurde im Laufe des Gesetzgebungsverfahrens[441] gestrichen und gleichzeitig in § 18 Abs. 5 KHG das Genehmigungserfordernis eingeführt. Der Bericht des Abgeordneten Dr. Becker über die Beratungen des im Rahmen des Gesetzgebungsverfahrens federführenden Bundestagsausschusses Arbeit und Sozialordnung spricht ausdrücklich davon, dass die Pflegesätze mit der Genehmigung der zuständigen Landesbehörde verbindlich werden.[442] Demnach ist der pflegesatzrechtlichen Genehmigung eine privatrechtsgestaltende Wirkung zu bescheinigen. Die Vereinbarung der Pflegesätze ist der freien Vereinbarung der Beteiligten des Krankenhausaufnahmevertrages entzogen.

II. Versagung der Genehmigung

1. Antrag auf Versagung der Genehmigung

a.) Erweiternde Auslegung

Wurde die Genehmigung beantragt, so kann die Behörde diese entweder erteilen oder versagen. Seit dem Urteil des Bundesverwaltungsgerichts vom 21. Januar 1993[443] ist anerkannt, dass nicht nur die Erteilung, sondern auch die Versagung der pflegesatzrechtlichen Genehmigung der gerichtlichen

---

439 Vgl. auch BGHZ 105, 160, 162.
440 Vgl. BT-Drucks. 10/2095, abgedruckt in: Jung, Krankenhausfinanzierungsgesetz, 2. Aufl., S. 81.
441 Vgl. hierzu auch oben 2.1.C.I.4.
442 Vgl. Bericht des Abgeordneten Dr. Becker, abgedruckt in: Jung, Krankenhausfinanzierungsgesetz, 2. Aufl., S. 155 ff.
443 BVerwG NJW 1993, 2391.

Kontrolle unterworfen ist.[444] Ausgehend von dieser Feststellung stellt sich die Frage, ob nicht aus Rechtsschutzgründen auch ein Antragsrecht der Parteien auf Versagung der Genehmigung anzuerkennen ist. So wie der Wortlaut des § 18 Abs. 5 Satz 2 KHG nur die Klage gegen die Genehmigung kennt, so ist in § 20 Abs. 1 BPflV nur der Antrag auf die Genehmigung erwähnt. Auf Grund des Bedürfnisses nach einem effektiven Rechtsschutz der Parteien kann es unter Berücksichtigung der die Entscheidungskompetenz der Genehmigungsbehörde einschränkenden Rechtsprechung geboten sein, auch ein Antragsrecht auf Versagung der Genehmigung anzuerkennen. Wie oben dargelegt,[445] ist es ausgeschlossen, dass diejenige Partei, die mit der Entscheidung der Schiedsstelle nicht einverstanden ist, im Genehmigungsverfahren von der Landesbehörde einen abweichenden Pflegesatz erlangt. Beschränkt man nun das Antragsrecht dieser Partei darauf, lediglich die Genehmigung zu beantragen, so wird deren Interessenlage nicht hinreichend berücksichtigt und es wäre fraglich, ob eine nachfolgende Klage gegen die Genehmigungsentscheidung deshalb unzulässig wäre, weil die Partei von der Behörde die von ihr beantragte Entscheidung erhalten hat.[446] Dabei ist auch zu berücksichtigen, dass der Wortlaut des § 18 Abs. 5 Satz 2 KHG die gerichtliche Klärung von einer Entscheidung der Genehmigungsbehörde abhängig macht und damit eine direkte Anrufung des Verwaltungsgerichtes ausscheidet. In diesen Fällen kann die mit der Schiedsstellenentscheidung unzufriedene Partei auch nicht darauf verwiesen werden, dass eventuell die andere Partei die Genehmigung beantragen werde, denn die Rechtsschutzmöglichkeiten der Parteien dürfen nicht Handlungen der Gegenseite voraussetzen. Die Vorschrift des § 18 Abs. 5 KHG erfordert eine Auslegung, die die verfassungsrechtliche Gewährleistung eines effektiven Rechtsschutzes nach Art. 19 Abs. 4 GG berücksichtigt und die Möglichkeit einer Rechtsblockade durch die andere Seite ausschließt.[447] Es würde dem Verständnis des Genehmigungsverfahrens als einem verwaltungsbehördlichen Rechtskontroll-

---

444 Vgl. zu der Rechtswegeröffnung gegen die Versagungsentscheidung: unten 2.3.B.I.2.
445 Vgl. 2.2.A.I.2.b.).
446 Vgl. hierzu unten 2.3.D.I.1.
447 Vgl. OVG Rheinland-Pfalz, KRS II, 97.019, S. 1, 5.

verfahren widersprechen, wenn die Vertragspartei, die eine bestimmte Sachentscheidung anstrebt, etwas gegenläufiges beantragen müsste zu dem was sie begehrt. Das Gebot des effektiven Rechtsschutzes fordert die Einräumung des Antragsrechts „auf Versagung der Genehmigung",[448] weil das dem gerichtlichen Verfahren vorgelagerte Verwaltungsverfahren nicht so angelegt sein darf, dass der gerichtliche Rechtsschutz unzumutbar erschwert wird.[449]

Das Antragsrecht auf Versagung der Genehmigung hat seine Grenzen in der fehlenden Antragsbefugnis entsprechend § 42 Abs. 2 VwGO und in dem fehlenden Sachentscheidungsinteresse der Partei.[450] Die Genehmigungsbehörde hat in der Sache nur über einen zulässigen Antrag zu entscheiden. Das Antragsrecht einer Partei auf Versagung der Genehmigung scheidet insbesondere dann aus, wenn ihr das Sachentscheidungsinteresse am Verwaltungsverfahren, das dem Rechtsschutzinteresse am Verwaltungsprozess entspricht,[451] fehlt. Dies ist grundsätzlich dann anzunehmen, wenn der Antrag eine Vereinbarung zwischen den Pflegesatzparteien betrifft, an der die antragstellende Partei mitgewirkt hat.[452] Der Antragsteller hat sich hier durch die Beantragung, mit der er die zuvor selbst mitbestimmte Pflegesatzvereinbarung zunichte machen will, widersprüchlich verhalten. Die Antragstellung

---

448 So im Ergebnis auch OVG Rheinland-Pfalz, KRS II, 97.019, S. 1, 5; *Dietz/Bofinger*, Krankenhausfinanzierungsrecht, § 20 BPflV Erl. 6.; *Leber*, das Krankenhaus 1997, 419, 420; *Tuschen/Quaas*, Bundespflegesatzverordnung, Erl. § 20 BPflV, S. 378, offengelassen von OVG Münster, KRS II, 97.038, S. 1, 4.

449 Vgl. *Jarass*, in: Jarass/Pieroth, Grundgesetz, Art. 19 Rdnr. 38; BVerfGE 61, 82, 110; 69, 1, 49.

450 Vgl. *Stelkens/Schmitz*, in: Stelkens/Bonk/Sachs, Verwaltungsverfahrensgesetz, § 22 Rdnr. 63.

451 Vgl. *Ule/Laubinger*, Verwaltungsverfahrensrecht, § 19 Rdnr. 20.

452 Im Hinblick auf die Regelung des § 17 Abs. 1 Satz 4 BPflV, die auf die anwesenden Parteien abstellt, kann fraglich sein, ob die Parteien, die nicht an der Pflegesatzverhandlung teilgenommen haben noch die Versagung der Genehmigung beantragen können, dies ablehnend: *Dietz/Bofinger*, Krankenhausfinanzierungsrecht, § 20 BPflV Erl. 6.

bei der Behörde erscheint auf Grund des eigenen vorangegangenen Verhaltens rechtsmissbräuchlich und ist daher unzulässig.[453]

Es lässt sich damit feststellen, dass sich durch eine gebotene erweiternde Auslegung des § 18 Abs. 5 Satz 1 KHG und § 20 Abs. 1 BPflV ein Antragsrecht der Parteien auf Versagung der Genehmigung begründen lässt.[454] Auf Grund von Erwägungen des allgemeinen Verwaltungsrechts steht das Antragsrecht allerdings derjenigen Partei nicht zu, die sich mit den übrigen Parteien über die Pflegesätze vereinbart hat.

b.) Antrag und Entscheidung

Wird von dem Antragsteller die Versagung der Genehmigung beantragt, so kann, soweit nicht eine andere Vertragspartei die Genehmigung beantragt hat, diese grundsätzlich von der zuständigen Landesbehörde nicht erteilt werden. Hierzu liegt kein Antrag vor. Erachtet die Genehmigungsbehörde die von der Schiedsstelle festgesetzten Pflegesätze für rechtmäßig, so hat sie den Antrag auf Versagung der Genehmigung als unbegründet zurückzuweisen, wenn kein Antrag auf Erteilung der Genehmigung vorliegt.[455] Etwas anderes könnte nur dann gelten, wenn die Auslegung des Antrages ergeben würde, dass er auch auf die Erteilung der Genehmigung gerichtet ist, denn

---

453 Für ein fehlendes Rechtsschutzbedürfnis auf Grund eines rechtsmissbräuchlichen Verhaltens bei dem vergleichbar gelagerten Fall der Erhebung einer Klage: vgl. *Rennert*, in: Eyermann, Verwaltungsgerichtsordnung, vor § 40 Rdnr. 22.

454 Durch die Anerkennung dieses Antragsrechts wird der Rechtsschutz der Parteien wesentlich verbessert und abgesichert. Ein weiteres Problem in diesem Zusammenhang kann sich jedoch dann ergeben, wenn eine Vertragspartei nach der Durchführung des Schiedsstellenverfahrens einen teilweisen Erfolg erzielt hat. So wird ein Krankenhaus auch dann, wenn es den Klageweg beschreiten will, an der Realisierung des Teilerfolgs (höherer Pflegesatz) ein Interesse haben. Es stellt sich damit die Frage, ob das Krankenhaus auch dann, wenn es die Genehmigung wie beantragt erhalten hat, noch klagebefugt ist. Vgl. auch unten 2.3.D.I.1.

455 Vgl. *Dietz/Bofinger*, Krankenhausfinanzierungsrecht, § 20 BPflV Erl. 6.

die Anträge sind entsprechend § 133 BGB bei objektiver Betrachtungsweise aus Sicht der Behörde und eines eventuellen Antragsgegners auszulegen.[456]

Eine andere Auffassung hat hier das VG Neustadt a. d. Weinstraße[457] vertreten, indem es feststellte, ein Genehmigungsbescheid sei nicht aus formalrechtlichen Gründen rechtswidrig, weil er auf Begehren des Krankenhauses hin erging, den Schiedsstellenbeschluss nicht zu genehmigen. Das Gericht begründet seine Auffassung damit, dass andernfalls dem Interesse der Pflegesatzparteien am zügigen Abschluss des Pflegesatzverfahrens und an der Gewährung von effektivem Rechtsschutz nicht hinreichend Rechnung getragen werde. Das Urteil könnte aber nur dann überzeugen, wenn dem Antragsteller durch die Erteilung der – nicht beantragten – Genehmigung ein verwaltungsprozessualer Vorteil erwachsen würde oder das Pflegesatzverfahren beschleunigt würde. Dies trifft aber dann nicht zu, wenn dem Krankenhausträger auch ohne Erteilung der Genehmigung der Verwaltungsrechtsweg offen steht.[458] Kann der Antragsteller auch bei Nichterteilung der beantragten Versagung der Genehmigung den Rechtsweg beschreiten, so spricht weder ein beschleunigter Abschluss des Pflegesatzverfahrens noch die Gewährung eines effektiven Rechtsschutzes für die Erteilung der Genehmigung.

2. Versagungsentscheidung und erneute Anrufung der Schiedsstelle

Bei der Versagungsentscheidung der Genehmigungsbehörde handelt es sich ebenso wie bei der Erteilung der Genehmigung um einen Verwaltungsakt, denn „Regelung" im Sinne von § 35 VwVfG bedeutet nicht nur eine Neuregelung eines Lebenssachverhaltes, sondern betrifft auch die Ablehnung ei-

---

456 Vgl. *Stelkens/Schmitz*, in: Stelkens/Bonk/Sachs, Verwaltungsverfahrensgesetz, § 22 Rdnr. 46.

457 VG Neustadt a. d. Weinstraße, KRS II, 98.003, S. 1, 4.

458 Richtige Klageart wäre hier die Verpflichtungsklage auf Versagung der Genehmigung. Vgl. hierzu 2.3.B.I.3.

nes Antrages sowie sonstige Versagungen.[459] Eine Besonderheit im Zusammenhang mit der Versagung der Genehmigung einer Schiedsstellenentscheidung ist in § 20 Abs. 3 BPflV geregelt. Nach dieser Vorschrift, die über
den Bundesrat in einer Sitzung vom 08. Juli 1994 in die Bundespflegesatzverordnung eingefügt wurde,[460] hat die Schiedsstelle nach Versagung der
Genehmigung eines Schiedsspruches auf Antrag unter Beachtung der
Rechtsauffassung der Genehmigungsbehörde erneut zu entscheiden. Nach
der amtlichen Begründung[461] wurde die Regelung eingeführt, weil die Rechtsprechung des Bundesverwaltungsgerichts vom 21. Januar 1993[462] zu
Rechtsschutzproblemen geführt habe. Der Verordnungsgeber hat damit auf
die offensichtlich gewordenen Rechtsschutzlücken im Krankenhausfinanzierungsrecht reagiert. Bis zur Einfügung des § 20 Abs. 3 BPflV war es ungeklärt, wie der Träger eines Krankenhauses zu einem höheren Pflegesatz gelangen konnte, wenn sich die Schiedsstelle kontinuierlich weigerte, auch
nach Versagung der Genehmigung und erneuter Anrufung höhere Pflegesätze festzusetzen. Weder eine einzelne Vertragspartei noch die Genehmigungsbehörde hatten die Möglichkeit, einen von der Auffassung der
Schiedsstelle abweichenden Pflegesatz zu realisieren. Es war nicht ausgeschlossen, dass die Schiedsstelle ungeachtet der Versagungsentscheidung
über den vorangegangenen Schiedsstellenbeschluss in der Sache nochmals
gleich entschied. Die Regelung des § 20 Abs. 3 BPflV betrifft einen Fall der
normativ angeordneten Feststellungswirkung einer Verwaltungsentscheidung, [463] denn durch die Vorschrift wird die Schiedsstelle an die rechtlichen
Feststellungen der Genehmigungsbehörde in der Versagungsentscheidung
gebunden. So wurde eine Rechtsschutzlücke im Pflegesatzrecht geschlos-

---

459 Vgl. BVerwGE 4, 298, 299; *Wolff/Bachof/Stober*, Verwaltungsrecht I, § 45 Rdnr. 48;
   Happ, in: Eyermann, Verwaltungsgerichtsordnung, § 42 Rdnr. 31; *Laubinger*, in: Festschrift Menger, S. 443, 450.

460 Vgl. *Tuschen/Quaas*, Bundespflegesatzverordnung, Erl. § 20, S. 380.

461 Vgl. BR-Drucks. 381/2/94, S. 10 f.

462 BVerwG NJW 1993, 2391.

463 Zur Feststellungswirkung eines Verwaltungsaktes: vgl. *Maurer*, Allgemeines Verwaltungsrecht, § 11 Rdnr. 9; Seibert, Die Bindungswirkung von Verwaltungsakten, S. 127 ff.

sen und ein „*Pingpongspiel*"[464] zwischen Schiedsstelle und Genehmigungsbehörde verhindert.

Der erneuten Anrufung der Schiedsstelle muss keine nochmalige Pflegesatzverhandlung vorausgehen. Nach Sinn und Zweck des § 18 Abs. 4 Satz 1 KHG und § 20 Abs. 3 BPflV braucht die Sechs-Wochenfrist nicht erneut eingehalten zu werden.[465] Dennoch gewährleistet das weitere Verfahren nicht zwangsläufig eine rasch vollziehbare Regelung über die Pflegesätze. Auch die Bindung der Schiedsstelle nach § 20 Abs. 3 BPflV kann nicht in jedem Fall ein weiteres mehrfaches Befassen der Schiedsstelle und Genehmigungsbehörde verhindern, denn wurde eine erste Rechtsfrage von der Genehmigungsbehörde bindend entschieden, können sich hieraus weitere Rechtsfragen ergeben, die eventuell wiederum von der Schiedsstelle und der Genehmigungsbehörde unterschiedlich beurteilt werden. Um ein unnötiges mehrfaches Befassen von Schiedsstelle und Genehmigungsbehörde zu vermeiden, kann sich die Landesbehörde grundsätzlich auch schon vorausschauend mit allen anstehenden Rechtsfragen auseinandersetzen und so eine weitgehende Bindungswirkung gegenüber der Schiedsstelle erzeugen. Allerdings ist dieses Recht keinesfalls schrankenlos, denn die Genehmigungsbehörde hat bei der Entscheidung über die Versagung der Genehmigung den anzuerkennenden Beurteilungsspielraum der Schiedsstelle zu beachten.[466] Die Einschätzungsprärogative der Schiedsstelle begrenzt die Entscheidungskompetenz der Landesbehörde im Genehmigungsverfahren im Allgemeinen und beschränkt damit auch die Bindungswirkung im Rahmen des § 20 Abs. 3 BPflV im Besonderen.

---

464 *Tuschen/Quaas*, Bundespflegesatzverordnung, Erl. § 20, S. 380; so auch *Mohr*, in: Düsseldorfer Kommentar zur BPflV, Erl. § 20 BPflV 8.
465 So auch: *Tuschen/Quaas*, Bundespflegesatzverordnung, Erl. § 20, S. 380; *Dietz/Bofinger*, Krankenhausfinanzierungsrecht, § 20 BPflV Erl. 13.2.
466 Zum Beurteilungsspielraum der Schiedsstelle: vgl. oben 2.2.A.I.2.a.) bb.).

B. Rechtliche Überprüfung im Rahmen der Aufsicht

Nach § 18 a Abs. 5 KHG ist eine Rechtsaufsicht über die Schiedsstelle durch die zuständige Landesbehörde angeordnet. Es ist im Folgenden darauf einzugehen, welche Befugnisse die Aufsichtsbehörde im Rahmen dieser Vorschrift hat. Eine Abgrenzung erscheint auch im Hinblick auf die Regelung über das Genehmigungsverfahren nach § 18 Abs. 5 Satz 1 KHG angezeigt, nach der die Schiedsstellenentscheidung einer Rechtskontrolle unterliegt.

I. Rechtsaufsicht

Unter Rechtsaufsicht versteht man die staatliche Aufsicht über die Rechtmäßigkeit des Verwaltungshandelns einer beaufsichtigten Verwaltungseinheit.[467] Die Rechtsaufsicht wird typischerweise gegenüber einem Verwaltungsträger angeordnet; sie ist insbesondere im Bereich der so genannten mittelbaren Staatsverwaltung anzutreffen. Von mittelbarer Staatsverwaltung spricht man, wenn der Staat seine Verwaltungsaufgaben nicht selbst, durch eigene Behörden erfüllt, sondern rechtlich selbstständigen Organisationen zur Erledigung überlässt.[468] Bei den Selbstverwaltungsaufgaben ist der Staat grundsätzlich auf eine Rechtsaufsicht beschränkt. Von der Rechtsaufsicht zu trennen ist die Fachaufsicht. Bei dieser Aufsichtsform ist die Aufsichtsbehörde nicht auf eine Rechtmäßigkeitskontrolle begrenzt, sondern sie überprüft die Recht- und Zweckmäßigkeit des Verwaltungshandelns.[469] Die Fachaufsicht ist zum einen innerhalb eines Verwaltungsträgers anzutreffen, bei dem die Tätigkeit nachgeordneter Behörden überwacht wird und zum anderen zwischen dem Staat und den verselbstständigten Verwaltungsträgern, soweit deren Behörden staatliche Aufgaben wahrnehmen.

---

467 Vgl. *Rudolf*, in: Erichsen (Hrsg.), Allgemeines Verwaltungsrecht, § 52 Rdnr. 53.
468 Vgl. *Maurer*, Allgemeines Verwaltungsrecht, § 29 Rdnr. 1.
469 Vgl. *Rudolf*, in: Erichsen (Hrsg.), Allgemeines Verwaltungsrecht, § 52 Rdnm. 48, 52.

II. Regelungsinhalt des § 18 a Abs. 5 KHG

1. Normativer Befund

Das Sozialstaatsprinzip berechtigt und verpflichtet den Bund und die Länder dazu, für ein leistungsfähiges Krankenhauswesen mit für die Benutzer annehmbaren Kosten Sorge zu tragen.[470] Bei der Frage, wie sie diese Aufgabe wahrnehmen, ist ihnen ein breiter Gestaltungsspielraum zuzugestehen. Der Staat hat seiner Verantwortung in diesem Bereich der Daseinsvorsorge dadurch Rechnung getragen, dass er den am Pflegesatzverfahren Beteiligten öffentlich-rechtliche Normen zur Pflegesatzfindung vorgegeben hat und sich im Übrigen auf eine begrenzte Einflussnahmemöglichkeit bei der Pflegesatzgestaltung im Einzelfall beschränkt. Letzteres geschieht durch das Genehmigungserfordernis nach § 18 Abs. 5 Satz 1 KHG und die Anordnung eines Aufsichtsverhältnisses nach § 18 a Abs. 5 KHG. Die Begründung eines Aufsichtsverhältnisses über die Schiedsstelle im Rahmen der Rechtskontrolle wird man, wenn nicht als notwendiges, so doch zumindest als sinnvolles Korrelat der Selbstverwaltung ansehen müssen.[471]

Die Regelung des § 18 a Abs. 5 KHG beschränkt sich darauf, die Rechtsaufsicht durch die zuständige Landesbehörde anzuordnen. Durch die beschränkte Regelungsdichte der Vorschrift werden einige Probleme aufgeworfen. Fraglich ist insbesondere, welche Bereiche des Tätigwerdens der

---

470 Vgl. *Scheuing*, Verfassungsrechtliche Zentralfragen der Krankenhausfinanzierung, S. 12.

471 Teilweise wird die staatliche Kontrolle der Rechtkonformität des Handelns eines Selbstverwaltungsträgers als das „natürliche", oder auch nur als das „sinnvolle Korrelat" der Selbstverwaltung betrachtet; vgl. *Schmidt–Jortzig*, in: Rechtsstaatliche Verwaltung III, S. 25, 27: „*natürliche Korrelat*" der kommunalen Selbstverwaltung; *Schnapp*, in: Schulin (Hrsg.), Handbuch des Sozialversicherungsrechts, Bd. 1, § 52 Rdnr. 2: „*sinnvolles, aber nicht notwendiges Korrelat der Selbstverwaltung*" für die Staatsaufsicht in der Sozialversicherung; BVerfGE 78, 331, 341: „*Die Kommunalaufsicht ist das verfassungsrechtlich gebotene Korrelat der Selbstverwaltung*".

Schiedsstelle die Behörde überprüfen soll. In diesem Zusammenhang ist das Genehmigungserfordernis nach § 18 Abs. 5 Satz 1 KHG zu beachten. Weiter schweigt die Regelung zu den im Einzelnen zulässigen Aufsichtsmitteln. Bei der Auslegung der Vorschrift ist zu beachten, dass der mit der Selbstverwaltung bezweckte Sinn der Dezentralisation verfehlt wäre, wenn durch die Kontrolldichte staatlicher Aufsicht autonome und eigenverantwortliche Entscheidungen erstickt würden.[472]

2. Gesetzesinterpretation

Durch eine Auslegung ist der rechtlich maßgebliche Sinn des § 18 a Abs. 5 KHG zu ermitteln. Die Feststellung der Lückenhaftigkeit der Vorschrift leitet dazu über, neben der Berücksichtigung des Wortlautes der Norm weitere Auslegungsmethoden heranzuziehen. Durch die Berücksichtigung der Gesetzesmaterialien kann lediglich festgestellt werden, dass die Regelung schon im ursprünglichen Entwurf der Bundesregierung vom 10. Oktober 1984[473] enthalten war. Auch die Gesetzesbegündung des Entwurfes führt hier nur aus, die Aufgabe der Landesbehörde sei auf eine Rechtsaufsicht über die Schiedsstelle beschränkt.[474] Weiter ist der Zusammenhang und das Verhältnis der zu interpretierenden Norm zu anderen Bestimmungen des Krankenhausfinanzierungsgesetzes zu bestimmen. Bei der systematischen Auslegung des § 18 a Abs. 5 KHG ist zu berücksichtigen, dass das Gesetz neben der angeordneten Aufsicht eine weitere Rechtskontrollmöglichkeit im Rahmen des Genehmigungsverfahrens nach § 18 Abs. 5 Satz 1 KHG eröffnet hat. Wenn aber die Schiedsstellenbeschlüsse schon einer rechtlichen Überprüfung durch denselben Rechtsträger in dem Genehmigungsverfahren als dem spezielleren Verfahren ausgesetzt sind, so kann § 18 a Abs. 5 KHG

---

472 Vgl. *Merten*, in: Merten (Hrsg.), Die Selbstverwaltung im Krankenversicherungsrecht, S. 25.
473 BT-Drucks. 10/2095, abgedruckt in: Jung, Krankenhausfinanzierungsgesetz, 2. Aufl., S. 81, 88.
474 Vgl. BT-Drucks. 10/2095, abgedruckt in: Jung, Krankenhausfinanzierungsgesetz, 2. Aufl., S. 81, 106.

nur so verstanden werden, dass hiervon die Schiedsstellenentscheidungen nicht betroffen sind. Der Regelungszusammenhang deutet darauf hin, dass sich die Regelung über die Rechtsaufsicht nur auf die Geschäftsführung der Schiedsstelle bezieht. Diese Auffassung wird auch gestützt durch eine teleologische Auslegung unter Berücksichtigung der Regelung über die Anordnung der Aufsicht bei der Landesschiedsstelle nach § 114 SGB V. Dort beschränkt § 114 Abs. 4 SGB V die Aufsicht ausdrücklich auf die Geschäftsführung. Bei dieser Schiedsstelle musste der Gesetzgeber die Beschränkung des Umfangs der Rechtskontrolle ausdrücklich anordnen, dagegen ergibt sich die Eingrenzung bei der Schiedsstelle nach § 18 a Abs. 1 KHG bereits aus der Regelung über das Genehmigungserfordernis zur inhaltlichen Überprüfung der Schiedsstellenentscheidungen. Beschränkt man die Rechtsaufsicht nach § 18 a Abs. 5 KHG auf die Rechtskontrolle über die Geschäftsführung,[475] so erstreckt sich die Prüfungsbefugnis lediglich auf organisationsrechtliche und verfahrensrechtliche Bereiche.

Auch die einzelnen Aufsichtsmittel werden im Krankenhausfinanzierungsgesetz nicht erwähnt. Die üblichen Aufsichtsmittel der Rechtsaufsicht sind das Informationsrecht, das Beanstandungsrecht, das Anordnungsrecht und die Ersatzvornahme. Das kommunale Aufsichtsrecht sieht darüber hinaus in der Regel noch die Bestellung eines Staatsbeauftragten vor. An diese Aufzählung schließt sich die Frage an, ob es der Grundsatz des Vorbehalts des Gesetzes und das rechtsstaatliche Bestimmtheitsgebot erfordern, dass die der Aufsichtsbehörde zustehenden Aufsichtsmittel im Gesetz konkret bezeichnet werden. Teilweise wird die Auffassung vertreten, die Aufsichtsmittel seien auf Grund des Prinzips der Gesetzmäßigkeit der Verwaltung abschließend im Gesetz zu benennen.[476] Nach einer anderen Auffassung[477] stehen der Aufsichtsbehörde, sofern nicht besondere abweichende Vorschriften bestehen,

---

475 So auch *Vollmer/Graeve*, Krankenhausfinanzierungsgesetz, Erl. 318a.60.; *Düring*, Das Schiedswesen in der gesetzlichen Krankenversicherung, S. 78.

476 Vgl. *Schnapp*, in: Schulin (Hrsg.), Handbuch des Sozialversicherungsrechts, Bd. 1, § 52 Rdnr. 76.

477 Vgl. *Huber*, Wirtschaftsverwaltungsrecht, Bd. 1, S. 190.

alle nach gewohnheitsrechtlichem Herkommen entwickelten Aufsichtsmittel auch dann zur Verfügung, wenn dies gesetzlich nicht ausdrücklich ausgesprochen wird. Auch die Rechtsprechung des Bundesverwaltungsgerichts ist bei der Annahme eines Aufsichtsmittels eher großzügig. In seinem Urteil vom 17. März 1992[478] hat es festgestellt, dass die Handwerkskammer als Aufsichtsbehörde über die Handwerksinnung befugt sei, diese zu einer rechtlich gebotenen Satzungsänderung anzuweisen, obwohl die von dem Gericht angeführte Rechtsgrundlage des § 75 HwO keine konkrete Bezeichnung der Aufsichtsmittel enthielt.

Salzwedel fordert zu Recht, dass *„die Aufsichtsbehörden sich grundsätzlich nur innerhalb des Kreises der gesetzlich enumerierten Aufsichtmittel bewegen dürfen".*[479] Hat der Gesetzgeber selbstständige Entscheidungszentren geschaffen und diesen die Wahrnehmung öffentlicher Aufgaben anvertraut, so hat er hierdurch sein Vertrauen in eine gesetzesbeachtende Willensbildung zum Ausdruck gebracht. Will sich der Staat Kontrollmöglichkeiten zugestehen, so hat er dies auf Grund des Prinzips der Gesetzmäßigkeit der Verwaltung gegenüber den Selbstverwaltungsorganen im Einzelnen zum Ausdruck zu bringen. Aus einer lückenhaften gesetzlichen Regelung über die den staatlichen Behörden zustehenden Aufsichtsmittel wird man allerdings nicht schließen können, es bestünden keinerlei aufsichtsrechtliche Eingriffsbefugnisse. Man wird aber in den Fällen, in denen das Gesetz nur ganz allgemein eine Staatsaufsicht anordnet, ohne bestimmte Aufsichtsmittel zu erwähnen, zumindest jene mit einer höheren Eingriffsintensität ausschließen müssen.[480] Im Pflegesatzrecht sind die Aufsichtsmittel sorgsam einzugrenzen, damit aus der Rechtsaufsicht über die Schiedsstelle nicht die Gefahr einer staatlichen Selbstgestaltung der Pflegesätze erwächst. Die Eingriffsbefugnisse der Landesbehörde können nur bis zur dritten Stufe der Eingriffsintensität reichen, also das Informations-, Beanstandungs- und Anordnungs-

---

478 BVerwGE 90, 88.
479 *Salzwedel*, VVDStRL 22 (1965), S. 206, 254 f.
480 Ähnlich *Salzwedel*, VVDStRL 22 (1965), S. 206, 255, der in diesen Fällen *„zumindest staatliche Reglements und staatlichen Selbsteintritt"* ausschließt.

recht einschließen. Die Ersatzvornahme, bei der die Aufsichtsbehörde an Stelle der Schiedsstelle handeln würde, ist mit dem geltenden Pflegesatzrecht, das auf dem Selbstverwaltungsmodell basiert, gänzlich unvereinbar.

Demnach kann die zuständige Landesbehörde im Bereich der Geschäftsführung der Schiedsstelle von dieser Informationen einholen, Beanstandungen aussprechen und als ultima ratio die Schiedsstelle zu einem bestimmten Handeln innerhalb einer angemessenen Frist verpflichten. Bei dieser Anordnung handelt es sich systembedingt um keinen Verwaltungsakt, sondern um eine verwaltungsinterne Anweisung.

3. Abschnitt: Gerichtlicher Rechtsschutz

A. Rechtsweg, Rechtsbehelf und zuständiges Gericht

I. Rechtsweg und Rechtsbehelf

Nach § 18 Abs. 5 Satz 2 KHG ist gegen die Genehmigung der Verwaltungs-rechtsweg gegeben. Da sich der zulässige Rechtsweg zu den Verwaltungs-gerichten auch schon aus der Generalklausel des § 40 VwGO herleiten lässt, hat die Regelung insoweit nur klarstellende Funktion. Die Rechtswegzuwei-sung zu den Sozialgerichten nach § 51 SGG ist nicht einschlägig und die Zuständigkeit der Verwaltungsgerichte für Pflegesatzstreitigkeiten hat eine lange Tradition:[481] Statthafte förmliche Rechtsbehelfe sind die verwaltungs-gerichtlichen Klagen. Auf Grund der Regelung über den Ausschluss des Vor-verfahrens in § 18 Abs. 5 Satz 3, 1. Halbs. KHG ist gegen die Genehmigung der Widerspruch nach § 69 VwGO nicht vorgesehen.

II. Zuständiges Gericht

Sachlich zuständiges Gericht für eine Klage gegen die Genehmigung oder auf Erteilung der Genehmigung von vereinbarten oder festgesetzten Pflege-sätzen ist das Verwaltungsgericht nach § 45 VwGO. Es gibt keine hiervon abweichende Zuständigkeitsregelung nach den §§ 47 f. VwGO, die die sach-liche Zuständigkeit des Oberverwaltungsgerichtes[482] begründen würde. Die örtliche Zuständigkeit des Verwaltungsgerichts ergibt sich aus § 52 Nr. 3 VwGO. Nach Satz 1 der Vorschrift ist bei einer Anfechtungsklage das Ver-

---

481 Vgl. BVerwGE 2, 290; 7, 354.

482 Nach § 184 VwGO kann das Land bestimmen, dass das Oberverwaltungsgericht die bisherige Bezeichnung „Verwaltungsgerichtshof" weiterführt. Von dieser Möglichkeit ha-ben die Länder Baden-Württemberg, Bayern und Hessen Gebrauch gemacht.

waltungsgericht örtlich zuständig, in dessen Bezirk der Verwaltungsakt erlassen wurde. Erlassen wird die Genehmigung dort, wo sie von der zuständigen Landesbehörde herausgegeben wird, unabhängig davon, wo sie dem Adressaten bekannt wird.[483] Für die Bestimmung des örtlich zuständigen Verwaltungsgerichts ist also der Sitz der Genehmigungsbehörde maßgeblich. Entsprechendes gilt nach § 52 Nr. 3 Satz 5 VwGO für die Verpflichtungsklage. Auch für alle sonstigen Klagen gegen die Landesbehörde ist nach § 52 Nr. 5 VwGO das Gericht örtlich zuständig, in dessen Bezirk sie ihren Sitz hat.

B. Klagegegenstand und Klageart

I. Entscheidung der Genehmigungsbehörde als Klagegegenstand

Je nach Entscheidung der Schiedsstelle und Genehmigungsbehörde können verschiedene Interessenlagen der Beteiligten angesprochen sein. Häufig wird eine Vertragspartei mit dem Regelungsinhalt der Genehmigung nicht einverstanden sein, weil sie einen höheren oder niedrigeren Pflegesatz begehrt (hierzu unten 1.). Der gerichtliche Rechtsschutz wird auch in den Fällen gewährt, in denen die Behörde den von einer Vertragspartei zur Genehmigung beantragten – vereinbarten oder festgesetzten – Pflegesätzen die Genehmigung versagt hat (hierzu unten 2.). Weiter sind zwei besondere Fallkonstellationen zu untersuchen, bei denen keine Partei einen Antrag auf Genehmigung gestellt hat (hierzu unten 3.) oder der Kläger zwar die begehrte Versagungsentscheidung erhalten hat, er aber im Hinblick auf die Regelung des § 20 Abs. 3 BPflV eine andere behördliche Begründung hierzu wünscht (hierzu unten 4.).

---

483 Vgl. *P. Schmidt*, in: Eyermann, Verwaltungsgerichtsordnung, § 52 Rdnr. 13.

1. Kläger begehrt von der Genehmigung abweichende Pflegesätze

In dieser Fallgruppe ist der Sachverhalt angesprochen, dass die Parteien keine Einigung erzielen konnten, die Pflegesätze von der Schiedsstelle festgesetzt und von der Landesbehörde auf Antrag genehmigt wurden. Der Kläger will sich gegen die Genehmigung wenden, weil er die festgesetzten Entgelte nicht akzeptiert. Diese Ausgangslage ist aber nicht nur dann angesprochen, wenn der Kläger einen höheren oder niedrigeren Pflegesatz realisieren will, sondern in all den Fällen, in denen er mit dem Regelungsinhalt der Genehmigung, der alle pflegesatzrelevanten Faktoren umfasst,[484] nicht einverstanden ist.

a.) Verpflichtungsklage

Die Verpflichtungsklage nach § 42 Abs. 1 VwGO ist eine besondere Form der Leistungsklage, mit der die Verurteilung einer Behörde zum Erlass eines bestimmten Verwaltungsaktes begehrt wird.[485] Das Klagebegehren wäre hier auf eine andere, von dem Schiedsstellenspruch abweichende Genehmigungsentscheidung, die einen Verwaltungsakt darstellt, gerichtet. Die Verwaltungsgerichte haben eine derartige Klage teilweise für zulässig erachtet.[486] Die Gerichte, die diese Auffassung vertraten, gingen von einer Befugnis der Genehmigungsbehörde aus, *„selbst den Pflegesatz in der rechtmäßigen Höhe abweichend vom Schiedsspruch zu genehmigen"*[487]. Aus ihrer Sicht war die Zulassung der Verpflichtungsklage zur Gewährung eines effektiven Rechtsschutzes im Pflegesatzverfahren erforderlich. Nach Auffassung des VGH Baden-Württemberg[488] stand es dem Gericht nicht nur zu, die Be-

---

484 Zum Regelungsinhalt der Genehmigung: vgl. oben 2.2.A.I.3.

485 Vgl. *Bosch/Schmidt*, Praktische Einführung in das verwaltungsgerichtliche Verfahren, § 22 I.

486 Vgl. VGH Bad.-Württ. DVBl. 1990, 996; OVG Rheinland-Pfalz, KRS, 93.008.

487 VGH Bad.-Württ. DVBl. 1990, 996, 997.

488 Vgl. VGH Bad.-Württ. DVBl. 1990, 996, 999.

hörde zu verpflichten, die begehrte abweichende Genehmigung zu erteilen oder den Kläger unter Beachtung der Rechtsauffassung des Gerichts zu bescheiden, sondern das Gericht habe auch die Befugnis, entsprechend § 113 Abs. 2 VwGO durch Urteil den für rechtmäßig angesehenen Pflegesatz selbst festzulegen. Entgegen dieser Urteile steht der Behörde jedoch nur das Recht zu, die vereinbarten oder festgesetzten Pflegesätze zu genehmigen oder die Genehmigung wegen eines Rechtsverstoßes zu versagen.[489] Die von den Parteien vorgelegte Vereinbarung oder Schiedsstellenentscheidung darf von der Behörde nicht verändert werden.[490] Diese Grenzen der Entscheidungsbefugnisse hat auch das Gericht zu beachten, denn ein Urteil kann die Behörde nicht zu einem ihr rechtlich unmöglichen Verhalten verpflichten. Die Klage mit dem Antrag, die Genehmigungsbehörde zu verpflichten, eine von der Entscheidung der Schiedsstelle abweichende Genehmigung auszusprechen, ist bereits unzulässig.[491] Auch die Zulässigkeit eines auf dem Wege der Verpflichtungsklage gestellten Bescheidungsantrages, mit dem die Behörde verpflichtet werden soll, unter Beachtung der Rechtsauffassung des Gerichts erneut zu entscheiden, ist zu verneinen. Auch dieser Antrag würde – um in der Sache erfolgreich zu sein – eine Gestaltungsbefugnis der Genehmigungsbehörde voraussetzen.[492] Eine Abänderungsbefugnis des Gerichts, wie sie das VGH Baden-Württemberg entsprechend § 113 Abs. 2 VwGO angenommen hat, muss dann erst recht entfallen, denn

---

489 Vgl. BVerwG NJW 1993, 2391; BVerwG, KRS II, 95.034.

490 Vgl. oben 2.2.A.I.2.b.).

491 Vgl. BVerwG, KRS II, 95.034; VG Neustadt a. d. Weinstraße, KRS II, 95.068. Diese Urteile lehnen die Zulässigkeit der Klage auf Grund der fehlenden Klagebefugnis ab; hierzu führt das BVerwG, KRS II, 95.034, S. 1, 6, aus: *„Für eine solche Klage fehlt die nach § 42 Abs. 2 VwGO erforderliche Klagebefugnis, weil der von der Klägerin geltend gemachte Genehmigungsanspruch nach Maßgabe der hier einschlägigen gesetzlichen Regelung offenkundig und eindeutig nicht bestehen kann."*

492 Vgl. VG Neustadt a. d. Weinstraße, KRS II, 95.034, S. 1, 8.

auch dem Gericht ist es verwehrt, in die Gestaltungsbefugnis der Vertragsparteien einzugreifen.[493]

Fraglich könnte weiter sein, ob einer Pflegesatzpartei ein Anspruch auf Verpflichtung gegenüber der Landesbehörde in der Art zugestanden werden
kann, dass diese die Schiedsstelle zu einer bestimmten Pflegesatzfestsetzung anweist. Je nachdem, ob man die begehrte Anweisung an die Schiedsstelle als Verwaltungsakt qualifiziert, wäre die Klage entweder eine Verpflichtungsklage oder eine allgemeine Leistungsklage. Durch die Verpflichtungsklage kann auch ein Anspruch auf Erlass eines an einen Dritten gerichteten
Verwaltungsaktes begehrt werden.[494] Jedoch geht es vorliegend mangels
Außenwirkung der begehrten Maßnahme nicht um den Erlass eines Verwaltungsaktes gegenüber der Schiedsstelle, sondern um eine verwaltungsinterne Anweisung. Richtige Klageart für dieses Begehren wäre demnach die allgemeine Leistungsklage (hierzu unten b.)).

b.) Allgemeine Leistungsklage

Zu prüfen ist, ob der Kläger durch die Erhebung einer allgemeinen Leistungsklage eine Anweisung der Genehmigungsbehörde gegenüber der Schiedsstelle auf eine Festsetzung der Pflegesätze in bestimmter Höhe durchsetzen
kann. Mit der allgemeinen Leistungsklage kann grundsätzlich jede Handlung
begehrt werden, die nicht Verwaltungsakt ist.[495] Der Klageantrag kann auch
auf eine Verurteilung des Beklagten zur Vornahme eines Tuns, Duldens oder
Unterlassens unter Beachtung der Rechtsauffassung des Gerichts gerichtet

---

493 Bei § 113 Abs. 2 VwGO ist schon die Zuordnung der Regelung und die Anwendbarkeit
    auf die Verpflichtungsklage fraglich. Nach *Kopp/Schenke*, Verwaltungsgerichtsordnung,
    § 113 Rdnr. 65, handelt es sich hier um eine sog. *„ergänzte Anfechtungsklage"*, die je-
    doch analog auf die Verpflichtungsklage anwendbar sei.
494 Vgl. *Pietzcker*, in: Schoch/Schmidt-Aßmann/Pietzner, Verwaltungsgerichtsordnung, § 42
    Abs. 1 Rdnr. 98.
495 *Hufen*, Verwaltungsprozeßrecht, § 17 Rdnr. 2.

sein.[496] Allerdings kann das Klagebegehren auf Anweisung der Schiedsstelle keinen Erfolg haben. Es scheitert schon daran, dass die Behörde weder im Rahmen des Genehmigungsverfahrens nach § 18 Abs. 5 Satz 1 KHG noch in ihrer Funktion als Aufsichtsbehörde der Schiedsstelle konkrete Anweisungen bei der Ermittlung des „richtigen" Pflegesatzes erteilen kann. Die Behörde kann nicht von sich aus initiativ werden und der Schiedsstelle einen bestimmten Betrag für die Pflegesätze vorschreiben.[497] Der Begriff „Genehmigung" erlaubt lediglich die Entscheidung der Landesbehörde darüber, ob sie die durch die Beteiligten des Verfahrens bereits getroffene Pflegesatzregelung billigt oder ihr die Zustimmung versagt. Diese Interpretation des normativen Befunds entspricht auch der bereits aufgezeigten Feststellung, wonach die Genehmigungsbehörde auf eine Rechtskontrolle beschränkt ist und hierbei den Gestaltungsspielraum der Vertragsparteien zu achten hat. Auch auf die Anordnung der Rechtsaufsicht nach § 18 a Abs. 5 KHG kann das Klagebegehren nicht gestützt werden,[498] weil sich die Befugnisse der Aufsichtsbehörde zur Rechtskontrolle nach dieser Vorschrift nur auf die Geschäftsführung der Schiedsstelle beziehen, also nicht auf die Sachentscheidung im Einzelfall.[499]

c.) Anfechtungsklage

aa.) Zulässigkeit

Dem Rechtsschutzanliegen des Klägers wird bei der Anfechtungsklage dadurch entsprochen, dass der belastende Verwaltungsakt von dem Gericht durch ein unmittelbar rechtsgestaltendes Urteil aufgehoben wird. Dieser Ansatz entspricht der Regelung des § 18 Abs. 5 Satz 2 KHG, nach der gegen

---

496 Vgl. *Happ*, in: Eyermann, Verwaltungsgerichtsordnung, § 42 Rdnr. 62.
497 Vgl. OVG Münster, KRS II, 97.038, S. 1, 3.
498 Für die Fälle der Untätigkeit der Schiedsstelle: vgl. unten 2.3.G.II.1.
499 Vgl. hierzu oben 2.2.B.II.2.

die Genehmigung der Verwaltungsrechtsweg gegeben ist. Die eingeschränkte Entscheidungskompetenz der Genehmigungsbehörde führt im Pflegesatzrecht zu einer Verschiebung innerhalb der beiden grundsätzlich voneinander getrennten Rechtsschutzbereiche von Anfechtungs- und Verpflichtungsklage. Obwohl es dem Kläger um die Durchsetzung eines Anspruchs auf Erlass eines Verwaltungsaktes – namentlich einer anders lautenden Genehmigung – geht und damit ein typisches Rechtsschutzziel der Verpflichtungsklage angesprochen ist, muss er sich bei der Inanspruchnahme des Verwaltungsgerichts auf eine kassatorische Urteilswirkung beschränken, weil der Landesbehörde das Recht auf eine „gestaltende Genehmigung" nicht zusteht. Die Klage ist nach § 74 Abs. 1 Satz 2 VwGO innerhalb eines Monats nach Bekanntgabe der Genehmigungsentscheidung zu erheben. Voraussetzung für den Lauf der Frist ist, dass der Bescheid dem Betroffenen bekannt gemacht worden ist und ihm eine ordnungsgemäße Rechtsbehelfsbelehrung nach § 58 Abs. 1 VwGO beigegeben wurde.[500] Adressaten des Genehmigungsbescheides über die Pflegesätze eines Krankenhauses sind nur die Parteien der Pflegesatzvereinbarung.[501] Eine unzulässige Verpflichtungsklage auf Erteilung einer von der Schiedsstellenentscheidung abweichenden Genehmigung kann in eine Anfechtungsklage umgedeutet werden, denn das Gericht bewegt sich dabei in dem rechtlichen Rahmen des § 88 VwGO und geht nicht über das Klagebegehren hinaus, sondern dieses schließt die Anfechtungsklage mit ein.[502]

---

500 Vgl. *Bosch/Schmidt*, Praktische Einführung in das verwaltungsgerichtliche Verfahren, § 33 II.2.

501 Vgl. BVerwGE 100, 230, 233.

502 Vgl. BVerwG, KRS II, 95.034, S. 1, 7; VG Neustadt a. d. Weinstraße, KRS II, 95.068, S. 1, 8. Allgemein zur Umdeutung der gewählten Klageart: vgl. *Rennert*, in: Eyermann, Verwaltungsgerichtsordnung, § 88 Rdnr. 10.

bb.) Stattgebendes Urteils und weiteres Vorgehen

(1.) Wirkungen des Urteils

Erweist sich die Klage in der Sache als erfolgreich, weil das Gericht nach § 113 Abs. 1 Satz 1 VwGO festgestellt hat, dass die Genehmigung rechtswidrig ist und dadurch der Kläger in seinen Rechten verletzt wird, so beseitigt das Gericht den Verwaltungsakt mit einem Gestaltungsurteil. Das Urteil erfordert keine Erfüllungshandlung durch die Verwaltung, sondern wirkt unmittelbar rechtsgestaltend.[503] Das Aufhebungsurteil ist jedoch nicht auf diese gestaltende Wirkung beschränkt, sondern trifft auch eine Feststellungswirkung über die Rechtswidrigkeit des Verwaltungsaktes, die es der Behörde verbietet, bei unveränderter Sach- und Rechtslage einen inhaltsgleichen Verwaltungsakt zu erlassen.[504] Zwei weitere Gesichtspunkte sind bei der Aufhebung der Genehmigung von Bedeutung. Die Wirkungen des Urteils treten grundsätzlich ex tunc ein. Die Aufhebung wirkt nur dann nicht auf den Zeitpunkt des Erlasses des Verwaltungsaktes zurück, wenn die Rechtswidrigkeit der Genehmigung erst später eingetreten ist oder der Kläger einen zeitlich begrenzten Antrag gestellt hat.[505] Weiter ist zu berücksichtigen, dass die durch die Kassation bewirkte Änderung der Rechtslage grundsätzlich für und gegen jedermann – „inter omnes" – wirkt.[506] Die Kassation der Genehmigung hat unmittelbare Auswirkungen auf die Abrechnung der Pflegesätze, denn durch die Aufhebung des Verwaltungsaktes ist die Regelung über die neuen, genehmigten Pflegesätze weggefallen. Unmittelbare pflegesatzrechtliche Folge hieraus ist, dass nach § 21 Abs. 1 Satz 3 BPflV bis zu dem Zeitpunkt, zu dem eine neue Regelung bezüglich der Höhe der Entgelte wirksam wird, die bisherigen Pflegesätze wieder abgerechnet werden. Dieses „Wiederaufle-

---

503 Vgl. *Redeker/von Oertzen*, Verwaltungsgerichtsordnung, § 113 Rdnr. 43.

504 Vgl. *Bosch/Schmidt*, Praktische Einführung in das verwaltungsgerichtliche Verfahren, § 18 I.

505 Vgl. *Kopp/Schenke*, Verwaltungsgerichtsordnung, § 113 Rdnr. 5; *J. Schmidt*, in: Eyermann, Verwaltungsgerichtsordnung, § 113 Rdnr. 3.

506 Vgl. *J. Schmidt*, in: Eyermann, Verwaltungsgerichtsordnung, § 113 Rdnr. 3.

ben" des bisherigen Pflegesatzes gilt aber nur dann, wenn der streitbefange-
ne Pflegesatz nicht schon durch Zeitablauf auf Grund der Dauer des gerichtlichen Verfahrens durch einen neuen Pflegesatz eines späteren Pflegesatzzeitraumes ersetzt wurde.[507] Da bis zur endgültigen Entscheidung über die
rechtmäßige Höhe der Pflegesätze oft Jahre vergehen werden, können sich
hieraus für die Vertragsparteien kompliziert zu errechnende Ausgleichsbeträge ergeben, die in einem folgenden Pflegesatzzeitraum zu berücksichtigen
sind. Die Notwendigkeit der Verrechnung von Mehr- oder Mindererlösen, die
entstanden sind durch die Abrechnung von Krankenhausleistungen auf der
Grundlage einer (rechtswidrigen) Genehmigung, die von einem später ergehenden verwaltungsgerichtlichen Urteil aufgehoben wird, ergibt sich mittelbar
aus § 21 Abs. 2 BPflV, der aber diesen Fall nicht ausdrücklich erwähnt. Nach
den Regelungen dieser Vorschrift sind Mehr- oder Mindererlöse auszugleichen, die infolge der Weitererhebung der bisherigen Pflegesätze entstehen.
Entsprechendes muss aber auch dann gelten, wenn auf Grund einer rechtswidrigen Genehmigung, die vom Gericht zwischenzeitlich aufgehoben wurde,
Pflegesätze abgerechnet worden sind, die den letztlich „richtigen" Entgelten
des betreffenden Pflegesatzzeitraumes nicht entsprachen. An die Stelle vieler einzelner Erstattungsansprüche zwischen dem Krankenhausträger und
den Zahlungspflichtigen im Horizontalverhältnis auf unterster Ebene tritt die
Verpflichtung der Pflegesatzparteien, den abweichenden Betrag analog § 21
Abs. 2 Satz 2 BPflV über das nächste Budget auszugleichen.[508] Da wie erwähnt, das geltende Pflegesatzrecht zu dem angesprochenen Sachverhalt
derzeit eine Regelung vermissen lässt, wäre – unbeschadet der hier vertretenen Auffassung der Anwendung von § 21 Abs. 2 Satz 2 BPflV analog –
eine klarstellende Aussage des Gesetz- oder Verordnungsgebers wünschenswert.

---

507 Im Hinblick darauf, dass eine gerichtliche Entscheidung im laufenden Pflegesatzzeitraum nicht zu erwarten ist, wird es regelmäßig zu einem „Wiederaufleben" des bisherigen Pflegesatzes nicht kommen.

508 Ein entsprechendes Problem kann sich bei dem Vollzug einer zu Unrecht erlassenen
einstweiligen Anordnung ergeben, vgl. hierzu unten 2.3.F.II.1.

(2.) Erneute Anrufung der Schiedsstelle

Nachdem das Gericht die Genehmigung aufgehoben hat, fehlt es an einer wirksamen Regelung über die Pflegesätze für den betreffenden Pflegesatzzeitraum. Die Vertragsparteien erhalten nun genauso wie nach der Versagung der Genehmigung durch die Behörde die Gelegenheit, über den neu eingetretenen Zustand nochmals zu verhandeln.[509] Kann auf diesem Wege keine Einigung zwischen den Parteien erzielt werden, so muss die Schiedsstelle erneut angerufen werden. Fraglich kann dann die Anwendbarkeit des § 20 Abs. 3 BPflV sein, in dem eine Sonderregelung für die erneute Anrufung der Schiedsstelle bei ablehnender Entscheidung der Genehmigungsbehörde getroffen wurde.[510] Es stellt sich die Frage, ob die Schiedsstelle bei einer erneuten Befassung an die Aussagen in der gerichtlichen Entscheidung ebenso gebunden ist wie an die Begründung einer Versagungsentscheidung der Genehmigungsbehörde. Soweit man eine unmittelbare Bindung der Schiedsstelle an das Gerichtsurteil ablehnt, müssten die Parteien – um eine Bindungswirkung zu erzielen – auf der Grundlage des Urteils die Versagung der Genehmigung bei der Behörde beantragen. Eine Antragsbefugnis könnte den Parteien nicht abgesprochen werden, da § 20 Abs. 3 BPflV für den Eintritt seiner Rechtsfolgen einen Versagungsbescheid zwingend voraussetzt.

(a.) Rechtskraft

Aus der materiellen Rechtskraft des Urteils über die Aufhebung der Genehmigung könnte sich eine unmittelbare Bindungswirkung der Schiedsstelle bei einer erneuten Anrufung ergeben. Voraussetzung für die materielle Rechtskraft ist zunächst der Eintritt der formellen Rechtskraft. Dies ist der Fall, wenn das Urteil mit ordentlichen Rechtsmitteln nicht mehr anfechtbar ist.[511] Die

---

509 Vgl. BVerwG NJW 1993, 2391, 2392.
510 Vgl. oben 2.2.A.II.2.
511 Vgl. § 173 VwGO i. V. m. § 705 ZPO.

materielle Rechtskraftwirkung[512] ersteckt sich auf die Entscheidung des Gerichts über den Streitgegenstand.[513] Die Bindungswirkung ergibt sich aus der Urteilsformel. Reicht der Tenor allein nicht aus, die Reichweite der Rechtskraft zu bestimmen, müssen weitere Urteilselemente, insbesondere die Entscheidungsgründe – ohne dass diese für sich betrachtet an der Rechtskraft teilnehmen – herangezogen werden.[514] Adressaten der Rechtskraftwirkung sind nach § 121 VwGO lediglich die Beteiligten des gerichtlichen Verfahrens, deren Rechtsnachfolger und im Fall des § 65 Abs. 3 VwGO die Personen, die einen Antrag auf Beiladung nicht oder nicht fristgemäß gestellt haben. Da die Schiedsstelle an dem gerichtlichen Verfahren um die Rechtmäßigkeit der Genehmigungsentscheidung nicht beteiligt ist, erstreckt sich die materielle Rechtskraft nicht auf sie. Etwas anderes könnte sich nur dann ergeben, wenn die Schiedsstelle nach § 65 VwGO als Beigeladene im Verwaltungsprozess aufgetreten wäre.[515] An der fehlenden Bindungswirkung der Schiedsstelle ändert auch die Rechtsprechung des Bundesverwaltungsgerichts zu § 121 VwGO nichts, in der es feststellt, aus dem Rechtsstaatsprinzip folge, dass *„über den Wortlaut des § 121 VwGO hinaus nicht nur die Beteiligten, sondern auch die Gerichte in einem späteren Prozeß der Beteiligten über denselben Gegenstand an das rechtskräftige Urteil gebunden sind"*[516] Die hier angesprochene Bindungswirkung betrifft nicht nur die Gerichte der Verwaltungsgerichtsbarkeit, sondern ist auch von den Gerichten anderer Gerichtszweige zu beachten.[517] Dagegen werden die Schiedsstellen auch von dieser erweiterten Auslegung, die zu einer gerichtlichen, rechtswegübergreifenden Bindung führt, nicht erfasst.

---

512 Zu den Rechtskrafttheorien: vgl. *Rosenberg/Schwab/Gottwald*, Zivilprozeßrecht, § 151 II.

513 Vgl. *Rennert*, in: Eyermann, Verwaltungsgerichtsordnung, § 121 Rdnrn. 19 ff.

514 Vgl. *Redeker/von Oertzen*, Verwaltungsgerichtsordnung, § 121 Rdnr. 8.

515 Zur Frage der Beiladung der Schiedsstelle: vgl. unten 2.3.C.II.3.

516 BVerwG NJW 1996, 737, 738.

517 Vgl. *Clausing*, in: Schoch/Schmidt-Aßmann/Pietzner, Verwaltungsgerichtsordnung, § 121 Rdnr. 29.

(b.) Gestaltungswirkung

Das stattgebende Urteil der Anfechtungsklage ist ein Gestaltungsurteil und ist damit gemäß seiner Bestimmung auf eine Änderung der Rechtslage angelegt. Man kann von einem negativen Gestaltungsurteil sprechen,[518] denn das Urteil schafft nicht im eigentlichen Sinne neues Recht, sondern es führt zurück zu der Rechtslage, wie sie sich ohne den rechtswidrigen Verwaltungsakt darstellt.[519] Es wirkt nicht nur zwischen den Beteiligten des Rechtsstreits, sondern für und gegen jedermann.[520] Daher ist es in allen weiteren Rechtsbeziehungen, auch zwischen und mit Dritten, zu beachten.[521] Die Aufhebung des Genehmigungsbescheids durch das Verwaltungsgericht ist damit – auf Grund der inter-omnes Wirkung des Gestaltungsurteils – auch für die Schiedsstelle ohne weiteres relevant. Dabei ist aber zu bedenken, dass die Reichweite der Gestaltungswirkung nur so weit geht wie eine unmittelbare Rechtsänderung durch das Urteil eingetreten ist. Das Urteil hat die Rechtslage nur insoweit unmittelbar verändert, als die Genehmigung aufgehoben wurde. Die Schiedsstelle wird in ihrer Entscheidung zwar an die Kassation des Verwaltungsaktes, nicht aber an die Entscheidungsgründe des Urteils gebunden. Die Gestaltungswirkung des Urteils führt demnach nur zu einer sehr beschränkten Bindungswirkung der Schiedsstelle, denn sie hindert diese lediglich daran, sich auf die aufgehobene Genehmigung der vorangegangenen Pflegesatzfestsetzung zu berufen, vermag sie aber nicht weiter bei ihrer erneuten Entscheidung in der Sache zu binden.[522]

---

518 So *Ule*, Verwaltungsprozeßrecht, § 54 VI. 1.

519 Vgl. *Clausing*, in: Schoch/Schmidt-Aßmann/Pietzner, Verwaltungsgerichtsordnung, § 121 Rdnr. 37.

520 Vgl. *Thomas-Putzo*, ZPO, Vorbem. § 253 Rdnr. 6; *Rosenberg/Schwab/Gottwald*, Zivilprozeßrecht, § 94 III.1.

521 Vgl. *Clausing*, in: Schoch/Schmidt-Aßmann/Pietzner, Verwaltungsgerichtsordnung, § 121 Rdnr. 37.

522 Die Schiedsstelle wird allein durch die Gestaltungswirkung des Urteils nicht daran gehindert, dieselbe Entscheidung nochmals zu treffen.

(c.) Tatbestandswirkung

Eine Bindungswirkung der Schiedsstelle könnte sich aus der Tatbestandswirkung des verwaltungsgerichtlichen Urteils ergeben. Der Begriff der Tatbestandswirkung einer Entscheidung ist neben dem Prozessrecht auch im Verwaltungsverfahrensrecht anzutreffen, wird aber teilweise uneinheitlich verwendet.[523] Von einer Tatbestandswirkung im Prozessrecht kann man sprechen, wenn die Tatsache, dass ein Urteil ergangen ist, tatbestandliche Voraussetzung einer anderen Rechtsvorschrift darstellt.[524] Die Existenz des Urteils wird also zum Tatbestandsmerkmal eines Rechtssatzes gemacht.[525] Bei einer erneuten Entscheidung unterliegt die Schiedsstelle nach § 20 Abs. 3 BPflV keiner durch Rechtssatz angeordneten Tatbestandswirkung des Urteils. Nach dieser Vorschrift wird die Schiedsstelle bei erneuter Anrufung lediglich an die Rechtsauffassung der Behörde in dem Versagungsbescheid gebunden und nicht an eine gerichtliche Entscheidung.

(d.) Feststellungswirkung

Zu untersuchen ist weiter, ob die Schiedsstelle durch eine Feststellungswirkung des Urteils gebunden werden kann. Eine derartige Wirkung wird dann angenommen, wenn eine gesetzliche Regelung eine inhaltliche Bindung anderer Behörden und Gerichte an die in den Entscheidungsgründen des Urteils getroffenen Feststellungen anordnet.[526] Durch die Feststellungswirkung können die im Urteil getroffenen tatsächlichen Feststellungen oder rechtlichen Würdigungen, die grundsätzlich weder an der Rechtskraft noch an der Gestaltungs- oder Tatbestandswirkung teilnehmen, für Entscheidungen in nachfolgenden Verfahren verbindlich werden. Wegen der mit einer solchen

---

523 Vgl. *Clausing*, in: Schoch/Schmidt-Aßmann/Pietzner, Verwaltungsgerichtsordnung, § 121 Rdnr. 38.

524 Vgl. *Rennert*, in: Eyermann, Verwaltungsgerichtsordnung, § 121 Rdnr. 17.

525 Vgl. *Clausing*, in: Schoch/Schmidt-Aßmann/Pietzner, Verwaltungsgerichtsordnung, § 121 Rdnr. 38.

526 Vgl. *Schenke*, Verwaltungsprozeßrecht, Rdnr. 634.

Bindung einhergehenden Beschränkung der Prüfungs- und Entscheidungskompetenz in einem nachfolgenden Verfahren und der damit tendenziell ver-
bundenen Einschränkung der Rechtsschutzmöglichkeiten, ist für die Feststellungswirkung einer gerichtlichen Entscheidung grundsätzlich eine ausdrückliche Anordnung durch Rechtssatz zu fordern.[527]

Das Pflegesatzrecht enthält keine ausdrückliche Anordnung einer Feststellungswirkung für die Schiedsstelle im Falle der Aufhebung der Genehmigung
durch das Verwaltungsgericht. Es stellt sich damit weiter die Frage, ob eine
Bindungswirkung durch eine Analogie zu § 20 Abs. 3 BPflV begründet werden kann. Die ergänzende Auslegung kann zu einer ausdehnenden Anwendung einer Gesetzesbestimmung auf einen gesetzlich nicht geregelten Fall
führen.[528] Da die gerichtliche Aufhebung der pflegesatzrechtlichen Genehmigung und die Versagung der Genehmigung durch die Behörde für die Vertragsparteien grundsätzlich dieselben Rechtswirkungen entfalten, könnte
eine entsprechende Anwendung von § 20 Abs. 3 BPflV sachgerecht sein.
Durch eine analoge Anwendung würden nicht die Rechte der Genehmigungsbehörde verkürzt, denn sie ist als Beteiligte des gerichtlichen Verfahrens ohnehin Adressat der materiellen Rechtskraft des Urteils nach § 121 Nr.
1 VwGO. Demzufolge könnte sich die Behörde bei der Versagung der Genehmigung lediglich im Rahmen der Feststellungen des Urteils bewegen.
Aus der gerichtlichen Entscheidung selbst ergibt sich kein Erfordernis zur
Versagung der Genehmigung durch die Behörde, denn das Urteil gestaltet
die Rechtsbeziehungen der Beteiligten selbst unmittelbar. Die Erstreckung
der Bindungswirkung des § 20 Abs. 3 BPflV auf kassatorische Gerichtsurteile
verkürzt nicht die Rechtsschutzmöglichkeiten der Parteien in einem anderen
Verfahren, denn die gerichtliche Entscheidung wird nicht zur Behandlung
anderer offener Rechtsfragen herangezogen, sondern beeinflusst nur den

---

527 Vgl. *Clausing*, in: Schoch/Schmidt-Aßmann/Pietzner, Verwaltungsgerichtsordnung,
  § 121 Rdnr. 39. Häufig finden sich gesetzlich angeordnete Feststellungswirkungen, die
  an Strafurteile anknüpfen, vgl. § 4 Abs. 3 StVG, § 118 Abs. 3 BRAO. Ausdrücklich angeordnete Feststellungswirkungen für verwaltungsgerichtliche Urteile sind dagegen nicht
  ersichtlich.
528 *Brox*, Allgemeiner Teil des Bürgerlichen Gesetzbuchs, Rdnr. 65.

Ausgang des Pflegesatzverfahrens, das auch Gegenstand der gerichtlichen Klärung war. Schließlich spricht der Sinn und Zweck des § 20 Abs. 3 BPflV, insbesondere der pflegesatzrechtliche Beschleunigungsgrundsatz für die Zulässigkeit einer unmittelbaren Anrufung des Schiedsstelle bei gleichzeitiger Bindungswirkung an das Urteil. Eine obligatorische Zwischenschaltung der Landesbehörde würde, ohne den Entscheidungsprozess der Schiedsstelle in der Sache zu fördern, das Pflegesatzverfahren weiter verzögern.

Da gewichtige Gründe für die Annahme einer Feststellungswirkung sprechen und die Pflegesatzparteien hierdurch – soweit ersichtlich – keine Nachteile erleiden, ist die Schiedsstelle bei ihrer erneuten Anrufung in entsprechender Anwendung des § 20 Abs. 3 BPflV an die Entscheidungsgründe des Urteils gebunden. Um die hier vertretene Bindungswirkung rechtsstaatlich einwandfrei auszugestalten, sollte der Gesetz- oder Verordnungsgeber diesen Sachverhalt dringend regeln.

d.) Nichtigkeitsfeststellungsklage

In Betracht kommt auch eine Klage auf Feststellung der Nichtigkeit der pflegesatzrechtlichen Genehmigung nach § 43 Abs. 1, 2. Alt. VwGO. Für die Nichtigkeitsfeststellungsklage gilt die Subsidiaritätsklausel nach § 43 Abs. 2 Satz 2 VwGO nicht; das berechtigte Interesse ist durch den Streit um die Nichtigkeit des Verwaltungsaktes indiziert.[529] Der Kläger hat Tatsachen vorzutragen, deren rechtliche Bewertung auf einen Nichtigkeitsgrund nach § 44 VwVfG schließen lässt.

---

529 Vgl. *Happ*, in: Eyermann, Verwaltungsgerichtsordnung, § 43 Rdnr. 38.

2. Kläger begehrt die Genehmigung der vereinbarten oder festgesetzten Pflegesätze

Bei dieser Fallkonstellation haben sich die Parteien über die Pflegesätze vereinbart oder die Schiedsstelle hat sie festgesetzt. Die Genehmigungsbehörde vertritt die Auffassung, die Pflegesatzvereinbarung oder die Pflegesatzfestsetzung sei nicht rechtmäßig und versagt den Pflegesätzen die Genehmigung. Zu untersuchen sind die gerichtlichen Rechtsschutzmöglichkeiten einer Partei, die die Genehmigung begehrt.

a.) Verpflichtungsklage

Die Zulässigkeit der Verpflichtungsklage könnte fraglich sein, weil § 18 Abs. 5 Satz 2 KHG den Verwaltungsrechtsweg ausdrücklich nur *„gegen die Genehmigung"* eröffnet. Die restriktive Auslegung nach dem Wortlaut der Vorschrift wird durch die im Gesetzgebungsverfahren geäußerte Auffassung bestätigt. Nach dem Bericht des federführenden Ausschusses für Arbeit und Sozialordnung[530] sollten *„Klagen nur gegen die Genehmigung der Landesbehörde zulässig"* sein. Jedoch würde die ausschließliche Zulassung des Rechtsschutzes gegen die Genehmigung zu einer unerträglichen Verkürzung der Rechtsschutzmöglichkeiten der Pflegesatzparteien führen. Das Pflegesatzverfahren könnte in nicht unerheblicher Weise verzögert werden und die Beteiligten wären im Rahmen des Vereinbarungs- und Genehmigungsverfahrens zu einem Verhalten gezwungen, das ihre Rechtsschutzmöglichkeiten – auf Grund der Gefährdung ihrer Klagebefugnis im folgenden gerichtlichen Verfahren – in Frage stellen würde. Um einen tauglichen Klagegegenstand herbeizuführen, müssten sie für eine aus Sicht der Genehmigungsbehörde rechtmäßige Pflegesatzregelung Sorge tragen und für diese die Genehmigung beantragen. Die gesetzlichen Regelungen zur gerichtlichen Rechts-

---

530 Beschlussempfehlung und Bericht des Ausschusses für Arbeit und Sozialordnung (11. Ausschuss), BT-Drucks. 10/2565, abgedruckt in: Jung, Krankenhausfinanzierungsgesetz, 2. Aufl., S. 148, 165.

verfolgung würden so einerseits von den Beteiligten ein Verhalten verlangen, das nicht ihren Interessen entspricht und das andererseits die prozessualen Sachurteilsvoraussetzungen einer späteren Klage gleichzeitig wieder gefährden würde. Wollte man die Versagung einer Genehmigung nicht der gerichtlichen Kontrolle unterstellen, so würde man verkennen, dass § 18 Abs. 5 Satz 1 KHG den Vertragsparteien einen Anspruch auf Erteilung der Genehmigung verleiht, wenn die Pflegesätze dem geltenden Recht entsprechen. Es wäre kaum erklärlich, wenn die Pflegesatzparteien, die sich über die Pflegesätze einig sind, auf Grund der Versagung der Genehmigung durch die Behörde, keine Möglichkeit hätten, diese durchzusetzen. Demnach ist aus Rechtsschutzgründen nicht nur die Erteilung, sondern auch die Versagung der Genehmigung der gerichtlichen Kontrolle unterworfen.[531] Die Klage ist nach § 74 Abs. 2 VwGO innerhalb eines Monats nach Bekanntgabe der Versagungsentscheidung zu erheben.

b.) Klage und erneute Anrufung der Schiedsstelle

Es ist naheliegend, dass die eine Seite der Vertragsparteien mit der Versagungsentscheidung der Genehmigungsbehörde nicht einverstanden ist und die andere diese dazu nutzt, die Schiedsstelle erneut anzurufen, um sie an die Rechtsauffassung der Genehmigungsbehörde zu binden und die Pflegesätze in gewünschter Höhe zu erhalten. Möglich ist dann, dass sowohl eine Verpflichtungsklage auf Erteilung der Genehmigung erhoben wird, als auch die Schiedsstelle nochmals – jetzt im Hinblick auf § 20 Abs. 3 BPflV – angerufen wird. Entscheidet die Schiedsstelle auf der Grundlage der Versagungsentscheidung, so ist zu erwarten, dass die Landesbehörde die Genehmigung der im zweiten Anlauf festgesetzten Pflegesätze erteilt. Die Seite, die eine andere von der Genehmigungsbehörde abweichende Rechtsauffassung vertritt, will ihre Rechte im Gerichtsweg geltend machen und muss sich mit der Frage auseinander setzen, ob es genügt, gegen die zweite behördliche Entscheidung – die Genehmigung – Anfechtungsklage zu erheben, oder ob sie

---

531 Vgl. BVerwG NJW 1993, 2391.

schon gegen die Versagungsentscheidung den Rechtsweg beschreiten muss.

Die aufgeworfene Frage beurteilt sich nach der Reichweite der Bindungswirkung der Versagungsentscheidung, also der ersten Entscheidung der Behörde. Angesprochen ist die materielle Bestandskraft, deren Begriff mehrdeutig und deren Umfang in der Literatur umstritten ist. Die materielle Bestandskraft bezeichnet die Bindungswirkung, die von einem formell bestandskräftigen Verwaltungsakt ausgeht.[532] Sie entfaltet ihre Wirkung ähnlich der prozessualen Rechtskraft, wenn die bereits durch die erste Entscheidung, hier durch den Verwaltungsakt geregelte Frage sich als Vorfrage einer anderen, in einem späteren Verfahren zu treffenden Regelung stellt.[533] Auf Grund der materiellen Bestandskraft eines (ersten) Verwaltungsaktes, der präjudizielle Wirkung entfaltet, ist die dort getroffene Regelung grundsätzlich – unabhängig von ihrer Rechtmäßigkeit – für eine zweite Entscheidung zu Grunde zu legen. Im vorliegenden Fall ist die Reichweite der materiellen Bestandskraft der Versagungsentscheidung in Bezug auf eine gerichtliche Überprüfung der Rechtmäßigkeit der später ergehenden Genehmigung einer zweiten Pflegesatzfestsetzung fraglich. Ist das Verwaltungsgericht im Klageverfahren gegen die Genehmigungsentscheidung an die materielle Bestandskraft der vorangegangenen Versagungsentscheidung gebunden, so muss der Kläger – will er sich nicht seiner Rechte begeben – fristgerecht einen Rechtsbehelf gegen die Versagungsentscheidung erheben, um die formelle und damit auch die materielle Bestandskraft dieser Entscheidung zu verhindern. Ein derartiges Abweichungsverbot der Gerichte von einem in Bestandskraft erwachsenen Verwaltungsakt wird zum Teil mit dem Verfassungsprinzip der Gewaltenteilung begründet.[534] Wenn es dem Gericht *„im Falle der Präjudizialität"*[535] dagegen gestattet ist, von den Regelungen eines bestandskräftigen Verwaltungsaktes abzuweichen, so kann der Kläger die

---

532 Vgl. *Schenke*, Verwaltungsprozeßrecht, Rdnr. 615.

533 Vgl. *Sachs*, in: Stelkens/Bonk/Sachs, Verwaltungsverfahrensgesetz, § 43 Rdnr. 44.

534 Vgl. *Erichsen*, in: Erichsen (Hrsg.), Allgemeines Verwaltungsrecht, § 13 Rdnr. 5.

535 *Sachs*, in: Stelkens/Bonk/Sachs, Verwaltungsverfahrensgesetz, § 43 Rdnr. 115.

weitere Entscheidung der Behörde auf Genehmigung des zweiten Schieds-stellenbeschlusses abwarten. Für eine Bindungswirkung der Gerichte spricht neben der Gleichwertigkeit der Exekutive als Staatsfunktion insbesondere das rechtsstaatliche Anliegen der Rechtssicherheit, das die Durchbrechung der Bindung an das Gesetz auch bei den Gerichten allein zu legitimieren vermag.[536] Nach Auffassung des Bundesverfassungsgerichtes[537] gebietet das Erfordernis der Rechtssicherheit, dass *„überall dort, wo Akte mit dem Anspruch rechtlicher Verbindlichkeit gesetzt werden, den Betroffenen mög-lichst schnell Gewißheit über das für sie Verbindliche zuteil werde".* Die Rechtssicherheit verlangt nach einer Bindungswirkung des Gerichts, das sich mit einer Rechtsfrage beschäftigt, der eine bestandskräftige Behördenent-scheidung vorausgegangen ist. So wie das Gericht auch im Übrigen grund-sätzlich gehalten ist, formell bestandskräftige Entscheidungen nicht mehr zu revidieren, so ist es ihm auch verwehrt, frühere, inzwischen in materieller Bestandskraft erwachsene Vorfragen einer gerichtlichen Kontrolle zu unter-ziehen. Die Bindungswirkung der Gerichte an die materielle Bestandskraft eines Verwaltungsaktes wird von den Gerichten jedoch nur mit Einschrän-kungen angenommen. So sieht sich der Bundesgerichtshof durch die Be-standskraft eines Verwaltungsaktes nicht daran gehindert, dessen Rechtmä-ßigkeit in einem Amtshaftungsprozess zu prüfen.[538] Das Bundesverwal-tungsgericht vertritt die Auffassung, dass sich der Gegenstand und die recht-liche Tragweite der Bestandskraft eines Verwaltungsaktes nicht einheitlich für alle Rechtsgebiete und für alle Arten von Verwaltungsakten beurteilen las-sen.[539] Das Gericht hat, allerdings ausdrücklich beschränkt auf den Fall der Ablehnung der Baugenehmigung für eine nachfolgende Abrissverfügung, das Abweichungsverbot für die Gerichte mit Rücksicht auf den effektiven gericht-lichen Grundrechtsschutz des Eigentums nur den Verwaltungsakten zuge-standen, die ihre Bestandskraft nach gerichtlicher Sachprüfung erlangt ha-

---

536 Vgl. *Sachs*, in: Stelkens/Bonk/Sachs, Verwaltungsverfahrensgesetz, § 43 Rdnr. 115.
537 BVerfGE 60, 253, 270.
538 Vgl. BGH NJW 1991, 1168.
539 Vgl. BVerwGE 48, 271, 279.

ben.[540] Dagegen erscheint es nach der Auffassung von *Clausing*[541] zweifel-haft, ob der Hinweis des Gerichtes auf die qualitativen Unterschiede zwischen den gerichtlichen Verfahren einerseits und den Verwaltungsverfahren andererseits sowie die daraus hergeleitete höhere Richtigkeitsgewähr der gerichtlichen Entscheidung es rechtfertigen, dem ebenso wie die Rechtskraft auf Rechtssicherheit und Rechtsgewissheit zielenden Institut der Bestandskraft partiell seine Funktion zu entziehen.

Sprechen demnach gewichtige Argumente dafür, grundsätzlich der Ablehnung eines Genehmigungsantrages mit dem Eintritt ihrer Unanfechtbarkeit das Maß an Rechtsbeständigkeit zuzugestehen, das ein Abweichungsverbot des Verwaltungsgerichts in einem späteren gerichtlichen Verfahren rechtfertigt, so wird diese Auffassung dem geltenden Pflegesatzsystem und dem Verhältnis zwischen Versagungsentscheidung und Genehmigungserteilung nicht gerecht. Nur wenn die Versagung der pflegesatzrechtlichen Genehmigung einen das Verfahren abschließenden Charakter hätte, könnte der Gesichtspunkt der Rechtssicherheit dafür sprechen, dass die ablehnende Entscheidung der Behörde bei einer späteren gerichtlichen Klärung der Rechtmäßigkeit der Genehmigungsentscheidung nicht mehr in Zweifel gezogen werden dürfte. Das geltende Pflegesatzrecht kann in verschiedene Verfahrensabschnitte eingeteilt werden. Das Verfahren beginnt mit den Vertragsverhandlungen und endet mit der behördlichen Genehmigungsentscheidung, die allein der gerichtlichen Kontrolle unterliegt. Der Regelung des § 18 Abs. 5 Satz 2 KHG, die ausdrücklich nur den Rechtsweg gegen die Genehmigung und nicht auch gegen die Pflegesatzfestsetzung eröffnet, kann die Intention entnommen werden, dass eine vorzeitige Befassung der Gerichte und damit einhergehend eine frühe Verrechtlichung des Pflegesatzverfahrens verhin-

---

540 BVerwGE 48, 271, 275 ff.; ablehnend *Merten*, NJW 1983, 1993, 1996.
541 Vgl. *Clausing*, in: Schoch/Schmidt-Aßmann/Pietzner, Verwaltungsgerichtsordnung, § 121 Rdnr. 28. Im Ergebnis wird auch von *Sachs*, in: Stelkens/Bonk/Sachs, Verwaltungsverfahrensgesetz, § 43 Rdnr. 115 ff.; *Merten*, NJW 1983, 1993, 1996; *Berkemann*, DVBl. 1986, 183, 184; *Erichsen*, in: Erichsen (Hrsg.), Allgemeines Verwaltungsrecht § 13 Rdnr. 5, eine Bindungswirkung der Gerichte an Existenz und Inhalt bestandskräftiger Verwaltungsakte angenommen.

dert werden soll. Erst nach dem Vorliegen der genehmigten Pflegesätze kann eine abschließende Sachentscheidung konstatiert werden. Diese Feststellungen schließen allerdings nicht den Rechtsschutz im Falle der Versagung der Genehmigung aus. Sie verhindern aber, dass eine Vertragspartei, die nach erneuter Anrufung der Schiedsstelle die Genehmigungsentscheidung des zweiten Schiedsspruchs abwartet, den Rechtsschutz gegen die Versagung der Genehmigung gleichsam verspielt. Die Versagungsentscheidung der Genehmigungsbehörde versetzt das Verfahren wieder zurück in das Verhandlungs- oder Schiedsstellenstadium, eine abschließende Regelung, die allein Grundlage der Rechtssicherheit sein könnte, liegt damit nicht vor. Demnach können sich die Vertragsparteien auf Grund der Besonderheiten des Pflegesatzverfahrens darauf beschränken, erst gegen die das Verfahren abschließende Genehmigungsentscheidung gerichtlichen Rechtsschutz in Anspruch zu nehmen. Das Gericht ist in seiner Entscheidung nicht an eine vorangegangene bestandskräftige Versagung der Genehmigung gebunden.[542]

3. Fehlender Antrag auf Genehmigung

Sind die Pflegesatzparteien berechtigt, einen Antrag auf Versagung der Genehmigung zu stellen und darf die Behörde diesen nicht zum Anlass nehmen, die Genehmigung zu erteilen,[543] so muss sie den Antrag als unbegründet abweisen, wenn sie der Auffassung ist, die festgesetzten Pflegesätze seien genehmigungsfähig. Diese Fallkonstellation kann eintreten, wenn kein Genehmigungsantrag gestellt wurde, weil die von der Schiedsstelle festge-

---

542 Möglich ist auch, dass eine Partei durch die von der Genehmigungsbehörde in der Versagungsentscheidung dargelegte Rechtsauffassung teilweise begünstigt und teilweise belastet wurde, daraufhin zunächst selbst die Schiedsstelle erneut anruft, um dann später die weiter streitigen Positionen, die die Behörde zum Nachteil der Partei entschieden hat, in einem gerichtlichen Verfahren zu beklagen, in dem es um die Rechtmäßigkeit der Genehmigung der (zweiten) Schiedsstellenentscheidung geht; vgl. hierzu VG Stuttgart, Urteil vom 13.08.1999, Az.: 4 K 5633/97.
543 Vgl. oben 2.2.A.II.1.b.).

setzten Pflegesätze weder den Vorstellungen des Krankenhausträgers noch denen der Krankenkassen entsprechen und eine oder mehrere Parteien die Versagungsentscheidung beantragt haben. Der Antrag der Parteien auf Versagung der Genehmigung ist aus Sicht der Landesbehörde zwar zulässig, aber unbegründet, weil die von der Schiedsstelle festgesetzten Pflegesätze dem geltenden Recht entsprechen. Dieser Vorgang zeigt, dass neben der Genehmigung und der Versagung der Genehmigung eine weitere Entscheidung der Behörde denkbar ist. Da sich die Behörde an der Erteilung der Genehmigung auf Grund formaler Gründe und an der Erteilung der Versagungsentscheidung auf Grund materieller Gründe gehindert sieht, wird sie weder die von einer Partei begehrte noch die von ihr selbst als richtig erkannte Entscheidung treffen können. Wenn den Parteien der Rechtsweg zur Erlangung einer Versagungsentscheidung nicht offen stehen würde, so wäre hiermit der gerichtliche Rechtsschutz blockiert.

Zu prüfen ist die Zulässigkeit einer Verpflichtungsklage auf Erteilung der Versagung der Genehmigung. Typisch für diese Klageart ist, dass der Kläger eine Begünstigung, also eine im Vergleich zur Ausgangslage verbesserte Situation erreichen will.[544] Gemessen an den herkömmlichen verwaltungsrechtlichen Grundsätzen erscheint es ungewöhnlich, in der Versagung einer Genehmigung eine Begünstigung für den Antragsteller zu erblicken. Dennoch kann einer Vertragspartei in dem derzeit anzutreffenden System der Pflegesatzfindung nicht entgegengehalten werden, sie habe kein rechtlich geschütztes Interesse an der Versagungsentscheidung, denn auf Grund der in § 20 Abs. 3 BPflV angeordneten Rechtsfolge ist die begehrte behördliche Entscheidung geeignet, den Rechtskreis des Antragstellers zu erweitern. Die erstrebte Versagung der Genehmigung stellt einen Verwaltungsakt dar, zu dessen Erlass die Behörde im Wege der Verpflichtungsklage verurteilt werden kann. Da die Behörde den begehrten Verwaltungsakt abgelehnt hat, liegt eine so genannte Versagungsgegenklage vor, die innerhalb eines Monats nachdem der Antrag auf Versagung der Genehmigung als unbegründet abgelehnt wurde, zu erheben ist.

---

544 Vgl. *Hufen*, Verwaltungsprozeßrecht, § 15 Rdnr. 5.

Das stattgebende Urteil verpflichtet das beklagte Land oder die beklagte Behörde[545], dem Kläger die beantragte Versagungsentscheidung zu erteilen. Zu berücksichtigen ist, dass die Bindungswirkung der gerichtlichen Entscheidung gegenüber der Genehmigungsbehörde begrenzt wird durch den Gegenstand der materiellen Rechtskraft. Das formell rechtskräftige Urteil erwächst nach § 121 VwGO nicht mit seinen gesamten Bestandteilen in materieller Rechtskraft, sondern nur *„soweit über den Streitgegenstand entschieden worden ist."* Streitgegenstand der Verpflichtungsklage ist die Rechtsbehauptung des Klägers, dass er einen Anspruch auf Verpflichtung der Behörde zum Erlass des begehrten Verwaltungsaktes habe.[546] Der Entscheidungssatz, der allein in Rechtskraft erwächst, ergibt sich bei einem stattgebenden Urteil auf eine Verpflichtungsklage regelmäßig allein aus dem Tenor.[547] Keine Bindungswirkung gegenüber der Genehmigungsbehörde erlangen demnach die Entscheidungsgründe des Urteils, die darüber Aufschluss geben können, warum der Kläger einen Anspruch auf Versagung der Genehmigung hat. Im Folgenden (unten 4.) ist zu untersuchen, ob er nur eine Verpflichtungsklage auf Erteilung der Versagungsentscheidung anstrengen kann oder ob er im Hinblick auf § 20 Abs. 3 BPflV auch die Verpflichtung der Behörde erreichen kann, die Versagungsentscheidung mit einer bestimmten Begründung zu erteilen.

---

545 Zur Frage, ob der richtige Beklagte das Land oder die Genehmigungsbehörde ist: vgl. unten 2.3.C.I.

546 Vgl. *Clausing*, in: Schoch/Schmidt-Aßmann/Pietzner, Verwaltungsgerichtsordnung, § 121 Rdnr. 63.

547 Vgl. *Clausing*, in: Schoch/Schmidt-Aßmann/Pietzner, Verwaltungsgerichtsordnung, § 121 Rdnrn. 50, 52.

4. Kläger begehrt Versagungsentscheidung mit bestimmter Begründung

Nicht immer ist die Pflegesatzpartei, die eine Versagungsentscheidung der Genehmigungsbehörde begehrt, mit dieser, nachdem sie erlassen wurde, auch zufrieden. Die Gründe, die zur Versagung der Genehmigung geführt haben, können sehr unterschiedlich sein; sie sind gleichwohl im Hinblick auf die Regelung des § 20 Abs. 3 BPflV durchaus bedeutsam. Hält etwa der Träger eines Krankenhauses die von der Schiedsstelle festgesetzten Pflegesätze für zu niedrig und beantragt er daher die Versagung der Genehmigung, so wird die Versagungsentscheidung dann nicht seinen Vorstellungen entsprechen, wenn die Behörde in der Begründung Feststellungen getroffen hat, die bei der erneuten Anrufung der Schiedsstelle zu (noch) niedrigeren Pflegesätzen führen müssen. Fraglich ist, ob die Partei durch eine Verpflichtungsklage einen Versagungsbescheid mit einer bestimmten Begründung erstreiten kann. Es ist zunächst die Funktion und der Stellenwert der Begründung eines Verwaltungsaktes im Allgemeinen und anschließend bei der pflegesatzrechtlichen Versagungsentscheidung im Besonderen zu beleuchten.

a.) Begründung eines Verwaltungsaktes

Aus rechtsstaatlichen Gründen hat der Bürger, in dessen Rechte eingegriffen wird, einen Anspruch darauf, die Gründe für das Eingreifen zu erfahren. Die Begründung des Verwaltungsaktes kann neben der Klarstellungs- und Beweisfunktion dazu dienen, die Akzeptanz des Bürgers in das Verwaltungshandeln zu steigern.[548] Trotz dieser wesentlichen Bedeutung, die der behördlichen Begründung eines Verwaltungsaktes zukommen kann, hat sie unter verwaltungsprozessualen Gesichtspunkten einen eher untergeordneten

---

548 Vgl. zu den einzelnen Funktionen der Begründung eines Verwaltungsaktes: *Stelkens*, in: Stelkens/Bonk/Sachs, Verwaltungsverfahrensgesetz, § 39 Rdnr. 6.

Stellenwert. Die zutreffende Ausgangsfrage ist mit *Sachs*[549] dahingehend zu stellen, ob die Rechtmäßigkeit eines Verwaltungsaktes neben der Erfüllung der materiellen gesetzlichen Voraussetzungen und der Einhaltung der Verfahrensvorschriften, einschließlich § 39 VwVfG, zusätzlich noch davon abhängig ist, ob der Verwaltungsakt auch sachlich zutreffend begründet worden ist. Überwiegend wird das so genannte Nachschieben von Gründen als zulässig betrachtet und dem Verwaltungsgericht zugestanden, alle rechtlichen Begründungen und Tatsachen zu berücksichtigen, die die angefochtene behördliche Entscheidung zu rechtfertigen vermögen, auch wenn sie von der Verwaltungsbehörde in dem Bescheid nicht angeführt wurden.[550] Ist die angefochtene Begründung nicht richtig oder unvollständig, dann kann sie auch noch im Rechtsmittelverfahren ausgetauscht, berichtigt oder ergänzt werden, soweit die nachträglich vorgebrachten Gründe schon bei Erlass des Verwaltungsaktes vorlagen, dieser durch sie nicht in seinem Wesen geändert und der Kläger nicht in seiner Rechtsverteidigung beeinträchtigt wird.[551] Nach der Rechtsprechung schadet eine fehlerhafte Begründung bei gebundenen Verwaltungsakten grundsätzlich nicht,[552] denn das Gericht hat stets zu prüfen, ob der Bescheid mit einer anderen Begründung ganz oder teilweise aufrechterhalten werden kann.[553] Demnach kann der Kläger seine Einwendungen gegen einen Verwaltungsakt grundsätzlich nicht ausschließlich auf eine von der Behörde abgegebene unzutreffende Begründung stützen, wenn der Verwaltungsakt im Übrigen rechtmäßig ist. Es fehlt an einer Bindungswirkung des Gerichts an die Begründung der Behörde in rechtlicher[554] und auf Grund des verwaltungsprozessualen Untersuchungsgrundsatzes nach § 86 VwGO auch in tatsächlicher Beziehung.[555] Die *„Ergebnisrichtigkeit"*[556] trotz Rechtsverstoßes kann zur Aufrechterhaltung des Verwaltungsaktes führen, denn

---

549 Vgl. *Sachs*, in: Stelkens/Bonk/Sachs, Verwaltungsverfahrensgesetz, § 45 Rdnr. 46.
550 Vgl. BVerwGE 64, 356, 358.
551 *Wolff/Bachof/Stober*, Verwaltungsrecht I, § 48 Rdnr. 39; a. A. *Schenke* NVwZ 1988, 1.
552 Vgl. BVerwGE 64, 356, 358; 68, 143, 150; 80, 96, 98.
553 Vgl. *J. Schmidt*, in: Eyermann, Verwaltungsgerichtsordnung, § 113 Rdnr. 17.
554 „Jura novit curia"; vgl. auch BVerwGE 10, 202, 204.
555 Vgl. *Sachs*, in: Stelkens/Bonk/Sachs, Verwaltungsverfahrensgesetz, § 45 Rdnr. 48.
556 *Bettermann*, in: Festschrift Menger, S. 709, 713.

seine Regelung steht gegenüber seiner Begründung weit im Vordergrund. Diese Erkenntnis wird durch den sachlichen Umfang der Bestandskraft bestätigt, die nur den Entscheidungsgegenstand umfasst, also die im Verwaltungsakt verbindlich mit Wirkung nach außen getroffene Regelung.[557]

b.) Relevanz der Begründung im nachfolgenden Verfahren

Die untergeordnete Relevanz der von der Verwaltungsbehörde angeführten Begründung im gerichtlichen Verfahren darf nicht zu einer unzumutbaren Verkürzung der Rechtsschutzmöglichkeiten des Klägers führen. Diese Gefährdung besteht dann, wenn Vorschriften eine Rechtsfolge in einem weiteren Verfahren nicht nur an die Regelung des Verwaltungsakts anknüpfen, sondern auch an dessen tatsächliche und rechtliche Feststellungen. Der pflegesatzrechtlichen Versagungsentscheidung kommt auf Grund von § 20 Abs. 3 BPflV eine Feststellungswirkung zu.[558] Eine Pflegesatzpartei, die sich weder bei der Schiedsstelle noch bei der Genehmigungsbehörde mit ihrer Auffassung durchsetzen konnte, hat ohne die Inanspruchnahme der Gerichte keine Möglichkeit, zu den Pflegesätzen in der von ihr begehrten Höhe zu gelangen. Durch eine erneute Anrufung der Schiedsstelle kann sich nach § 20 Abs. 3 BPflV lediglich die Rechtsauffassung der Genehmigungsbehörde durchsetzen, nicht aber diejenige des Klägers. Die Regelung des § 20 Abs. 3 BPflV führt zu einer teilweisen Kompetenzverschiebung im Pflegesatzverfahren, denn die Vorschrift erlaubt der Genehmigungsbehörde im Vorfeld, unmittelbaren Einfluss auf die anstehende Schiedsstellenentscheidung zu nehmen. Die angeordnete Erstreckung der Bindungswirkung auf eine andere Stelle in einem nachfolgenden Verfahren hat aus ihrer Sicht einen die Verantwortlichkeit mindernden, partiellen Entzug der Prüfungs- und Entschließungsfreiheit zur Folge.[559] Damit verbunden ist für die Betroffen eine ten-

---

557 Vgl. *Sachs*, in: Stelkens/Bonk/Sachs, Verwaltungsverfahrensgesetz, § 43 Rdnr. 54.
558 Vgl. oben 2.2.A.II.2.
559 Vgl. *Knöpfle*, BayVBl. 1982, 225, 230.

denzielle Gefährdung der Rechtsschutzmöglichkeiten im nachfolgenden Verfahren.

Die Situation ähnelt der beim Vorliegen eines Bescheidungsurteil nach § 113 Abs. 5 Satz 2 VwGO. Bei einem Bescheidungsurteil wird die Behörde unter Beachtung der Rechtsauffassung des Gerichts dazu verpflichtet, erneut zu entscheiden. In dem anzustellenden Vergleich entspricht das Gericht gedanklich der Genehmigungsbehörde, das Urteil der Versagungsentscheidung und die verpflichtete Behörde der Schiedsstelle. Die Direktiven, die der Verwaltungsbehörde durch das Bescheidungsurteil für das weitere Verfahren vorgegeben sind, sind nicht lediglich Begründung, sondern selbst Teil des auf Eingrenzung der behördlichen Entscheidungsalternativen zielenden Entscheidungssatzes.[560] Die in einem rechtskräftigen Bescheidungsurteil verbindlich zum Ausdruck gebrachte maßgebliche Rechtsauffassung bestimmt dessen Rechtskraftwirkung im Sinne des § 121 VwGO.[561] Die Einbeziehung der Entscheidungsgründe in die Bindungswirkung wird bei dem Bescheidungsurteil auch mit dem Wortlaut des § 113 Abs. 5 Satz 2 VwGO begründet.[562] Dagegen nehmen die nicht entscheidungstragenden Hinweise zur weiteren Sachbehandlung nicht an der Rechtskraft teil und müssen daher von der Behörde nicht befolgt werden.[563] Entscheidend für den Vergleich des Versagungsbescheids mit dem Bescheidungsurteil ist nun, dass sich für die Beteiligten auf Grund der Teilhabe der Entscheidungsgründe an der Rechtskraft des Urteils eine Beschwer ergeben kann, die sie berechtigt, in zulässiger Weise ein Rechtsmittel gegen das Bescheidungsurteil einzulegen.[564] So

---

560 Vgl. *Clausing*, in: Schoch/Schmidt-Aßmann/Pietzner, Verwaltungsgerichtsordnung, § 121 Rdnr. 53.

561 Vgl. BVerwG NJW 1996, 737, 738.

562 So *Redeker/von Oertzen*, Verwaltungsgerichtsordnung, § 121 Rdnr. 8, *Schröder*, in: Festschrift Menger, S. 487, 499 (allerdings noch mit Bezug auf § 113 Abs. 4 Satz 2 VwGO a. F.).

563 Vgl. *Clausing*, in: Schoch/Schmidt-Aßmann/Pietzner, Verwaltungsgerichtsordnung, § 121 Rdnr. 85.

564 Vgl. *Happ*, in: Eyermann, Verwaltungsgerichtsordnung, § 124 Rdnr. 38; hierzu auch BVerwGE 69, 256, 258: *„Gegenüber dem hier angegriffenen Bescheidungsurteil könnte*

wie die Bindungswirkung gegenüber der Verwaltungsbehörde an die – aus Sicht des Rechtsmittelführers – nachteiligen Feststellungen in den Entscheidungsgründen eine Beschwer begründen kann, so kann die Bindung der Schiedsstelle an die Versagungsentscheidung für die Pflegesatzparteien eine Klagemöglichkeit gegen diesen Verwaltungsakt rechtfertigen, wenn sie durch die Entscheidung der Behörde in ihren rechtlich geschützten Interessen betroffen werden.

Die Gewährleistung eines wirkungsvollen Rechtsschutzes erfordert es nach Auffassung des Bundesverfassungsgerichts[565] auch, dass *„der Richter – bezogen auf das als verletzt behauptete Recht – eine hinreichende Prüfungsbefugnis über das Rechtsschutzbegehren hat sowie über eine zureichende Entscheidungsmacht verfügt, um einer erfolgten oder drohenden Rechtsverletzung wirksam abzuhelfen“.* Die Belastung der Vertragsparteien liegt in den hier angesprochenen Fällen nicht in dem Entscheidungssatz der Versagungsentscheidung, sondern in der behördlichen Begründung. Aus Gründen des effektiven Rechtsschutzes darf sich die gerichtliche Kontrolle nicht auf den Entscheidungssatz des Verwaltungsaktes beschränken, sondern muss auch die im Versagungsbescheid niedergelegte Rechtsauffassung der Genehmigungsbehörde umfassen.

c.) Verpflichtungsklage

Der Kläger begehrt zum einen die Aufhebung der Versagungsentscheidung und zum anderen den Erlass einer neuen ablehnenden Entscheidung mit einer – und das ist das Wesentliche – anderen Begründung. Eine gerichtliche „Teilverpflichtung" der Behörde, lediglich auf die Begründung des Verwaltungsaktes bezogen, kommt nicht in Betracht. Zwar verpflichtet § 113 Abs. 5

---

sich eine Beschwer des Rechtsmittelführers freilich auch daraus ergeben, daß die vom Gericht für verbindlich erklärte Rechtsauffassung für ihn ungünstiger ist als seine eigene (...).".
565 BVerfGE 61, 82, 111.

Satz 1 VwGO („*Soweit*") ebenso wie § 113 Abs. 1 Satz 1 VwGO das Gericht dazu, die Teilbarkeit der begehrten Leistung zu untersuchen,[566] doch scheidet eine derartige prozessuale Trennung von Sachregelung und Begründung genauso wie bei der Teilaufhebung eines Verwaltungsaktes aus.[567] Der Antrag der Verpflichtungsklage ist darauf gerichtet, die bestehende Versagungsentscheidung aufzuheben und die Landesbehörde zu verpflichten, der Pflegesatzfestsetzung die Genehmigung mit einer bestimmten Begründung zu versagen.[568] Die Klage ist nach § 74 Abs. 2 VwGO innerhalb eines Monats nach Bekanntgabe der Versagungsentscheidung zu erheben.

Wurde die Entscheidung über die Versagung der Genehmigung von der Behörde unzutreffend begründet und so eine Bindungswirkung der Schiedsstelle zum rechtlichen Nachteil des Klägers herbeigeführt, so hat das Verwaltungsgericht die Behörde zu verpflichten, den beantragten Verwaltungsakt mit der von ihm begehrten Begründung zu erlassen, wenn sich dieser als rechtmäßig erweist. Der hier vertretenen Klagemöglichkeit dürfte allerdings in der Praxis nur geringe Bedeutung zukommen, weil auf Grund des Zeitablaufs bis zur Entscheidung des Verwaltungsgerichts – über die Verpflichtung zur Erteilung eines Verwaltungsaktes mit anderslautender Begründung – in der Regel eine Schiedsstellenentscheidung mit genehmigungsfähigen Pflegesätzen vorliegen wird. Im Übrigen ist bei diesem Verpflichtungsbegehren des Klägers zu beachten, dass auch das gerichtliche Urteil ebenso wie die be-

---

566 Vgl. *Gerhardt*, in: Schoch/Schmidt-Aßmann/Pietzner, Verwaltungsgerichtsordnung, § 113 Rdnr. 65.

567 Vgl. *Gerhardt*, in: Schoch/Schmidt-Aßmann/Pietzner, Verwaltungsgerichtsordnung, § 113 Rdnr. 33; *Pietzcker*, in: Schoch/Schmidt-Aßmann/Pietzner, Verwaltungsgerichtsordnung, § 42 Abs. 1 Rdnr. 14.

568 Beispielhaft der ähnlich gelagerte Sachverhalt, der dem Urteil des VG Stuttgart vom 13.08.1999, Az.: 4 K 5633/97 zu Grunde lag; dort hat die Klägerin beantragt, „ *... den Beklagten zu verpflichten, der Schiedsstellenfestsetzung ... die Genehmigung mit der Begründung zu versagen, dass bei der Festsetzung des Budgets 1996 auch die Instandhaltungskosten aus den Jahren 1991 bis 1993 zu berücksichtigen sind und dass eine Bereinigung des festen Budgets 1995 um die abweichende Veränderungsrate des Jahres 1995 nicht vorzunehmen ist*". Allerdings hat das Gericht diesen Verpflichtungsantrag zu Unrecht als unstatthaft abgelehnt.

hördliche Versagungsentscheidung den Beurteilungsspielraum der Schieds-stelle zu achten hat.[569] Demnach sind auch von dieser Seite der prozessua-len Durchsetzung der Verpflichtung auf Erlass einer Versagungsentschei-dung mit bestimmter Begründung Grenzen gesetzt.

II. Schiedsstellenentscheidung als Klagegegenstand

Das Streben in Literatur und Rechtsprechung nach der Gewährleistung eines effektiven Rechtsschutzes im Pflegesatzverfahren hat verschiedene Diskus-sionsansätze ausgelöst. Teilweise wurde gefordert, die Behörde müsse die Pflegesätze abweichend von der Festsetzung der Schiedsstelle genehmigen dürfen. Dies ist mit der Rechtsprechung des Bundesverwaltungsgerichts ab-zulehnen, weil eine Abänderungskompetenz mit dem Gesetzeswortlaut nicht vereinbar ist und sie auch die Schlichtungskompetenz der Schiedsstelle in Frage stellen würde.[570] Der andere Ansatz mit der Intention der Absicherung eines effektiven Rechtsschutzes geht dahin, den gerichtlichen Rechtsschutz unmittelbar gegen die Pflegesatzfestsetzung der Schiedsstelle zuzulassen. Dagegen könnte die Feststellung sprechen, dass es sich bei der Entschei-dung der Schiedsstelle lediglich um einen internen Mitwirkungsakt im Rah-men eines so genannten mehrstufigen Verwaltungsaktes handelt.[571] Zu un-tersuchen ist, ob auf Grund dieses Tatbestandes eine unmittelbare Anfech-tung des Schiedsstellenbeschlusses durch § 44 a VwGO[572] ausgeschlossen

---

569 Zur Begrenzung der Bindungswirkung des § 20 Abs. 3 BPflV wegen der Einschätzungs-prärogative der Schiedsstelle: vgl. oben 2.2.A.II.2.

570 Vgl. oben 2.2.A.I.2.b.).

571 Vgl. oben 2.1.C.

572 Bis zur Entscheidung des Bundesverwaltungsgerichtes vom 10.02.1999 (NJW 1999, 1729) war umstritten, ob § 44 a VwGO durch das 2. VwVfÄndG vom 06.08.1999 (BGBl. I. S. 2022) „ungewollt" aufgehoben wurde. Hintergrund ist, dass das Gesetz § 97 VwVfG gestrichen hat, durch den § 44 a VwGO seinerzeit in die VwGO eingefügt wurde. In dem Urteil hat das Gericht festgestellt, die Vorschrift sei durch das Gesetz nicht aufgehoben worden, weil das Gesetz nicht auf eine materielle Änderung der Rechtslage ziele, son-dern auf eine Bereinigung des Verwaltungsverfahrensgesetzes gerichtet sei; vgl. hierzu *Tiedemann*, NJW 1998, 3475; *Roth*, NVwZ 1999, 155.

ist[573] und dies mit dem verfassungsrechtlich geschützten Gebot eines effektiven Rechtsschutzes vereinbar ist.

1. Eingeschränkter Rechtsschutz auf Grund § 44 a VwGO

Nach § 44 a Satz 1 VwGO können Rechtsbehelfe gegen behördliche Verfahrenshandlungen nur gleichzeitig[574] mit den gegen die Sachentscheidung zulässigen Rechtsbehelfen geltend gemacht werden. Die Vorschrift, die im Zusammenhang mit dem Verwaltungsverfahrensgesetz mit Wirkung zum 01. Januar 1997 eingefügt wurde, unterstreicht die Maßgeblichkeit des Entscheidungsergebnisses und nicht des Entscheidungsprozesses. Es soll ein isolierter Rechtsstreit über Verfahrensfehler vor dem Ergehen der eigentlichen Sachentscheidung dadurch verhindert werden, dass dem Betroffenen zugemutet wird, den Abschluss des Verwaltungsverfahrens abzuwarten und erst gegen das Verfahrensergebnis gerichtlichen Rechtsschutz in Anspruch zu nehmen. Der Ausschluss gesonderter Rechtsbehelfe gegen unselbstständige Verfahrenshandlungen dient vor allem der Verfahrensökonomie, weil hierdurch verhindert werden soll, dass der Abschluss von Verwaltungsverfahren verzögert oder erschwert wird oder die Gerichte mit Steitfällen befasst werden, obwohl das Verfahren noch gar nicht abgeschlossen ist und demnach auch noch nicht feststeht, ob der Betroffene durch das Ergebnis des Verfah-

---

573 Es ist zumindest fraglich, ob es auch ohne die Heranziehung von § 44 a VwGO einen allgemeinen Grundsatz der Prozessökonomie gibt, wonach der Betroffene das Verfahrensergebnis (in der Regel ein Verwaltungsakt) abzuwarten hat und erst hiergegen gerichtlichen Rechtsschutz in Anspruch nehmen kann. Vgl. hierzu *Stelkens/Kallerhoff*, in: Stelkens/Bonk/Sachs, Verwaltungsverfahrensgesetz, § 97 Rdnr. 6; OVG Bremen, NJW 1976, 770 für die Rechtslage vor Schaffung des § 44 a VwGO.

574 Das nach dem Wortlaut gegebene Erfordernis einer „gleichzeitigen" Geltendmachung eines Rechtsbehelfs ist irreführend. Es bedarf nicht der Anhängigmachung von zwei Rechtsbehelfen bei Gericht, sondern es ist gemeint, dass die Behauptung, durch die Verfahrenshandlung in eigenen Rechten verletzt zu sein, im Rahmen der gerichtlichen Überprüfung der Sachentscheidung erhoben werden muss und eine vorherige Überprüfung ausgeschlossen ist. Vgl. *Geiger*, in: Eyermann, Verwaltungsgerichtsordnung, § 44 a Rdnr. 11.

rens in der Sache beschwert werden kann.[575] Eine Verfahrenshandlung im Sinne der Vorschrift ist jede behördliche Maßnahme, die Teil eines konkreten Verwaltungsverfahrens ist, ohne selbst dessen Sachentscheidung zu sein; sie hat vielmehr einen die Sachentscheidung lediglich vorbereitenden Charakter.[576] Ohne Bedeutung ist dabei, ob die Verfahrenshandlung rechtlich als Verwaltungsakt zu qualifizieren ist[577] oder als sonstige Maßnahme, so dass aus der Rechtsnatur der Handlung keine unmittelbaren Rückschlüsse auf die Anwendbarkeit des § 44 a VwGO gezogen werden können. Von § 44 a Satz 1 VwGO werden neben den allgemeinen Verfahrenshandlungen auch Mitwirkungsakte anderer Behörden im Rahmen von Amtshilfeersuchen[578] oder mehrstufigen Verwaltungsakten umfasst.[579]

Der Anwendungsbereich der Regelung wird zunächst durch Satz 2 der Vorschrift eingeschränkt. In den Fällen, in denen behördliche Verfahrenshandlungen vollstreckt werden können oder gegen einen Nichtbeteiligten ergehen, ist auch ein isolierter Rechtsbehelf gegen die Verfahrenshandlung zulässig. Weiter ist das in Art. 19 Abs. 4 GG verankerte Prinzip der Gewährung eines effektiven Rechtsschutzes zu berücksichtigen, das zu einer einschränkenden Auslegung von § 44 a VwGO führt. Dieses Gebot mit Verfassungsrang garantiert dem Betroffenen nicht nur den Rechtsweg in dem Sinne, dass er ein Rechtsschutzbegehren wegen behaupteter Verletzung seiner Rechte durch die öffentliche Gewalt einem Richter unterbreiten kann, sondern verbürgt auch eine tatsächlich wirksame gerichtliche Kontrolle der jeweils belastenden Verwaltungsentscheidung.[580] Dabei ist zu berücksichtigen, dass die Ausge-

---

575 Vgl. VGH München NVwZ 1988, 742.

576 Vgl. *Geiger*, in: Eyermann, Verwaltungsgerichtsordnung, § 44 a Rdnr. 4 unter Bezugnahme auf VGH München NVwZ 1988, 742.

577 Vgl. *Geiger*, in: Eyermann, Verwaltungsgerichtsordnung, § 44 a Rdnr. 4; *Stelkens*, NJW 1982, 1137.

578 Vgl. VGH München NVwZ 1988, 742.

579 Vgl. *Kopp/Schenke*, Verwaltungsgerichtsordnung, § 44 a Rdnr. 6; *Hufen*, Verwaltungsprozeßrecht, § 23 Rdnr. 20; *Geiger*, in: Eyermann, Verwaltungsgerichtsordnung, § 44 a Rdnr. 9.

580 Vgl. BVerfGE 61, 82, 110 f.; 65, 1, 70; BVerfG NJW 1991, 415, 416.

staltung des Zugangs zu den Gerichten dem Gesetzgeber vorbehalten bleibt, er dabei aber selbst das Ziel der verfassungsrechtlichen Gewährleistung eines wirkungsvollen Rechtsschutzes zu verfolgen hat. Die Auslegung des § 44 a VwGO im Lichte des Art. 19 Abs. 4 GG gebietet es, dass der Ausschluss einer gerichtlichen Überprüfung von Verfahrenshandlungen für den Rechtssuchenden nicht zu unzumutbaren Nachteilen führen darf, die in einem späteren Prozess nicht mehr vollständig zu beseitigen sind.[581]

2. Anwendung auf die Schiedsstellenentscheidung

Die Entscheidung der Schiedsstelle ist ein interner Mitwirkungsakt auf dem Weg des Zustandekommens einer verbindlichen Regelung über die Pflegesätze eines Krankenhauses. Nur die nachfolgende Entscheidung der Genehmigungsbehörde zielt auf eine verbindliche Rechtsgestaltung im Außenverhältnis. Bei diesem Mitwirkungsakt im Rahmen eines mehrstufigen Verwaltungsaktes handelt es sich um eine Verfahrenshandlung, die die spätere Sachentscheidung der Landesbehörde vorbereitet. An der Eigenschaft der Mitwirkungshandlung als unselbstständiger Verfahrenshandlung ändert sich auch dadurch nichts, dass die Genehmigungsbehörde einer gewissen Bindungswirkung an die Schiedsstellenentscheidung insoweit ausgesetzt ist, als dass sie die Pflegesatzfestsetzung nur genehmigen oder die Genehmigung versagen kann. Diese Bindung der Behörde betrifft lediglich das verwaltungsrechtliche Innenverhältnis und ändert nichts an der fehlenden Verbindlichkeit der Pflegesatzfestsetzung gegenüber den Vertragsparteien. Der Mitwirkungsakt ist nach § 44 a Satz 2 VwGO weder einer Vollstreckung fähig, da er von den Betroffenen keine Handlung verlangt, die durchsetzbar wäre noch betrifft er einen Nichtbeteiligten des Verfahrens.

Fraglich ist, ob Art. 19 Abs. 4 GG es gebietet, den gerichtlichen Rechtsschutz unmittelbar auch gegen die Pflegesatzfestsetzung zuzulassen. Nach Auffas-

---

581 Vgl. BVerfG NJW 1991, 415, 416.

sung des Bundesverwaltungsgerichts[582] ist eine derartige Ausweitung nicht geboten, weil sich sämtliche gegen die Richtigkeit der genehmigten Pflegesatzfestsetzung vorgebrachten Einwendungen in dem Rechtsstreit um die Genehmigung klären lassen. Die bisherige Untersuchung hat eine Vielzahl von Rechtsschutzmöglichkeiten für die Beteiligten des Pflegesatzverfahrens ergeben.[583] Aus dem Gesetzeswortlaut ergibt sich unzweifelhaft die Möglichkeit der Erhebung einer Anfechtungsklage gegen die Genehmigung. Die Parteien können eine Verpflichtungsklage auf Erteilung der Genehmigung der vereinbarten oder festgesetzten Pflegesätze erheben. Das Gericht kann auch mit dem Verpflichtungsantrag auf Erteilung der Versagungsentscheidung angerufen werden. Weiter ist auch die Verpflichtungsklage auf Erteilung einer Versagungsentscheidung mit einer bestimmten Begründung statthaft. Aus dem Gebot der Gewährleistung eines effektiven Rechtsschutzes ergeben sich nicht nur Konsequenzen für das gerichtliche, sondern auch für das verwaltungsbehördliche Verfahren. Das dem gerichtlichen Verfahren vorgelagerte Verwaltungsverfahren darf nicht so angelegt sein, den gerichtlichen Rechtsschutz zu vereiteln oder unzumutbar zu erschweren.[584] Diesem Erfordernis wird auch durch das Antragsrecht der Pflegesatzparteien auf Versagung der Genehmigung Rechnung getragen.[585] Zu einer wesentlichen Beschleunigung des Pflegesatzverfahrens beim Vorliegen einer Versagungsentscheidung kann die Regelung des § 20 Abs. 3 BPflV führen.[586] Durch die angeordnete Bindungswirkung der Schiedsstelle wird ein zügiger Abschluss des Verfahrens im Falle ihrer erneuten Anrufung gefördert und eine Durchsetzung der Rechtsauffassung der Genehmigungsbehörde oder auch der Gerichte[587] gewährleistet. Damit wird verhindert, dass die Schiedsstelle ungeachtet einer ihrer vorangegangenen Festsetzung entgegenstehenden behördlichen oder gerichtlichen Entscheidung auf ihrer Auffassung beharrt, das

---

582 Vgl. BVerwG NJW 1994, 2435, 2436.
583 Vgl. oben 2.3.B.I.
584 Vgl. BVerfGE 61, 82, 110.
585 Vgl. oben 2.2.A.II.1.a.).
586 Hierzu oben 2.2.A.II.2.
587 Zur analogen Anwendung des § 20 Abs. 3 BPflV für den Fall, dass das Verwaltungsgericht die Genehmigung aufgehoben hat: vgl. oben 2.3.B.I.1.c.) bb.) (2.) (d.).

Pflegesatzverfahren dadurch verzögert und die Rechtsschutzmöglichkeiten der Betroffenen wesentlich schmälert.

Da die Parteien alle gegen die Rechtmäßigkeit der Pflegesatzfestsetzung sprechenden Einwendungen auch im gerichtlichen Verfahren zur Überprüfung der Entscheidung der Genehmigungsbehörde vortragen können und ihnen ein Zuwarten hierauf zugemutet werden kann, wird durch den Ausschluss des unmittelbaren Rechtsschutzes gegen die Pflegesatzfestsetzung Art. 19 Abs. 4 GG nicht verletzt.

C. Verfahrensbeteiligte

I. Hauptbeteiligte

Die Verwaltungsgerichtsordnung spricht nicht von Parteien, sondern von Beteiligten. Kläger und Beklagter werden allgemein als Hauptbeteiligte bezeichnet.[588] Die Eigenschaft, Beteiligter des Prozesses zu sein, ist unabhängig von der Beteiligtenfähigkeit. Jeder, der eine Klage beim Verwaltungsgericht erhebt, ist Kläger nach § 63 Nr. 1 VwGO; jeder gegen den eine Klage erhoben wird, ist Beklagter nach Nr. 2 dieser Vorschrift. Wesentlich in diesem Zusammenhang ist die Feststellung des richtigen Beklagten. Grundsätzlich ist die Anfechtungs- oder Verpflichtungsklage nach dem in § 78 Abs. 1 Nr. 1 VwGO verankerten Rechtsträgerprinzip gegen diejenige Körperschaft zu richten, deren Behörde tätig geworden ist oder tätig werden soll. Von diesem Grundsatz kann das Landesrecht abweichen, indem es bestimmt, dass die Klage gegen die Behörde zu richten ist, die den angefochtenen Verwaltungsakt erlassen hat oder den beantragten Verwaltungsakt unterlassen hat.[589]

---

588 *Bosch/Schmidt*, Praktische Einführung in das verwaltungsgerichtliche Verfahren, Vorb. § 12.
589 Dies wurde in Nordrhein-Westfalen in § 5 Abs. 2 AGVwGO geregelt. Auch andere Bundesländer haben von dieser Möglichkeit teilweise – in unterschiedlichem Umfang –

Der richtige Beklagte in einer Streitigkeit des Pflegesatzrechts ist damit entweder das jeweilige Land[590] oder die jeweilige Genehmigungsbehörde[591]. Soweit der Landesgesetzgeber eine gesetzliche Prozessstandschaft für die Behörde nach § 78 Abs. 1 Nr. 2 VwGO begründet hat, ist regelmäßig auch die Anordnung der Beteiligungsfähigkeit der Behörde nach § 61 Nr. 3 VwGO erfolgt.[592] Weder das Land noch seine Behörden sind als solche prozessfähig, sondern handeln durch ihre gesetzlichen Vertreter, Vorstände oder besonders Beauftragten nach § 62 Abs. 3 VwGO.

Auch auf Klägerseite werden kaum Probleme bei der Beteiligungs- oder Prozessfähigkeit auftreten. Nach der Regelung des § 61 Nr. 1 VwGO haben alle natürlichen und juristischen Personen die Fähigkeit, als Subjekt an einem verwaltungsgerichtlichen Verfahren beteiligt zu sein. Als Träger der Sozialversicherung sind die Krankenkassen nach § 29 Abs. 1 SGB IV i. V. m. § 4 Abs. 1 SGB V rechtsfähige Körperschaften des öffentlichen Rechts. Die Landesverbände der Krankenkassen sind nach § 207 Abs. 1 Satz 2 SGB V ebenfalls Körperschaften des öffentlichen Rechts. Die Verbände der Ersatzkassen, die nach § 212 Abs. 5 SGB V gebildet wurden, sind als eingetragene Vereine organisiert.[593] Auch die im Einzelnen rechtlich unterschiedlich organisierten Krankenhausträger sind beteiligungsfähig. Bei den Landeskrankenhausgesellschaften handelt es sich durchgehend um Vereine des Privatrechts.[594] Neben den Sozialversicherungsträgern und ihren Verbänden sind auch der Verband der privaten Krankenversicherung und als rechtlich unselbstständige Untergliederung hiervon der Landesausschuss der privaten Krankenversicherung beteiligungsfähig. Bei Letzterem ergibt sich dies aus

---

Gebrauch gemacht. Vgl. hierzu *Happ*, in: Eyermann, Verwaltungsgerichtsordnung, § 78 Rdnr. 17.

590 So beispielsweise in Baden-Württemberg.

591 So beispielsweise in Nordrhein-Westfalen.

592 Vgl. für Nordrhein-Westfalen: § 5 Abs. 1 AGVwGO.

593 Vgl. *Schnapp*, in: Schulin (Hrsg.), Handbuch des Sozialversicherungsrecht, Bd. 1, § 49 Rdnr. 193.

594 *Heinze*, in: Schulin (Hrsg.), Handbuch des Sozialversicherungsrecht, Bd. 1, § 38 Rdnr. 62.

§ 61 Abs. 1 Nr. 2 VwGO, da er ein Beteiligungsrecht am Pflegesatzverfahren nach § 18 Abs. 1 Satz 2 KHG hat und ein gewisses Maß an innerer Organisation aufweisen kann.[595] Für die Prozessfähigkeit auf Klägerseite gilt entsprechendes wie auf der Beklagtenseite. Juristische Personen des öffentlichen und privaten Rechts sowie nichtrechtsfähige, aber dennoch im gerichtlichen Verfahren beteiligungsfähige Personenvereinigungen handeln nach § 62 Abs. 3 VwGO durch ihre Vertreter. Keine Besonderheiten ergeben sich schließlich für alle geschäftsfähigen natürlichen Personen: Sie sind ohne weiteres beteiligungs- und prozessfähig.

II. Beiladung Dritter

Zu untersuchen ist, ob die Vertragsparteien der jeweiligen Vereinbarungsebene, die sich nicht in der Rolle eines Hauptbeteiligten des Klageverfahrens befinden, dem Prozess beizuladen sind. Fraglich ist auch, ob die Schiedsstelle am gerichtlichen Verfahren zu beteiligen ist.

1. Arten von Beiladung

Durch die Beiladung hat das Gericht die Möglichkeit, Dritte in ein Verfahren einzubeziehen. Die Beiladung kann einmal die Interessenwahrnehmung des Beigeladenen bezwecken, sie dient aber auch der Prozessökonomie und schützt die Hauptbeteiligten durch die Förderung eines effektiven Rechtsschutzes, weil sich die Rechtskraft des Urteils auch auf die Beigeladenen erstreckt.[596] Die Beiladung erfordert Beteiligungsfähigkeit nach § 61 VwGO, denn der Beiladungsbeschluss bewirkt, dass der Dritte in dem Prozess die Rechtsstellung eines Beteiligten einnimmt.[597] Das Gesetz unterscheidet in § 65 VwGO zwischen der einfachen und der notwendigen Beiladung. Ob die

---

595 Vgl. BVerwG, KRS II, 95.071, S. 1, 4; OVG Nordrhein-Westfalen, KRS, 94.001, S. 1, 4.
596 Zu den Beiladungszwecken im Einzelnen: vgl. *Stober*, in: Festschrift Menger, S. 401, 404 ff.
597 Vgl. § 63 Nr. 3 VwGO.

eine oder die andere Form der Beiladung vorliegt, hängt von den materiellen Beziehungen des Beigeladenen zu dem streitigen Rechtsverhältnis ab.[598] Während die einfache Beiladung nach § 65 Abs. 1 VwGO lediglich voraussetzt, dass durch die das Verfahren abschließende Entscheidung rechtliche Interessen des Beizuladenden berührt werden, liegt eine notwendige Beiladung nach § 65 Abs. 2 VwGO dann vor, wenn die Entscheidung auch dem Dritten gegenüber nur einheitlich ergehen kann. Durch die notwendige Beiladung soll vermieden werden, dass ein am streitigen Rechtsverhältnis beteiligter Dritter, auf den sich ohne Beteiligung an dem Prozess die Rechtskraft des Urteils nicht erstreckt, die Fragen, über die zwischen den bisherigen Streitbeteiligten rechtskräftig entschieden ist, erneut zur gerichtlichen Prüfung stellen und möglicherweise eine abweichende Entscheidung erlangen kann oder dass der Beklagte zu einer ihm potenziell unmöglichen Leistung verurteilt wird, wenn die ihm auferlegte Verpflichtung nicht zugleich auch im Verhältnis zu dem am Rechtsverhältnis Beteiligten wirksam werden würde.[599] Die einfache Beiladung steht im Ermessen des Gerichts, dagegen ist beim Vorliegen der Voraussetzungen des § 65 Abs. 2 VwGO das Gericht gebunden,[600] denn bei der notwendigen Beiladung können durch das Urteil nicht nur die rechtlichen Interessen des Dritten berührt werden, sondern es wird unmittelbar über dessen Rechte entschieden oder in seine Rechtsstellung eingegriffen.

2. Beiladung von Vertragsparteien

Fraglich ist, ob die Vertragsparteien der jeweiligen Vereinbarungsebene, die nicht als Kläger im Verwaltungsprozess auftreten, diesem beizuladen sind. Es geht um die Beiladung der Sozialleistungsträger oder der von ihnen gebildeten Arbeitsgemeinschaften nach § 18 Abs. 2 Nr. 1 und 2 KHG, wenn der

---

598 Vgl. *J. Schmidt*, in: Eyermann, Verwaltungsgerichtsordnung, § 65 Rdnr. 2.
599 Vgl. BVerwGE 74, 19, 22 unter Bezugnahme auf BVerwGE 18, 124 und BVerwGE 57, 31, 35.
600 Vgl. *Mußgnug*, NVwZ 1988, 33, 36.

Krankenhausträger Klage erhoben hat. Haben einer oder mehrere Sozialleistungsträger Klage erhoben, so stellt sich die Frage, ob der Krankenhausträger und die übrigen Sozialleistungsträger als Dritte beizuladen sind.

Die Rechte des Krankenhausträgers werden unzweifelhaft berührt, wenn eine Anfechtungs- oder Verpflichtungsklage erhoben wird, um die Entscheidung der Genehmigungsbehörde über die Pflegesätze gerichtlich anzugreifen. Die rechtliche Betroffenheit ergibt sich schon daraus, dass die Pflegesätze das Entgelt des Krankenhauses für die von ihm zu erbringenden allgemeinen Krankenhausleistungen sind. Jede verbindliche Regelung über ihre Höhe wirkt preisgestaltend und betrifft unmittelbar und zwangsläufig die Rechte des Krankenhausträgers. Da das Urteil nur einheitlich auch gegenüber dem Krankenhausträger ergehen kann, liegt ein Fall der notwendigen Beiladung vor. Dies ergibt sich auch daraus, dass er zwangsläufig zum Adressaten der gerichtlichen Entscheidung wird. Die Durchsetzung des Urteils setzt eine Bindungswirkung gegenüber dem Krankenhausträger voraus. Diese resultiert bei der stattgebenden Anfechtungsklage gegen die Genehmigung schon aus der Gestaltungswirkung des Urteils und trifft gerade den Krankenhausträger und zwar unabhängig davon, ob er an der gerichtlichen Klärung beteiligt worden ist oder nicht. Die Bindungswirkung des Urteils ist bei der notwendigen Beiladung schon Voraussetzung und nicht erst – wie bei der einfachen Beiladung – Folge der Beiladung.[601] Auch bei der Erhebung einer Verpflichtungsklage auf Erteilung der Genehmigung eines für das Krankenhaus ungünstigen Pflegesatzes ist das Krankenhaus notwendig beizuladen. Denn immer dann, wenn Streitgegenstand das Begehren des Klägers ist, den Beklagten zum Erlass eines an einen bestimmten Dritten zu richtenden Verwaltungsaktes zu verpflichten, muss dieser (notwendig) beigeladen werden.[602] Da das Gericht in der pflegesatzrechtlichen Streitigkeit nicht nur über die Rechte des Krankenhausträgers, sondern auch über die

---

601 Vgl. *Bettermann*, MDR 1967, 951, 952.
602 Vgl. *Bier*, in: Schoch/Schmidt-Aßmann/Pietzner, Verwaltungsgerichtsordnung, § 65 Rdnr. 22. Nach *Bier* ist für die notwendige Beiladung stets die Adressateneigenschaft der gerichtlichen Entscheidung maßgeblich.

der anderen Vertragsparteien nach § 18 Abs. 2 KHG befindet und diese ebenfalls Adressaten des angefochtenen oder des begehrten Verwaltungsaktes sind, kann das Urteil auch ihnen gegenüber nur einheitlich ergehen. Die Pflegesatzparteien haben gemeinsam die Aufgabe der Pflegesatzfindung wahrzunehmen. Eine für die eine Seite günstige Regelung wird regelmäßig mit einer Belastung der anderen Seite korrespondieren. Die gerichtliche Klärung setzt die Rechtskrafterstreckung des Urteils auf sämtliche Streitbeteiligten, also alle Vertragsparteien der jeweiligen Vertragsebene voraus, damit nicht eine spätere, abweichende gerichtliche Entscheidung droht.

3. Beiladung der Schiedsstelle

Teilweise wird angenommen, die Schiedsstelle nach § 18 a Abs. 1 KHG müsse dem Prozess notwendig beigeladen werden.[603] Dagegen wird die Schiedsstelle in der Gerichtspraxis nur vereinzelt am Klageverfahren beteiligt.[604]

a.) Beteiligungsfähigkeit

Die Beiladung der Schiedsstelle würde ihre Beteiligungsfähigkeit nach § 61 VwGO voraussetzen.

aa.) Natürliche und juristische Personen

Die Schiedsstelle wäre ohne weiteres beteiligungsfähig, wenn sie eine juristische Person des öffentlichen Rechts wäre. In der Literatur wird den vertrags-

---

603 Vgl. *Düring*, Das Schiedswesen in der gesetzlichen Krankenversicherung, S. 146.
604 Vgl. beispielsweise VG Arnsberg, Urteil vom 11.11.1988, abgedruckt in: Heinze/Wagner (Hrsg.), Die Schiedsstelle des Krankenhausfinanzierungsgesetzes, S. 191; OVG Münster, KRS II, 97.038. Beide Urteile lassen offen, ob aus Sicht der Gerichte eine einfache oder notwendige Beiladung vorlag.

ärztlichen Schiedsämtern gelegentlich eine Teilrechtsfähigkeit zugestanden.[605] Ob die Schiedsstelle als juristische Person qualifiziert werden kann, hängt wesentlich von den Anforderungen ab, die an eine derartige rechtliche Einheit gestellt werden. Als selbstständige Verwaltungsträger haben sich im öffentlichen Recht drei Organisationstypen herausgebildet: die Körperschaft, die Anstalt und die Stiftung des öffentlichen Rechts. Sie entstehen durch Hoheitsakt.[606] *Rittner*[607] spricht hier von einem staatlichen Organisations- und Rechtsschöpfungsakt, der aus einem Nichts die juristische Person erzeugt. Nicht immer schon dann, wenn der Gesetzgeber eine neue Einrichtung durch Gesetz vorsieht, wird hierdurch gleichzeitig auch eine juristische Person „geboren". Der Gesetzgeber muss vielmehr zum Ausdruck bringen, dass durch das Gesetz oder auf Grund des Gesetzes eine eigenständige Rechtsperson geschaffen werden soll. *Bachof*[608] fordert hier zu Recht, dass der eine juristische Person öffentlichen Rechts kreierende Akt auch die Kreierung der Rechtspersönlichkeit mit umfassen muss. Die Schiedsstellen nach § 18 a Abs. 1 KHG sind durch Gesetz in einem ersten Akt geschaffen worden. Diesem Errichtungsakt folgte dann die tatsächliche Einrichtung der Schiedsstellen durch die Verbände auf Landesebene nach § 18 a Abs. 1 KHG. Der hoheitliche Errichtungsakt enthält aber keinerlei Anzeichen dafür, dass eine rechtsfähige Einheit geschaffen werden sollte. Der Gesetzgeber hat diesen Willen weder ausdrücklich geäußert noch ergeben sich hierfür Hinweise aus der Entstehungsgeschichte der einschlägigen Vorschriften. Die Schiedsstelle hat zwar Mitglieder, sie wird aber auf Grund der ihr fehlenden körperschaftlichen Struktur hierdurch nicht zur Körperschaft. Es fehlt der Schiedsstelle der für die Körperschaft typische Zweck des Zusammenschlusses zur Regelung

---

605 Vgl. *Ebsen*, VSSR 1990, S. 57, 65; *Vahldiek*, in: Hauck, Sozialgesetzbuch, 2. Bd., § 89 SGB V Rdnr. 19; Andreas, Die Bundesausschüsse der Ärzte und Krankenkassen, S. 42; Schneider, Handbuch des Kassenarztrechts, Rdnr. 773; offen gelassen von: *Düring*, Das Schiedswesen in der gesetzlichen Krankenversicherung, S. 61; *Schnapp*, in: Schulin (Hrsg.): Handbuch des Sozialversicherungsrechts, Bd. 1, § 49 Rdnr. 222.
606 Vgl. *Bachof*, ÄöR 83 (1958), 208, 252; *Flume*, Allgemeiner Teil des bürgerlichen Rechts, 1. Bd., 2. Teil, Die juristische Person, S. 142.
607 *Rittner*, Die werdende juristische Person, S. 23.
608 *Bachof*, AöR 83 (1958), 208, 252.

der eigenen gemeinsamen Angelegenheiten der Mitglieder.[609] Auch können die Vertragsparteien, die die Schiedsstelle anrufen, kaum als deren Benutzer begriffen werden, da sie nicht *„von außen kommende Dritte"*[610] sind, sondern selbst echte Mitwirkungsbefugnisse bei der Durchführung des Schiedsstellenverfahrens haben und die Schiedsstelle eine Einrichtung der Selbstverwaltung ist, die von ihnen oder ihren Verbänden etabliert wurde. Demnach scheidet sowohl die Annahme einer Körperschaft wie auch die einer Anstalt aus. Die Schiedsstelle ist damit keine Rechtsperson des öffentlichen Rechts, wodurch einmal mehr die Aussage von *Bachof*[611] bestätigt wäre, dass *„es neben der ‚unmittelbaren' und einer [...] ‚mittelbaren' Staatsverwaltung noch einen weiteren Bereich funktionell öffentlicher Verwaltung gibt, der weder durch Staatsbehörden noch durch rechtsfähige Verwaltungseinheiten, sondern durch Rechtssubjekte anderer Natur wahrgenommen wird"*. Die Schiedsstelle ist auch keine juristische Person des bürgerlichen Rechts, die ebenfalls nach § 61 Nr. 1 VwGO beteiligungsfähig wäre. Dies ergibt sich schon aus der Überlegung, dass eine juristische Person des Privatrechts üblicherweise nicht durch einseitige staatliche Anordnung entsteht, sondern kraft Privatautonomie mittels eines freien Entschlusses der sich zu einer solchen Person Zusammenschließenden.[612] Unerheblich ist dabei, wenn die Gründung der Rechtsperson eine staatliche Mitwirkungshandlung, etwa in Form der Eintragung in das Vereins- oder Handelsregister vorsieht. Auch der Gesichtspunkt des öffentlich-rechtlichen Tätigwerdens der Schiedsstelle spricht zwar nicht zwingend, so doch aber tendenziell gegen die Annahme einer privaten Rechtspersönlichkeit. Wenngleich privatrechtliche Institutionen öffentlich-rechtliche Handlungen, öffentlich-rechtliche Institutionen privatrechtliche Handlungen tätigen können und demnach ein zweifelsfreier Rückschluss von den Funktionen auf die Institution nicht möglich ist, so ist das

---

609 Vgl. *Wolff/Bachof*, Verwaltungsrecht II, § 84 I d; *Maurer*, Allgemeines Verwaltungsrecht, § 23 Rdnr. 40.

610 *Maurer*, Allgemeines Verwaltungsrecht, § 23 Rdnr. 52.

611 *Bachof*, AöR 83 (1958), 208, 232.

612 Vgl. *Bachof*, AöR 83 (1958), 208, 253; *Flume*, Allgemeiner Teil des bürgerlichen Rechts, 1. Bd., 2. Teil, Die juristische Person, S. 142.

Schwergewicht der Funktionen doch für die Rechtsnatur der Institution beachtlich.[613]

bb.) Vereinigungen, soweit ihnen ein Recht zustehen kann

Soweit das Verwaltungsprozessrecht den Vereinigungen eine Beteiligungsfähigkeit nach § 61 Nr. 2 VwGO einräumt, geht es über die zivilprozessuale Parallelvorschrift des § 50 ZPO hinaus, die lediglich in Abs. 2 für den nicht rechtsfähigen Verein die passive Parteifähigkeit vorsieht. Die These, Parteifähigkeit setze nicht Rechtsfähigkeit, sondern Rechtssubjektivität[614] – mit den Worten von *Bachof* ausgedrückt: Teilrechtsfähigkeit[615] – voraus, hat sich so im Verwaltungsprozessrecht niedergeschlagen.[616] Eine Beteiligungsfähigkeit nach § 61 Nr. 2 VwGO wird üblicherweise dann angenommen, wenn die Vereinigung ein Mindestmaß an Organisation aufweisen kann und Rechte oder Pflichten von ihr – und nicht nur der einzelnen Mitglieder – betroffen sind.[617] Unproblematisch für die Qualifizierung der Beteiligungsfähigkeit der Schiedsstelle scheint das erstgenannte Merkmal, das eine gewisse organisierte Struktur verlangt. Die Bildung und Besetzung der Schiedsstellen wird von den beteiligten Landesverbänden geregelt. Auch die Schiedsstellenverordnungen, die nach § 18 a Abs. 4 KHG erlassen wurden, sprechen für das Vorhandensein einer hinreichenden organisatorischen Struktur. Fraglich ist dagegen, ob die Schiedsstelle als Vereinigung in einem Verwaltungsprozess eigene Rechte wahrnehmen kann, weil sie darauf beschränkt ist, für die Vertragsparteien tätig zu werden. Der Schiedsstelle ist kein Recht zugeordnet, das Gegenstand eines gerichtlichen Verfahrens sein könnte. Sie hat keine

---

613 Vgl. *Bachof*, AöR 83 (1958), S. 208, 271.

614 Vgl. zum Begriff der Rechtssubjektivität, der auf *Hans J. Wolff* zurück geht: *Wolff/ Bachof*, Verwaltungsrecht I, § 32 III.

615 Vgl. zum Begriff der Teilrechtsfähigkeit im öffentlichen Recht grundlegend: *Bachof*, AöR 83, (1958), 208 ff.

616 Vgl. *Dolde*, in: Festschrift Menger, S. 423, 429.

617 Vgl. *Bier*, in: Schoch/Schmidt-Aßmann/Pietzner, Verwaltungsgerichtsordnung, § 61 Rdnr. 5 f.

eigenen Rechte auf Beteiligung am Pflegesatzverfahren oder auf Durchsetzung einer (richtigen) Sachentscheidung. Sie ist lediglich bei ihrer Anrufung
dazu verpflichtet, die Pflegesätze festzusetzen, eine eigene rechtlich geschützte Position erwächst ihr hieraus nicht. Die Beteiligungsfähigkeit der
Schiedsstelle ist demnach auch nach § 61 Nr. 2 VwGO zu verneinen, weil sie
nicht selbst *„Zuordnungsobjekt des streitigen Rechts"*[618] sein kann.[619]

cc.) Behörden, sofern das Landesrecht dies bestimmt

Die Beteiligungsfähigkeit der Schiedsstelle könnte sich schließlich aus einer
landesrechtlichen Anordnung ergeben. Die Regelung des § 61 Nr. 3 VwGO
ermächtigt den Landesgesetzgeber, abweichend vom Rechtsträgerprinzip,
Behörden für beteiligungsfähig zu erklären.[620] Umstritten ist hierbei, ob sich
die Regelung nur auf Landesbehörden oder auf alle Verwaltungsbehörden,
also insbesondere auch auf Bundesbehörden bezieht.[621] Die Beantwortung
dieser Frage kann jedoch offen bleiben, weil die Schiedsstelle keine Behörde
im Sinne von § 61 Nr. 3 VwGO ist. Die Behörden, denen nach dieser Regelung die Beteiligungsfähigkeit am gerichtlichen Verfahren verliehen wurde,
handeln in diesen Fällen in Prozessstandschaft an Stelle der Körperschaft,

---

618 *Dolde*, in: Festschrift Menger, S. 423, 432.
619 A. A. *Düring*, Das Schiedswesen in der gesetzlichen Krankenversicherung, S. 146, die
    eine Pflichtsubjektivität für ausreichend erachtet und auf VG Arnsberg, Urteil vom
    11.11.1988, abgedruckt in: Heinze/Wagner (Hrsg.), Die Schiedsstelle des Krankenhaus-
    finanzierungsgesetzes, S. 191 verweist; auch *Redeker/von Oertzen*, Verwaltungsge-
    richtsordnung, § 61 Rdnr. 4a.
620 Dies ist teilweise geschehen: vgl. für Nordrhein-Westfalen: § 5 Abs. 1 AGVwGO.
621 Für eine Beschränkung auf Landesbehörden: *Bier*, in: Schoch/Schmidt-Aßmann/
    Pietzner, Verwaltungsgerichtsordnung, § 61 Rdnr. 8; *J. Schmidt*, in: Eyermann, Verwal-
    tungsgerichtsordnung, § 61 Rdnr. 13. Für eine Erstreckung auch auf Bundesbehörden:
    Redeker/vonOertzen, Verwaltungsgerichtsordnung, § 61 Rdnr. 6; *Dolde*, in: Festschrift
    Menger, S. 423, 434.

der sie als Organ angehören.[622] Ihre Prozesshandlungen wirken nur für und gegen den Rechtsträger; nur er wird als materiell Berechtigter und Verpflichteter auch durch die Entscheidung betroffen.[623] Nach dem Sinn der Vorschrift soll keine Beteiligungsfähigkeit für Organe begründet werden, die keinem Rechtsträger zugeordnet sind. Daraus folgt, dass eine landesrechtliche Anordnung über die Beteiligungsfähigkeit nur Behörden im organisationsrechtlichen Sinn betreffen kann.[624] Demnach ist die Schiedsstelle auch nach § 61 Nr. 3 VwGO nicht beteiligungsfähig.[625]

dd.) Zwischenergebnis

Die Schiedsstelle ist nach § 61 VwGO nicht beteiligungsfähig. Die Verwaltungsgerichtsordnung enthält keine dem § 70 Nr. 4 SGG entsprechende Regelung, die die Beteiligungsfähigkeit der Schiedsstelle begründen könnte.

b.) Teleologischer Interpretationsansatz

Wie festgestellt, scheitert die Beiladung der Schiedsstelle an ihrer fehlenden Beteiligungsfähigkeit am Verwaltungsprozess. Auch die isolierte Betrachtung des § 65 VwGO unter Berücksichtigung seines Normzweckes rechtfertigt nicht die prozessuale Hinzuziehung der Schiedsstelle. Die Beiladung dient dem Zweck, Dritte in das Verfahren einzubeziehen, die nicht Kläger oder Beklagte sind, jedoch an einem zwischen anderen Parteien anhängigen Rechtsstreit beteiligt werden sollen.[626] Sind mehrere Behörden am Zustandekom-

---

622 Vgl: *Bier*, in: Schoch/Schmidt-Aßmann/Pietzner, Verwaltungsgerichtsordnung, § 61 Rdnr. 8; *J. Schmidt*, in: Eyermann, Verwaltungsgerichtsordnung, § 61 Rdnr. 12: *„in einer Art Prozeßstandschaft"*.

623 *Bier*, in: Schoch/Schmidt-Aßmann/Pietzner, Verwaltungsgerichtsordnung, § 61 Rdnr. 8.

624 So auch *Düring*, Das Schiedswesen in der gesetzlichen Krankenversicherung, S. 145.

625 Zur fehlenden Qualifikation der Schiedsstelle als Behörde im organisationsrechtlichen Sinne: vgl. oben 2.1.C.l.5.a.) cc.) (1.).

626 Vgl. *Stober*, in: Festschrift Menger, S. 401, 406.

men eines Verwaltungsaktes beteiligt, so kann sich hieraus ein Fall der obligatorischen Hinzuziehung des Dritten zum Prozess ergeben. Ein Fall der notwendigen Beiladung liegt bei den mehrstufigen Verwaltungsakten allerdings nur dann vor, wenn im Prozess über die Rechtmäßigkeit einer Entscheidung einer Stelle mitentschieden wird, die einer anderen Körperschaft angehört.[627] Typisch für diese Situation ist die Verpflichtungsklage des Bauherrn auf Erteilung einer Baugenehmigung, die die Baurechtsbehörde nach § 36 Abs. 1 Satz 1 BauGB nur im Einvernehmen mit der Gemeinde erteilen darf.[628] Ist für die Erteilung der Baugenehmigung weiter auch die Zustimmung der höheren Verwaltungsbehörde nach § 36 Abs. 1 Satz 3 BauGB erforderlich, so ist diese aus demselben Grund notwendig beizuladen.[629] Eine Drittbeteiligung scheidet dagegen regelmäßig aus, wenn die Behörde deren Mitwirkung es bedarf, in die Verwaltungsorganisation der beklagten Körperschaft eingegliedert ist oder jedenfalls keinem anderen Rechtsträger zugeordnet ist. Demnach führt nicht jede interne Mitwirkungshandlung einer anderen Stelle zu einer notwendigen Beiladung.[630] Vielmehr ist ein mitwirkungsberechtigter anderer Rechtsträger oder dessen Behörde nur beizuladen, wenn das Mitwirkungsrecht seinem eigenen Interessenschutz dient. Da die Schiedsstelle weder selbst Rechtsträger ist, noch einem anderen angehört und die Verteidigung eigener rechtlicher Belange nicht in Betracht kommt, erfordert der Gesichtspunkt der Interessenwahrnehmung eines Dritten keine Beiladung.

Ein weiterer, wesentlicher Beiladungszweck ist in der Rechtskrafterstreckung zu sehen, die der Prozessökonomie und der Rechtssicherheit dient.[631] Wäre die Schiedsstelle an dem gerichtlichen Verfahren beteiligt, so würde auch ihr gegenüber die Bindungswirkung des § 121 VwGO eintreten. Dies könnte

---

627 Vgl. BVerwGE 26, 31, 41; 36, 188, 190.
628 Vgl. *Bier*, in: Schoch/Schmidt-Aßmann/Pietzner, Verwaltungsgerichtsordnung, § 65 Rdnr. 23.
629 Vgl. BVerwGE 42, 8, 10.
630 So aber wohl *Düring*, Das Schiedswesen in der gesetzlichen Krankenversicherung, S. 146 mit Hinweis auf *Joeres*, Die Rechtsstellung des notwendig Beigeladenen im Verwaltungsstreitverfahren, S. 65.
631 Vgl. *Stober*, in: Festschrift Menger, S. 401, 407.

insbesondere bei erneuter Anrufung der Schiedsstelle nach gerichtlicher Aufhebung des Genehmigungsbescheids relevant werden. Eine Rechtskrafterstreckung des Urteils auf die Schiedsstelle erscheint aber nicht zwingend erforderlich, weil sie von der Gestaltungs- und Feststellungswirkung des kassatorischen Urteils betroffen wird.[632]

c.) Ergebnis

Die Schiedsstelle ist dem gerichtlichen Verfahren nicht beizuladen, denn sie ist nicht beteiligungsfähig. Auch ein teleologischer Interpretationsansatz unter besonderer Berücksichtigung der Beiladungszwecke rechtfertigt keine prozessuale Beteiligung der Schiedsstelle.

D. Individuelle rechtliche Betroffenheit

Soweit gesetzlich nichts anderes bestimmt ist, kann nach § 42 Abs. 2 VwGO die Anfechtungs- und Verpflichtungsklage in zulässiger Weise nur von demjenigen erhoben werden, der geltend macht, durch den Verwaltungsakt, seine Ablehnung oder Unterlassung in seinen Rechten verletzt zu sein. Die Vorschrift ist Ausdruck dafür, dass die verwaltungsgerichtlichen Klagen der Verwirklichung des Individualrechtsschutzes dienen. Wer mit seiner Klage nur Allgemeininteressen oder Interessen Dritter verfolgt, soll nicht klagebefugt sein.[633] Bei der Untersuchung der Klagebefugnis der Beteiligten ist zu unterscheiden zwischen den Entscheidungen der Genehmigungsbehörde, die die Regelungsebene vor Ort betreffen (hierzu unten I.) und jenen mit landesweiter Geltung (hierzu unten II.).

---

632 Vgl. oben 2.3.B.I.1.c.) bb.).

633 Vgl. *Bosch/Schmidt*, Praktische Einführung in das verwaltungsgerichtliche Verfahren, § 25 I.

I. Entscheidungen der Genehmigungsbehörde auf Ortsebene

1. Vertragsparteien auf Ortsebene

Die Vertragsparteien der Pflegesatzvereinbarung sind der Krankenhausträger und die Sozialleistungsträger oder die Arbeitsgemeinschaften der Sozialleistungsträger. Sie sind grundsätzlich klagebefugt, weil die Entscheidung der Genehmigungsbehörde ihren rechtlich geschützten Aufgabenkreis betrifft. Dies ergibt sich für die Anfechtungsklage schon aus der überwiegend vertretenen „Adressatentheorie". Demnach ist der Kläger als Adressat eines an ihn gerichteten belastenden Verwaltungsaktes stets klagebefugt.[634] Adressat einer Entscheidung der Genehmigungsbehörde ist nicht nur der Krankenhausträger, sondern alle Vertragsparteien nach § 18 Abs. 2 KHG.[635] Dagegen lässt sich bei der Verpflichtungsklage eine Klagebefugnis nicht aus der bloßen Ablehnung des Antrages auf Erlass eines Verwaltungsaktes ableiten; es gibt also bei dieser Klageart keine Adressatentheorie.[636] Die pflegesatzrechtlichen Regelungen zum gerichtlichen Rechtsschutz sind in § 18 Abs. 5 Satz 2 und 3 KHG enthalten. Sie beschränken sich allerdings auf wenige wesentliche Aussagen zum Rechtsweg, Klagegegenstand und zum Wegfall des Vorverfahrens und der aufschiebenden Wirkung der Klage. Von der Klagebefugnis ist hingegen nicht die Rede.[637] Jedoch ergeben sich aus anderen Vorschriften für die Vertragsparteien rechtlich geschützte Interessen an einem Pflegesatz in „richtiger" Höhe. Die Regelung des § 1 KHG stellt klar, dass Zweck des Krankenhausfinanzierungsgesetzes die wirtschaftliche Sicherung der Krankenhäuser und die Beschränkung der Krankenhauspfle-

---

634 Vgl. BVerwG NJW 1988, 2752, 2753; *Happ*, in: Eyermann, Verwaltungsgerichtsordnung, § 42 Rdnr. 88; kritisch hierzu *Wahl/Schütz*, in: Schoch/Schmidt-Aßmann/Pietzner, Verwaltungsgerichtsordnung, § 42 Abs. 2 Rdnr. 70, sie merken in diesem Zusammenhang treffend an, die Adressatentheorie erweise sich zwar nicht in der Substanz und Begründung, doch aber im praktischen Ergebnis als zutreffend.

635 Vgl. BVerwGE 100, 231, 233.

636 Vgl. *Hufen*, Verwaltungsprozeßrecht, § 15 Rdnr. 17.

637 BVerwG, KRS II, 95.071, S. 1, 4.

gesätze auf ein sozial tragbares Niveau ist. Die Pflegesätze müssen nach § 17 Abs. 1 Satz 3 KHG medizinisch leistungsgerecht sein und einem Krankenhaus bei wirtschaftlicher Betriebsführung ermöglichen, den Versorgungsauftrag zu erfüllen. Die pflegesatzrechtlichen Vorschriften dienen sowohl der Gewährleistung der wirtschaftlichen Funktionsfähigkeit der Krankenhäuser wie auch zugleich dem Schutz der gesetzlichen Krankenkassen.[638] In einem früheren Urteil vom 31. Oktober 1955 hat das Bundesverwaltungsgericht[639] unter Geltung der Anordnung PR Nr. 140/48 die Klagebefugnis der Sozialleistungsträger verneint. Nach Inkrafttretung der Bundespflegesatzverordnung 1954 ist dagegen die Klagebefugnis der Krankenkassen in ständiger Rechtsprechung anerkannt worden.[640]

Ein gesetzlich bezweckter Interessenschutz für die Vertragsparteien kann aus der so genannten Schutznormtheorie hergeleitet werden. Demnach ist die Klagebefugnis stets dann gegeben, wenn eine Rechtsnorm vorhanden ist, die ausschließlich oder zumindest neben dem öffentlichen Interesse auch dazu bestimmt ist, den Individualinteressen des Klägers zu dienen.[641] Nach § 17 Abs. 1 Satz 1 KHG sind die Pflegesätze für alle Benutzer einheitlich zu berechnen. Demnach müssen von allen Zahlungspflichtigen des Krankenhauses, auch von Krankenkassen, die nicht Vertragsparteien nach § 18 Abs. 2 KHG sind, dieselben Entgelte getragen werden. Hieraus ließe sich vermuten, dass auch Krankenkassen, die nicht den Status einer Vertragspartei innehaben, sich gegen einen genehmigten Pflegesatz wenden können. Das Bundesverwaltungsgericht[642] hat unter Geltung der Bundespflegesatzverordnung 1954, die für das Beteiligungsrecht am Pflegesatzverfahren keine Mindestbelegung des Krankenhauses durch die jeweilige Krankenkasse vorsah,

---

638 Vgl. BVerwGE 60, 154, 156 f., nach Auffassung des Gerichts verfolgt der Gesetzgeber durch die Regelungen des Krankenhausfinanzierungsgesetzes einen dreifachen Zweck: Beschränkung der Krankenkassenbeiträge, Beschränkung der Krankenhauspflegesätze und Maßnahmen zur wirtschaftlichen Sicherung der Krankenhäuser.
639 BVerwGE 2, 290, 293.
640 Vgl. BVerwGE 7, 354, 355; 15, 296; 22, 230; 60, 154, 157; BVerwG DVBl. 1984, 523.
641 Vgl. BVerwG NJW 1994, 1604, 1605.
642 BVerwGE 22, 230, 231 f.

angenommen, dass es nicht zulässig sei, die Beteiligung der Sozialleistungsträger durch Festsetzung eines Mindestprozentsatzes an der Gesamtzahl von Pflegetagen abzugrenzen. Insbesondere sei der von der Behörde gewählte Prozentsatz von 10 % willkürlich. Durch die Entscheidung der damaligen Preisbildungsstelle würden die beteiligten Sozialversicherungsträger unmittelbar in ihrer materiellrechtlichen Stellung betroffen; zu dem Kreis der Beteiligten seien alle zu zählen, die diese Genehmigung unmittelbar berührt. Dies sei regelmäßig anzunehmen, wenn der betreffende Sozialleistungsträger im letzten Jahr an der Belegung der Krankenanstalt teilgenommen habe und bei verständiger Würdigung seines Aufgabenbereichs und aller anderen Umstände davon auszugehen sei, dass er weiterhin regelmäßig, nicht nur in besonderen Ausnahmefällen, an der Belegung des Krankenhauses mitwirken wird. Das Gericht hat damit innerhalb der Sozialleistungsträger differenziert und sie entsprechend § 2 Abs. 4 BPflV 1954, danach eingeteilt, ob sie als „beteiligt" am Pflegesatzverfahren anzusehen sind oder nicht. Für die beteiligten Sozialleistungsträger wurde eine rechtliche Betroffenheit durch die Genehmigung der Pflegesätze angenommen. Dagegen hat das VG Münster[643] eine Klagebefugnis auch den nicht am Verfahren beteiligten Krankenkassen ausdrücklich zugestanden. Das Gericht hat ebenfalls unter Geltung einer früheren Rechtslage entschieden, dass durch eine zu hohe Festsetzung des Krankenhauspflegesatzes die gesetzlichen Krankenkassen auch dann in ihren Rechten verletzt sein könnten, wenn sie weniger als 10 % der Berechnungstage abgerechnet haben. Hintergrund der Entscheidung war die damalige Regelung des § 16 Abs. 2 Satz 3 BPflV, wonach auf Kostenträgerseite am Pflegesatzverfahren beteiligt war, wer im Jahr der Antragstellung 10 vom Hundert der Berechnungstage abrechnet.[644] Entgegen diesem Urteil ist da-

---

643 VG Münster NJW 1982, 710.

644 Maßgeblich für diese Entscheidung war die Bundespflegesatzverordnung vom 25.04.1973 (BGBl. I. S. 333), zuletzt geändert durch die Verordnung vom 22.05.1979 (BGBl. I. S. 583); abgedruckt in: Jung, Krankenhausfinanzierungsgesetz, Bd. 1, S. 388, 396. Die Regelung des § 16 Abs. 2 Satz 3 BPflV a. F. lautete: *„Beteiligte am Festsetzungsverfahren und an den Einigungsverhandlungen sind neben dem Krankenhausträger alle Sozialleistungsträger und ihre Vereinigungen, die im Jahr der Antragstellung mehr als 10 vom Hundert der Berechnungstage abrechnen."*

von auszugehen, dass subjektiv-öffentliche Rechte im Pflegesatzverfahren nur den Krankenkassen zustehen können, denen der Gesetzgeber eine aktive Rolle bei der Entgeltermittlung zugedacht hat. Dies sind nach dem derzeit geltenden Pflegesatzrecht die Pflegesatzparteien nach § 18 Abs. 2 KHG. Die Vertragsparteien auf Kostenträgerseite sollen im Verfahren die Interessen aller Sozialleistungsträger, also auch die der nicht beteiligten Krankenkassen wahrnehmen. Die Rechtsposition der am Pflegesatzverfahren Beteiligten ist seit der Geltung des Vereinbarungsgrundsatzes wesentlich gestärkt worden. Den Pflegesatzparteien wurde, vorbehaltlich der Genehmigung durch die Landesbehörde, die Befugnis verliehen, mit Wirkung für alle die Pflegesätze zu vereinbaren.[645] So kommt unter allen gesetzlichen Krankenkassen, denjenigen, die Vertragsparteien des Pflegesatzverfahrens sind, eine herausgehobene Stellung zu. Die Vertragsparteien vereinbaren die Pflegesätze, haben das Recht, die Schiedsstelle anzurufen und können das Genehmigungsverfahren in Gang setzen. Die pflegesatzrechtlichen Vorschriften entfalten ihnen gegenüber eine individualschützende Wirkung und nicht einen bloßen Rechtsreflex. Krankenkassen, die nicht nach § 18 Abs. 2 KHG Vertragsparteien sind, werden nicht von dem personell-rechtlichen Schutzbereich der normativen Pflegesatzregelungen erfasst; sie sind von den genehmigten Pflegesätzen nur wirtschaftlich betroffen. Die Einschränkung des Klagerechts auf die Vertragsparteien erscheint auch aus einem weiteren Grund sachgerecht zu sein. Die hier vertretene Auffassung entspricht nicht nur dem Schutzzweck des Gesetzes, sondern vermeidet auch, dass Krankenkassen, die nicht Adressaten der Genehmigung sind, auf Grund der fehlenden Ingangsetzung der Klagefrist, mittels Bekanntgabe des Verwaltungsaktes mit entsprechender Rechtsbehelfsbelehrung bis zur Verwirkung ihres Klagerechts berechtigt sind, das Gericht anzurufen. So würde lange Zeit Unklarheit darüber bestehen, ob es bei den von der Landesbehörde genehmigten Pflegesätzen bleibt oder nicht.

Im Zusammenhang mit der Klagebefugnis der Sozialleistungsträger stellt sich noch eine weitere Frage. Es ist zweifelhaft, ob Vertragsparteien, die nicht an

---

645 Vgl. *Dietz/Bofinger*, Krankenhausfinanzierungsrecht, § 18 KHG Erl. VI. 4.3.

der Pflegesatzverhandlung teilgenommen haben, sich noch auf dem Klagewege gegen die Pflegesatzregelung wenden können. Entgegen der gesetzlichen Vorgabe in § 18 Abs. 2 KHG begnügt sich § 17 Abs. 1 Satz 4 BPflV
damit, dass bei dem Abschluss der Pflegesatzvereinbarung nur die anwesenden Vertragsparteien mitwirken. Daraus kann aber nicht geschlossen
werden, dass die Vertragsparteien, die an der Vereinbarung nicht mitgewirkt
haben, gegen die Genehmigung nicht klagen könnten.[646] Die von § 18 Abs. 2
KHG erfassten Krankenkassen werden auch dann durch eine rechtswidrige
Pflegesatzregelung in ihren rechtlich geschützten Interessen verletzt, wenn
sie an den Verhandlungen nicht teilgenommen haben. Den Vertragsparteien
nach § 18 Abs. 2 KHG hat der Gesetzgeber das Recht verliehen, an der
Pflegesatzfindung bestimmend mitzuwirken und ihnen dadurch eine besondere Stellung im Verfahren zugeordnet. Durch eine fehlerhafte Regelung
über die Pflegesätze werden sie in ihrer vom Gesetzgeber geschützten
Rechtsposition, unabhängig von der konkreten Mitwirkung an den Einigungsbemühungen, betroffen. Die Regelung des § 17 Abs. 1 Satz 4 BPflV dient
lediglich dazu, der Gefahr des Verschleppens oder des Vereitelns der Pflegesatzverhandlung und damit des Abschlusses einer Pflegesatzvereinbarung
durch das Fernbleiben einer einzelnen Vertragspartei entgegenzuwirken.
Eine Einschränkung des gesetzlich normierten Schutzzweckes im Sinne einer Präklusion der Einwände oder der Verwirkung eines subjektiv-öffentlichen Rechts wird damit nicht bezweckt.

Die Klage des Krankenhausträgers oder einer anderen Vertragspartei ist jedoch dann grundsätzlich unzulässig, wenn sie gegen die Genehmigung der
vom Kläger mitvereinbarten Pflegesätze streitet oder wenn die Genehmigung
auf Antrag dieser Partei antragsgemäß ohne jegliche Abweichung erteilt
wurde. Entgegen der Auffassung des Verwaltungsgerichts Neustadt an der
Weinstraße[647] mangelt es diesen Klagen jedoch nicht an der Klagebefugnis
nach § 42 Abs. 2 VwGO, sondern an der ungeschriebenen Prozessvoraus-

---

646 So aber *Dietz/Bofinger*, Krankenhausfinanzierungsrecht, § 18 KHG Erl. VI. 4.2.
647 VG Neustadt a. d. Weinstraße, KRS II, 95.053, S. 1, 3 f.

setzung des allgemeinen Rechtsschutzbedürfnisses.[648] Der Kläger hat hier in der Regel sein Klagerecht auf Grund seines widersprüchlichen Verhaltens verloren. Diese Feststellung ist aber nur unter Berücksichtigung der Gesamtumstände zulässig. Gerade im Pflegesatzrecht kann es gute Gründe geben, die den Kläger dazu bewegen können, eine Genehmigung zu beantragen, mit der er eigentlich nicht einverstanden ist. Hier sind insbesondere die Fälle angesprochen, in denen der Kläger einen Teilerfolg durch den Schiedsspruch erzielt hat, er aber zunächst nur den sich hieraus ergebenden Pflegesatz für eine Übergangszeit bis zur gerichtlichen Entscheidung über die noch strittigen Punkte akzeptieren will. Da Schiedsstellenfestsetzungen durch die Pflegesatzparteien nicht selbstständig angreifbar sind, die Landesbehörde darüber hinaus im Genehmigungsverfahren auf eine reine Rechtskontrolle beschränkt ist, damit also keine modifizierende Genehmigung aussprechen kann, ergibt sich für den klagenden Krankenhausträger, der in der Übergangszeit bis zur gerichtlichen Entscheidung den festgesetzten Pflegesatz abrechnen will, die Notwendigkeit, zunächst die Genehmigung einer ihm eigentlich missliebigen Pflegesatzfestsetzung zu beantragen. In diesen Fällen ist dem Krankenhausträger nicht schon durch das Antragsrecht auf Versagung der Genehmigung geholfen, denn er benötigt für die Abrechnung der neuen Pflegesätze eine positive Entscheidung der Landesbehörde über deren Genehmigungsfähigkeit. Spricht der Kläger im Genehmigungsverfahren ausdrücklich einen Vorbehalt dahingehend aus, dass die seiner Ansicht nach noch strittigen Punkte aufrechterhalten bleiben und der Klärung in einem gerichtlichen Verfahren zugeführt werden sollen, so ist die spätere Anfechtungsklage nicht wegen eines fehlenden Rechtsschutzbedürfnisses unzulässig, wenn der Kläger die Genehmigung beantragt hat.[649]

---

648 Vgl. zum fehlenden Rechtsschutzbedürfnis wegen widersprüchlichem Verhalten des Klägers: *Rennert*, in: Eyermann, Verwaltungsgerichtsordnung, vor § 40 Rdnr. 22.
649 Vgl. hierzu auch VG Stuttgart, Urteil vom 13.08.1999, Az.: 4 K 5633/97.

2. Parteien einer anderen Vertragsebene

Zu prüfen ist weiter, ob den Verbänden ein Klagerecht gegen die pflegesatzrechtliche Genehmigung zustehen kann. Angesprochen sind auf Kostenträgerseite die Verbände der Krankenkassen nach §§ 207 ff. SGB V, also insbesondere die Landesverbände der Krankenkassen, die Bundesverbände
der Krankenkassen und die Verbände der Ersatzkassen. Auf Krankenhausseite kann sich die Frage nach der Klagebefugnis der Landeskrankenhausgesellschaft und der Deutschen Krankenhausgesellschaft stellen.[650] Die Klagebefugnis könnte sich auch hier aus einem eigenen subjektiven Recht ergeben. Es ist aber auch zu prüfen, ob die Verbände die Rechte ihrer Mitglieder im eigenen Namen geltend machen können.

a.) Geltendmachung eigener Rechte

Zunächst ist zu untersuchen, ob den genannten Verbänden ein eigenes
Recht eingeräumt werden kann, das sie im gerichtlichen Verfahren dazu berechtigt, sich gegen das Bestehen rechtswidriger Pflegesätze zu wenden.
Nach § 18 Abs. 1 Satz 2 KHG können sich die Landeskrankenhausgesellschaft, die Landesverbände der Krankenkassen, die Verbände der Ersatzkassen und der Landesausschuss des Verbandes der privaten Krankenversicherung[651] am Pflegesatzverfahren beteiligen. Das Beteiligungsrecht umfasst im Wesentlichen die Rechte, dieselben Unterlagen wie die Vertragsparteien zu erhalten[652] und an den Pflegesatzverhandlungen teilnehmen zu
können.[653] Weiter bedarf die Pflegesatzvereinbarung nach § 18 Abs. 1 Satz 3
KHG der Zustimmung der Landesverbände der Krankenkassen und des

---

650 Vgl. auch § 108 a SGB V.
651 Zur Prüfung der Klagebefugnis der privaten Krankenversicherungen, des Verbandes der
privaten Krankenversicherung und dem Landesausschuss des Verbandes der privaten
Krankenversicherung: vgl. unten 2.3.D.I.3.
652 Vgl. § 17 Abs. 4 Satz 2 BPflV.
653 *Dietz/Bofinger*, Krankenhausfinanzierungsrecht, § 18 KHG, Erl. II.4.

Landesausschusses des Verbandes der privaten Krankenversicherung.[654] Die Zustimmung gilt als erteilt, wenn die Mehrheit dieser Beteiligten nicht innerhalb von zwei Wochen nach Vertragsschluss widerspricht. Das Zustimmungserfordernis räumt den genannten Verbänden eine starke Rechtsposition ein, die jedoch durch § 18 Abs. 1 Satz 4 KHG wieder etwas relativiert wird.[655] Dort ist geregelt, dass der Zustimmungsvorbehalt einer Mehrheitsentscheidung unterworfen ist; weiter kann die Zustimmung binnen einer relativ kurzen Frist fingiert werden. Schon das Schweigen der Mehrheit nimmt daher dem etwaigen Widerspruch einer Minderheit die Wirkung.[656] Die Landesverbände sind zwar am Pflegesatzverfahren beteiligt, sie sind aber von dem Ergebnis der Pflegesatzvereinbarung selbst nicht unmittelbar betroffen. Weder werden ihre eigenen Einnahmen – vergleichbar dem Krankenhausträger – noch die von ihnen zu tragenden Kosten – vergleichbar den Sozialleistungsträgern – durch die Pflegesatzvereinbarung bestimmt. Den pflegesatzrechtlichen Vorschriften über die Beteiligung der Verbände am Verfahren kann kein umfassendes Klagerecht auf Rechtskontrolle der vereinbarten oder festgesetzten Entgelte entnommen werden.

---

654 Die Zustimmung der Landeskrankenhausgesellschaft ist nicht erforderlich. Weiter wird durch § 18 Abs. 1 Satz 3 KHG klargestellt, dass das Zustimmungserfordernis nur für die Pflegesatzvereinbarung, also nicht für die Entscheidungen der Schiedsstelle gilt. Erstaunlich bei der Regelung des § 18 Abs. 1 KHG ist allerdings, dass Satz 2 die Verbände der Ersatzkassen erwähnt, während Satz 3 darauf verzichtet; man wird sich hier mit der Regelung des § 27 KHG behelfen, welche den Verbänden der Ersatzkassen dieselben Rechte einräumt, die den Landesverbänden der Krankenkassen nach dem Krankenhausfinanzierungsgesetz zustehen. Verweigert die Mehrzahl der Beteiligten nach § 18 Abs. 1 Satz 3 KHG ihre Zustimmung, so entsteht eine kuriose Situation, weil die Vertragsparteien sich geeinigt haben, aber die Genehmigungsbehörde auch dann nicht die Genehmigung erteilen darf, wenn sie von der Rechtmäßigkeit der Vereinbarung überzeugt ist. Die Parteien müssen die Schiedsstelle anrufen, obwohl diese an sich nach § 19 Abs. 2 BPflV nur über Gegenstände entscheiden darf, über die die Parteien keine Einigung erreicht haben.
655 Vgl. BVerwG, KRS II, 95.071, S. 1, 5.
656 BVerwG, KRS II, 95.071, S. 1, 5 f.

Fraglich ist aber, ob die genannten Bestimmungen über die formalen Beteiligungsrechte den Verbänden ein subjektiv-öffentliches Recht auf Einräumung der Mitwirkungsmöglichkeiten mit der Folge zubilligen, dass die Genehmigung einer unter Verletzung ihrer Befugnisse zu Stande gekommenen Pflegesatzvereinbarung wegen dieses Verstoßes von ihnen im Klagewege angegriffen werden könnte.[657] Jedoch kann im Allgemeinen ein Kläger nicht ohne weiteres jede gebotene und normativ vorgesehene Verfahrenshandlung einfordern. Einem Dritten kann die Klagebefugnis in der Regel nur dann zugestanden werden, wenn er geltend macht, die Verletzung der Verfahrensvorschriften habe sich auf seine materiellrechtliche Position ausgewirkt.[658] Die Anforderungen an die Klagebefugnis eines Betroffenen sind aber dann geringer einzuschätzen, wenn das Beteiligungsrecht sich nicht an eine offene oder unbestimmte Anzahl von Personen richtet, sondern die verfahrensrechtliche Rechtsposition vom Gesetzgeber einzelnen, auserwählten Beteiligten zugestanden wird und der Kläger selbst zu diesem Personenkreis zählt.[659] Der Träger eines derartigen, so genannten absoluten Verfahrensrechtes kann die Verfahrenseinleitung oder seine Beteiligung hieran gegenüber der Verwaltung durch Leistungsklage – entgegen § 44 a VwGO – durchsetzen; vor allem aber kann er allein wegen des Verfahrensverstoßes die Aufhebung

---

657 Diese Frage wurde vom BVerwG, KRS II, 95.071, S. 1, 5 ausdrücklich offen gelassen.

658 Vgl. BVerwGE 61, 256, 275; 88, 286, 288; BVerwG NJW 1987, 1154, 1155. *Wahl/Schütz*, in: Schoch/Schmidt-Aßmann/Pietzner, Verwaltungsgerichtsordnung, § 42 Abs. 2 Rdnr. 74 sprechen hier in Anbetracht der Abhängigkeit der Klagebefugnis von der materiellen Betroffenheit des Klägers von „relativen Verfahrensrechten".

659 So wird den anerkannten Verbänden im Naturschutzrecht auf Grund der Regelung des § 29 BNatSchG ein Beteiligungsrecht an verschiedenen naturschutzrelevanten Verfahren zugestanden. Für das Planfeststellungsverfahren hat das Bundesverwaltungsgericht (BVerwGE 87, 62, 71) entschieden, dass das den Verbänden zugestandene Recht auf Beteiligung seinen Zweck einer verstärkten Berücksichtigung der Belange des Naturschutzes und der Landschaftspflege in den Verfahren letztlich nur dann effektiv erfüllen kann, *wenn der Träger dieses Rechts für den Fall, daß er nicht oder nicht ausreichend beteiligt worden ist, unter Berufung hierauf die ergangene Verwaltungsentscheidung angreifen und gegebenenfalls ihre Aufhebung durch das Gericht erreichen kann."*

auch einer materiell rechtmäßigen Sachentscheidung verlangen.[660] Bei der Anerkennung dieser Rechtsstellung ist allerdings Zurückhaltung geboten, weil im Regelfall die Verfahrensvorschriften allein den Schutz des materiellen Rechts bezwecken, auf das sich das vorgeschriebene Verfahren bezieht.[661]

Durch die Anfügung der Sätze 2 und 3 an die bestehende Regelung des § 18 Abs. 1 KHG sollte die Stellung der Verbände im Pflegesatzverfahren gestärkt werden, um – nach der amtlichen Begründung des Gesetzes zur Strukturreform im Gesundheitswesen (GRG)[662] – zu einheitlichen Verfahrensweisen bei Führung und Gestaltung der Pflegesatzverhandlungen zu gelangen und die Landesebene der Krankenkassen zusätzlich in die Verantwortung für Inhalt und Form der Pflegesatzabschlüsse vor Ort einzubeziehen. Die Rechtsstellung gerichtet auf die Beteiligung am Pflegesatzverfahren zielt nicht nur auf die Erklärung der Zustimmung oder des Widerspruchs zu den vereinbarten Pflegesätzen ab, sondern sie umfasst auch die Befugnis, die Parteien oder die Landesbehörde auf alle in Betracht kommenden rechtlichen und auch sonstigen Bedenken hinzuweisen und beinhaltet ein Mitwirkungsrecht in jedem Stadium des Verfahrens. Das Beteiligungsrecht, das dem zahlenmäßig abgegrenzten Kreis von Verbänden zusteht, kann seinen Zweck einer verstärkten Berücksichtigung der überregionalen Belange im Pflegesatzverfahren letztlich nur dann effektiv erfüllen, wenn die Träger des Rechts verwaltungsrechtliche Entscheidungen, die unter Missachtung dieser Rechtsstellung zu Stande gekommen sind, im Einzelfall einer gerichtlichen Überprüfung zuführen können. Auch die Gewährung des Widerspruchsrechts, das über die bloße Berechtigung einer Anhörung weit hinausgeht, spricht gegen die Annahme einer rein objektiven Verfahrensnorm. Die Verbände wurden in herausgehobener und qualifizierter Weise vom Gesetzgeber mit Beteiligungsrechten ausgestattet, die allerdings eine differenzierte Reichweite auf-

---

660 Vgl. *Wahl/Schütz*, in: Schoch/Schmidt-Aßmann/Pietzner, Verwaltungsgerichtsordnung, § 42 Abs. 2 Rdnr. 73.
661 Vgl. *Wahl/Schütz*, in: Schoch/Schmidt-Aßmann/Pietzner, Verwaltungsgerichtsordnung, § 42 Abs. 2 Rdnr. 73.
662 Vgl. BT-Drucks. 11/2237, S. 255.

weisen. Die in § 18 Abs. 1 Satz 2 KHG genannten Verbände haben ein Recht auf Beteiligung am Pflegesatzverfahren im dargestellten Umfang. Den Landesverbänden der Krankenkassen, den Verbänden der Ersatzkassen und dem Landesausschuss des Verbandes der privaten Krankenversicherung steht ein darüber hinausgehendes Widerspruchsrecht nach § 18 Abs. 1 Satz 3 KHG zu. Ergeht die Genehmigung ohne Beteiligung der Verbände im aufgezeigten Umfang, so leidet die Verwaltungsentscheidung an einem Rechtsfehler, der von diesen unter Berufung hierauf angegriffen werden kann. Von der hier zugestandenen Klagebefugnis ist allerdings die Frage zu unterscheiden, ob ein Verfahrensverstoß im Rahmen der Begründetheit zur Aufhebung der Genehmigung, unabhängig von ihrer materiellen Richtigkeit in der Sache, führen kann. Auf Grund des Mehrheitserfordernisses über die Verweigerung der Zustimmung zur Pflegesatzvereinbarung wäre die unterlassene Beteiligung eines einzelnen Verbandes im Genehmigungsverfahren nach § 46 VwVfG dann unschädlich, wenn nicht die Mehrheit der Verbände fristgerecht einen Widerspruch geäußert hätte. Die Pflegesatzgenehmigung ist eine gebundene Verwaltungsentscheidung, bei der Mängel im Sinne von § 46 VwVfG – hierzu zählen auch Form- und Verfahrensfehler aus Fachgesetzen[663] – alleine grundsätzlich nicht zur Aufhebung des Verwaltungsaktes führen[664]. Die Anfechtungsklage des Beteiligten im Sinne von § 18 Abs. 1 Satz 3 KHG wäre aber dann erfolgreich, wenn die fehlerhafte Nichtbeteiligung des Verbandes nach § 18 Abs. 1 Satz 3 KHG für die Erteilung der Genehmigung ursächlich war. Wäre in diesem Fall das Verfahren ordnungsgemäß durchgeführt worden und hätte dann die Mehrheit der Verbände der Pflegesatzvereinbarung widersprochen, so wäre eine andere Sachentscheidung durch die Landesbehörde ergangen. Die Erheblichkeit des Verfahrensfehlers liegt darin begründet, dass die Genehmigung zwingend zu versagen ist, wenn die Mehrheit der Verbände fristgemäß widersprochen hat.

---

663 Vgl. *Sachs*, in: Stelkens/Bonk/Sachs, Verwaltungsverfahrensgesetz, § 46 Rdnr. 21.
664 Vgl. *Gerhardt*, in: Schoch/Schmidt-Aßmann/Pietzner, Verwaltungsgerichtsordnung, § 113 Rdnr. 27 f.

Demnach steht den Verbänden keine umfassende Klagebefugnis auf Rechtskontrolle der pflegesatzrechtlichen Genehmigung der Krankenhauspflegesätze zu. Sie sind im gerichtlichen Verfahren darauf beschränkt, die Rechtswidrigkeit des Verwaltungsaktes infolge eines Verstoßes gegen das ihnen
zustehende Beteiligungsrecht geltend zu machen. Die Verbände können ihr
Beteiligungsrecht während des laufenden Pflegesatzverfahrens, insbesondere des Genehmigungsverfahrens mit einer Leistungsklage, gegebenenfalls
auch mit einem Antrag auf Erlass einer einstweiligen Anordnung geltend machen.[665] Die Klagebefugnis hat aber auch noch nach Abschluss des Genehmigungsverfahrens ihre Bedeutung, denn der in seinem Beteiligungsrecht
verletzte Verband kann allein unter Berufung auf den ihn betreffenden Ver-
fahrensmangel einer unterbliebenen oder unzureichenden Beteiligung die
Aufhebung der behördlichen Entscheidung gerichtlich durchsetzen, soweit
die weiteren Voraussetzungen für den Erfolg der Klage – unter besonderer
Berücksichtigung von § 46 VwVfG – gegeben sind.

b.) Prozessstandschaft

Weiterhin ist fraglich, ob die Verbände über die begrenzte Klagebefugnis aus
eigenem Recht hinausgehende, weiterreichende Rechte ihrer Mitglieder im
eigenem Namen durchsetzen können. Dies würde eine Prozessstandschaft
voraussetzen. Eine solch besondere Prozessführungsbefugnis kann kraft
Gesetzes in Form der so genannten gesetzlichen Prozessstandschaft angeordnet sein oder auf einer Prozessführungsermächtigung durch den
Rechtsträger beruhen. Der letztere Fall der so genannten gewillkürten Prozessstandschaft ist dem Verwaltungsprozess fremd, weil schon die Regelung
des § 42 Abs. 2 VwGO verlangt, dass der Kläger den prozessualen Anspruch
im eigenen Namen geltend machen muss.[666] Damit ist eine gewillkürte Prozessstandschaft im Anfechtungsrechtsstreit ausgeschlossen.[667] Scheidet

---

665 Vgl. auch BVerwGE 87, 62, 70 f.
666 *Happ*, in: Eyermann, Verwaltungsgerichtsordnung, § 42 Rdnr. 76.
667 Vgl. BVerwG, KRS II, 95.071, S. 1, 3 f.; BVerwG Buchholz 310 § 67 Nr. 37.

demnach die Möglichkeit einer rechtsgeschäftlichen Übertragung der Prozessführungsbefugnis im Verwaltungsprozess von vornherein aus, so wäre doch die Begründung einer gesetzlichen Prozessstandschaft denkbar, weil § 42 Abs. 2 VwGO einen entsprechenden gesetzlichen Vorbehalt enthält.[668] Da es jedoch an einer ausdrücklichen Regelung zur Begründung einer gesetzlichen Prozessstandschaft der Bundes- oder Landesverbände für die Krankenkassen oder die Krankenhausträger fehlt, kommt auch aus diesem Gesichtspunkt die Begründung einer Prozessführungsbefugnis nicht in Betracht. Die Verneinung der Prozessstandschaft für die Verbände im Pflegesatzrecht entspricht auch den Feststellungen des Bundesverwaltungsgerichts im Urteil vom 03. Dezember 1959:[669]

> *„Das verwaltungsgerichtliche Verfahren kennt keine allgemeine Prozesstandschaft der Organisationen und Vereinigungen, die diese zur Wahrnehmung der Rechte ihrer Mitglieder in Rechtsstreitigkeiten im eigenen Namen ermächtigt."*

3. Organisationen der privaten Krankenversicherung

a.) Privates Krankenversicherungsunternehmen

Das einzelne private Krankenversicherungsunternehmen wird im Krankenhausfinanzierungsgesetz und in der Bundespflegesatzverordnung nicht erwähnt. Es ist weder als Vertragspartei noch auf irgendeine andere Weise am Pflegesatzverfahren beteiligt. Es wird durch die hoheitliche Pflegesatzregelung nur mittelbar in seinen wirtschaftlichen Interessen betroffen, soweit ein

---

668 Vgl. *Happ*, in: Eyermann, Verwaltungsgerichtsordnung, § 42 Rdnrn. 76 und 119, dort mit Beispielen, insbesondere über die von zahlreichen Ländern eingeführte naturschutzrechtliche Verbandsklage.

669 BVerwG MDR 1960, 338; vgl. auch VGH Baden-Württemberg, Beschluss vom 17.01.1997, KRS II, 97.037, zur Verneinung der Klagebefugnis des Verbandes der Ersatzkassen bei Anfechtung einer pflegesatzrechtlichen Genehmigung.

Versicherter gegenüber dem Krankenhausträger zahlungspflichtig wird. Eine Ausgleichsverpflichtung der privaten Krankenversicherung über die entstandenen Behandlungskosten kann sich ausschließlich aus dem Inhalt des abgeschlossenen Versicherungsvertrages ergeben. Ob die Versicherung auf Grund einer so genannten Kostenübernahme-Erklärung auch zu Zahlungen an das Krankenhaus verpflichtet ist, richtet sich nach ihrer eigenen Entscheidung.[670] Da es an einer unmittelbaren Rechtsbetroffenheit der privaten Krankenversicherung durch die öffentlich-rechtliche Pflegesatzregelung fehlt, scheidet bei ihr eine Klagebefugnis gegen die Entscheidung der Genehmigungsbehörde aus.[671]

b.) Verband der privaten Krankenversicherung

Der Verband der privaten Krankenversicherung ist ein freiwilliger Verband der durch die Aufsichtsbehörde zugelassenen und in Deutschland tätigen Unternehmen der privaten Krankenversicherung und bezweckt die Vertretung und Förderung der allgemeinen Interessen der privaten Krankenversicherung und seiner Mitgliedsunternehmen.[672] Der Verband ist ebenso wie die einzelnen privaten Krankenversicherungsunternehmen nicht in die normativen Regelungen über das Pflegesatzverfahren auf Ortsebene einbezogen. Er ist lediglich Vertragspartei auf Bundesebene für die in § 15 Abs. 1 BPflV und § 17 b Abs. 2 KHG vorgesehenen Kompetenzen. Auch diese Eigenschaft vermag keine Klagebefugnis gegen die Entscheidungen der Landesbehörde zu begründen. Eine Norm, die dem Verband der privaten Krankenversicherung einen Schutz gegen die Pflegesatzgenehmigung gewähren könnte, gibt es nicht; den pflegesatzrechtlichen Vorschriften kann kein Gebot der Rücksichtnahme auf seine Interessen entnommen werden.[673] Darüber hinaus sind die Versicherungsnehmer der privaten Krankenversicherungen gerade nicht

---

670 BVerwGE 100, 231, 237.
671 Vgl. BVerwGE 100, 231, 237.
672 Vgl. OVG Nordrhein-Westfalen, KRS, 94.001, S. 1, 4.
673 Vgl. BVerwG, KRS II, 95.071, S. 1, 3.

Mitglied des Verbandes, so dass eine Prozessstandschaft für diese Personen von vornherein ausscheidet.[674]

c.) Landesausschuss der privaten Krankenversicherung

Der Landesausschuss der privaten Krankenversicherung ist eine organisatorisch unselbstständige Untergliederung des Verbandes der privaten Krankenversicherung.[675] Er ist Beteiligter am Pflegesatzverfahren nach § 18 Abs. 1 Satz 2 und 3 KHG und nimmt damit dieselbe verfahrensrechtliche Stellung ein wie die Landesverbände der Krankenkassen. Der Landesausschuss hat keine rechtlich geschützten Interessen an einem Pflegesatz in „richtiger Höhe". Abgesehen von dem formalen Mitwirkungsrecht im Rahmen des Zustandekommens einer Pflegesatzvereinbarung ist eine Rücksichtnahme auf seine Interessen gesetzlich nicht vorgesehen. Auch ihm steht nur bei einer Verletzung seiner Beteiligungsrechte eine Klagebefugnis zu.[676] Der Landesausschuss der privaten Krankenversicherung vertritt auch nicht die Rechte der Privatpatienten im eigenen Namen. Wie oben dargelegt, kommt eine gewillkürte Prozessstandschaft von vornherein nicht in Betracht. Für eine gesetzliche Prozessstandschaft fehlt es an einer gesetzlichen Vorschrift, die den Landesausschuss berechtigen könnte, die Rechte der privaten Patienten wahrzunehmen.[677]

4. Selbstzahlender Krankenhauspatient

Patienten, die nicht in das System der gesetzlichen Krankenversicherung einbezogen sind, schulden in der Regel selbst das Entgelt für die erbrachte

---

674 OVG Nordrhein-Westfalen, KRS, 94.001, S. 1, 4.

675 Vgl. OVG Nordrhein-Westfalen, KRS, 94.001, S. 1, 2.

676 Das OVG Nordrhein-Westfalen, KRS, 94.001, S. 1, 4, hat die Klagebefugnis bei einer Verletzung der Beteiligungsrechte ausdrücklich anerkannt: *„Der Landesausschuß ist [...] nur dann klagebefugt, wenn eine Verletzung seiner Beteiligungsrechte im Streit steht"*.

677 Vgl. BVerwG, KRS II, 95.071, S. 1, 7.

Krankenhausleistung. Damit stellt sich die Frage, ob auch ihnen ein Klagerecht gegen die behördliche Genehmigung der Pflegesätze zusteht. Dies könnte dann abzulehnen sein, wenn die Genehmigung kein Verwaltungsakt gegenüber den selbstzahlenden Patienten darstellt (hierzu unten a.)) oder wenn diese Patienten durch die Entscheidung der Genehmigungsbehörde nicht unmittelbar betroffen werden (hierzu unten b.)). Zu prüfen ist insbesondere, ob dem selbstzahlenden Patienten eine Schutznorm zur Seite steht (hierzu unten c.)) und ob gegen den Anspruch des Krankenhausträgers auch ohne Eröffnung des Verwaltungsrechtsweges schon ein hinreichender gerichtlicher Rechtsschutz durch die Zivilgerichte gewährleistet wird (hierzu unten d.).

a.) Verwaltunsakt gegenüber dem „Selbstzahler"

Nach der Rechtsprechung des Bundesverwaltungsgerichts[678] ist die Anfechtungsklage nur statthaft, wenn die fragliche Maßnahme inhaltlich gerade gegenüber dem Kläger ein Verwaltungsakt ist.[679] Dieser Auffassung liegt die Annahme zu Grunde, eine behördliche Maßnahme könne einem Betroffenen gegenüber ein Verwaltungsakt sein, anderen Betroffenen gegenüber nicht.[680] So wurde teilweise von den Gerichten das Vorliegen eines Verwaltungsaktes gegenüber den selbstzahlenden Patienten abgelehnt, weil es insoweit an dem Merkmal der unmittelbaren rechtlichen Wirkung fehle.[681] Das Bundesverwaltungsgericht hält an dem so genannten „relativen Verwaltungsakt" fest und begründet dies damit, dass eine unterschiedliche Einordnung von Behördenentscheidungen je nach ihren konkreten Rechtswirkungen grundsätzlich sinnvoll und systemgerecht sein könne.[682]

---

678 Vgl. BVerwGE 74, 124, 126; BVerwG NVwZ 1994, 784.
679 *Happ*, in: Eyermann, Verwaltungsgerichtsordnung, § 42 Rdnr. 9.
680 Kritisch hierzu: *Voßkuhle*, SächsVBl. 1995, 54.
681 Vgl. LG Frankfurt NJW 1978, 597, 598; OVG Koblenz NJW 1979, 1261.
682 Vgl. BVerwG NVwZ 1990, 260, 261.

Dagegen ist die Rechtsfigur des „relativen Verwaltungsaktes" generell abzulehnen, weil auch eine anzunehmende unterschiedliche Rechtswirkung einer Maßnahme gegenüber den Betroffenen nicht danach verlangt, ihre Rechtsnatur differenziert zu beurteilen. Unterschiedliche Rechtswirkungen eines Verwaltungsaktes eröffnen keine Fragen bei der nach objektiven Maßstäben zu beurteilenden Rechtsnatur der Maßnahme, sondern ausschließlich bei der Prüfung der subjektiven Betroffenheit des Klägers. Die Anerkennung relativer Rechtsakte beruht häufig auf einer unzureichenden Trennung von Vorgang und Inhalt[683] und ist weder systematisch zwingend noch sachlich erforderlich, denn soweit das Motiv für ihre Annahme ist, bestimmte Maßnahmen der Anfechtungsklage von Personen zu entziehen, die hiervon nicht unmittelbar betroffen sind, lässt sich dasselbe Ergebnis einfacher und dogmatisch sauberer durch eine Verneinung der Klagebefugnis erzielen.[684] Auch gegenüber dem selbstzahlenden Patienten stellt die pflegesatzrechtliche Genehmigung, deren Adressat er nicht ist, einen Verwaltungsakt dar. Das Klagerecht des „Selbstzahlers" gegen die Entscheidung der Landesbehörde könnte nur dann zu verneinen sein, wenn ihm keine Klagebefugnis zustehen würde.

b.) Rechtliche Betroffenheit

Es ist zu untersuchen, ob die pflegesatzrechtliche Genehmigung den selbstzahlenden Patienten unmittelbar betrifft. An einer Beschwer könnte es dann fehlen, wenn nicht die Entscheidung der Genehmigungsbehörde, sondern erst ein mit dem Patienten vereinbarter Behandlungsvertrag seine rechtliche Betroffenheit auslösen würde.

Die pflegesatzrechtliche Genehmigung ähnelt den Fällen, in denen ein Unternehmer eine behördliche Genehmigung zur wirksamen Erhebung von Benutzungsentgelten benötigt. Auch hier ist Adressat der Genehmigung nicht

---

683 Vgl. *Wolff/Bachof/Stober*, Verwaltungsrecht I, § 45 Rdnr. 73.

684 Vgl. *P. Stelkens/U. Stelkens*, in: Stelkens/Bonk/Sachs, Verwaltungsverfahrensgesetz, § 35 Rdnr. 19.

der Benutzer oder Kunde, sondern nur der Unternehmer.[685] In derartigen Fällen hat die Rechtsprechung in zahlreichen Entscheidungen dem Benutzer die Klagebefugnis für die Anfechtung der Tarifgenehmigung verweigert.[686] Begründet wurde die Ablehnung regelmäßig damit, dass der Adressat durch die Genehmigung lediglich zur zivilrechtlichen Umsetzung berechtigt werde. Bei dem Benutzer liege nur eine mittelbare Betroffenheit vor, denn die Tarifänderung folge nicht unmittelbar aus der Genehmigung. Letztendlich entscheide der Adressat des Verwaltungsaktes, ob er von der Erhöhung der Tarifpreise Gebrauch mache.

Entgegen der genannten Rechtsprechung zu einer Vielzahl anderer hoheitlicher Genehmigungen von privatrechtlich vereinbarten Preisen wirkt die pflegesatzrechtliche Genehmigung unmittelbar auf das Rechtsverhältnis des Patienten zum Krankenhausträger ein.[687] Nach § 17 Abs. 1 Satz 1 KHG und § 14 Abs. 1 Satz 1 BPflV sind die Pflegesätze für alle Benutzer einheitlich zu berechnen. Die Einhaltung und Durchsetzung dieses Gebots bleibt nicht allein den Pflegesatzparteien überlassen und wird auch nicht von einer Einbeziehung in den Krankenhausaufnahmevertrag abhängig gemacht.[688] Da die selbstzahlenden Patienten nicht und auch keineswegs alle Sozialleistungsträger an den Pflegesatzverhandlungen beteiligt sind, dient die pflegesatzrechtliche Genehmigung zum einen der staatlichen Legitimation einer Erstreckung des Vertragsinhalts auf Dritte und zum anderen der Gewährleistung der Einheitlichkeit der Pflegesätze. Die Genehmigung ist – vergleichbar der

---

685 Vgl. *Mutzbauer*, Die hoheitliche Gestaltung privatrechtlich vereinbarter Preise durch Rechtsvorschriften und Verwaltungsentscheidungen, S. 56.

686 Vgl. BVerwGE 72, 226, 229; 75, 147, 149 f.; BVerwG NJW 1968, 2258, 2259; BVerwG DÖV 1978, 619, 620; BVerwG NVwZ 1994, 999, 1000; OVG Berlin DÖV 1959, 790, 792; VG Köln NVwBL 1990, 128, 129.

687 A. A. wohl *Mutzbauer*, Die hoheitliche Gestaltung privatrechtlich vereinbarter Preise durch Rechtsvorschriften und Verwaltungsentscheidungen, S. 84, der von der Genehmigung stets nur den Unternehmer betroffen sieht, damit eine unmittelbare rechtliche Betroffenheit der Kunden ablehnt und diesen ohne weitere Differenzierung den verwaltungsgerichtlichen Rechtsschutz verweigern will.

688 Vgl. hierzu schon oben 2.2.A.I.4.b.) dd.).

Allgemeinverbindlichkeitserklärung nach § 5 TVG – notwendige staatliche Legitimation eines vereinbarten Tarifs.[689] Die „Allgemeinverbindlichkeitserklärung" von Pflegesätzen durch die Genehmigung geschieht dadurch, dass der Staat die vereinbarten Entgelte gewissermaßen in seinen Willen aufnimmt und ihre Verbindlichkeit unabhängig von einer weiteren zivilrechtlichen Umsetzung anordnet. Die auf der Grundlage des Krankenhausfinanzierungsgesetzes und der Bundespflegesatzverordnung ermittelten Krankenhauspflegesätze gelten unmittelbar für die Parteien des Krankenhausaufnahmevertrages; ihre Einbeziehung in diesen Vertrag ist insofern nicht zwingend erforderlich.[690]

Es ist festzustellen, dass die pflegesatzrechtliche Genehmigung eine unmittelbare Wirkung gegenüber dem selbstzahlenden Patienten eines Krankenhauses entfaltet. Dieser Gesichtpunkt spricht dafür, eine Klagebefugnis des „Selbstzahlers" anzunehmen. Gleichwohl kann nicht ohne Rückgriff auf die Schutznormtheorie aus der Feststellung über die Unmittelbarkeit oder dem Vorliegen eines privatrechtsgestaltenden Verwaltungsaktes[691] auf die Klagebefugnis geschlossen werden.[692]

c.) Schutznorm

Dem selbstzahlenden Patienten, der von der pflegesatzrechtlichen Genehmigung betroffen ist, könnte die Klagebefugnis zustehen, wenn er sich auf eine öffentlich-rechtliche Norm berufen könnte, die zumindest auch ihn – als Dritten – zu schützen bestimmt ist. Die Beschwer ist dann nicht gegeben, wenn die geltend gemachten Rechte unter Zugrundelegung des Klägervor-

---

689 Vgl. *Gitter*, in: Das Krankenhaus zwischen Recht und Wirklichkeit, 13. Deutscher Krankenhaustag und Interhospital 1985, S. 307, 316.

690 Vgl. BGHZ 105, 160, 162.

691 Vgl. hierzu oben 2.2.A.I.4.b.).

692 So aber wohl *Skouris*, Verletztenklagen und Interessentenklagen im Verwaltungsprozeß, S. 204 f.; kritisch hierzu auch *Schmidt-Preuß*, Kollidierende Privatinteressen im Verwaltungsrecht, S. 372 f.

bringens offensichtlich und eindeutig nach keiner Betrachtungsweise bestehen oder ihm zustehen können, eine Verletzung subjektiver Rechte des Klägers also nicht in Betracht kommt.[693]

aa.) Rechtsprechung des Bundesverwaltungsgerichts

Das Bundesverwaltungsgericht hat mit Urteil vom 21.Dezember 1995 entschieden,[694] ein selbstzahlender Krankenhauspatient könne eine auf der Grundlage der Bundespflegesatzverordnung 1985 ergangene Genehmigung einer rückwirkenden Pflegesatzerhöhung mit der Klage anfechten. Der gerichtlichen Entscheidung lag ein Nachforderungsbegehren eines Krankenhausträgers gegenüber dem klagenden „Selbstzahler" zu Grunde. Da zum Zeitpunkt des Krankenhausaufenthalts und der (erstmaligen) Inrechnungstellung noch kein neuer Pflegesatz für den laufenden Pflegesatzzeitraum vereinbart oder festgesetzt war, wurde der (niedrigere) weitergeltende Pflegesatz des Vorjahres abgerechnet. Später wurde die Genehmigung der von der Schiedsstelle festgesetzten Pflegesätze erteilt. Diese enthielt neben einem um 80 DM höheren Pflegesatz, rückwirkend zum 01. August des laufenden Jahres wirksam werdend, eine weitere Bestimmung, nach der zum Ausgleich der Unterdeckung in den vergangenen Monaten Januar bis Juli, neben dem allgemeinen Pflegesatz je Berechnungstag ein Zuschlag von 112 DM, ebenfalls ab dem 01. August berechnet werden sollte. Die rückwirkende Pflegesatzfestsetzung wurde auf § 19 Abs. 2 Satz 2 BPflV vom 21. August 1985[695] gestützt, wonach ein rückwirkendes Inkrafttreten der Pflegesätze *„in Ausnahmefällen"* zulässig sein sollte. Der Kläger hat die Genehmigung angefochten, auf deren Grundlage der Krankenhausträger von ihm pro Berechnungstag 192 DM (80 DM+112 DM) nachgefordert hat.

---

693 Vgl. BVerfG NJW 1991, 1878; BVerwG NJW 1994, 1604.
694 BVerwGE 100, 230.
695 BGBl. I. S. 1666.

Das Bundesverwaltungsgericht hat in diesem Fall dem selbstzahlenden Patienten eine Klagebefugnis unmittelbar aus Art. 2 Abs. 1 GG zugestanden. Diese Norm sei dazu bestimmt, dem Grundrechtsträger im Rahmen ihres Schutzbereichs eigene Rechte zu verleihen und umfasse prinzipiell auch die Freiheit, den Inhalt von Vergütungsvereinbarungen bei der Inanspruchnahme von Leistungen mit der Gegenseite auszuhandeln. Ausdrücklich offen gelassen hat das Gericht dabei die Frage, ob dieses Grundrecht – im Hinblick darauf, dass die Vertragsfreiheit des Patienten durch § 17 Abs. 1 KHG eingeschränkt worden sei – dem „Selbstzahler" ausnahmslos eine Klagebefugnis verleihen könne. Eine Aussage über die Anerkennung einer Klagebefugnis für Fallgestaltungen, die von der vorliegenden abweichen, war aus Sicht des Gerichts nicht erforderlich, weil es die Vorschrift des § 19 Abs. 2 Satz 2 BPflV a. F., die die rückwirkende Erhöhung der Pflegesätze gestatten sollte, für unwirksam hielt. Die Vorschrift verstoße gegen den Grundsatz der Gesetzmäßigkeit der Verwaltung, da sie nicht hinreichend bestimmt und begrenzt sei. Damit kam eine zulässige Einschränkung des Schutzbereichs des Grundrechts durch § 19 Abs. 2 Satz 2 BPflV über das Merkmal „verfassungsmäßige Ordnung" im Sinne von Art. 2 Abs. 1 GG nicht in Betracht. Für das Gericht war damit im konkreten Fall der Weg frei, die Klagebefugnis des selbstzahlenden Patienten im Rechtsstreit gegen die pflegesatzrechtliche Genehmigung zu bejahen.

bb.) Eigener Lösungsansatz

Die Untersuchung, ob dem selbstzahlenden Patienten eine Schutznorm zur Seite steht, hat beim einfachen Gesetzesrecht anzusetzen, denn die Ausformungsbedürftigkeit der Grundrechte durch das einfache Gesetz spricht für diesen Standort der Regelungen über die Klagebefugnis. Grundsätzlich befindet der Gesetzgeber darüber, unter welchen Voraussetzungen dem Bürger ein Recht zustehen und welchen Inhalt es haben soll.[696] Bei der Ausformulierung und Anerkennung der subjektiven öffentlichen Rechte ist er nicht frei,

---

696 Vgl. BVerfGE 78, 214, 226.

sondern – wie Art. 1 Abs. 3 GG klarstellt – an die Grundrechte gebunden. Dem Grunde nach gebieten die Grundrechte die Subjektivierung des einfachen Rechts.[697] Diesem Subjektivierungsauftrag, der an den Gesetzgeber gerichtet ist, steht das Gebot der verfassungsorientierten Auslegung gegenüber. Die Grundrechte wirken auf die bestehenden Vorschriften normintern ein, indem sie die Auslegung des einfachen Gesetzes beeinflussen. Auch die Verfassungsnorm des Art. 19 Abs. 4 Satz 1 GG begründet nicht selbst den sachlichen Bestand oder den Inhalt einer als verletzt behaupteten Rechtsstellung,[698] sondern stellt für die bestehenden subjektiv-öffentlichen Rechte die Rechtsschutzgarantie zur Verfügung. Der Ausgleich zwischen den Interessenkonflikten obliegt grundsätzlich dem demokratisch legitimierten Gesetzgeber. Dieses „Mandat" der Legislative könnte zu Gunsten der Gerichte leicht unterlaufen werden, wenn bei der Bestimmung subjektiver Rechtspositionen vorbehaltlos und unmittelbar auf die Grundrechte zurückgegriffen werden könnte.[699] Es bleibt primär der Dispositionsbefugnis des Gesetzgebers vorbehalten, unter welchen Voraussetzungen ein Individualrecht begründet wird.[700] Er hat prinzipiell den Spielraum, einen – auch grundrechtsbezogenen – Interessenkonflikt lediglich objektivrechtlich zu regeln und die subjektive Durchsetzbarkeit eines Interesses jedenfalls teilweise zu versagen.[701] Subjektive Rechte lassen sich gerade in Fällen des Drittschutzes nur gewinnen, wenn man den Blick zwischen dem vorstrukturierenden Normenmaterial des einfachen Rechts und den zentralen Grundrechtsaussagen hin- und herwandern lässt.[702] Der ausschließliche Rückgriff auf Art. 2 Abs. 1 GG als Gewährleistung der allgemeinen Handlungsfreiheit zur unmittelbaren Rechtfertigung der Klagebefugnis für einen Dritten, der nicht Adressat des Verwal-

---

697 *Wahl*, in: Schoch/Schmidt-Aßmann/Pietzner, Verwaltungsgerichtsordnung, Vorb. § 42 Abs. 2 Rdnr. 49.

698 Vgl. BVerfGE 83, 182, 194 f.

699 Vgl. *Wahl/Schütz*, in: Schoch/Schmidt-Aßmann/Pietzner, Verwaltungsgerichtsordnung, § 42 Abs. 2 Rdnr. 57; *Gassner*, DÖV 1981, 615, 617 ff.

700 Vgl. VGH Bad.-Württ. NVwZ 1990, 484, 485.

701 Vgl. *Wahl/Schütz*, in: Schoch/Schmidt-Aßmann/Pietzner, Verwaltungsgerichtsordnung, § 42 Abs. 2 Rdnr. 57.

702 *Schmidt-Aßmann*, in: Maunz/Dürig, Grundgesetz, Art. 19 Abs. 4 Rdnr. 121.

tungsaktes ist, erzeugt die Gefahr der konturenlosen Bestimmung subjektiv-öffentlicher Rechte.[703] Dieses Grundrecht gewährt weder einen allgemeinen Gesetzesvollziehungsanspruch[704] noch ein Grundrecht auf „allgemeine Nachteilsfreiheit".[705] Muss demnach die normative Basis der subjektiven Rechte zunächst im einfachen Gesetz gesucht werden, so scheint dennoch die Einräumung der unmittelbaren Herleitung der Klagebefugnis aus den Grundrechten – gewissermaßen als Reservefunktion – unverzichtbar. Zu einer derartigen normexternen Wirkung der Grundrechte kann es zum einen dann kommen, wenn es an einer einfachgesetzlichen Ordnungsnorm von vornherein fehlt[706] oder zum anderen ein bestehendes Gesetz auch durch eine verfassungskonforme Auslegung den grundrechtlichen Mindeststandard nicht erreichen kann.[707] Besteht eine subjektivrechtliche Gesetzeslücke, so hat das Gericht im Wege der anerkannten Befugnis zur richterlichen Rechtsfortbildung[708] zu prüfen, ob sich Maßstäbe sowohl verfassungsrechtlicher Art als auch als Ausdruck gesetzgeberischer Wertungen finden lassen, um zu einer lückenfüllenden Ergänzung zu gelangen.[709] Soweit demnach in Ausnahmefällen die Klagebefugnis des Dritten unmittelbar aus Grundrechten hergeleitet wird, ist darauf zu achten, dass die Grundlagen der Schutz-normtheorie nicht „unterspült" und dadurch die einschlägigen Entscheidungen des Gesetzgebers zu leichthändig negiert werden.[710]

Es lässt sich nicht feststellen, dass die normativen Regelungen, auf denen das Genehmigungsverfahren beruht, auch dazu bestimmt wären, das Individualinteresse eines selbstzahlenden Patienten zu schützen. Das Genehmigungserfordernis nach § 18 Abs. 5 Satz 1 KHG dient hinsichtlich der Höhe

---

703 Vgl. *Wahl*, in: Schoch/Schmidt-Aßmann/Pietzner, Verwaltungsgerichtsordnung, Vorb. § 42 Abs. 2 Rdnr. 97; *Pietzcker*, in: Festschrift Bachof, S. 131, 138 ff.
704 Hierzu *Wolff/Bachof*, Verwaltungsrecht I, § 43 I. b.) 1.
705 *Schmidt-Aßmann*, in: Maunz/Dürig, Grundgesetz, Art. 19 Abs. 4 Rdnr. 122.
706 Vgl. etwa VGH Kassel NVwZ 1990, 276.
707 Vgl. *Schmidt-Preuß*, Kollidierende Privatinteressen im Verwaltungsrecht, S. 50.
708 Hierzu BVerfGE 34, 269, 287 f.; 69, 315, 371 f.
709 Vgl. BVerwG NVwZ 1997, 384, 386.
710 Vgl. *Kloepfer*, VerwArch 76 (1985) 371, 383.

der Pflegesätze ausschließlich dem öffentlichen Interesse, wie sich schon aus dem Wortlaut der Vorschrift ergibt.[711] Danach ist die Genehmigung zu erteilen, wenn die Pflegesätze dem geltenden Recht entsprechen. Die der Genehmigungsbehörde aufgegebene Rechtskontrolle ist auf eine objektiv-rechtliche Überprüfung der vereinbarten und festgesetzten Entgelte beschränkt. Eine Klagebefugnis der selbstzahlenden Patienten lässt sich auch nicht aus § 1 KHG herleiten. Die Personengruppe der „Selbstzahler" hat zwar ein wirtschaftliches, aber kein rechtlich geschütztes Interesse an der Beschränkung der Krankenhauspflegesätze, mithin an sozial tragbaren Pflegesätzen. Das Pflegesatzverfahren wird ohne sie durchgeführt; der einzelne „Selbstzahler" ist weder Vertragspartei noch sonstwie an der Pflegesatzfindung beteiligt. Die Durchführung des Verfahrens wollte der Gesetzgeber offensichtlich dem Krankenhausträger und einzelnen Sozialleistungsträgern überlassen. Ein rechtlich geschütztes Individualinteresse des selbstzahlenden Patienten ist insoweit nicht erkennbar.

Eine Klagebefugnis könnte sich allerdings aus § 17 Abs. 1 Satz 1 KHG ergeben. Nach dieser Vorschrift sind die Pflegesätze für alle Benutzer einheitlich zu berechnen. Differenzierungen sind nur nach den in Anspruch genommenen Leistungen des Krankenhauses zulässig.[712] Selbstzahlenden Patienten darf kein anderer Pflegesatz berechnet werden als den sozialversicherten Patienten, weil dies eine von den in Anspruch genommenen Leistungen losgelöste sachwidrige Differenzierung wäre.[713] Das Gebot der Einheitlichkeit der Pflegesätze dient zunächst dem öffentlichen Interesse und ist insoweit von der Genehmigungsbehörde auf seine Einhaltung zu überprüfen. Betrachtet man allein den Wortlaut der Vorschrift, so ist noch kein drittschützender Charakter ersichtlich. Auch die amtliche Begründung lässt noch keinen Schutzzweck zu Gunsten des „Selbstzahlers" erkennen, wenn sie erwähnt, § 17 Abs. 1 Satz 1 solle sicherstellen, dass bei der Pflegesatzbemes-

---

711 Vgl. OVG Nordrhein-Westfalen, KRS, 94.030, S. 1, 5.

712 Vgl. *Dietz/Bofinger*, Krankenhausfinanzierungsgesetz, § 17 KHG Erl. I. 4.

713 Vgl. OVG Nordrhein-Westfalen, KRS, 94.030, S. 1, 5.

sung von einheitlichen Grundsätzen ausgegangen wird.[714] Die Norm kann aber in Ansehung des Grundrechts aus Art. 2 Abs. 1 GG einen Drittschutz aufzeigen. Der Schutzbereich des Art. 2 Abs. 1 GG, der erhebliche Bedeutung im wirtschaftlichen Bereich entfaltet,[715] umfasst auch die Freiheit, den Inhalt von Vergütungsvereinbarungen mit der Gegenseite auszuhandeln.[716] Die Vertragsfreiheit der Patienten wurde durch das Gebot der Einheitlichkeit der Pflegesätze im Zusammenhang mit der Rechtswirkung der Genehmigung, die die Pflegesätze unmittelbar in Wirksamkeit erwachsen lässt, eingeschränkt.[717] Das gesetzgeberische Postulat der Einheitlichkeit der Pflegesätze begrenzt aber nicht nur die Vertragsfreiheit der Patienten, sondern macht gleichzeitig auch die Grenzen des zulässigen Eingriffs deutlich. Die gegenüber allen Patienten geltenden Pflegesätze verbieten eine sachwidrige Differenzierung zwischen Sozialversicherten und „Selbstzahlern". Damit wirken die pflegesatzrechtlichen Vorschriften aus Sicht der selbstzahlenden Patienten nicht nur rechtsbeschränkend, sondern sie schützen diese Patientengruppe auch davor, für die gleiche Leistung des Krankenhauses höhere Pflegesätze zahlen zu müssen als die sozialversicherten Patienten. Das Grundrecht gebietet insoweit die Subjektivierung des einfachen Rechts.

Ein rechtlich geschütztes Individualinteresse des „Selbstzahlers" kann sich auch aus einzelnen Regelungen der Bundespflegesatzverordnung ergeben. So bezwecken § 14 Abs. 12 BPflV, § 21 Abs. 1 Satz 5 BPflV und § 21 Abs. 2 Satz 3 BPflV neben ihrer objektiv-rechtlichen Ausrichtung auch einen Schutz dieses Personenkreises. Der grundsätzliche Ausschluss der rückwirkenden Erhöhung der Pflegesätze nach § 21 Abs. 1 Satz 5 BPflV und die Unterrichtungspflicht des Krankenhauses gegenüber den selbstzahlenden Patienten über die voraussichtlich maßgebenden Pflegesätze dienen gerade dieser

---

714 Vgl. BT-Drucks. VI/1874-Anlage 1, abgedruckt in: Harsdorf/Friedrich, Krankenhausfinanzierungsgesetz, Bd. 1, S. 51, 91.
715 Vgl. *Jarass*, in: Jarass/Pieroth, Grundgesetz, Art. 2 Rdnr. 4.
716 Vgl. BVerfGE 70, 1, 25.
717 Vgl. BVerwGE 100, 230, 234.

Patientengruppe. Die amtliche Begründung zur Bundespflegesatzverordnung 1995[718] führt bei § 21 Abs. 1 BPflV hierzu aus:[719]

> *„... Ein rückwirkendes Erheben von Pflegesätzen ist nur bei der Schließung eines Krankenhauses zulässig, um aus Gründen des Vertrauensschutzes eine rückwirkende Belastung insbesondere selbstzahlender Patienten auf das unumgängliche Maß zu begrenzen."*

Auch die nunmehr geltende Regelung des § 21 Abs. 2 Satz 3 BPflV, welche die Höhe der Zuschläge, die infolge der Weitererhebung der bisherigen tagesgleichen Pflegesätze entstehen, auf 30 vom Hundert begrenzt, dient zumindest auch den Interessen der selbstzahlenden Patienten. Dabei ist zu beachten, dass Pflegesatzsprünge und die rückwirkende Erhöhung von Pflegesätzen die selbstzahlenden Patienten wesentlich anders treffen als die sozialversicherten Patienten bzw. deren Kostenträger. Die Gesamtaufwendungen der einzelnen Sozialleistungsträger werden durch die zeitliche Verlagerung von einzelnen Aufwendungen für die Krankenhausbehandlung ihrer Mitglieder in der Regel kaum beeinflusst. Bei einer kontinuierlichen, etwa gleichbleibeden Belegung des Krankenhauses hat die Krankenkasse nahezu denselben Betrag zu entrichten. Dagegen wäre der selbstzahlende Patient von einer schrankenlosen Rückwirkung und einer unbegrenzten Erhöhung der Pflegesätze erheblich betroffen, soweit er sich gerade in dem betreffenden Zeitraum einer Krankenhausbehandlung unterziehen müsste.

---

718 Verordnung zur Neuordnung des Pflegesatzrechts vom 26.09.1994, vgl. BGBl. I. S. 2750.

719 Vgl. BR-Drucks. 381/94, S. 38; abgedruckt auch in: Tuschen/Quaas, Bundespflegesatzverordnung, Erl. § 21, S. 383.

d.) Rechtsschutz durch Zivilgerichte

Bei der Frage, ob dem selbstzahlenden Patienten eine Klagebefugnis gegen die pflegesatzrechtliche Genehmigung zustehen soll, ist auch zu erörtern, ob er bei einer Inrechnungstellung der Entgelte durch den Krankenhausträger mit hinreichenden Erfolgsaussichten eine Klage vor den ordentlichen Gerichten mit dem Einwand einlegen kann, über die Höhe der Pflegesätze sei fehlerhaft entschieden worden. Eine Anrufung der Zivilgerichte könnte naheliegend sein, weil das Behandlungsverhältnis auf Grund des Krankenhausaufnahmevertrages zwischen dem Träger des Krankenhauses und dem Patienten zivilrechtlich zu beurteilen ist.[720] Es stellt sich also die Frage, inwieweit das Zivilgericht befugt ist, die Rechtmäßigkeit der Pflegesätze, die von der Behörde genehmigt wurden, zu überprüfen. Kontrollieren auch die ordentlichen Gerichte die Pflegesätze, so besteht die Gefahr inhaltlich abweichender Urteile von Gerichten verschiedener Rechtszweige. Sieht sich dagegen das Zivilgericht an einer Überprüfung der Pflegesätze auf Grund des Vorliegens eines Verwaltungsaktes gehindert und wird dem selbstzahlenden Patienten die Klagebefugnis im Verwaltungsprozess versagt, so ist das Gebot der effektiven Rechtsschutzgewährleistung nach Art. 19 Abs. 4 GG in Frage gestellt. Sollte es sich erweisen, dass der selbstzahlende Patient auf dem Zivilrechtsweg keine Chance hat, fehlerhafte oder überhöhte Pflegesätze anzugehen, wäre dies ein wichtiges Argument für die Zulassung einer verwaltungsgerichtlichen Klage gegen die pflegesatzrechtliche Genehmigung.

Einseitig festgelegte Preise von Unternehmen, die eine Monopolstellung innehaben, kann das Zivilgericht nach § 315 Abs. 3 BGB auf ihre Billigkeit überprüfen.[721] Hat dagegen ein Kunde den Preis mit dem Monopolunternehmer individuell vereinbart, so kommt eine gerichtliche Billigkeitskontrolle nach

---

720 Vgl. zur privatrechtlichen Einordnung des Krankenhausaufnahmevertrages: *Heinze*, in: Schulin (Hrsg.), Handbuch des Sozialversicherungsrechts, § 38 Rdnr. 1 ff.
721 Vgl. BGH NJW-RR 1990, 1204; BGH NJW 1987, 1828, 1829; OLG Celle NJW-RR 1993, 630.

dieser Norm nicht in Betracht. Auch Tarife von Unternehmen, die Leistungen der Daseinsvorsorge anbieten, auf deren Inanspruchnahme der andere Vertragsteil angewiesen ist, sind grundsätzlich einer Billigkeitskontrolle unterworfen.[722] Das Zivilgericht trägt in diesen Fällen den Interessen der Partei, die der einseitigen Entgeltbestimmung ausgesetzt ist, Rechnung, indem die Bestimmung nach billigem Ermessen zu treffen ist und die getroffene Bestimmung für den anderen Teil nur verbindlich ist, wenn sie gemäß § 315 Abs. 3 Satz 1 BGB der Billigkeit entspricht. Entspricht sie nicht der Billigkeit, so wird die Bestimmmung nach § 315 Abs. 3 Satz 2, 1. Halbs. BGB durch Urteil getroffen. Dabei ist es unerheblich, ob die einseitige Entgeltfestsetzung erst durch eine behördliche Genehmigung wirksam wird.[723] Im Allgemeinen erfolgt die behördliche Überprüfung im Genehmigungsverfahren in erster Linie unter dem Gesichtspunkt der Wahrung des öffentlichen Interesses und lässt im Übrigen der privatautonomen erwerbswirtschaftlichen Entscheidungsbefugnis der Vertragsparteien freien Raum. Soweit eine Rechtskontrolle zu Gunsten des Dritten durch die Zivilgerichte gewährleistet ist, verweigert das Bundesverwaltungsgericht einer Anfechtung der Genehmigung mit der Begründung einer fehlenden Klagebefugnis regelmäßig den Zugang zu den Verwaltungsgerichten.[724] Das Gericht will dadurch einen zweigleisigen Rechtsschutz und einander widersprechende Entscheidungen verhindern. In diesen Fällen ist das Zivilgericht bei seiner Entscheidung – abgesehen von dem Umstand, dass eine erteilte Genehmigung Tatbestandswirkung entfaltet – nicht an die Genehmigung gebunden.[725]

Etwas anderes muss aber dann gelten, wenn eine behördliche Entscheidung nicht nur Wirksamkeitsvoraussetzung einer Tariferhöhung ist, sondern die Entgelte unmittelbar selbst gegenüber den Dritten regelt. Dieser Verwaltungsakt betrifft den Kunden oder Benutzer ohne obligatorische Zwischen-

---

722 Vgl. BGHZ 73, 114.
723 Vgl. BGHZ 73, 114, 116; BGH DVBl. 1974, 558, 561.
724 Vgl. BVerwGE 72, 226; 75, 147. Kritisch zu dieser Rechtsprechung: *Schmidt-Preuß*, Kollidierende Privatinteressen im Verwaltungsrecht, S. 120 ff.
725 Vgl. BVerwGE 72, 226.

schaltung eines zivilrechtlichen Aktes. Der Preis wird unmittelbar durch den Hoheitsakt und völlig unabhängig von privatrechtlichen Absprachen geregelt. In diesen Fällen können die Zivilgerichte keinen Rechtsschutz für den Dritten gewähren, ohne dass sie die Bindungswirkung des Verwaltungsaktes ignorieren. Die Preisgestaltungsbefugnis beruht hier nicht auf einem einseitigen zivilrechtlichen Leistungsbestimmungsrecht eines Vertragspartners, sondern auf einer öffentlich-rechtlichen Norm, die eine Verwaltungsbehörde zu einem unmittelbar preisbestimmenden Hoheitsakt ermächtigt.

Im Wesentlichen ist die Bindungswirkung von bestandskräftigen und nicht nichtigen Verwaltungsakten auch im gerichtlichen Verfahren anerkannt.[726] Die Gerichte haben sich in der Vergangenheit in zwei Fällen über die Bindungswirkung von wirksamen bestandskräftigen Verwaltungsakten hinweggesetzt, oder anders ausgedrückt: eine Bindungswirkung für das Gericht nicht anerkannt. So hat das Bundesverwaltungsgericht[727] in einer vielkritisierten Entscheidung[728] zur Bedeutung der Baugenehmigungsversagung für eine nachfolgende Abrissverfügung das Abweichungsverbot für die Gerichte mit Rücksicht auf den effektiven gerichtlichen Grundrechtsschutz des Eigentums nur den Verwaltungsakten zugesprochen, die ihre Bestandskraft nach gerichtlicher Sachprüfung erlangt haben.[729] Der zweite Fall betrifft den Amtshaftungsprozess; hier sieht sich der Bundesgerichtshof grundsätzlich nicht gehindert, die Rechtmäßigkeit eines Verwaltungsaktes trotz dessen Bestandskraft zu prüfen.[730] Außerhalb der genannten Rechtsbereiche steht die bindende Wirkung bestandskräftiger, nicht nichtiger Verwaltungsakte im ge-

---

726 Vgl. *Clausing*, in: Schoch/Schmidt-Aßmann/Pietzner, Verwaltungsgerichtsordnung, § 121 Rdnr. 28; Mußgnug, in: Festschrift zum 125jährigen Bestehen der Juristischen Gesellschaft zu Berlin, S. 479, 480; *Jarass*, VVDStRL 50 (1991), S. 239 ff; zu der Reichweite der Bindungswirkung eines bestandskräftigen Verwaltungsaktes im gerichtlichen Verfahren auch schon oben 2.3.B.I.2.b.).

727 BVerwGE 48, 271, 275 ff.

728 Vgl. *Merten* NJW 1983, 1993, 1996; *Erichsen/Knoke*, NVwZ 1983, 185, 192; auch *Ortloff* NJW 1987, 1665, 1667 und 1670.

729 Vgl. *Sachs*, in: Stelkens/Bonk/Sachs, Verwaltungsverfahrensgesetz, § 43 Rdnr. 117.

730 Vgl. BGH NJW 1991, 1168; ablehnend: *Ortloff*, NJW 1987, 1665, 1670.

richtlichen Verfahren weitgehend außer Streit.[731] Auch schon vor Eintritt der Bestandskraft des Verwaltungsaktes wird man grundsätzlich eine Bindungswirkung des Zivilrichters annehmen müssen, die ihre Berechtigung in der formellen Wirksamkeit der behördlichen Entscheidung nach § 43 VwVfG findet.[732] Man kann hier von einem Abweichungsverbot im weiteren Sinne sprechen, das sich an alle rechtsanwendenden Instanzen mit der Verpflichtung wendet, die durch einen Verwaltungsakt bewirkten Rechtsänderungen zu beachten.[733]

Die auf der Grundlage der Vorschriften des Krankenhausfinanzierungsgesetzes und der Bundespflegesatzverordnung ermittelten Pflegesätze, die von der Landesbehörde genehmigt werden, gelten unmittelbar für die Parteien des Krankenhausaufnahmevertrages, ohne dass es insoweit einer Einbeziehung in den Vertrag bedarf.[734] Ihr Wirksamwerden erfordert weder einen Umsetzungsakt des Krankenhausträgers, noch besteht irgendein Gestaltungsspielraum der Parteien des Behandlungsvertrages.[735] Es gehört zum Wesen derartiger preisrechtlicher Festpreise, dass sie anderslautende privatrechtliche Preisgestaltungen durch die Vertragspartner ausschließen und einen etwaigen abweichenden Vertragswillen „unter die Preisnorm beugen".[736] Das Zivilgericht ist an die privatrechtsgestaltende Wirkung des Verwaltungsaktes gebunden und hat keine Befugnis zu einer Überprüfung der Pflegesätze nach § 315 Abs. 3 Satz 2 BGB oder § 319 Abs. 1 Satz 2 BGB. Der verbindliche Akt der Pflegesatzgestaltung gegenüber den Patienten und deren Kostenträgern wird nicht vom Krankenhausträger allein oder von den

---

731 Vgl. *Clausing*, in: Schoch/Schmidt-Aßmann/Pietzner, Verwaltungsgerichtsordnung, § 121 Rdnr. 28.

732 Vgl. *Mußgnug*, in: Festschrift zum 125jährigen Bestehen der Juristischen Gesellschaft zu Berlin, S. 479, 481.

733 So *Sachs*, in: Stelkens/Bonk/Sachs, Verwaltungsverfahrensgesetz, § 43 Rdnr. 129.

734 Vgl. BGHZ 73, 114; 105, 160, 162; zu der privatrechtsgestaltenden Wirkung der Genehmigung auch schon oben 2.2.A.I.4.b.).

735 BVerwGE 100, 230, 235.

736 Vgl. OVG Lüneburg NJW 1978, 1211 unter Bezugnahme auf Soergel, BGB, 10. Aufl., § 433 Rdnrn. 50, 52.

Pflegesatzparteien gemeinsam, sondern von der Genehmigungsbehörde gesetzt, so dass eine Entgeltüberprüfung nach § 315 Abs. 3 BGB entfallen muss. Da die Verwaltungsbehörde keine Leistungsbestimmung als „Dritte" im Sinne von § 317 Abs. 1 BGB trifft, sondern im Rahmen ihres gesetzlichen Wirkungskreises tätig wird, muss auch eine Rechtskontrolle durch das ordentliche Gericht nach §§ 317, 319 BGB ausscheiden.[737] Soweit eine Behörde zur Entscheidung von Gesetzes wegen berufen ist, trifft sie eine behördliche Entscheidung, nicht aber eine Leistungsbestimmung im Sinne des § 317 BGB.[738] Demnach ist es dem ordentlichen Gericht nicht nur verwehrt, die Pflegesätze einer Billigkeitskontrolle nach zivilrechtlichen Maßstäben zu unterziehen, sondern es hat auch grundsätzlich die genehmigten Entgelte als gültig anzuerkennen.[739] Solange der betreffende Verwaltungsakt nicht durch die zuständige Behörde oder durch ein Verwaltungsgericht aufgehoben wird, ist er selbst dann für das Zivilgericht beachtlich, wenn er fehlerhaft wäre. Nur dann, wenn er auf eine so grobe Weise fehlerhaft ist, dass er gesetzlich überhaupt nicht gerechtfertigt werden kann und von jedermann als rechtsunwirksam zu erkennen ist, könnte sich ein ordentliches Gericht über ihn, weil er dann als nichtig anzusehen wäre, hinwegsetzen.[740] Diese Überlegungen sprechen im Ergebnis dafür, eine Klagebefugnis für den selbstzahlenden Patienten im Verwaltungsprozess gegen die pflegesatzrechtliche Genehmigung anzuerkennen, weil er nur so seine rechtlich geschützten Interessen durchzusetzen vermag.

---

737 Vgl. BGHZ 73, 114, 116.

738 Vgl. Münch.-Komm.-*Gottwald* § 317 Rdnr. 9.

739 So auch BGHZ 73, 114, 116 f. allerdings noch für die frühere Rechtslage der Pflegesatzfestsetzung durch die Landesbehörde. A. A. LG Frankfurt NJW 1978, 597 wonach das Zivilgericht trotz der Bestandskraft des Erhöhungsbescheides befugt sei, bei seiner Entscheidung inzident über die Rechtmäßigkeit dieses Verwaltungsaktes zu befinden; das Gericht sah sich hierzu veranlasst, weil es davon ausging, der Beklagte habe keine andere Möglichkeit, den Festsetzungsbescheid über die Pflegesätze überprüfen zu lassen.

740 Vgl. BGH NJW 1991, 700, 701; BGHZ 73, 114, 117; BGH NJW 1957, 1402, 1403.

e.) Abschließende Wertung

aa.) Klagebefugnis

Dem selbstzahlenden Patienten kann das Klagerecht gegen die Entscheidung der Genehmigungsbehörde nicht vollumfänglich vorenthalten bleiben. Gegen die Anerkennnung einer Klagebefugnis spricht auch nicht die Entstehungsgeschichte des § 18 KHG.[741] Aus der Tatsache der Nichtrealisierung des Entwurfes der Bundesregierung zu § 18 Abs. 4 KHG im Laufe des Gesetzgebungsverfahrens zum Krankenhausneuordnungsgesetz kann nicht geschlossen werden, dass der Gesetzgeber sich gegen das Klagerecht des selbstzahlenden Patienten entschieden hätte. Im Gesetzentwurf der Bundesregierung[742] war in § 18 Abs. 4 KHG für Dritte, die die Pflegesatzvereinbarung nicht mit getroffen hatten, die Erhebung des Widerspruchs und der Anfechtungsklage gegen die Parteien der Pflegesatzvereinbarung vorgesehen. Auf Grund der Beschlussempfehlung des Ausschusses für Arbeit und Sozialordnung[743] wurde dieser Absatz gestrichen. Hieraus kann aber nicht gefolgert werden, der Gesetzgeber habe das Klagerecht des „Selbstzahlers" nicht gewollt; er hat hier lediglich auf eine Aussage völlig verzichtet, dadurch jedoch das Klagerecht nicht ausgeschlossen. Im Übrigen hätte auch die Regelung des § 18 Abs. 4 KHG nach der Fassung der Bundesregierung nicht „zu einem Millionenheer von Klageberechtigten"[744] führen können, weil die Vorschrift keine Klagebefugnis des Dritten begründet, sondern diese vielmehr vorausgesetzt hätte. Für die Herleitung der Klagebefugnis hätte es bei Verwirklichung des Entwurfes der Bundesregierung genauso eines Rückgriffes auf § 42 Abs. 2 VwGO bedurft, wie bei der nun Gesetz gewordenen Regelung in § 18 Abs. 5 Satz 2 KHG. Das Abstandnehmen von einer Aussage über den Rechtsschutz zur Pflegesatzvereinbarung in § 18 Abs. 4 KHG

---

741 So aber OVG Nordrhein-Westfalen, KRS, 94.030, S. 1, 6.
742 Vgl. BT-Drucks. 10/2095.
743 Vgl. BT-Drucks. 10/2565.
744 So aber *Dietz/Bofinger*, Krankenhausfinanzierungsrecht, § 18 KHG Erl. VI. 4.5.

hing nur damit zusammen, dass der Gesetzgeber mit der Einführung des Genehmigungserfordernisses eine völlig neue Konzeption verfolgte.

Schließlich kann dem Einwand nicht beigetreten werden, die Beteiligung der klagebefugten Sozialleistungsträger am Pflegesatzverfahren sichere hinreichend die Anliegen der selbstzahlenden Patienten, weil sich ihr Individualinteresse mit demjenigen der Sozialleistungsträger decke.[745] Die Gewährleistung des gerichtlichen Rechtsschutzes eines potentiell Klageberechtigten kann nicht in der Hoffnung verneint werden, ein anderer werde schon auf Grund eines ähnlichen Interesses klagen. Die gerichtliche Geltendmachung der Rechte des „Selbstzahlers" ist unabhängig von dem Klagerecht weiterer Betroffener. Auch kann das angenommene identische Interesse zwischen Sozialleistungsträgern und den selbstzahlenden Patienten in Einzelfällen durchaus bezweifelt werden.

Aus verschiedenen Regelungen des derzeit geltenden Pflegesatzrechtes kann, wie bereits aufgezeigt, ein partieller Drittschutz für den selbstzahlenden Patienten entnommen werden. So beschränkt § 17 Abs. 1 Satz 1 KHG nicht nur dessen Recht, Vergütungsvereinbarungen mit der Gegenseite autonom auszuhandeln, sondern die Vorschrift nimmt auch eine drittschützende Funktion wahr, indem sie im Lichte des Art. 2 Abs. 1 GG die Reichweite dieses zulässigen Eingriffs klar begrenzt. Eine Klagebefugnis ergibt sich für den „Selbstzahler" demnach zunächst dann, wenn er geltend machen kann, er werde durch einen Verstoß gegen das Gebot der Einheitlichkeit der Pflegesätze in seinen Rechten verletzt. Dies ist dann anzunehmen, wenn die Pflegesatzregelung zwischen sozialversicherten und selbstzahlenden Patienten differenziert und sich hieraus eine Benachteiligung des „Selbstzahlers" ergeben könnte. Weiter gebieten § 21 Abs. 1 Satz 5 BPflV und § 21 Abs. 2 Satz 3 BPflV eine Rücksichtnahme auf seine Interessen; auch diese Regelungen haben einen drittschützenden Charakter. Sie verbieten grundsätzlich eine rückwirkende Erhebung der Pflegesätze und verwehren generell Pflegesatzsprünge von über 30 vom Hundert. Nur bei der Schließung eines Kranken-

---

745 So aber OVG Nordrhein-Westfalen, KRS, 94.030, S. 1, 6.

hauses ist nach § 21 Abs. 1 Satz 5 BPflV ausnahmsweise ein rückwirkendes Erheben der Entgelte gestattet. Es kann festgestellt werden, dass dem selbstzahlenden Patienten auch dann eine Klagebefugnis zuzugestehen ist, wenn er geltend machen kann, die von ihm geforderten Entgelte verstoßen gegen das Verbot der rückwirkenden Erhebung der Pflegesätze. Entsprechendes gilt, wenn er vorträgt, durch die Missachtung des § 21 Abs. 2 Satz 3 BPflV – Gebot der Vermeidung von „Pflegesatzsprüngen" von über 30 vom Hundert – werde er in seinen Rechten verletzt. Dabei genügt es, wenn der Kläger die Möglichkeit der Verletzung einer dieser drittschützenden pflegesatzrechtlichen Vorschriften darlegt.[746]

bb.) Umfang der gerichtlichen Aufhebungsentscheidung

Die partielle Anerkennung eines Klagerechts für den selbstzahlenden Patienten wirft eine weitere Frage auf. Es ist zu klären, ob der unterstellt erfolgreiche Rechtsbehelf eines Einzelnen dazu führt, dass die Genehmigung insgesamt aufgehoben wird, also für niemanden mehr gilt. Dieser Problemkreis ist von allgemeiner Bedeutung; er ist stets dann angesprochen, wenn ein Verwaltungsakt gegenüber einer Mehrzahl von Personen Rechtswirkungen erzeugt, etwa als Verwaltungsakt mit Drittwirkung in die Rechte mehrerer Dritter eingreift, die nicht Adressaten des Verwaltungsaktes sind, oder sich als Allgemeinverfügung nach § 35 Abs. 1 Satz 2 VwVfG von vornherein nicht an einen einzelnen Adressaten, sondern an einen Kreis von Personen richtet.[747] Probleme entstehen hier aus dem Spannungsverhältnis zwischen dem personenbezogenen verwaltungsgerichtlichen Individualrechtsschutz einerseits und der komplexen objektiv-rechtlichen Gestaltungswirkung der pflegesatzrechtlichen Genehmigung andererseits. Ist die Anfechtungsklage erfolgreich, so ergeht ein Gestaltungsurteil kassatorischen Inhalts mit Wirkung

---

746 Vgl. zur sog. Möglichkeitstheorie: *Happ*, in: Eyermann, Verwaltungsgerichtsordnung, § 42 Rdnr. 93.
747 Vgl. *Johlen*, NVwZ 1989, 109, 110.

grundsätzlich ex tunc.[748] Wird so die Genehmigung durch ein gerichtliches Gestaltungsurteil nachträglich insgesamt aufgehoben, so hätte dies nicht nur Wirkung zwischen den Beteiligten des Rechtsstreites, sondern für und gegen jedermann.[749] Das kassatorische Urteil wäre in allen Rechtsbeziehungen – auch zu Dritten – beachtlich. In diesem Fall drohen dem Krankenhausträger für eine Vielzahl bereits abgerechneter Behandlungsfälle Rückzahlungs- oder Ausgleichsforderungen der Patienten oder deren Kostenträger. Das Urteil des Bundesverwaltungsgerichts vom 21. Dezember 1995 vermeidet diese Konsequenz, denn auf die Klage des selbstzahlenden Patienten hin wird die Genehmigung lediglich aufgehoben, *„soweit darin rückwirkend ein neuer Pflegesatz und ein Zuschlag für die Zeit vom 2. bis 12. Oktober 1991 festgesetzt worden ist.“*[750] Die Genehmigung wurde damit nur hinsichtlich der Rückwirkung und insbesondere nur für die Tage aufgehoben, für die der Kläger die Pflegesätze zahlen musste. Die Wirkung des Urteils wurde auf den Kläger und die von ihm zu zahlenden Pflegesätze beschränkt, obwohl die Rechtswidrigkeit bei allen abgerechneten Pflegesätzen vorgelegen hat.[751] Das Gericht begründet diesen Ansatz wie folgt:[752]

> *„Der Senat legt das Begehren des Klägers [...] dahin aus, daß er sich gegen die rückwirkenden Maßnahmen der Beklagten nur für den Zeitraum wendet, in dem seine Ehefrau zur stationären Behandlung im Krankenhaus war. Nur in diesem Rahmen ist er betroffen. Seinem Vorbringen ist zu entnehmen, daß er auch nur im Umfang dieser Betroffenheit den zusätzlichen Kostenforderungen des Krankenhausträgers entgegentreten will.“*

---

748 Vgl. *J. Schmidt*, in: Eyermann, Verwaltungsgerichtsordnung, § 113 Rdnr. 3.

749 Zur Gestaltungswirkung der Gestaltungsurteile („inter omnes"): vgl: *Clausing*, in: Schoch/Schmidt-Aßmann/Pietzner, Verwaltungsgerichtsordnung, § 121 Rdnr. 37; *Rosenberg/Schwab/Gottwald*, Zivilprozeßrecht, § 94 III.

750 BVerwG, Urteil vom 21.12. 1995, Az: 3 C 34.94, ohne Veröffentlichung des Tenors in: BVerwGE 100, 230 ff.

751 Vgl. *Dietz/Bofinger*, Krankenhausfinanzierungsrecht, § 18 KHG Erl. VI. 4.5.

752 BVerwGE 100, 230, 232.

Die Reichweite der gerichtlichen Aufhebung ergibt sich aus der Teilbarkeit der angegriffenen Verwaltungsentscheidung und dem Umfang der begehrten und gebotenen Beseitigung der behaupteten Verletzung. Die Verwendung des Wortes „soweit" in § 113 Abs. 1 Satz 1 VwGO macht deutlich, dass auch Teilaufhebungen möglich sind. Die Aufhebung ist beschränkt auf das nach dem Rechtsschutzziel Gebotene, denn der angefochtene Verwaltungsakt wird aufgehoben, soweit der Kläger durch ihn in seinen Rechten verletzt ist.[753] Die Aufhebung kann zeitlich, räumlich, inhaltlich oder personell beschränkt werden.[754] Im Allgemeinen gilt ein Verwaltungsakt als teilbar, wenn nach erfolgreicher Anfechtung des rechtswidrigen Teils der verbleibende Rest als selbstständiger Verwaltungsakt bestehen kann, ohne seine ursprüngliche Bedeutung zu ändern; dagegen scheidet eine Teilanfechtung und Teilaufhebung regelmäßig aus, wenn der verbleibende Torso rechtswidrig ist oder in einem untrennbaren Zusammenhang mit der Gesamtentscheidung steht. Eine Teilbarkeit liegt jedenfalls insoweit vor, als die Behörde den Verwaltungsakt ohne den abgetrennten Teil hätte erlassen können, er ohne ihn selbstständig weiter bestehen kann und der Behörde nicht ein ungewollter Restverwaltungsakt aufgedrängt wird.[755] Die allgemeinen Grundsätze zur Teilbarkeit sind allerdings auf die Eigenheiten der einzelnen Verwaltungsentscheidungen anzupassen.[756]

---

753 Vgl. allgemein zum subjektiven Rechtsschutz und zur objektiven Rechtskontrolle: *Krebs*, in: Festschrift Menger, S. 191 ff.

754 *J. Schmidt*, in: Eyermann, Verwaltungsgerichtsordnung, § 113 Rdnr. 9.

755 Vgl. BVerwG NVwZ 1987, 494, 495; OVG Lüneburg DVBl. 1972, 584, 585.

756 Vgl. etwa für die Fälle der Teilbarkeit von Planungsentscheidungen: *Paetow*, DVBl. 1985, 369; *Wahl*, NVwZ 1990, 923; *Johlen*, NVwZ 1989, 109; *ders.*, in: Festschrift Redeker, S. 487 ff. Bei diesen Verwaltungsakten ist auch zu berücksichtigen, dass eine Vollaufhebung erheblichen zusätzlichen Verwaltungsaufwand auslösen kann; dieser Gesichtspunkt hat das Bundesverwaltungsgericht dazu veranlasst, bei Planfeststellungsbeschlüssen die Anfechtung einzuschränken und statt dessen die Verpflichtungsklage auf Anordnung zusätzlicher Schutzauflagen heranzuziehen; hierzu BVerwGE 56, 110, 133; *Pietzcker*, in: Schoch/Schmidt-Aßmann/Pietzner, Verwaltungsgerichtsordnung, § 42 Abs. 1 Rdnr. 13 m. w. N.

Die Beschränkung des Klageantrages des „Selbstzahlers" auf die Tage, an denen er die Pflegesätze tatsächlich zu bezahlen hat, entspricht seinem Rechtsschutzbegehren. Das stattgebende Urteil wäre geeignet, die behauptete Verletzung seiner Rechte zu beseitigen. Dennoch kann der Teilaufhebungsanspruch nicht bestehen, weil eine rechtliche Kongruenz des Klagebegehrens mit einer zulässigen Teilbarkeit der pflegesatzrechtlichen Genehmigung nicht auszumachen ist. Die faktisch personelle Begrenzung der Aufhebung würde dem gesetzgeberischen Gebot der Einheitlichkeit der Pflegesätze zuwiderlaufen. Der Kläger hätte andere Pflegesätze zu tragen wie die anderen Krankenhauspatienten oder deren Kostenträger, die weiterhin mit Entgelten in rechtswidriger Höhe belastet wären. Bei dem vom Bundesverwaltungsgericht entschiedenen Fall war der verbleibende Restakt rechtswidrig und die Behörde wäre auch nicht zu seinem Erlass befugt gewesen. Wenn aber die Behörde nicht befugt ist, den rechtswidrigen Restverwaltungsakt zu erlassen, so darf er von dem Gericht nicht aufrechterhalten werden. Der verbleibende Rest der behördlichen Entscheidung wäre nicht nur rechtswidrig, sein Aufrechterhalten verstößt auch gegen die Grundsätze des Urteils des Bundesverwaltungsgerichtes vom 21. Januar 1993,[757] in dem das Gericht die Unteilbarkeit der Genehmigung über die Pflegesätze ausdrücklich festgestellt hat. Die pflegesatzrechtliche Genehmigung stellt eine untrennbare Gesamtentscheidung über die Entgelte aller Krankenhausbenutzer dar. Eine partielle Aufhebung und damit auch eine entsprechende Auslegung des Klageantrags durch das Verwaltungsgericht nach § 88 VwGO muss daher ausscheiden.

5. Konkurrenten

Die genehmigten Pflegesätze können auch die Situation anderer Krankenhäuser negativ berühren. Die Kliniken desselben Einzugsbereichs oder auch derselben Fachrichtung stehen in wirtschaftlicher Konkurrenz zueinander; ihre Vergütung bemisst sich grundsätzlich nach den zukünftig zu erwarten-

---

757 BVerwG NJW 1993, 2391, 2392.

den oder in der Vergangenheit erbrachten Leistungen und sie sind an einer hohen Belegung erheblich interessiert. Minderleistungen führen zu Mindererlösen, die durch die in der Bundespflegesatzverordnung vorgesehenen Ausgleichsmechanismen nur zum Teil aufgefangen werden. Die einzelnen Krankenhäuser stehen in einem Wettbewerb, denn durch die Regelungen des Krankenhausfinanzierungsgesetzes sowie der Bundespflegesatzverordnung ist das Betreiben von Krankenhäusern nicht oder jedenfalls nicht völlig dem freien Wettbeweb entzogen worden.[758] In der Typologie des Konkurrentenrechtsschutzes[759] ist hier die negative Konkurrentenklage angesprochen, denn es geht darum, eine einem anderen Wirtschaftssubjekt gewährte Begünstigung – in Form der konkret angeordneten Pflegesatzhöhe – zu beseitigen.

In Literatur und Rechtsprechung besteht Einigkeit über die grundsätzliche Anerkennung des Schutzes der wirtschaftlichen Wettbewerbsfreiheit. Dabei wird ein Abwehranspruch gegen Konkurrentenbegünstigungen überwiegend aus den Grundrechten abgeleitet. Teils wird die Wettbewerbsfreiheit dem Art. 2 Abs. 1 GG entnommen,[760] teils auch Art. 12 Abs. 1 GG[761] oder aus einer Kombination aus Art. 12 Abs. 1 GG und Art. 14 GG[762]; nach einer anderen Auffassung ist Art. 12 Abs. 1 GG ergänzt durch Art. 14 GG und Art. 3 Abs. 1 GG heranzuziehen[763]. Der unmittelbare Rückgriff auf die Grundrechte zur Begründung der Klagebefugnis eines Konkurrenten kommt nach der Rechtsprechung grundsätzlich nur in Frage, wenn der Dritte „schwer und unerträglich" in seinem Schutzbereich betroffen wird. Demnach gilt für die Heranziehung der Grundrechte im Wirtschaftsrecht nichts anderes als (ehe-

---

758 Vgl. BVerwGE 60, 154, 159.

759 Vgl. hierzu *Schenke*, NVwZ 1993, 718, 719 f.

760 Vgl. BVerwGE 30, 191, 198; 60, 154, 159 f.; BVerwG NJW 1982, 2513, 2515.

761 Vgl. BVerwG NJW 1985, 2774, 2775; *Brohm*, in: Festschrift Menger, S. 235, 245.

762 Vgl. *Scholz*, in: Maunz/Dürig, Grundgesetz, Art. 12 Rdnrn. 79, 115, 123 f., 136 f.

763 Vgl. *Schmidt-Preuß*, Kollidierende Privatinteressen im Verwaltungsrecht, S. 59.

mals) im Baurecht[764], nur wird dieser Grundsatz hier teilweise mit anderen Termini umschrieben.[765]

Bei negativen Auswirkungen staatlicher Maßnahmen auf die Wettbewerbs-situation von Unternehmen im horizontalen Konkurrenzverhältis ist grund-sätzlich Raum für eine verwaltungsgerichtliche Klage. Zwar wird das Wirt-schaftsverwaltungsrecht materiell nicht von Rücksichtnahmekriterien be-herrscht; entscheidend ist jedoch, dass die Wettbewerbslage nicht zu Gun-sten des einen und zu Lasten des anderen verstellt werden darf.[766] Zweifel-haft sind aber der rechtliche Standort und die Reichweite des Abwehrrechts eines Konkurrenten auf *„Freiheit der Teilnahme am Wettbewerb"*[767] Die Su-che nach einer subjektiven Rechtsposition des Konkurrenten hat bei den einfachgesetzlichen Regelungen anzusetzen. Relevant sind hier Vorschrif-ten, die den einzelnen Unternehmen in wirtschaftsrechtlicher Sicht dieselben Freiheiten gewähren, aber auch dieselben Restriktionen auferlegen. Gerade dann, wenn es um die Gestaltung *„zentraler Wettbewerbsparameter"*[768] geht, können die Rechtsbeziehungen der Konkurrenten eine normative Ordnung erfahren und ein subjektiv-rechtliches Gepräge aufweisen. Aus den Schutz-normen des Wirtschaftsverwaltungsrechts kann – unter Hinzuziehung und Beachtung der Direktiven der Grundrechte – ein Anspruch des Wettbewer-bers abgeleitet werden, dass gegenüber seinen Konkurrenten jene Normen, welche auch die eigene Wettbewerbsposition regeln, richtig angewandt wer-

---

764 Nach der früheren Rechtsprechung des Bundesverwaltungsgerichts (vgl. BVerwG NJW 1969, 1787, 1788), die allerdings inzwischen weitgehend aufgegeben wurde (vgl. BVerwG NVwZ 1992, 977, 979; BVerwG UPR 1996, 73), konnte ein Nachbarschutz auch unmittelbar aus Art. 14 GG abgeleitet werden, wenn das Eigentum an dem Grund-stück durch bauliche Maßnahmen auf dem Nachbargrundstück schwer und unerträglich beeinträchtigt wurde; vgl. hierzu auch *Bönker*, DVBl. 1994, 506; *Steinberg*, NJW 1984, 457.
765 Vgl. *Brohm*, in: Festschrift Menger, S. 235, 244.
766 Vgl. *Wahl/Schütz*, in: Schoch/Schmidt-Aßmann/Pietzner, Verwaltungsgerichtsordnung, § 42 Abs. 2 Rdnr. 287.
767 So BVerwGE 60, 154, 159; BVerwG NJW 1982, 2513, 2515.
768 Vgl. *Schmidt-Preuß*, Kollidierende Privatinteressen im Verwaltungsrecht, S. 353.

den.[769] In diesem Sinne kann sich aus den Bestimmungen über das Pflegesatzverfahren im Krankenhausfinanzierungsgesetz und der Bundespflegesatzverordnung eine drittschützende Funktion für den konkurrierenden Kran-
kenhausbetreiber ergeben. Dort wird das formelle und materielle Preisfin-
dungsrecht für alle Krankenhäuser verbindlich festgelegt, soweit sie in den
Anwendungsbereich dieser normativen Regelungen fallen. Nach § 17 Abs. 1
Satz 3 KHG müssen die Pflegesätze medizinisch leistungsgerecht sein und
einem Krankenhaus bei wirtschaftlicher Betriebsführung ermöglichen, den
Versorgungsauftrag zu erfüllen. Die Wettbewerbschancen eines einzelnen
dürfen nicht durch Außerachtlassung dieser Regelung gleichheitswidrig zu-
rückgesetzt werden. Der Krankenhausträger, der die Restriktionen des öffentlich-rechtlichen Pflegesatzsystems einzuhalten hat, darf auch erwarten,
dass sie zu seinem Schutz von den Konkurrenten beachtet werden. Daher
kann der Rechtsprechung des Bundesverwaltungsgerichtes[770] nicht gefolgt
werden, wenn es auf der Grundlage des eingliedrigen Interessenkriteriums
der Regelung des § 17 Abs. 1 KHG den Drittschutz insgesamt abspricht und
stattdessen auf Art. 2 Abs. 1 GG zurückgreift.[771] Die Regelungen über das
Pflegesatzverfahren sind zwar im öffentlichen Interesse erlassen worden,
dies schließt jedoch nicht aus, dass ihre Einhaltung zugleich auch den Interessen einzelner zu dienen bestimmt ist.[772] Freilich ist die Rechtsdurchsetzungsmacht des Konkurrenten auf konkrete Konkurrenzverhältnisse be-

---

769 Vgl. *Wahl/Schütz*, in: Schoch/Schmidt-Aßmann/Pietzner, Verwaltungsgerichtsordnung,
§ 42 Abs. 2 Rdnr. 295.

770 BVerwGE 60, 154, 157, nach Auffassung des Gerichts wäre bei dem der Entscheidung
zu Grunde liegenden Sachverhalt an sich eine Klagebefugnis des Konkurrenten aus Art.
2 Abs. 1 GG in Betracht gekommen, jedoch habe der Kläger nicht hinreichend dargelegt, dass der Beklagte durch die Festsetzung der Pflegesätze seine rechtlich geschützten Interessen vernachlässigt haben könnte.

771 Vgl. *Schmidt-Preuß*, Kollidierende Privatinteressen im Verwaltungsrecht, S. 353; ebenfalls diese Rechtsprechung ablehnend: *Brohm*, in: Festschrift Menger, S. 235, 241;
Wahl/Schütz, in: Schoch/Schmidt-Aßmann/Pietzner, Verwaltungsgerichtsordnung, § 42
Abs. 2 Rdnr. 320; *Huber*, in: Stober (Hrsg.), Rechtsschutz im Wirtschaftsverwaltungs-
und Umweltrecht, S. 65.

772 Vgl. *Brohm*, in: Festschrift Menger, S. 235, 241.

schränkt, die einen relevanten kausalen wirtschaftlichen Nachteil erwarten lassen.

II. Entscheidungen der Genehmigungsbehörde auf Landesebene

Die Regelungen des § 18 Abs. 5 KHG über das Genehmigungserfordernis und den gerichtlichen Rechtsschutz gelten auch für die pflegesatzrechtlichen Vereinbarungen und Festsetzungen auf Landesebene.[773] Im Vordergrund steht hier die Genehmigung der Punktwertvereinbarung oder Punktwertfestsetzung nach § 16 Abs. 1 BPflV.

1. Vertragsparteien auf Landesebene

Vertragsparteien auf Landesebene sind die Landeskrankenhausgesellschaft, die Landesverbände der Krankenkassen, die Verbände der Ersatzkassen und der Landesausschuss des Verbandes der privaten Krankenversicherung. Ihnen wurde nach § 17 Abs. 2a Satz 9 KHG i. V. m. § 16 Abs. 2 BPflV das Recht verliehen, über den bundesweiten Entgeltkatalog hinaus Fallpauschalen und Sonderentgelte zu vereinbaren; weiter treffen sie Regelungen über die Punktwerte nach § 18 Abs. 3 Satz 3 KHG i. V. m. § 16 Abs. 1 BPflV für die pauschalierten Entgelte. Entscheidungen der Genehmigungsbehörde, die die Pflegesatzregelungen auf Landesebene betreffen, berühren unmittelbar die rechtlich geschützten Interessen dieser Verbände; sie sind die Adressaten dieser Verwaltungsakte. Die Vertragsparteien auf Landesebene sind daher aus eigenem Recht klagebefugt.[774]

---

773 Vgl. oben 1.2.B.I.2.b.) und 2.1.C.II.1.

774 Das Bundesverwaltungsgericht hat in seiner Entscheidung vom 19.06.1997, bei der es um die Frage der Verbindlichkeit des in § 28 Abs. 7 Satz 3 BPflV a. F. vorgesehenen Basispunktwertes ging, keinen Anlass gesehen, auf die Klagebefugnis der Kassenverbände einzugehen, vgl. BVerwGE 105, 97.

2. Sonstige

Ein Anfechtungsrecht der Bundesverbände, gerichtet gegen die Entscheidungen der Genehmigungsbehörde, die die Vertragsebene auf Landesebene betreffen, ist ausgeschlossen. Diese Verbände können von den Regelungen, die auf dieser Ebene getroffen werden, in keinster Weise rechtlich beschwert sein. Die Bundesverbände sind daher unter keinem rechtlichen Gesichtspunkt befugt, die pflegesatzrechtliche Genehmigung der Landesbehörde anzufechten.

Fraglich könnte dagegen die Klagebefugnis für die Krankenkassen und die Träger der Krankenhäuser sein. Die Regelungen auf Landesebene wirken unmittelbar für die Vertragsparteien nach § 18 Abs. 2 KHG.[775] Diese preisbestimmenden Faktoren haben Auswirkungen auf die Abrechnung der Krankenhausleistungen und damit grundsätzlich auf die Einnahmeseite bei den Krankenhäusern und auf die Ausgabenseite bei den Krankenkassen. Da der Krankenhausträger und die Krankenkassen nicht Adressaten dieser Genehmigung sind,[776] könnte sich eine Klagebefugnis nur aus dem Schutznormzusammenhang ergeben. Zur Begründung eines Drittschutzes ist es dabei nicht ausreichend, wenn die Genehmigung nur wirtschaftliche Interessen der Parteien betrifft. Die Regelungen über die pauschalierten Entgelte und Entgeltfaktoren sind durch das Gesundheitsstrukturgesetz[777] eingeführt worden. Die Einfügung von § 17 Abs. 2a KHG wurde als Einstieg in ein leistungsorientiertes, pauschaliertes Entgeltsystem angesehen, das die Krankenhäuser zu

---

775 Vgl. § 18 Abs. 3 Satz 3 KHG und § 16 Abs. 1 bis 3 BPflV.

776 Daran ändert auch die Regelung des § 16 Abs. 4 Satz 1 BPflV nichts, nach der die Vertragsparteien auf Landesebene die Entgelte und Entgeltfaktoren nach der Genehmigung bekanntgeben. Es handelt sich hier um eine Ordnungsvorschrift, die diese Parteien zu einer zusätzlichen Dienstleistung gegenüber ihren Mitgliedern verpflichtet, die aber keine zusätzlichen Rechte oder Pflichten begründet. Die Parteien auf Ortsebene werden hierdurch nicht zu Adressaten der Genehmigung.

777 Gesundheitsstrukturgesetz (GSG) vom 21.12.1992, BGBl. I. S. 2266; vgl. hierzu oben 1.1.B.II.1.

wirtschaftlichem Verhalten motivieren sollte.[778] Die Umstellung des Vergütungssystems brachte die Etablierung einer neuen Vereinbarungsebene im
Pflegesatzrecht, da der Gesetzgeber diese neuen Kompetenzen auf Landesebene angesiedelt hat. Eine Beteiligung der einzelnen Krankenkassen oder
Krankenhausträger ist bei den jeweiligen Vereinbarungen nicht vorgesehen,
weil entsprechend dem Modell der Selbstverwaltung davon auszugehen ist,
dass sowohl die Verbände der Krankenkassen, wie auch die Landeskrankenhausgesellschaft die Interessen ihrer Mitglieder wahren werden. Aus den
Normen über die Einführung einer landesweiten Vergütung und deren Genehmigungserfordernis lassen sich keine drittschützende Funktionen für die
Krankenhausträger und die Krankenkassen ableiten, weil den Vorschriften
nicht entnommen werden kann, dass sie neben der Umstellung der Vergü-
tungsform auch eine Rücksichtnahme auf die individuellen Interessen der
Parteien auf Ortsebene bezwecken sollen. Der primäre Zweck, den der Gesetzgeber mit der Einführung der pauschalen Entgeltform verfolgt hat, war
die allgemeine Kostendämpfung im Gesundheitswesen und damit rein objektivrechtlich gekennzeichnet. Somit entfällt die Klagebefugnis für die Vertragsparteien auf Ortsebene.

Im Übrigen sind die Pflegesatzparteien auch nicht auf ein Klagerecht gegen
die Genehmigung auf Landesebene angewiesen. Sind sie etwa mit den genehmigten Punktwerten nicht einverstanden, so können diese von dem Verwaltungsgericht bei einer Klage gegen die Entscheidung der Genehmigungsbehörde auf Ortsebene mit überprüft werden. Der Richter hat, bei einem entsprechenden Vortrag des Klägers, inzident die Genehmigung auf Landesebene einer gerichtlichen Rechtskontrolle zu unterziehen, soweit es für die
Entscheidung über das Klagebegehren auf die Rechtmäßigkeit dieser Regelung ankommt, denn die gerichtliche Prüfungskompetenz umfasst grundsätzlich auch präjudizielle Vorfragen.[779] Ähnlich wie es bei der Inzidentkontrolle[780]

---

778 Vgl. *Dietz/Bofinger*, Krankenhausfinanzierungsrecht, § 17 KHG Erl. VIII. 1.

779 Zur Vorfragenkompetenz der Verwaltungsgerichte: vgl. *Kopp/Schenke*, Verwaltungsgerichtsordnung, § 40 Rdnrn. 42 ff.

780 Hierzu: vgl. *J. Schmidt*, in: Eyermann, Verwaltungsgerichtsordnung, § 47 Rdnr. 7.

bei untergesetzlichen Rechtsvorschriften anerkannt ist, unterliegt hier die Maßnahme, die selbst von dem Kläger nicht unmittelbar angefochten werden kann, einer Rechtskontrolle zu seinen Gunsten. Die Vertragsparteien auf Ortsebene können in einem gerichtlichen Verfahren die Rechtswidrigkeit der Pflegesatzregelung auf Landesebene auch dann noch geltend machen, wenn diese behördliche Entscheidung durch die Landesverbände nicht mehr anfechtbar ist. Dieser ungewöhnliche Rechtsschutz der Inzidentkontrolle eines Verwaltungsaktes beruht auf der gesetzgeberischen Konzeption, die maßgebliche pflegesatzrechtliche Regelung in der Form der Genehmigungsentscheidung, die eine Vielzahl von Krankenhäusern und Krankenkassen betrifft, als Verwaltungsakt auszugestalten.

E. Ausschluss des Vorverfahrens

Nach § 18 Abs. 5 Satz 3, 1. Halbs. KHG findet ein Vorverfahren nicht statt. Der Gesetzgeber hat damit von seinem Recht nach § 68 Abs. 1 Satz 2 VwGO Gebrauch gemacht und ist von dem Grundsatz des Erfordernisses eines Widerspruchsverfahrens abgewichen. Hiergegen bestehen grundsätzlich keine Bedenken, weil weder Art. 19 Abs. 4 GG noch das Rechtsstaatsprinzip oder Art. 3 Abs. 1 GG verlangen, dass dem verwaltungsgerichtlichen Verfahren ein besonderes Widerspruchsverfahren vorgeschaltet wird.[781]

Nicht nur für die Anfechtungsklage, sondern auch für die Verpflichtungsklage ist im Allgemeinen ein Vorverfahren nach § 68 Abs. 2 VwGO vorgesehen, wenn der Antrag auf Vornahme eines Verwaltungsaktes abgelehnt wurde. Ob der Ausschluss des Vorverfahrens nach § 18 Abs. 5 Satz 3, 1. Halbs. KHG auch diesen Fall betrifft, ist zweifelhaft, weil die Regelung nur die Anfechtungsklage im Auge hat. Ebenso wie § 18 Abs. 5 Satz 2 KHG lediglich von der Genehmigung spricht und zwischenzeitlich anerkannt ist, dass auch

---

781 Vgl. BVerfGE 69, 1, 48. Zu den einzelnen Funktionen des Widerspruchsverfahrens: vgl. Hufen, Verwaltungsprozeßrecht, § 5 Rdnrn. 15 ff.

ein Rechtsschutz gegen die Versagung der Genehmigung zulässig ist, so muss auch die Regelung über den Ausschluss des Vorverfahrens entsprechend extensiv ausgelegt werden.[782] Der Wegfall des Widerspruchsverfahrens erstreckt sich nicht nur auf den Rechtsschutz gegen die erteilte Genehmigung, sondern umfasst auch den so genannten Verpflichtungswiderspruch.[783] Dadurch werden im Pflegesatzrecht an die Anfechtungs- und Verpflichtungsklagen die gleichen Anforderungen gestellt, so wie es der Gesetzgeber im Allgemeinen in § 68 VwGO vorgesehen hat; diese Gleichbehandlung erscheint sachgerecht. In Bundesländern, in denen die Entscheidung über die Genehmigung der Pflegesätze von einer obersten Landesbehörde erlassen wird, ergibt sich der Ausschluss des Vorverfahrens nach § 68 Abs. 1 Satz 2 Nr. 1 und Abs. 2 VwGO, ohne dass es eines Rückgriffes auf die analoge Anwendung des § 18 Abs. 5 Satz 3, 1. Halbs. KHG für die Versagungsentscheidung bedarf.[784]

F. Vorläufiger Rechtsschutz

Das Pflegesatzverfahren ist geprägt von dem Gebot größtmöglicher Beschleunigung.[785] Die Verhandlungen sollen prospektiv geführt werden, damit die Pflegesätze mit dem Beginn des neuen Pflegesatzzeitraumes in Kraft treten können. Unter dieser Vorgabe hat die folgende Untersuchung des vorläufigen Rechtsschutzes im Pflegesatzverfahren besondere Bedeutung.

---

782 Vgl. Dietz/Bofinger, Krankenhausfinanzierungsrecht, § 18 KHG Erl. VI 5.
783 A. A. Zuck/Quaas, NJW 1987, 687, 692, die der Auffassung sind, der Ausschluss des Vorverfahrens beziehe sich nur auf die Anfechtung der erteilten Genehmigung.
784 Vgl. VG Neustadt, KRS, 92.001, S. 1, 9.
785 Vgl. hierzu schon oben 1.2.B.II.1.

I. Genehmigung wurde erteilt

1. Wegfall der aufschiebenden Wirkung

In § 18 Abs. 5 Satz 3, 2. Halbs. KHG ist geregelt, dass die Klage keine aufschiebende Wirkung hat. Der Gesetzgeber hat die sofortige Vollziehbarkeit
der Genehmigungsentscheidung kraft Gesetzes nach § 80 Abs. 2 Nr. 3
VwGO angeordnet und dadurch zum Ausdruck gebracht, dass er im Pflegesatzrecht im Allgemeinen das öffentlich-rechtliche Vollzugsinteresse höher
bewertet als das private Aussetzungsinteresse. Soweit die sofortige Vollziehbarkeit des Verwaltungsaktes aus Gründen eines überwiegenden Interesses
generell geboten erscheint, ist es zulässig, den Suspensiveffekt[786] durch Gesetz auszuschließen, dem Betroffenen damit den vorläufigen Rechtsschutz
der aufschiebenden Wirkung zu nehmen und ihn statt dessen auf das gerichtliche Aussetzungsverfahren, das durch Gesetz nicht ausgeschlossen
werden kann, zu verweisen.[787] Die Ausnahme von dem Grundsatz des § 80
Abs. 1 Satz 1 VwGO – der Ausdruck des in Art. 19 Abs. 4 GG verankerten
Gebots der Gewährung eines effektiven Rechtsschutzes ist[788] – soll sicherstellen, dass das Krankenhaus während des Rechtsstreits vor den Verwaltungsgerichten, der erfahrungsgemäß mehrere Jahre dauern kann, die genehmigten Pflegesätze erhält.[789] Durch die gesetzliche Regelung der sofortigen Vollziehbarkeit wurde die im früheren Recht häufig anzutreffende Praxis
einer behördlichen Anordnung der sofortigen Vollziehung des Pflegesatzfest-
setzungsbescheides abgelöst.

---

786 Die Bezeichnung „Suspensiveffekt" entstammt dem Prozessrecht und bedeutet dort
   Hemmung der Rechtskraft. Dieser Suspensiveffekt der Rechtsmittel ist hier nicht angesprochen. Beim vorläufigen Rechtsschutz nach § 80 VwGO wird der Begriff gleichbe-
   deutend mit der Bezeichnung der aufschiebenden Wirkung verwandt. Vgl. *Pietzner/
   Ronellenfitsch*, Das Assessorexamen im Öffentlichen Recht, § 53 Rdnr. 1.

787 Vgl. *Finkelnburg/Jank*, Vorläufiger Rechtsschutz im Verwaltungsstreitverfahren,
   Rdnr. 700.

788 Vgl. BVerfGE 35, 263, 274.

789 Vgl. *Vollmer*, NJW 1985, 2161, 2166; *Zuck/Quaas*, NJW 1987, 687, 692.

Der Krankenhausträger kann also grundsätzlich auch dann, wenn Klage gegen die Genehmigung erhoben wurde, die (neuen) genehmigten Pflegesätze abrechnen. Will der Betroffene bis zum Abschluss des Hauptsacheverfahrens die vorläufige Weiterzahlung des bisherigen Pflegesatzes erreichen, so muss er das behördliche oder gerichtliche Aussetzungsverfahren (hierzu unten 2. und 3.) anstrengen. Bei erfolgreicher Durchführung eines dieser Verfahren wird die Vollziehung der Genehmigung aufgeschoben[790] und nach § 21 Abs. 1 Satz 3 BPflV gelten die bisherigen Pflegesätze weiter. Sind die (neuen) genehmigten Pflegesätze niedriger als die bisherigen und hat der Krankenhausträger gegen die Genehmigung eine Anfechtungsklage erhoben, wird er regelmäßig die aufschiebende Wirkung der Klage begehren. Sind umgekehrt die (neuen) genehmigten Pflegesätze höher als die bisherigen und hat eine andere Vertragspartei Anfechtungsklage erhoben, so wird sie die aufschiebende Wirkung des Rechtsbehelfs anstreben.

2. Behördliche Aussetzung der Vollziehung

Die Behörde kann die Vollziehung nach § 80 Abs. 4 Satz 1 VwGO aussetzen. Es bedarf dabei keines Rückgriffs auf die Regelung des § 80 a Abs. 1 Nr. 2 VwGO, da es sich bei der pflegesatzrechtlichen Genehmigung nicht um einen Verwaltungsakt mit Doppelwirkung handelt.[791] Die Genehmigung wird im Sinne von § 80 a VwGO an alle Pflegesatzparteien gerichtet; diese Parteien sind also nicht „Dritte" des Verwaltungsaktes. Zwar lassen sich die von der Genehmigung betroffenen Vertragsparteien, ähnlich wie dies bei dem Verwaltungsakt mit Doppelwirkung anzutreffen ist, in zwei Gruppen einteilen; jedoch ist insoweit nicht zwischen dem *„Inhaltsadressaten"*[792], an den die Entscheidung gerichtet ist, und den „Dritten" zu unterscheiden. Vielmehr tei-

---

790 Zum Streit, ob der Suspensiveffekt beim vorläufigen Rechtsschutz die Aufschiebung der Wirksamkeit des Verwaltungsaktes bewirkt oder lediglich dessen Vollziehung hemmt: vgl. *Finkelnburg/Jank*, Vorläufiger Rechtsschutz im Verwaltungsstreitverfahren, Rdnr. 639 ff. und unten 2.3.F.II.2.

791 Vgl. hierzu schon oben 2.2.A.I.4.b.) aa.).

792 *Happ*, in: Eyermann, Verwaltungsgerichtsordnung, § 42 Rdnr. 88.

len sich hier die Adressaten von vornherein selbst in zwei Lager – beispielsweise auf Ortsebene: Krankenhausträger und Sozialleistungsträger – bei denen unterschiedliche rechtliche und wirtschaftliche Interessen betroffen sind.

Die behördliche Aussetzung soll einerseits Rechtsschutz gegen die sofortige Vollziehung gewähren, andererseits aber auch eine Entlastung der Verwaltungsgerichte bewirken.[793] Pflegesatzparteien, die mit den genehmigten Pflegesätzen nicht einverstanden sind, können die gesetzlich angeordnete sofortige Vollziehung des Verwaltungsaktes verhindern, indem sie bei der Genehmigungsbehörde die Aussetzungsentscheidung beantragen. Die vorherige Einlegung eines Rechtsbehelfs wird bei § 80 Abs. 4 VwGO nicht vorausgesetzt.[794] Da § 80 a Abs. 1 Nr. 2 VwGO keine Anwendung findet, und § 80 Abs. 4 VwGO einen Antrag nicht voraussetzt, kann die Behörde die Aussetzung auch von Amts wegen vornehmen.[795] Die Aussetzung ist bis zum Eintritt der Bestandskraft des Verwaltungsaktes jederzeit, auch noch nach Erhebung der Anfechtungsklage, möglich; dies gilt selbst dann, wenn der Betroffene bei Gericht erfolglos die Aussetzung der Vollziehung beantragt hat.[796]

Fraglich ist, in welchen Fällen eine Aussetzung der Vollziehung zu erfolgen hat. Lediglich in § 80 Abs. 4 Satz 3 VwGO findet sich ein Entscheidungsmaßstab für eine behördliche Aussetzungsentscheidung. Demnach soll die Aussetzung bei Verwaltungsakten, mit denen öffentliche Abgaben und Kosten angefordert werden, erfolgen, *„wenn ernstliche Zweifel an der Rechtmäßigkeit des angegriffenen Verwaltungsaktes bestehen oder wenn die Vollziehung für den Abgaben- oder Kostenpflichtigen eine unbillige, nicht durch überwiegende öffentliche Interessen gebotene Härte zur Folge hätte"*. Dieser

---

793 Vgl. *J. Schmidt*, in: Eyermann, Verwaltungsgerichtsordnung, § 80 Rdnr. 48.

794 Vgl. *J. Schmidt*, in: Eyermann, Verwaltungsgerichtsordnung, § 80 Rdnr. 48.

795 Vgl. *Finkelnburg/Jank*, Vorläufiger Rechtsschutz im Verwaltungsstreitverfahren, Rdnr. 789.

796 Vgl. *Finkelnburg/Jank*, Vorläufiger Rechtsschutz im Verwaltungsstreitverfahren, Rdnr. 790.

Maßstab als gesetzliche Konkretisierung des Verhältnismäßigkeitsprinzips kann auch für die Verwaltungsakte, die unter § 80 Abs. 2 Satz 1 Nr. 2 bis 4 VwGO fallen, entsprechend angewendet werden.[797]

Die behördliche Aussetzung der Vollziehung spielt im Vergleich zum gerichtlichen Aussetzungsverfahren eine untergeordnete Rolle. Dies wird für die Betroffenen auch dadurch deutlich, dass ihnen kein Rechtsmittel zusteht, wenn die Behörde ihrem Antrag, die sofortige Vollziehung auszusetzen, nicht stattgibt. In diesen Fällen haben sie nur die Möglichkeit, den Suspensiveffekt im Verfahren nach § 80 Abs. 5 VwGO zu erreichen.

3. Gerichtliche Anordnung der aufschiebenden Wirkung

Besitzt, wie im Krankenhausfinanzierungsrecht, die Anfechtungsklage kraft Gesetzes keine aufschiebende Wirkung, so kann das Gericht nach § 80 Abs. 5 Satz 1 VwGO auf Antrag des Klägers vorläufigen Rechtsschutz gewähren, indem es die aufschiebende Wirkung der Anfechtungsklage anordnet. Das gerichtliche Aussetzungsverfahren ist statthaft, weil die Pflegesatzgenehmigung im Verwaltungsrechtsweg der Anfechtungsklage unterliegt. Dem Antragsteller steht die Antragsbefugnis analog § 42 Abs. 2 VwGO nur zu, wenn ihn der Verwaltungsakt in seinen Rechten verletzen kann.[798] Die Antragsbefugnis richtet sich nach den oben dargelegten Grundsätzen zur Klagebefugnis.[799] Aus dem Zusammenhang des Verfahrens nach § 80 Abs. 5 VwGO mit der Regelung zu § 80 Abs. 1 VwGO folgt zwingend, dass ein Antrag nur dann Erfolg haben kann, wenn eine Anfechtungsklage erhoben wurde, deren aufschiebende Wirkung angeordnet werden kann. Da im Pflegesatzrecht der Widerspruch kein statthafter Rechtsbehelf darstellt, kann der Eilantrag frühestens mit Klageerhebung gestellt werden. Die Anordnung oder Wiederher-

---

797 Vgl. *Finkelnburg/Jank*, Vorläufiger Rechtsschutz im Verwaltungsstreitverfahren, Rdnr. 792; *J. Schmidt*, in: Eyermann, Verwaltungsgerichtsordnung, § 80 Rdnr. 48.

798 Vgl. BVerwG NVwZ 1994, 1000, 1001.

799 Vgl. oben 2.3.D.

stellung der aufschiebenden Wirkung eines noch nicht eingelegten Rechtsbehelfs kann nicht beantragt werden, da § 80 Abs. 5 VwGO nicht der Gewährleistung eines vorbeugenden Rechtsschutzes dient.[800] Ein vorheriger Aussetzungsantrag bei der Behörde ist, da dies nur für die Anforderung öffentlicher Abgaben und Kosten in § 80 Abs. 6 VwGO mit Ausnahmecharakter normiert wurde, nicht erforderlich.[801] Zuständig zur Entscheidung über den Antrag zur Anordnung der aufschiebenden Wirkung ist das Gericht der Hauptsache, also das sachlich und örtlich zur Entscheidung über die Anfechtungsklage zuständige Gericht. Die Beteiligten des Rechtsschutzverfahrens nach § 80 Abs. 5 VwGO sind dieselben wie bei einem Klageverfahren. Der Antragsgegner ist analog § 78 VwGO zu bestimmen. Je nach Landesrecht ist dies das Land oder die Genehmigungsbehörde selbst.[802] Auch die Beiladung findet nach Maßgabe des § 65 VwGO statt.

In § 80 Abs. 5 VwGO ist keine Aussage über die Kriterien enthalten, anhand denen das Verwaltungsgericht seine Entscheidung über das Aussetzungsbegehren des Antragstellers zu treffen hat. Das Wesen des Verfahrens als Eilverfahren auf Gewährung eines vorläufigen Rechtsschutzes impliziert zwangsläufig eine geringere Prüfungsdichte. In diesem Zusammenhang wird von einer „summarischen Prüfung" der Sach- und Rechtslage gesprochen.[803] Zur Beurteilung der Begründetheit des Antrags sind im Allgemeinen die Erfolgsaussichten der Klage, deren aufschiebende Wirkung angeordnet oder wiederhergestellt werden soll, als erstes Kriterium heranzuziehen. Lässt sich schon bei summarischer Prüfung eindeutig feststellen, dass die Anfechtungsklage Erfolg haben wird, so kann kein öffentliches Interesse an der sofortigen Vollziehung des Verwaltungsaktes bestehen.[804] Ist dagegen der an-

---

800 Vgl. *Finkelnburg/Jank*, Vorläufiger Rechtsschutz im Verwaltungsstreitverfahren, Rdnr. 952.

801 Vgl. *Pietzner/Ronellenfitsch*, Das Assessorexamen im Öffentlichen Recht, § 57 Rdnr. 16.

802 Vgl. hierzu oben 2.3.C.I.

803 Vgl. *J. Schmidt*, in: Eyermann, Verwaltungsgerichtsordnung, § 80 Rdnr. 81.

804 Vgl. *Bosch/Schmidt*, Praktische Einführung in das verwaltungsgerichtliche Verfahren, § 50 IV 1. a).

gefochtene Verwaltungsakt offensichtlich rechtmäßig, so dass das Hauptsacheverfahren voraussichtlich keinen Erfolg haben wird, hat es grundsätzlich bei der vom Gesetzgeber generell angeordneten sofortigen Vollziehbarkeit zu verbleiben.[805] Wenn keine eindeutige Antwort auf die Frage nach der Rechtmäßigkeit eines Verwaltungsaktes gegeben werden kann, können gleichwohl die Erfolgsaussichten in der Hauptsache bei dem gerichtlichen Aussetzungsverfahren berücksichtigt werden.[806] Im Übrigen hat das Gericht bei einem offenen Ausgang des Klageverfahrens das vom Gesetzgeber generell angenommene oder im Einzelfall konkret bestehende Sofortvollzugsinteresse und das individuelle Suspensivinteresse gegeneinander abzuwägen.[807]

Im Krankenhausfinanzierungsrecht wird der Aussetzungsantrag oft von den Sozialleistungsträgern gestellt werden, die sich mit der Anfechtungsklage gegen die Genehmigung der Pflegesätze gewandt haben, welche aus ihrer Sicht von der Schiedsstelle zu hoch festgesetzt wurden. Naheliegend ist auch die Antragstellung des Krankenhausträgers, wenn er die festgesetzten und genehmigten Pflegesätze für zu niedrig erachtet und die bisher abgerechneten Entgelte höher waren. In beiden Fällen würde ein erfolgreicher Aussetzungsantrag dazu führen, dass bis zur Entscheidung in der Hauptsache nicht die (neu) genehmigten Pflegesätze abzurechnen wären, sondern die nach § 21 Abs. 1 Satz 3 BPflV bisher geltenden Pflegesätze weiter zu erheben sind.

Die in der Verfahrensart nach § 80 Abs. 5 VwGO gebotene summarische Überprüfung der Rechtmäßigkeit der pflegesatzrechtlichen Entscheidung lässt in der gerichtlichen Praxis oftmals keine eindeutige Beurteilung der Er-

---

805 Vgl. *Finkelnburg/Jank*, Vorläufiger Rechtsschutz im Verwaltungsstreitverfahren, Rdnr. 854.

806 Vgl. *J. Schmidt*, in: Eyermann, Verwaltungsgerichtsordnung, § 80 Rdnr. 75; BVerfG NVwZ 1996, 58, 59.

807 Vgl. *Finkelnburg/Jank*, Vorläufiger Rechtsschutz im Verwaltungsstreitverfahren, Rdnr. 853.

folgsaussichten in der Hauptsache zu.[808] Die rechtliche Einschätzung der Pflegesatzgenehmigung als offensichtlich rechtmäßig oder offensichtlich rechtswidrig erfordert in der Regel eine aufwendige Sachverhaltsermittlung und eine umfangreiche Prüfung in rechtlicher Hinsicht, die sich aus Zeitgründen mit dem Wesen des Eilverfahrens nicht vereinbaren lässt. Die Schwierigkeiten der einschlägigen Sach- und Rechtsfragen werden oftmals erst im nachfolgenden Klageverfahren aufklärbar sein. Ergibt sich im Einzelfall keine eindeutige Antwort auf die Frage der Rechtmäßigkeit der Pflegesatzgenehmigung, so können nur gewichtige und begründbare Anhaltspunkte, die Auswirkungen auf die Erfolgsaussichten im Hauptsacheverfahren haben, in die Interessenabwägung einbezogen werden. Ist ein oder sind mehrere Sozialleistungsträger oder der Krankenhausträger Antragsteller im Verfahren, so stehen sich auf beiden Seiten primär öffentlich-rechtliche Interessen gegenüber, die unmittelbar in § 1 Abs. 1 KHG eine Verankerung gefunden haben. Einerseits besteht ein öffentlich-rechtliches Interesse daran, dass Krankenhauspflegesätze sozial tragbar, d. h. möglichst niedrig sind und dadurch die Beitragssätze der gesetzlichen Krankenversicherung stabil bleiben, andererseits gebietet das öffentliche Interesse an einer bedarfsgerechten Versorgung der Bevölkerung mit leistungskräftigen Krankenhäusern die wirtschaftliche Sicherung dieser Krankenhäuser.[809] Weiter sind in der vorzunehmenden Interessenabwägung aber auch die privaten Belange der Beteiligten angesprochen.[810] Der einzelne Kostenträger hat ein Interesse daran, keine möglicherweise zu hohen Pflegesätze bezahlen zu müssen und bis zur Rechtskraft der Entscheidung im Klageverfahren auf zu Unrecht bezahlte Beträge verzichten zu müssen. Der Krankenhausträger will dagegen die Abrechnung eines möglicherweise zu niedrigen Pflegesatzes verhindern, um nicht auf den zu Unrecht vorenthaltenen Betrag bis zur rechtskräftigen Entscheidung in der Hauptsache warten zu müssen.

---

808 Vgl. BVerwG, KRS, 94.009; OVG Nordrhein-Westfalen, KRS, 84.096; VG Münster, KRS, 84.042; Hess. VGH, KRS, 82.033.
809 Vgl. OVG Nordrhein-Westfalen, KRS, 84.096, S. 1, 2.
810 Vgl. OVG Nordrhein-Westfalen, KRS, 84.096, S. 1, 3.

Obwohl die betroffenen Interessen der Beteiligten auf beiden Seiten gewichtig erscheinen, hat in Zweifelsfällen, in denen die Sozialleistungsträger den Aussetzungsantrag stellen und die (neuen) genehmigten Pflegesätze höher sind als die bisherigen, die Interessenabwägung zu Gunsten des Krankenhauses auszugehen. Dies liegt zunächst daran, dass die Wirtschaftlichkeit des einzelnen Krankenhauses durch die Aussetzung der Vollziehung eher gefährdet sein kann, dagegen eine vorläufig leicht erhöhte Leistungsverpflichtung für die Kostenträger in der Regel zumutbar erscheint. Muss der Krankenhausträger auf einen Teil des ihm nach der Entscheidung der Schiedsstelle und der Genehmigungsbehörde rechtmäßig zustehenden Pflegesatzes verzichten und wird dadurch seine wirtschaftliche Sicherung und damit die bedarfsgerechte Versorgung der Bevölkerung mit leistungsfähigen Krankenhäusern in der betreffenden Region gefährdet, weil das Krankenhaus außer Stande ist, die Deckungslücke zwischen seinen Selbstkosten und den Einnahmen aus Pflegesätzen zu schließen, so spricht dies dafür, die sofortige Vollziehung der Pflegesatzgenehmigung bestehen zu lassen. Weiter ist auch zu berücksichtigen, dass eine eventuell durch die sofortige Vollziehung eintretende Überzahlung von dem Krankenhausträger in den folgenden Pflegesatzzeiträumen nach den Regelungen der Bundespflegesatzverordnung vollständig auszugleichen ist. Des Weiteren trifft den einzelnen Sozialleistungsträger die wirtschaftliche Belastung durch die sofortige Vollziehung auf Grund der Aufteilung der Berechnungstage und Behandlungsfälle auf alle Kostenträger nur anteilmäßig und dadurch mit einem deutlich geringeren Kostenanteil als den Krankenhausträger.[811] Schließlich ist bei der Interessenabwägung auch die gesetzgeberische Entscheidung für die sofortige Vollziehung der Pflegesatzgenehmigung einzubeziehen. Der Ausschluss der aufschiebenden Wirkung der Klage ist als Vermutung anzusehen, dass in diesen Fällen ein das Individualinteresse überwiegendes öffentliches Vollzugsinteresse besteht. Die Vermutung für das Überwiegen des öffentlichen Interesses kann nur widerlegt werden, wenn im konkreten Fall das Aussetzungsinteresse aus besonderen Gründen vorzuziehen ist.[812] Ergibt die Ab-

---

811 Vgl. VGH Bad.-Württ., KRS 82.016, S. 1, 9.
812 Vgl. BVerwG, KRS, 94.009, S. 1, 2.

wägung der Belange der Kostenträger und des Krankenhauses eine Interessengleichheit, so hat der gesetzlich vorgesehene Sofortvollzug den Vorrang.

4. Vorläufiger Rechtsschutz mit dem Ziel der sofortigen Vollziehbarkeit

Hat die Behörde die sofortige Vollziehung der Pflegesatzgenehmigung ausgesetzt oder das Verwaltungsgericht die aufschiebende Wirkung der Anfechtungsklage auf Antrag angeordnet, so stellt sich die Frage, welche Maßnahmen diejenige Partei ergreifen kann, die sich hierdurch beschwert fühlt. Diese Fallkonstellation ist dann angesprochen, wenn aus Sicht der Sozialleistungsträger, die (neu) genehmigten Pflegesätze zu hoch sind und sie im Verfahren nach § 80 Abs. 4 oder Abs. 5 VwGO den Suspensiveffekt ihrer Anfechtungsklage erreicht haben, aber nun der Krankenhausträger die genehmigten höheren Pflegesätze abrechnen will. Die Interessenlage ist umgekehrt, wenn die (neu) genehmigten Pflegesätze aus Sicht des Krankenhausträgers zu niedrig ausgefallen sind, tatsächlich niedriger als die bisherigen Pflegesätze sind und er sich gegen die sofortige Vollziehbarkeit erfolgreich bei der Genehmigungsbehörde oder bei dem Verwaltungsgericht gewandt hat. In beiden Fällen begehrt jeweils die nicht klagende Seite der Vertragsparteien die sofortige Vollziehung der Genehmigungsentscheidung, um ohne Zuwarten auf den Ausgang des Hauptsacheverfahrens die neuen Pflegesätze realisieren zu können.

Hat die Behörde die sofortige Vollziehung nach § 80 Abs. 4 VwGO von Amts wegen oder auf Antrag ausgesetzt, so besteht für die Partei, die den Sofortvollzug begehrt, die Möglichkeit, den Widerruf der Aussetzungsentscheidung bei der Genehmigungsbehörde anzuregen, denn die Behörde ist selbst an ihre Entscheidung nicht gebunden und kann eine von ihr verfügte Aussetzung rückgängig machen.[813] Jedoch darf sie sich dabei nicht über die Soll-Vorschrift des § 80 Abs. 4 Satz 3 VwGO hinwegsetzen, die hier allerdings nur entsprechend anwendbar ist, weil kein Fall des § 80 Abs. 2 Nr. 1 VwGO vorliegt.[814] Solange die Voraussetzungen dieser Norm fortbestehen, kann sich die Verwaltung nicht einfach von der Aussetzung der Vollziehung lösen.[815]

Weiter kann gerichtlicher Rechtsschutz gegen die behördliche Aussetzung der Vollziehung in Anspruch genommen werden. Widerspruch und Klage gegen diese Behördenentscheidung sind allerdings unzulässig, weil die allgemeinen Vorschriften über die verwaltungsgerichtlichen Klagen durch die Sondervorschriften über den vorläufigen Rechtsschutz verdrängt werden.[816] Dagegen kann das Gericht auf Antrag selbst die sofortige Vollziehung anordnen oder die behördliche Aussetzungsentscheidung aufheben. Beides ist nunmehr in § 80 a VwGO klargestellt. Doch schon vor Bestehen dieser Regelung war anerkannt, dass das Gericht die sofortige Vollziehung entweder selbst anordnen oder die zuständige Behörde hierzu verpflichten konnte.[817] Das Verwaltungsgericht ist nicht nur befugt, die sofortige Vollziehung selbst erstmals anzuordnen, sondern kann auch den Sofortvollzug durch Kassation der behördlichen Aussetzungsentscheidung wieder herstellen. Begehrt der Antragsteller die Wiederherstellung des status quo ante durch die gerichtliche Beseitigung der behördlichen Vollziehungsaussetzung, so kann das Gericht in entsprechender Anwendung des § 80 a Abs. 3, Abs. 1 Nr. 2 VwGO

---

813 Vgl. *J. Schmidt*, in: Eyermann, Verwaltungsgerichtsordnung, § 80 Rdnr. 51; *Redeker/ von Oertzen*, Verwaltungsgerichtsordnung, § 80 Rdnr. 41; *Finkelnburg/Jank*, Vorläufiger Rechtsschutz im Verwaltungsstreitverfahren, Rdnr. 793.
814 Zur entsprechenden Anwendbarkeit des § 80 Abs. 4 Satz 3 VwGO: vgl. oben 2.3.F.I.2.
815 Vgl. *Schoch*, in: Schoch/Schmidt-Aßmann/Pietzner, Verwaltungsgerichtsordnung, § 80 Rdnr. 214.
816 Vgl. BVerwG NJW 1969, 202, 203.
817 Vgl. *Kopp/Schenke*, Verwaltungsgerichtsordnung, § 80 a Rdnr. 17.

die Aussetzungsentscheidung über die sofortige Vollziehung der Genehmigung aufheben.[818]

Hat dagegen nicht die Behörde nach § 80 Abs. 4 VwGO, sondern das Gericht nach § 80 Abs. 5 VwGO die Entscheidung über die aufschiebende Wirkung getroffen, so hat die Partei, die die Änderung oder die Aufhebung des ergangenen Beschlusses begehrt, grundsätzlich zwei Möglichkeiten. Das Verwaltungsprozessrecht eröffnet hier zum einen das Abänderungsverfahren und zum anderen das Beschwerdeverfahren. Das Abänderungsverfahren kann nach § 80 Abs. 7 VwGO, anders als das Verfahren nach § 80 Abs. 5 VwGO, nicht nur auf Antrag, sondern auch von Amts wegen eingeleitet werden. Nach § 80 Abs. 7 Satz 2 VwGO kann jeder Beteiligte, der durch die getroffene gerichtliche Entscheidung beschwert wird, die Änderung oder Aufhebung wegen veränderter oder im ursprüglichen Verfahren ohne Verschulden nicht geltend gemachter Umstände beantragen. Hat eine Pflegesatzpartei die gerichtliche Aussetzungsentscheidung erreicht, so kann eine andere, die dem Verfahren nach § 80 Abs. 5 VwGO beigeladen wurde, einen Abänderungsantrag stellen, wenn sie durch den ergangenen Beschluss gehindert wird, von dem Verwaltungsakt Gebrauch zu machen. So könnte der Träger eines Krankenhauses beispielsweise dann einen statthaften Abänderungsantrag gegen die gerichtliche Anordnung der aufschiebenden Wirkung erreichen, wenn eine zwischenzeitliche Klärung einer Rechtsfrage zu einer anderen Beurteilung der Erfolgsaussichten im Hauptsacheverfahren geführt hat.[819] Weiter eröffnet § 146 Abs. 4 VwGO ein Rechtsmittelverfahren mit Rechtskrafthemmung und Devolutiveffekt.[820] Die Beschwerden gegen die

---

818 Zur Kassation der behördlichen Entscheidungen im Rahmen des vorläufigen Rechtsschutzes nach §§ 80, 80 a VwGO: vgl. *Schoch*, in: Schoch/Schmidt-Aßmann/Pietzner, Verwaltungsgerichtsordnung, § 80 a Rdnr. 44.

819 Hierzu allgemein: *Finkelnburg/Jank*, Vorläufiger Rechtsschutz im Verwaltungsstreitverfahren, Rdnr. 1028 mit Verweis auf VGH Kassel, ESVGH 38, 102, 105 f.

820 Die Vollstreckbarkeit der gerichtlichen Entscheidung wird allerdings durch die Einlegung der Beschwerde nur ausnahmsweise suspendiert (§ 149 VwGO). Vgl. hierzu: *Finkelnburg/Jank*, Vorläufiger Rechtsschutz im Verwaltungsstreitverfahren, Rdnrn. 1009 ff, 1017; *Happ*, in: Eyermann, Verwaltungsgerichtsordnung, § 146 Rdnr. 1.

Beschlüsse der Verwaltungsgerichte sind allerdings nur zulässig, wenn sie vom Oberverwaltungsgericht zugelassen werden. Statthafter Rechtsbehelf gegen die verwaltungsgerichtliche Eilentscheidung im Aussetzungsverfahren ist demzufolge der Antrag auf Zulassung der Beschwerde.[821] Nicht beschwerdefähig sind die entsprechenden Aussetzungsentscheidungen der Oberverwaltungsgerichte.

5. Weitergehender Rechtsschutz nach § 123 VwGO?

Teilweise wird die Auffassung vertreten, im Falle der Genehmigung der Pflegesätze durch die Landesbehörde seien die Verfahren der Anordnung der aufschiebenden Wirkung nach § 80 Abs. 5 VwGO und das Anordnungsverfahren nach § 123 Abs. 1 VwGO nebeneinander zulässig.[822] Dieser Meinung kann nicht beigetreten werden, weil § 123 Abs. 5 VwGO zum Ausdruck bringt, dass die Anwendung des § 123 Abs. 1 bis 3 VwGO für die Fälle der §§ 80, 80 a VwGO ausgeschlossen ist. Hierzu heißt es in der amtlichen Begründung des Vierten Änderungsgesetzes der VwGO:[823] *„Absatz 5 stellt klar, daß einstweilige Anordnungen nicht statthaft sind, solange einstweiliger Rechtsschutz aufgrund der aufschiebenden Wirkung eines Rechtsbehelfs gewährt werden kann".* Vorläufiger Rechtsschutz wird grundsätzlich entweder durch die einen oder die anderen Regelungen gewährleistet. Die Vorschriften der §§ 80 ff. VwGO sind Spezialregelungen, die das Anordnungsverfahren nach § 123 VwGO dann verdrängen, wenn es um die Aussetzung der Voll-

---

821 Vgl. *Schoch*, in: Schoch/Schmidt-Aßmann/Pietzner, Verwaltungsgerichtsordnung, § 80 Rdnr. 391.

822 Vgl. *Kuhla/Voß*, das Krankenhaus 1998, 689, 696, die annehmen, dem Antragsteller könne neben dem Rechtsschutz nach § 80 Abs. 5 VwGO zusätzlich auch der des § 123 Abs. 1 VwGO zustehen. Mit dem Antrag auf einstweilige Anordnung könne das Rechtsschutzziel verfolgt werden, die Landesbehörde zu verpflichten, die Schiedsstelle anzuweisen. Gegen diese Auffassung bestehen nicht nur prozessuale Bedenken, die sich auf § 123 Abs. 5 VwGO stützen, sondern auch materiell-rechtliche Zweifel, ob ein derartiger Anordnungsanspruch bestehen kann; zu Letzterem vgl. unten 2.3.F.III.3.

823 BT-Drucks. 11/7030, S. 31.

ziehung eines belastenden Verwaltungsaktes geht.[824] Nur dann, wenn die Genehmigungsbehörde dazu berechtigt wäre, eine Genehmigung abweichend von der Schiedsstellenfestsetzung zu erteilen,[825] mithin richtige Klageart die Verpflichtungsklage wäre, könnte der Betroffene sein Rechtsschutzbegehren im Verfahren nach § 123 VwGO verfolgen. Ein kumulativer Rechtsschutz durch §§ 80, 80 a VwGO als auch nach § 123 Abs. 1 VwGO ist lediglich in den Fällen zulässig, in denen sich nur durch eine kombinierte Anwendung beider Rechtsschutzformen das Rechtsschutzziel erreichen lässt. Dies ist insbesondere für den Fall des Konkurrentenstreits in der Form der Konkurrentenverdrängungsklage[826] anerkannt.[827] Dagegen müssen den Pflegesatzparteien, die durch die Genehmigung belastet werden, nicht zwangläufig beide Rechtsschutzformen zur Seite stehen, damit sich die von ihnen begehrten Pflegesätze im weiteren Verfahren durchsetzen können. Durch die Anordnung der aufschiebenden Wirkung erreichen sie, dass der belastende Verwaltungsakt derzeit nicht vollzogen wird. Obsiegen sie weiter im Hauptsacheverfahren, wird also die Genehmigung aufgehoben, so können die Parteien erneut verhandeln oder die Schiedsstelle anrufen. Sie werden durch die Anordnung der aufschiebenden Wirkung vor dem Vollzug des (rechtswidrigen) Verwaltungsaktes und damit vor der Abrechnung der (neuen) Pflegesätze hinreichend geschützt. Es bleibt vorliegend bei dem

---

824 *Finkelnburg/Jank*, Vorläufiger Rechtsschutz im Verwaltungsstreitverfahren, Rdnr. 12.

825 Zur fehlenden Befugnis zur sog. „gestaltenden Genehmigung": vgl. oben 2.2.A.I.2.b.).

826 Zu dieser Klage: vgl. *Wahl/Schütz*, in: Schoch/Schmidt-Aßmann/Pietzner, Verwaltungsgerichtsordnung, § 42 Abs. 2 Rdnrn. 289, 303 ff.

827 Erteilt eine Behörde eine kontingentierte Zulassung unter Anordnung des Sofortvollzugs nicht dem Antragsteller, sondern einem Mitbewerber, so muss er sowohl um abwehrenden als auch um gewährenden vorläufigen Rechtsschutz nachsuchen. Die Vergabe an den anderen kann er vorläufig verhindern, wenn er nach §§ 80 a Abs. 3, 80 Abs. 5 VwGO die Wiederherstellung der aufschiebenden Wirkung erreicht. Daneben muss er, um die vorläufige Erteilung der Berechtigung an sich zu erwirken, vorläufigen Rechtsschutz nach § 123 VwGO beantragen. Neben dieser Fallkonstellation kann ein kumulativer vorläufiger Rechtsschutz auch dann in Betracht kommen, wenn ausschließlich eigene Rechte des Antragstellers betroffen sind. Vgl. *Finkelnburg/Jank*, Vorläufiger Rechtsschutz im Verwaltungsstreitverfahren, Rdnrn. 96 ff; *Happ*, in: Eyermann, Verwaltungsgerichtsordnung, § 123 Rdnr. 15.

Grundsatz des Vorrangs des vorläufigen Rechtsschutzes nach § 80 VwGO. Die Zulassung einer Ausnahme von der Regelung des § 123 Abs. 5 VwGO erscheint nicht erforderlich.

II. Genehmigung wurde versagt

Es ist zu untersuchen, ob die Landesbehörde im vorläufigen Rechtsschutz-verfahren dazu verpflichtet werden kann, die Genehmigung zu erteilen (hierzu unten 1.). Zweifelhaft kann auch sein, ob die Schiedsstelle nach § 18 a Abs. 1 KHG, trotz Anhängigkeit einer Verpflichtungsklage auf Erteilung der Genehmigung, bei ihrer erneuten Anrufung an die Rechtsauffassung der Landesbehörde nach § 20 Abs. 3 BPflV gebunden ist (hierzu unten 2.).

1. Regelungsanordnung

In der hier anzunehmenden Ausgangssituation hat die Landesbehörde den von einer Pflegesatzpartei begehrten – vereinbarten oder festgesetzten – Pflegesätzen die Genehmigung versagt. In diesem Fall gelten nach § 21 Abs. 1 Satz 3 BPflV die bisherigen Pflegesätze weiter. Der Betroffene kann eine Verpflichtungsklage mit dem Ziel erheben, die Behörde zu verpflichten, die beantragte Genehmigung zu erteilen. Da bis zu einer rechtskräftigen Ent-scheidung eines Verwaltungsgerichts Jahre vergehen können, stellt sich auch hier die Frage des vorläufigen Rechtsschutzes.

Der Antragsteller kann hier keinen Rechtsschutz nach § 80 VwGO erhalten, weil er nicht die Aussetzung der Vollziehung eines belastenden Verwal-tungsaktes wünscht, mithin keine „Anfechtungssituation" vorliegt. Das Ver-waltungsprozessrecht sieht zwei Verfahren des vorläufigen Rechtsschutzes vor, die sich grundsätzlich in ihrer Anwendung gegenseitig ausschließen. Handelt es sich beim Hauptsacheverfahren um eine Anfechtungsklage, so kommt zur Gewährung eines vorläufigen Rechtsschutzes das Verfahren nach § 80 Abs. 5 VwGO in Betracht, bei allen anderen Verfahren ist dagegen der Erlass einer einstweiligen Anordnung in Erwägung zu ziehen.[828] Dieser Form des vorläufigen Rechtsschutzes sind alle Anträge zuzuordnen, die auf eine vorläufige Verpflichtung, Unterlassung oder Feststellung gerichtet sind.[829] Dem Antragsteller geht es in der vorliegenden Fallkonstellation nicht darum, belastende Maßnahmen abzuwehren, sondern um die vorläufige Durchsetzung eines Verpflichtungsbegehrens. Die hier angesprochene Erscheinungsform des vorläufigen Rechtsschutzes nach § 123 VwGO ist nicht die Sicherungsanordnung, sondern die Regelungsanordnung. Der Antragsteller will von den vereinbarten oder festgesetzten Pflegesätzen, denen die Landesbehörde die Genehmigung versagt hat, Gebrauch machen. Hierzu bedarf es nicht einer lediglich zustandserhaltenden, sondern einer zustandsverbessernden Maßnahme. Für den Erlass der Regelungsanordnung ist nach § 123 Abs. 2 Satz 1 VwGO das Gericht der Hauptsache zuständig. Die Antragsbefugnis erfordert analog § 42 Abs. 2 VwGO ein subjektives Recht des Antragstellers,[830] das infolge des Handelns oder Unterlassens des Antragsgegners möglicherweise verletzt wird.[831] Nicht erforderlich ist, dass der Antragsteller gegen die Versagung der pflegesatzrechtlichen Genehmigung schon die Verpflichtungsklage eingereicht hat. Dagegen fehlt es an dem Rechtsschutzbedürfnis für das vorläufige Rechtsschutzverfahren, wenn die Klageerhebung auf Grund Zeitablaufs nicht mehr möglich ist[832] oder bereits eine rechtskräftige Entscheidung in der Hauptsache vorliegt[833].

In materieller Hinsicht verlangt die Regelungsanordnung, dass dem Antragsteller der von ihm geltend gemachte Anspruch voraussichtlich zusteht und ihm nicht zugemutet werden kann, den Ausgang des Hauptsacheverfahrens abzuwarten. Der Anordnungsanspruch – die Rechtsposition, deren Durch-

828 Vgl. *Bosch/Schmidt*, Praktische Einführung in das verwaltungsgerichtliche Verfahren, § 47.
829 Vgl. *Finkelnburg/Jank*, Vorläufiger Rechtsschutz im Verwaltungsstreitverfahren, Rdnr. 89.
830 Vgl. oben 2.3.D.
831 Vgl. *Happ*, in: Eyermann, Verwaltungsgerichtsordnung, § 123 Rdnr. 41.
832 Vgl. *Happ*, in: Eyermann, Verwaltungsgerichtsordnung, § 123 Rdnr. 43.
833 Vgl. *Kopp/Schenke*, Verwaltungsgerichtsordnung, § 123 Rdnr. 28.

setzung im Hauptsacheverfahren beabsichtigt ist – sowie der Anordnungs-
grund – die Eilbedürftigkeit der begehrten vorläufigen Regelung – sind nach
§ 123 Abs. 3 VwGO i. V . m. § 920 Abs. 2 ZPO glaubhaft zu machen.[834] Den
Erlass einer einstweiligen Anordnung auf Grund einer ausschließlichen Interessenabwägung ist abzulehnen, denn sie wird dem Erfordernis des Vorliegens eines Anordnungsanspruchs nicht gerecht.[835] Eine Interessenabwägung ergibt sich allerdings innerhalb des Anordnungsgrundes, die von dem
gesetzlichen Tatbestandsmerkmal „nötig erscheint" gedeckt ist und die Prüfung des Anordnungsanspruchs unberührt lässt.[836]

Die begehrte Regelungsanordnung auf Erlass einer (vorläufigen) Pflegesatzgenehmigung darf nicht zu einer unzulässigen Vorwegnahme der Hauptsache führen. Die einstweilige Anordnung dient in beiden Alternativen des
§ 123 Abs. 1 VwGO nur zur Sicherung von Rechten des Antragstellers, nicht
zu ihrer Befriedigung.[837] Die Pflegesatzpartei, die das Anordnungsverfahren
mit dem Ziel betreibt, die (vorläufige) Pflegesatzgenehmigung zu erreichen,
will bereits mit dem erfolgreichen Ausgang dieses Verfahrens auf Dauer oder
wenigstens bis zum Abschluss des Hauptsacheverfahrens so gestellt werden, als ob sie in der Hauptsache obsiegt hätte. In der inhaltlichen Überein-
stimmung des Klage- und Anordnungsantrages liegt aber noch keine zwingend endgültige Vorwegnahme der Hauptsache. Der Antragsteller erreicht in
diesen Fällen bei einem erfolgreichen Ausgang des Verfahrens zwar bereits
vorläufig das angestrebte Ergebnis eines durchgeführten Hauptsacheverfahrens, jedoch bleibt hiervon die Frage unberührt, ob die erlangte Rechtsposition uneingeschränkt und unentziehbar eingeräumt wurde. Eine endgültige
Vorwegnahme der Hauptsache liegt bei den Regelungen vor, die ihrer Natur
der Sache nach nur abschließend getroffen werden können. Hierzu rechnet

---

834 *Finkelnburg/Jank*, Vorläufiger Rechtsschutz im Verwaltungsstreitverfahren, Rdnr. 143.

835 Zu dem Streit, ob und in welchem Umfang bei dem Erlass einer einstweiligen Anordnung eine Interessenabwägung geboten ist: vgl. *Pietzner/Ronellenfitsch*, Das Assessorexamen im Öffentlichen Recht, § 58 Rdnr. 12.

836 Vgl. *Finkelnburg/Jank*, Vorläufiger Rechtsschutz im Verwaltungsstreitverfahren, Rdnr.
163.

837 *Pietzner/Ronellenfitsch*, Das Assessorexamen im Öffentlichen Recht, § 58 Rdnr. 10.

die Rechtsprechung die Abhaltung von Wahlen sowie die Neubewertung von Prüfungsleistungen.[838] Erreicht der Antragsteller bereits im Anordnungsverfahren die begehrte Rechtsposition, können jedoch später die erlangten Rechtsvorteile rückgängig gemacht werden, so spricht man von einer vorläufigen Vorwegnahme der Hauptsache. Vorläufige Vorwegnahme bedeutet damit, dass dem Antragsteller die begehrte Rechtsposition nur auf Zeit eingeräumt wird.[839] Bei einer Vorwegnahme der Hauptsache sind die Anforderungen an den Erlass einer einstweiligen Anordnung zu steigern. Dies gilt verstärkt für die endgültige Vorwegnahme der Hauptsache, bei der irreversible Verhältnisse geschaffen werden, die das Hauptsacheverfahren ganz oder weitgehend gegenstandslos machen.

Das Obsiegen des Antragstellers führt bei dem vorliegenden Sachverhalt zu einer im Wesentlichen vorläufigen Vorwegnahme der Hauptsache. In diesem Fall verpflichtet das Gericht den Antragsgegner – analog § 78 VwGO das Land oder die Genehmigungsbehörde[840] – zum Erlass des begehrten Verwaltungsaktes. Der Grundsatz der Gewaltenteilung verbietet dem Gericht grundsätzlich ein Tätigwerden an Stelle der Behörde. Nur wenn bei einer besonderen Dringlichkeit die behördliche Umsetzung der gerichtlichen Anordnung zu spät kommen würde, darf das Gericht ausnahmsweise die notwendige Regelung selbst treffen.[841] Die Erteilung einer vorläufigen Genehmigung der Pflegesätze nimmt genauso wie eine endgültige Genehmigung unmittelbaren Einfluss auf die abzurechnenden Entgelte für allgemeine Krankenhausleistungen. Die Patienten oder deren Kostenträger haben nach Maßgabe des § 21 Abs. 1 BPflV die neuen Pflegesätze zu bezahlen. Unterliegt der Antragsteller im Hauptsacheverfahren, so entfällt im Allgemeinen die ihm im Verfahren nach § 123 VwGO eingeräumte Rechtsposition rückwir-

---

838 *Finkelnburg/Jank*, Vorläufiger Rechtsschutz im Verwaltungsstreitverfahren, Rdnr. 205 mit Rechtsprechungsnachweisen.

839 Vgl. *Finkelnburg/Jank*, Vorläufiger Rechtsschutz im Verwaltungsstreitverfahren, Rdnr. 207.

840 Hierzu oben 2.3.C.I.

841 Vgl. *Happ*, in: Eyermann, Verwaltungsgerichtsordnung, § 123 Rdnr. 67; *Finkelnburg/Jank*, Vorläufiger Rechtsschutz im Verwaltungsstreitverfahren, Rdnr. 267.

kend, ohne dass dies in der Hauptsacheentscheidung ausdrücklich gesagt sein müsste.[842] Ist demzufolge die Verpflichtungsklage im Hauptsacheverfahren nicht erfolgreich, bestätigt also das Gericht die Rechtmäßigkeit der Versagungsentscheidung der Behörde, so steht damit fest, dass die zwischenzeitliche Abrechnung der neuen Pflegesätze zu Unrecht erfolgt ist. Bis zu der Genehmigung der neu zu vereinbarenden Pflegesätze gelten wieder die bisherigen Pflegesätze nach § 21 Abs. 1 Satz 3 BPflV, denn der Beschluss des Gerichts über die Verpflichtung zur Genehmigungserteilung stand unter dem Vorbehalt der Hauptsacheentscheidung. Für die in der Vergangenheit liegenden Zuviel- oder Zuwenigzahlungen entsteht ein Ausgleichsanspruch. Die Notwendigkeit der Verrechnung derartig entstandener Mehr- oder Mindererlöse ergibt sich mittelbar aus § 21 Abs. 2 BPflV, der aber diese Fallkonstellation nicht ausdrücklich erwähnt. Nach den Regelungen dieser Vorschrift sind Mehr- oder Mindererlöse auszugleichen, die infolge der Weitererhebung der bisherigen Pflegesätze entstehen. Entsprechendes muss aber gelten, wenn eine einstweilige Anordnung die Behörde zum Erlass einer pflegesatzrechtlichen Genehmigung verpflichtet hat und das nachfolgende Hauptsacheverfahren die ursprüngliche behördliche Versagungsentscheidung bestätigt. Auch in diesem Fall wurden zeitweise Pflegesätze abgerechnet, die den letztlich rechtlich „richtigen" Entgelten des betreffenden Pflegesatzzeitraumes nicht entsprachen. Eine eventuelle Nachforderung von Differenzbeträgen für die Vergangenheit ist dem Krankenhausträger nach § 21 Abs. 1 Satz 5 BPflV grundsätzlich verwehrt. An die Stelle vieler einzelner Erstattungsansprüche[843] zwischen dem Krankenhausträger und den Zahlungspflichtigen im Horizontalverhältnis auf unterster Ebene tritt die Verpflichtung der Pflegesatzparteien, den abweichenden Betrag analog § 21 Abs. 2 Satz 2 BPflV über das nächste Budget auszugleichen.[844]

---

842 Vgl. *Happ*, in: Eyermann, Verwaltungsgerichtsordnung, § 123 Rdnr. 75.

843 Zu den Erstattungsansprüchen, die durch eine zu Unrecht erlassene einstweilige Anordnung im Allgemeinen entstehen: vgl. *Finkelnburg/Jank*, Vorläufiger Rechtsschutz im Verwaltungsstreitverfahren, Rdnrn. 571 ff.

844 Ein entsprechender Fragekreis ist angesprochen, wenn das Verwaltungsgericht eine Pflegesatzgenehmigung aufhebt, auf deren Grundlage bereits eine Vielzahl von Behandlungsfällen abgerechnet wurden; vgl. hierzu: 2.3.B.I.1.c.) bb.) (1.).

Eine Verpflichtung des Antragsgegners auf Erteilung der Pflegesatzgenehmigung im Verfahren des vorläufigen Rechtsschutzes wird nur ausnahmsweise in Betracht kommen. Lediglich dann, wenn sich die Erfolgsaussichten in der Hauptsache als überwiegend darstellen und dem Antragsteller unzumutbar schwere, anders nicht abwendbare Nachteile durch einen Verweis auf das Hauptsacheverfahren drohen, ist der Anordnungsantrag begründet. Geringere als überwiegende Erfolgsaussichten stehen einer – auch lediglich vorläufigen – Vorwegnahme der Hauptsache entgegen. Dies gilt auch dann, wenn die begehrte Regelung für den Antragsteller besonders eilbedürftig ist. Wurde in diesem Umfang der Anordnungsanspruch hinreichend glaubhaft gemacht, so ist in den Fällen, in denen durch den Verweis auf das Hauptsacheverfahren eine Existenzgefährdung des Antragstellers eintreten würde, ohne weiteres die begehrte einstweilige Anordnung zu erlassen.[845] Ist durch die Versagung der Genehmigung die wirtschaftliche Existenz eines Krankenhausbetriebes ernstlich gefährdet und sind diese Nachteile, die für den Antragsteller zu erwarten sind, auch nicht anders abwendbar, etwa durch Rückgriff auf anderweitig verfügbare Finanzmittel oder durch eine zumutbare Kreditmittelaufnahme, so ist eine qualifizierte Dringlichkeit zu bejahen, die im Anordnungsverfahren die vorläufige Vorwegnahme der Hauptsacheentscheidung rechtfertigt.

2. Erneute Anrufung der Schiedsstelle

Die Frage der aufschiebenden Wirkung stellt sich bei Verwaltungsakten, mit denen die Behörde eine begehrte Amtshandlung abgelehnt hat, gewöhnlich von vornherein nicht, weil es der Versagungsentscheidung in der Regel an einem vollziehungsfähigen Inhalt mangelt und der Rechtsschutzsuchende nicht schon durch die Erhebung der Verpflichtungsklage in den einstweiligen Genuss der versagten Begünstigung kommt. Doch wirft das Pflegesatzrecht die zunächst eigenartig anmutende Fragestellung auf, ob dem gerichtlichen Rechtsschutz gegen einen ablehnenden Bescheid der Genehmigungsbe-

---

845 Vgl. VGH Kassel NJW 1982, 2459.

hörde ein Suspensiveffekt zuzuerkennen ist. Diesem Problemkreis liegt der Sachverhalt zu Grunde, dass eine Partei auf die behördliche Versagungsentscheidung hin eine Verpflichtungsklage auf Erteilung der Genehmigung erhoben hat, dagegen eine andere die Schiedsstelle erneut anruft und diese nach § 20 Abs. 3 BPflV in ihrer neuen Entscheidung an die Rechtsauffassung der Genehmigungsbehörde binden will. Kommt der Klage im Hinblick auf die erneute Befassung der Schiedsstelle eine aufschiebende Wirkung zu, so hat diese mit ihrer Entscheidung abzuwarten, bis das Gericht über die Klage entschieden hat.[846]

Die Zugrundelegung der Rechtsauffassung der Genehmigungsbehörde durch die Schiedsstelle im Falle ihrer erneuten Anrufung stellt eine Vollziehung der Versagungsentscheidung im weiteren Sinne dar. Gesetzliche Regelungen über den Begriff der aufschiebenden Wirkung sind nicht ersichtlich. Nach der Wirksamkeitstheorie[847] wird durch den Rechtsbehelf die Rechtswirkung des Verwaltungsaktes aufgehoben; dagegen bleibt nach der Vollzugstheorie[848] der Verwaltungsakt trotz seiner Anfechtung wirksam, lediglich sein Vollzug wird aufgeschoben.[849] Gegen eine Wirksamkeitshemmung und für eine bloße Vollziehbarkeitshemmung sprechen der Wortlaut des § 80 VwGO,[850] wie auch der Zweck des Suspensiveffektes, der einen effektiven vorläufigen Rechtsschutz vor dem Verwaltungsakt gewähren soll. Hierzu ist

---

846 In diesem Fall könnte die Schiedsstelle erst dann entscheiden, wenn die aufschiebende Wirkung der Klage nicht mehr bestehen würde. Nach § 80 b Abs. 1 Satz 1 VwGO endet die aufschiebende Wirkung des Widerspruchs und der Anfechtungsklage mit der Unanfechtbarkeit oder, wenn die Anfechtungsklage im ersten Rechtszug abgewiesen worden ist, drei Monate nach Ablauf der gesetzlichen Begründungsfrist des gegen die abweisende Entscheidung gegebenen Rechtsmittels.

847 Vgl. *Schoch*, in: Schoch/Schmidt-Aßmann/Pietzner, Verwaltungsgerichtsordnung, § 80 Rdnr. 76; *Schenke*, Verwaltungsprozeßrecht, Rdnr. 951 ff.

848 Nahezu einhellig vertretene Auffassung in der Rechtsprechung, vgl. BVerwG NJW 1962, 602, 603 f.; BVerwG NVwZ 1992, 570.

849 Neben diesen Theorien gibt es noch vermittelnde Auffassungen, vgl. *Schoch*, in: Schoch/Schmidt-Aßmann/Pietzner, Verwaltungsgerichtsordnung, § 80 Rdnr. 74 ff.

850 Vgl. § 80 Abs. 2 Satz 1 Nr. 4: „...sofortige Vollziehung...", § 80 Abs. 3: „...sofortigen Vollziehung...", § 80 Abs. 4: „...Vollziehung aussetzen...".

aber kein Aufschub seiner Wirksamkeit erforderlich, sondern es genügt eine Hemmung der Vollziehbarkeit. Die Hemmung der Wirksamkeit würde ein Übermaß an Rechtsschutz gewähren und nähme das Ergebnis des Rechtsbehelfsverfahrens zumindest vorläufig vorweg – ein für den vorläufigen Rechtsschutz systemfremdes Ergebnis.[851] Die aufschiebende Wirkung kann als umfassende Verwirklichungs- und Ausnutzungshemmung, als ein an alle Beteiligte gerichtetes, vorläufiges Verwirklichungsverbot definiert werden.[852]

Nur wenn die Verpflichtungsklage, die auf Erteilung der Pflegesatzgenehmigung gerichtet ist, keine aufschiebende Wirkung entfaltet, kann die Schiedsstelle ohne weiteres Zuwarten auf Antrag erneut entscheiden. Da sich die sofortige Vollziehbarkeit aus einer entsprechenden Anwendung des § 18 Abs. 5 Satz 3, 2. Halbs. KHG ergibt und es auch keine Norm im allgemeinen Verwaltungsprozessrecht gibt, die bei Einlegung eines Rechtsbehelfs auf Verpflichtung der Behörde zum Erlass eines Verwaltungsaktes eine aufschiebende Wirkung anordnet, scheidet der Suspensiveffekt aus. Unbestritten ist inzwischen die Ausweitung der in § 18 Abs. 5 KHG normierten Klagemöglichkeiten im Falle des Vorliegens einer Versagungsentscheidung.[853] Zwar statuiert § 18 Abs. 5 Satz 2 KHG lediglich die Anfechtbarkeit der Genehmigung, jedoch werden hierdurch weitere prozessuale Möglichkeiten der Betroffenen nicht ausgeschlossen. Nur diese Auslegung trägt dem Gesichtspunkt hinreichend Rechnung, dass die Parteien, soweit die vereinbarten oder festgesetzten Pflegesätze in rechtlicher Hinsicht nicht zu beanstanden sind, einen Anspruch auf Erteilung der Genehmigung haben. Das Motiv der sofortigen Vollziehbarkeit streitet für die rasche Umsetzung jeglicher Entscheidung der Genehmigungsbehörde über die Pflegesätze. Der Wegfall der aufschiebenden Wirkung ist Ausdruck des pflegesatzrechtlichen Beschleunigungsgebots, das die schnellstmögliche Realisierung der neuen Pflegesätze ge-

---

851 Vgl. *Finkelnburg/Jank*, Vorläufiger Rechtsschutz im Verwaltungsstreitverfahren, Rdnr. 640.

852 Vgl. *Pietzner/Ronellenfitsch*, Das Assessorexamen im Öffentlichen Recht, § 53 Rdnr. 12 (sog. erweiterte Vollziehbarkeitstheorie oder Verwirklichungstheorie).

853 Vgl. oben 2.3.B.I.2.a.).

währleisten soll, um die Gefahr eventuell eintretender Liquiditätsprobleme bei den Beteiligten zu verringern. Auch aus der amtlichen Begründung zu § 20 Abs. 3 BPflV[854] lässt sich entnehmen, dass der Anwendungsbereich der Regelung durch eine Klage nicht blockiert werden soll. Dort wird ausgeführt, der neue Absatz 3 stelle sicher, dass die Schiedsstelle auf Antrag einen genehmigungsfähigen Pflegesatz festsetze und den Krankenkassen dann der Klageweg gegen den Genehmigungsbescheid offen stehe. Wollte man die sofortige Vollziehung für diesen Fall nicht aus einer entsprechenden Anwendung des § 18 Abs. 5 Satz 3, 2. Halbs. KHG entnehmen, so ergäbe sich die aufschiebende Wirkung jedenfalls auch nicht aus § 80 Abs. 1 Satz 1 VwGO, weil diese Regelung den Suspesiveffekt nur für die (isoliert[855]) erhobene Anfechtungsklage und den (isoliert) erhobenen Anfechtungswiderspruch anordnet.[856] Eines Rückgriffs auf die Regelung des § 80 Abs. 2 VwGO bedarf es nicht,[857] da § 80 Abs. 1 Satz 1 VwGO die aufschiebende Wirkung für die Verpflichtungsklage nicht vorsieht. Schließlich hängt die erneute Befassung der Schiedsstelle nicht von der Bestandskraft der Versagungsentscheidung ab.[858] Auch noch nicht bestandskräftige Verwaltungsakte, die bei Einlegung eines Rechtsbehelfs nach § 80 Abs. 1 Satz 1 VwGO nicht vollzogen werden dürfen, sind so lange vollziehbar, bis die aufschiebende Wirkung tatsächlich eingetreten ist.[859] Die Vollziehbarkeit eines Verwaltungsaktes ist nicht ab-

---

854 BR-Drucks. 381/94, S. 11.

855 So auch *Tuschen/Quaas*, Bundespflegesatzverordnung, Erl. § 20, S. 381.

856 Hierzu auch: *Schoch*, in: Schoch/Schmidt-Aßmann/Pietzner, Verwaltungsgerichtsordnung, § 80 Rdnr. 44; *Finkelnburg/Jank*, Vorläufiger Rechtsschutz im Verwaltungsstreitverfahren, Rdnrn. 651 f. und 656.

857 A. A. *Dietz/Bofinger*, Krankenhausfinanzierungsrecht, § 20 BPflV Erl. 13.4., die eine gesetzliche Regelung auf Grund des § 80 Abs. 2 VwGO für erforderlich halten und diese in § 18 Abs. 5 KHG sehen.

858 So aber *Mohr*, in: Düsseldorfer Kommentar zur Bundespflegesatzverordnung, Erl. § 20 BPflV 3. und 8.2.

859 Allerdings handelt die „voreilig vollziehende Behörde" auf Grund des rückwirkenden Eintritts („ex tunc") der aufschiebenden Wirkung auf eigenes Risiko; vgl. *Schoch*, in: Schoch/Schmidt-Aßmann/Pietzner, Verwaltungsgerichtsordnung, § 80 Rdnr. 100; *Finkelnburg/Jank*, Vorläufiger Rechtsschutz im Verwaltungsstreitverfahren, Rdnr. 669; auch

hängig von dem Vorliegen seiner Bestandskraft, vielmehr ist er vollziehbar, bis die aufschiebende Wirkung durch die Einlegung des Rechtsbehelfs ausgelöst wird.[860] Die Bestandskraft der Entscheidung ist weder im allgemeinen Verwaltungsrecht noch im Krankenhausfinanzierungsrecht ein notwendiges Tatbestandsmerkmal für die Vollziehbarkeit der Maßnahme.

Es kann damit festgestellt werden, dass mit der Erhebung der Verpflichtungsklage die Vollziehung der Versagungsentscheidung nicht aufgeschoben wird, und damit die Schiedsstelle trotz Klageerhebung sofort entscheiden kann, ohne das Verwaltungsstreitverfahren vor dem Verwaltungsgericht abwarten zu müssen.[861]

III. Vorbeugender Rechtsschutz

Zu prüfen ist weiter, ob den Vertragsparteien ein vorbeugender Rechtsschutz im Pflegesatzverfahren in der Weise zustehen kann, dass sie schon vor der Entscheidung der Schiedsstelle oder der Genehmigungsbehörde das Verwaltungsgericht anrufen können. Da gerade bei den hier angesprochenen Fällen eine sehr zügige gerichtliche Entscheidung angestrebt wird, ist an die Rechtsschutzform der einstweiligen Anordnung zu denken. Fraglich ist, ob ein Antragsteller auf diesem Weg gegen die Schiedsstelle eine gerichtliche Feststellung erreichen kann, ohne dass diese bereits eine Entscheidung getroffen hat (hierzu 2.). Weiter ist zu erörtern, ob das Gericht die Genehmigungsbehörde auf entsprechenden Antrag dazu verpflichten kann, die Erteilung einer anstehenden Genehmigung zu unterlassen oder ihr aufgeben kann, eine bestimmte Anweisung an die Schiedsstelle zu richten (hierzu 3.).

BVerwG NVwZ 1992, 570: „*... solange eine Genehmigung mangels eines eingelegten Rechtsbehelfs vollziehbar ist, muß sie auch ausnutzbar sein.*"

860 Vgl. *Schoch*, in: Schoch/Schmidt-Aßmann/Pietzner, Verwaltungsgerichtsordnung, § 80 Rdnrn. 99 f.

861 Vgl. *Tuschen/Quaas*, Bundespflegesatzverordnung, Erl. § 20, S. 381.

1. Vorläufiger und vorbeugender Rechtsschutz

Die Verwaltungsgerichte gewähren regelmäßig nachgängigen Rechtsschutz. Dies folgt aus dem Grundsatz der Gewaltenteilung, der der Gerichtsbarkeit nur die Kontrolle der Verwaltungstätigkeit aufträgt, ihr aber grundsätzlich nicht gestattet, bereits im vorhinein gebietend oder verbietend in den Bereich der Verwaltung einzugreifen.[862] Die Rechtsprechung entspricht dem Wunsch nach vorbeugendem Rechtsschutz nur bei dem Vorhandensein eines qualifizierten Rechtsschutzbedürfnisses.[863] Für einen vorbeugenden Rechtsschutz ist dann kein Raum, wenn es dem Betroffenen zuzumuten ist, die befürchtete Maßnahme der Verwaltung abzuwarten und er auf einen als ausreichend anzusehenden nachträglichen Rechtsschutz – im Hauptsacheverfahren oder in den Verfahren des vorläufigen Rechtsschutzes – verwiesen werden kann.[864] Liegt ein qualifiziertes Rechtsschutzbedürfnis für den vorgezogenen Rechtsschutz vor, so kommt im Hauptsacheverfahren die vorbeugende Unterlassungs- oder Feststellungsklage in Betracht. Der Rechtsschutz ist gegen Belastungen durch behördliches Handeln oder Unterlassen gerichtet, die noch nicht eingetreten sind, aber unmittelbar bevorstehen.[865] Der vorbeugende Rechtsschutz, der im Hauptsacheverfahren nicht vorläufiger, sondern endgültiger Natur ist, steht selbstständig neben dem vorläufigen Rechtsschutz; beide verfolgen unterschiedliche Ziele und schließen sich gegenseitig nicht aus, sondern können sich im Einzelfall ergänzen.[866] Vorbeugender Rechtsschutz kann auch als vorläufiger gewährt werden, wenn dem Betroffenen wegen der langen Dauer des Hauptsacheverfahrens unzumutbar schwere, anders nicht abwendbare Nachteile entstünden.[867]

---

862 *Rennert*, in: Eyermann, Verwaltungsgerichtsordnung, vor § 40 Rdnr. 25.

863 Vgl. BVerwGE 40, 323, 326; 43, 340; 54, 211, 215 f.; 77, 207, 212.

864 Vgl. BVerwGE 77, 207, 212.

865 Vgl. *Finkelnburg/Jank*, Vorläufiger Rechtsschutz im Verwaltungsstreitverfahren, Rdnr. 27.

866 Vgl. OVG Münster NVwZ-RR 1995, 278.

867 Vgl. *Finkelnburg/Jank*, Vorläufiger Rechtsschutz im Verwaltungsstreitverfahren, Rdnr. 28.

2. Einstweilige Anordnung gegen die Schiedsstelle?

Es stellt sich die Frage, ob einer Vertragspartei vorbeugender Rechtsschutz gegen eine bevorstehende Schiedsstellenentscheidung zustehen kann, namentlich ob sie durch die Beantragung einer einstweiligen Anordnung, die gegen die Schiedsstelle gerichtet ist, die Möglichkeit hat, bereits im Vorfeld Einfluss auf die Pflegesatzfestsetzung zu nehmen. Die Partei begehrt eine gerichtliche Feststellung zu einer für den Ausgang des Schiedsstellenverfahrens maßgeblichen Frage. So könnte ein Antrag auf vorbeugenden Rechtsschutz auf die Feststellung gerichtet sein, die Anerkennung eines von der Gegenseite in der Pflegesatzverhandlung geltend gemachten Betrages, etwa für die pflegesatzfähigen Kosten des Krankenhauses, den diese zwischenzeitlich dem Schiedsstellenantrag zu Grunde gelegt hat, sei rechtswidrig.

Ein derartiger Antrag, der im Hauptsacheverfahren mit der vorbeugenden Feststellungsklage geltend zu machen wäre, ist aus mehreren Gründen unzulässig. Zunächst ist festzustellen, dass das Verfahren nach § 123 Abs. 1 VwGO auch vorläufige Feststellungen erlaubt, obwohl diese keine vollstreckungsfähigen Anordnungen sein können.[868] Da Art. 19 Abs. 4 GG einen möglichst lückenlosen Rechtsschutz verbürgt, umfasst diese Gewährleistung den vorläufigen Rechtsschutz auch im Wege einer Feststellung, wenn anders effektiver Rechtsschutz nicht geleistet werden kann.[869] Die Zulässigkeit des Antrages auf eine einstweilige Anordnung gegenüber der Schiedsstelle scheitert jedoch an § 61 VwGO. Der Schiedsstelle mangelt es an der erforderlichen Beteiligungsfähigkeit zur Teilnahme als Subjekt am Verwaltungsprozess.[870]

Weiter fehlt es der begehrten einstweiligen Anordnung an einem qualifizierten Rechtsschutzbedürfnis, das für den vorbeugenden Rechtsschutz zu verlangen ist. Zwar besteht zwischen den Pflegesatzparteien, die sich über die

---

868 Dies ablehnend OVG Koblenz NVwZ 1987, 145.
869 *Finkelnburg/Jank*, Vorläufiger Rechtsschutz im Verwaltungsstreitverfahren, Rdnr. 250.
870 Hierzu schon oben 2.3.C.II.3 a.).

Höhe der Pflegesätze nicht einigen konnten und daher die Schiedsstelle angerufen haben, ein streitiges Rechtsverhältnis. Auf Grund der gescheiterten Pflegesatzverhandlung sind unter den Parteien pflegesatzrelevante Rechtsfragen im Einzelfall strittig geblieben, die nun von der Schiedsstelle nach den Vorschriften des Krankenhausfinanzierungsrechts zu beurteilen sind. Die einstweilige Anordnung ist wie die Feststellungsklage gegen denjenigen zu richten, demgegenüber das Bestehen oder Nichtbestehen des Rechtsverhältnisses festgestellt werden soll.[871] Antragsgegner muss die Schiedsstelle sein, denn ihr gegenüber soll etwas festgestellt werden. Dabei ist es unerheblich, dass das festzustellende Rechtsverhältnis nicht zwischen dem Antragsteller und der Schiedsstelle besteht, sondern zwischen den Pflegesatzparteien.[872] Das für die Feststellung erforderliche Rechtsverhältnis wäre allerdings nicht gegeben, wenn der Antragsteller nicht einen konkreten Klärungsbedarf darlegen könnte, sondern nur die Feststellung zu einer allgemeinen Rechtsfrage begehren würde. Das weitere Erfordernis eines qualifizierten Rechtsschutzbedürfnises wäre nur dann vorhanden, wenn es dem Betroffenen nicht zuzumuten wäre, die von ihm befürchtete Entscheidung der Schiedsstelle abzuwarten. Schließt aber das geltende Pflegesatzrecht schon einen nachträglichen unmittelbaren Rechtsschutz gegen die Pflegesatzfestsetzung aus, so muss dies umso mehr für den vorbeugenden Rechtsschutz gelten. Den Vertragsparteien kann ohne Gefährdung hinreichender gerichtlicher Rechtsschutzmöglichkeiten zugemutet werden, die Entscheidung der Schiedsstelle und der Genehmigungsbehörde abzuwarten und hiergegen gerichtlichen Rechtsschutz – auch unter Rückgriff auf die Regelungen der §§ 80, 123 VwGO – in Anspruch zu nehmen. Auch aus § 44 a VwGO, der nicht nur auf Widerspruch und Anfechtungsklage anzuwenden ist, sondern auch auf die Feststellungsklage[873] und den vorläufigen Rechtsschutz[874], ergibt sich, dass gegen den bloßen Mitwirkungsakt der Schiedsstellenent-

---

871 Vgl. *Happ*, in: Eyermann, Verwaltungsgerichtsordnung, § 78 Rdnr. 10.
872 Der Beklagte/Antragsgegner braucht nicht selbst an dem Rechtsverhältnis beteiligt zu sein, vgl. *Bosch/Schmidt*, Praktische Einführung in das verwaltungsgerichtliche Verfahren, § 28 IV; *Happ*, in: Eyermann, Verwaltungsgerichtsordnung, § 78 Rdnr. 10.
873 Vgl. *Geiger*, in: Eyermann, Verwaltungsgerichtsordnung, § 44 a Rdnr. 12.
874 Vgl. BVerwG NVwZ-RR 1997, 663.

scheidung ein gerichtlicher Rechtsschutz ausscheidet. Die vom Antragsteller beabsichtigte Bindung der Schiedsstelle – von vornherein durch eine gerichtliche Anordnung – könnte in bedenklicher Weise deren Beurteilungsspielraum gefährden. Weiter würde eine vorzeitige Befassung der Gerichte zu einer unerwünschten Verrechtlichung des Pflegesatzverfahrens in einem frühen Stadium führen. Schließlich wäre eine Gefährdung des das Krankenhausfinanzierungsrecht durchziehenden Beschleunigungsgrundsatzes zu befürchten und das vom Gesetzgeber eingeführte Selbstverwaltungsmodell würde Schaden erleiden.

Es kann festgestellt werden, dass ein vorbeugender Rechtsschutz gegen die Pflegesatzfestsetzung sowohl durch Erhebung einer vorbeugenden Klage als auch durch den Erlass einer einstweiligen Anordnung gegen die Schiedsstelle ausgeschlossen ist.[875]

3. Einstweilige Anordnung gegen die Genehmigungsbehörde?

Ein anderer Weg, um schon frühzeitig die begehrten Pflegesätze durchzusetzen oder die Genehmigung unerwünschter von der Schiedsstelle festgesetzter Pflegesätze zu verhindern, könnte darin zu sehen sein, dass das Verwaltungsgericht auf Antrag einer Vertragspartei, noch bevor die Genehmigungsbehörde entschieden hat, diese durch eine einstweilige Anordnung zu einem bestimmten Verhalten verpflichtet. Jedoch kann eine Vertragspartei den Erlass der Pflegesatzgenehmigung nicht durch vorläufigen, vorbeugenden Rechtsschutz verhindern, wenngleich ein Gebot des Inhalts, den Erlass eines bestimmten Verwaltungsaktes zu unterlassen, im Rahmen der einstweiligen Anordnung grundsätzlich regelungsfähig ist.[876] Im Hauptsacheverfahren würde es sich hier um eine vorbeugende Unterlassungsklage han-

---

875 Ebenso die Zulässigkeit einer einstweiligen Anordnung gegenüber der Schiedsstelle ablehnend: VGH Bad.-Württ. DVBl. 1993, 1218, 1219.

876 Vgl. *Finkelnburg/Jank*, Vorläufiger Rechtsschutz im Verwaltungsstreitverfahren, Rdnr. 251.

deln. Bei dem Begehren um einen vorläufigen, vorbeugenden Rechtsschutz ist zu beachten, dass bei einem zu erwartenden Handeln durch Verwaltungsakt regelmäßig vorläufiger Rechtsschutz nicht vorbeugend erforderlich ist, sondern nach Erlass des Verwaltungsaktes über die Regelungen des § 80 VwGO gewährt werden kann.[877] Für den vorbeugenden Rechtsschutz gibt es in diesen Fällen daher nur dann ein rechtlich schützenswertes Interesse, wenn der Rechtsschutz über § 80 VwGO nicht möglich ist oder aber nicht ausreicht, um wesentliche Nachteile abzuwenden.[878] Hat die Schiedsstelle Pflegesätze festgesetzt, die von einer Vertagspartei zur Genehmigung beantragt wurden, so kann den übrigen Beteiligten zugemutet werden, die unmittelbar bevorstehende Entscheidung der Landesbehörde abzuwarten und bei Bedarf hiergegen Rechtsschutz in Anspruch zu nehmen. Erteilt die Behörde die Genehmigung, so kann die dadurch beschwerte Seite Anfechtungsklage erheben und einen Antrag auf Anordnung der aufschiebenden Wirkung nach § 80 Abs. 5 VwGO stellen. Da im Falle der Erteilung der Genehmigung der nachfolgende Rechtsschutz ausreichend erscheint, fehlt es dem vorgezogenen Rechtsschutz mit dem Inhalt, die Erteilung der von der anderen Seite begehrten Genehmigung zu unterlassen, an einem qualifizierten Rechtsschutzbedürfnis. Es ist nicht ersichtlich, dass durch einen Verweis auf den nachträglichen Rechtsschutz nicht wieder gutzumachende Nachteile eintreten könnten. Entsprechendes muss auch für einen Antrag auf (vorläufige) Feststellung der Rechtswidrigkeit der festgesetzten Pflegesätze gelten. Eine gerichtliche Entscheidung darf nicht die noch ausstehende Behördenentscheidung über die Genehmigungsfähigkeit vorwegnehmen. Die vom Antragsteller begehrte einstweilige Anordnung würde in den genannten Fällen zu einer im Lichte des Gewaltenteilungsprinzips bedenklichen Vorverlagerung der gerichtlichen Befassung mit dem Streitstoff führen. Eine Inanspruchnahme der Gerichte zum Erlass einer einstweiligen Anordnung gegenüber der Genehmigungsbehörde im Stadium zwischen der Schiedsstellenfest-

---

877 Vgl. *Happ*, in: Eyermann, Verwaltungsgerichtsordnung, § 123 Rdnr. 37; BVerwGE 43, 340, 341.

878 Vgl. *Happ*, in: Eyermann, Verwaltungsgerichtsordnung, § 123 Rdnr. 37; VGH München, NVwZ 1993, 54, 55.

setzung und der Entscheidung der Landesbehörde ist grundsätzlich ausgeschlossen.[879]

Fraglich ist weiter, ob das Gericht die Genehmigungsbehörde auf Antrag einer Vertragspartei dazu verpflichten kann, die Schiedsstelle zu einem bestimmten Verhalten anzuweisen. So wurde teilweise die Auffassung vertreten,[880] das Krankenhaus könne einen Antrag auf einstweilige Anordnung mit
dem Ziel stellen, die Landesbehörde habe der Schiedsstelle aufzugeben, im
Falle eines erneuten Antrags des Krankenhauses über diesen mit der Maßgabe zu entscheiden, dass vom Vorliegen der tatbestandlichen Voraussetzungen des § 6 Abs. 3 Satz 1 Nr. 1 BPflV[881] auszugehen sei. Ob der Genehmigungsbehörde ein derartiges Anweisungsrecht gegenüber der
Schiedsstelle zustehen kann, beurteilt sich nach dem materiellen Recht. Eine
solche Befugnis kann weder § 18 Abs. 5 Satz 1 KHG noch § 18 a Abs. 5
KHG entnommen werden. Aus der gesetzlich vorgesehenen Genehmigung
ergibt sich nicht nur das Erfordernis einer Rechtskontrolle durch die Landesbehörde, sondern weiter auch, dass die Behörde bei der Ermittlung der Pflegesätze nicht von sich aus initiativ werden und einen bestimmten Betrag vorschreiben kann.[882] Stünde der Landesbehörde ein Recht zu, die Schiedsstelle im Einzelfall anzuweisen, so bliebe ihre Funktion nicht auf eine nachträgliche Rechtskontrolle beschränkt, sondern sie würde unmittelbar in den
der Schiedsstelle zustehenden Beurteilungsspielraum eingreifen. Mittelbar
wäre damit auch ein Eingriff in den Gestaltungsspielraum der Pflegesatzparteien verbunden, der jedoch nach der Rechtsprechung des Bundesverwaltungsgerichts[883] von der Genehmigungsbehörde zu achten ist. Eine Genehmigung, zu der die Landesbehörde allein ermächtigt ist, beinhaltet begrifflich
lediglich eine Zustimmung zu einer anderweitig getroffenen Entscheidung

---

879 Für die Fälle, in denen die Genehmigungsbehörde untätig bleibt, obwohl ein Antrag
gestellt wurde: vgl. unten 2.3.G.II.2.

880 Vgl. *Kuhla/Voß*, das Krankenhaus 1998, 689, 694 ff.

881 Angesprochen wurde hier die Bundespflegesatzverordnung in der Fassung des 2. GKV-
NOG vom 23.06.1997 (BGBl. I. S. 1520).

882 Vgl. OVG Münster, KRS II, 97.038, S. 1, 3.

883 Vgl. BVerwG NJW 1993, 2391, 2392.

nach Rechtsprüfung, nicht aber darüber hinaus auch die Befugnis zur Anweisung der Pflegesatzparteien oder der Schiedsstelle zur Vereinbarung oder Festsetzung eines abweichenden Pflegesatzes.[884] Auch aus der Anordnung der Rechtsaufsicht über die Schiedsstelle ergibt sich für die Landesbehörde keine Weisungsbefugnis zur Einflussnahme auf eine konkret anstehende Sachentscheidung, da sich die Rechtskontrolle nach dieser Regelung nicht auf die Beschlussfassung der Schiedsstelle bezieht, sondern nur auf deren Geschäftsführung.[885] Auch § 18 a Abs. 3 Satz 2 KHG, wonach die Mitglieder der Schiedsstelle an Weisungen nicht gebunden sind, deutet darauf hin, dass es sich bei der Schiedsstelle um keinen verlängerten Arm der Landesbehörde handelt, sondern um ein Instrument der Streitschlichtung im Vorfeld der der Landesbehörde allein zukommenden Rechtskontrolle.[886] Gerade auf Grund des Fehlens einer direkten Einflussmöglichkeit der Landesbehörde im Falle der Versagungsentscheidung und erneuter Anrufung der Schiedsstelle wurde § 20 Abs. 3 BPflV in das Pflegesatzrecht eingefügt. Würde der Behörde ohnehin ein darüber hinausgehendes Anweisungsrecht zustehen, hätte es dieser Regelung nicht bedurft. So ist in der amtlichen Begründung wörtlich ausgeführt:[887] „...Auch eine Weisung der Behörde an die Schiedsstelle, den höheren Pflegesatz festzusetzen, verbietet sich nach § 18 Abs. 3 Satz 2 Krankenhausfinanzierungsgesetz[888], da danach die Mitglieder der Schiedsstelle in Ausübung ihres Amtes an Weisungen nicht gebunden sind...". Steht demnach der Landesbehörde keine Befugnis zu, die Schiedsstelle bei ihrer Entscheidungsfindung anzuweisen, so muss eine einstweilige Anordnung mit diesem Inhalt ausscheiden, weil dem Antragsteller ein entsprechender Anordnungsanspruch nicht gewährt werden kann.

---

884 Vgl. OVG Münster, KRS II, 97.038, S. 1, 3.
885 Vgl. oben 2.2.B.II.2.; bei Untätigkeit der Schiedsstelle trotz Anrufung durch eine Vertragspartei: vgl. 2.3.G.II.1.
886 Vgl. OVG Münster, KRS II, 97.038, S. 1, 4.
887 BR-Drucks. 381/94 (Beschluss), S. 11.
888 Richtig muss es lauten: § 18 a Abs. 3 Satz 2 KHG.

G. Rechtsschutz gegen sonstige Entscheidungen und bei Untätigkeit

Die bisherige Untersuchung ist stets davon ausgegangen, dass die Schieds-stelle nach § 18 a Abs. 1 KHG entweder selbst Pflegesätze festsetzt oder bei den Entscheidungen, die auf der Landesebene anzusiedeln sind, Bemes-sungsfaktoren (z. B. Punktwerte) für die Pflegesätze bestimmt. Besondere Fragen zum Rechtsschutz stellen sich, wenn die Schiedsstelle wegen einer von ihr angenommenen Unzulässigkeit des Festsetzungsantrages eine Sa-chentscheidung ablehnt oder aus sonstigen Gründen die Sache an die Ver-tragsparteien zurückverweist (hierzu unten I.1.). Neben diesen Fällen der Zurückverweisung ohne Sachentscheidung gibt es auch zahlreiche Fallkon-stellationen, bei denen die Schiedsstelle teilweise Festsetzungen trifft und im Übrigen die Sache zur weiteren Verhandlung oder auch nur zur rechneri-schen Umsetzung der Schiedsstellenentscheidung an die Vertragsparteien zurückverweist (hierzu unten I.2.). Schließlich sind auch die Rechtsschutz-möglichkeiten in den Fällen zu untersuchen, in denen die Schiedsstelle oder die Genehmigungsbehörde trotz Antrages untätig bleibt (hierzu unten II.1. und II.2.).

I. Sonstige Entscheidungen der Schiedsstelle

1. Entscheidungen, die keine Festsetzungen enthalten

a.) Normrechtliche Voraussetzungen für die Festsetzungen

Rechtsschutzfragen können sich auch dann stellen, wenn die Schiedsstelle eine Sachentscheidung ablehnt. Angesprochen sind die Zulässigkeitsvoraus-setzungen, die an einen Festsetzungsantrag zu stellen sind. Die Erforder-nisse für die Anrufung der Schiedsstelle ergeben sich zunächst aus § 18 Abs. 4 KHG und § 19 BPflV. Die Schiedsstelle entscheidet nur auf Antrag einer Vertragspartei, wenn eine Vereinbarung nicht zu Stande gekommen ist. Diese Anforderungen für eine Sachentscheidung der Schiedsstelle sind in der Regel unproblematisch feststellbar. Fraglich könnte allenfalls sein, ob die Schiedsstelle entscheiden darf, wenn sich die Parteien bereits in schriftlicher Form geeinigt haben, die Genehmigung noch aussteht und eine Partei nun vorträgt, die Vereinbarung sei nicht wirksam, etwa wegen einer von ihr erklärten Anfechtung des Rechtsgeschäfts nach § 62 Satz 2 VwVfG i. V. m. § 142 Abs. 1 BGB. Zwar fehlt es der Vereinbarung noch an der „Allgemeinverbindlichkeitserklärung" durch die behördliche Entscheidung, sie ist aber dennoch existent und für die Schiedsstelle insoweit beachtlich, als sie keine Festsetzung treffen kann, solange die Einigung zwischen den Parteien nicht beseitigt wurde. Um widersprechende Entscheidungen zwischen der Schiedsstelle und der Genehmigungsbehörde zu vermeiden, ist die Rechtskontrolle über die Vereinbarung auf Antrag von der Genehmigungsbehörde durchzuführen.[889] Die Partei, die sich auf die Unwirksamkeit der Vereinbarung beruft und beabsichtigt, die Schiedsstelle anzurufen, hat zunächst den Antrag auf Versagung der Genehmigung der Pflegesatzvereinbarung zu stellen.[890] Hierbei sind die Gründe vorzutragen, warum die Vereinbarung für unwirksam gehalten wird. Folgt die Behörde diesem Begehren, so ist der Weg für die Festsetzung der Schiedsstelle frei.

Die Nichteinhaltung der Sechs-Wochenfrist des § 18 Abs. 4 Satz 1 KHG führt grundsätzlich, jedoch nicht immer, zur Unzulässigkeit des Festsetzungsantrages. Die Frist soll den Parteien hinreichend Zeit geben, sich im Verhandlungswege zu einigen, sie will aber gleichzeitig eine zügige Durchführung des

---

889 Nach § 18 Abs. 5 Satz 1 KHG wacht die Landesbehörde im Rahmen des Genehmigungsverfahrens nicht nur über die Einhaltung der Bestimmungen des Krankenhausfinanzierungsgesetzes, sondern auch über das sonstige Recht.

890 Trägt der Antragsteller Bedenken vor, die nicht pflegesatzrechtlicher, sondern vertragsrechtlicher Natur sind, insbesondere Mängel in der Willenserklärung nach §§ 116 ff. BGB, so ist der Antrag auf Versagung der Genehmigung zulässig, obwohl die Partei am Zustandekommen der (unwirksamen) Vereinbarung mitgewirkt hat; zu dem grundsätzlichen Wegfall des Antragsrechts auf Versagung der Genehmigung, wenn der Antragsteller an der Vereinbarung mitgewirkt hat: vgl. 2.2.A.II.1.a.).

Pflegesatzverfahrens fördern. Eine Anrufung der Schiedsstelle vor Ablauf der Frist ist dann zulässig, wenn ausnahmsweise ein Verweis auf das Erfordernis ihrer Einhaltung sich als bloßer Formalismus darstellen würde, weil eine Seite die Verhandlungen nachhaltig verweigert oder sich die Parteien aus sonstigen Gründen offensichtlich und eindeutig nicht einigen werden, und damit das Verstreichenlassen der Frist sich lediglich als sicherer Zeitverlust darstellen muss. Dagegen zählt die Regelung über die Frist nicht zu den dispositiven Bestimmungen. Die Parteien können daher nicht übereinstimmend auf die Fristwahrung verzichten.[891]

Die Schiedsstelle kann nach § 19 Abs. 1 BPflV auch angerufen werden, wenn eine Einigung zwischen den Parteien nur teilweise nicht zu Stande gekommen ist. In diesen Fällen beschränkt sie sich in ihrer Festsetzung nach § 19 Abs. 2 BPflV auf die Bereiche, die in der Verhandlung keiner Einigung zugeführt werden konnten. Die Festsetzungskompetenz der Schiedsstelle bleibt hinter der Vereinbarungskompetenz der Vertragsparteien zurück, soweit § 19 Abs. 3 BPflV ihr eine Entscheidung über die Anwendbarkeit der dort genannten Vorschriften verwehrt.

Nicht verlangt werden kann von der Schiedsstelle die Beurteilung abstrakter Rechtsfragen oder eine Auskunft zu einer separat gestellten pflegesatzerheblichen Vorfrage, denn Aufgabe der Schiedsstelle ist es lediglich, an Stelle der Parteien eine Entscheidung über den konkreten Vereinbarungsgegenstand zu treffen. Auf Ortsebene geht es darum, Pflegesätze und sonstige pflegesatzrelevante Faktoren festzusetzen. Unzulässig ist damit ein Antrag, mit dem ein Sozialleistungsträger von der Schiedsstelle die rechtliche Klärung begehrt, ob der Krankenhausvergleich gemäß § 5 Abs. 4 BPflV für die Pflegesatzrunde 1999 zulässig sei, welche Methodik bei der Auswahl vergleichbarer Krankenhäuser zur Anwendung komme und wie die daraus re-

---

891 A. A. *Robbers*, in: Heinze/Wagner (Hrsg.), Die Schiedsstelle des Krankenhausfinanzierungsgesetzes, S. 47, 50.

sultierenden Ergebnisse im Sinne von § 5 Abs. 4 BPflV angemessen zu berücksichtigen seien.[892]

Weitere Zulässigkeitsvoraussetzungen, die an den Feststellungsantrag zu stellen sind, ergeben sich regelmäßig aus den Schiedsstellenverordnungen.[893] Der Antrag hat die Vertragsparteien zu bezeichnen, den Sachverhalt und das Ergebnis der vorangegangenen Verhandlungen darzulegen sowie die Gegenstände aufzuführen, über die eine Vereinbarung nicht zu Stande gekommen ist.[894] Ihm sind die vom Krankenhaus für die Ermittlung der Pflegesätze vorgelegten Kosten- und Leistungsnachweise beizufügen.[895]

b.) Zurückverweisung ohne Sachentscheidung

Gelegentlich lehnen Schiedsstellen eine Festsetzung ab und verweisen die Sache an die Vertragsparteien mit der Begründung zurück, die Voraussetzungen für eine Festsetzung würden noch nicht vorliegen, weil die Vertragsparteien nicht ernsthaft verhandelt oder nicht alle Möglichkeiten ausgeschöpft hätten, im Wege von Verhandlungen zu einer Pflegesatzvereinbarung zu kommen.[896] In der Vergangenheit wurde auch schon zurückverwiesen, weil die Vertragsparteien noch Tatfragen, insbesondere Fragen zur Wirtschaft-

---

892 Aus dem Antrag der Kostenträger in einem Verfahren der Schiedsstelle zur Festsetzung der Krankenhauspflegesätze für Baden-Württemberg, Az.: 16 S 99.

893 Vgl. beispielsweise in Baden-Württemberg: Verordnung der Landesregierung über die Festsetzung der Krankenhauspflegesätze vom 05. März 1990, GBl. 1990, 91; in Nordrhein-Westfalen: Verordnung über die Schiedsstellen nach § 18 a des Krankenhausfinanzierungsgesetzes vom 28. Januar 1986, GVNW 1986, 67; weitere Schiedsstellenverordnungen sind abgedruckt in: Heinze/Wagner (Hrsg.), Die Schiedsstelle des Krankenhausfinanzierungsgesetzes, S. 131 ff.

894 Vgl. § 7 Abs. 2 Satz 1 Schiedsstellenverordnung Baden-Württemberg vom 05. März 1990, GBl. 1990, 91.

895 Vgl. § 7 Abs. 2 Satz 2 Schiedsstellenverordnung Nordrhein-Westfalen vom 28. Januar 1986, GVNW 1986, 67.

896 Vgl. hierzu die bei Heinze/Wagner (Hrsg.), Die Schiedsstelle des Krankenhausfinanzierungsgesetzes, S. 210 f., 211 f., 212 ff., abgedruckten Schiedsstellenentscheidungen.

lichkeit klären sollten.[897] In Einzelfällen mag ein solches Vorgehen aus Sicht der Schiedsstelle sachdienlich und naheliegend erscheinen. Dies gilt insbesondere für die Fälle, in denen eine Vertragspartei einen neuen Streitstoff in das Schiedsstellenverfahren einführt oder nunmehr erstmals Sachverhalte strittig stellt. Zu berücksichtigen ist allerdings, dass Zulässigkeitsvoraussetzung für das Tätigwerden der Schiedsstelle nicht die vorausgehende Verhandlung an sich oder deren Qualität ist, sondern das Ergebnis des Nichteinigseins.[898] Demnach kann und muss die Schiedsstelle auch dann entscheiden, wenn ein Sachverhalt noch nicht hinreichend zwischen den Parteien in der Pflegesatzverhandlung erörtert erscheint. Die Schiedsstelle ist auch regelmäßig – ohne eine Zurückverweisung an die Vertragsparteien – in der Lage, eine Festsetzung über die Pflegesätze zu treffen. Erweitert eine Partei nach Durchführung der (gescheiterten) Pflegesatzverhandlungen den Streitstoff, so dürfte dies regelmäßig unzulässig sein. Die Regelung des § 19 Abs. 2 BPflV stellt klar, dass die Schiedsstelle nur entscheidet, soweit die Vertragsparteien sich nicht schon geeinigt haben. Dabei will die Vorschrift nicht nur ein Wiederaufgreifen bereits abschließend einvernehmlich getroffener Regelungen verhindern, sondern auch den Streitstoff über den die Schiedsstelle zu entscheiden hat, auf den Stand der Pflegesatzverhandlung eingrenzen. Wird die Schiedsstelle angerufen, so tritt diese zum Zeitpunkt der gescheiterten Einigungsbemühungen an die Stelle der Vertragsparteien. Sie entscheidet über die Gegenstände auf der Basis der Verständigung der zuletzt geführten Pflegesatzverhandlung, an der die Parteien auseinandergegangen sind. Demnach hat die Schiedsstelle festzustellen, was zum Zeitpunkt des Scheiterns der Pflegesatzverhandlung (noch) strittig war. Das wird in der Regel das sein, was die Parteien in ihren Schriftsätzen vortragen. Folgt man dieser Ansicht einer systemimmanenten Einschränkung der Befassung der Schiedsstelle auf den Streitstoff in der letzten Verhandlung, so scheidet eine nachträgliche Erweiterung des Streitstoffes aus.[899] Daher besteht auch

---

897 So *Dietz/Bofinger*, Krankenhausfinanzierungsrecht, § 19 BPflV Erl. 11.
898 Vgl. VG Neustadt a. d. Weinstraße, KRS II, 97.027, S. 1, 7.
899 Die Unzulässigkeit der Erweiterung des Streitstoffes und damit die Nichterforderlichkeit der Zurückverweisung an die Parteien ließe sich auch durch eine entsprechende An-

aus Sicht der Schiedsstelle kein zwingendes Interesse, eine Zurückverweisung an die Vertragsparteien zu eröffnen. Dabei ist allerdings anzuerkennen, dass die grundsätzliche Ablehnung der Zurückverweisungskompetenz in das Pflegesatzverhandlungsstadium in einem gewissen Umfang die materielle Richtigkeitsgewähr der Schiedsstellenentscheidung gefährdet.[900] Andererseits kann aber die Zulässigkeit der Erweiterung des Streitstoffes zu schwerwiegenden zeitlichen Verzögerungen führen und die Parteien in Einzelfällen dazu veranlassen, Angriffs- und Verteidigungsmittel erst im Schiedsstellenverfahren einzusetzen. Einer Vertragspartei könnten durch den Zeitgewinn bis zur Entscheidung der Schiedsstelle Vorteile auf Grund der Entstehung neuer Argumentationsquellen erwachsen, etwa durch das zwischenzeitliche Bekanntwerden neuer Fallzahlen über die Behandlungsfälle des Krankenhauses im letzten Quartal oder sonstiger Leistungs- oder Kostenparameter. Erwartet eine Partei eine derartige, aus ihrer Sicht positive Entwicklung, so wäre sie durch die Anrufung der Schiedsstelle besser gestellt, als durch die Vereinbarung im Rahmen der Verhandlung, wenn sie im Schiedsstellenverfahren den Streitstoff uneingeschränkt erweitern könnte.

Es kann festgestellt werden, dass die Schiedsstelle die volle Entscheidungskompetenz über den von den Parteien im Rahmen der Festsetzungsanträge im Einzelnen darzulegenden Streitstoff erlangt. Mit ihrer Anrufung ist das Vereinbarungsverfahren abgeschlossen und die Vertragsparteien können nicht verpflichtet werden, es neu in Gang zu setzen.[901] Das Zurückverweisen der Sache ohne Sachentscheidung könnte zu einer erheblichen Verzögerung des Pflegesatzverfahrens führen und wäre daher mit dem pflegesatzrechtlichen Beschleunigungsgrundsatz unvereinbar.[902] Etwas anderes muss auf

---

wendung des § 296 ZPO rechtfertigen; hierzu und allgemein zu dem hier angesprochenen Problemkreis der Erweiterung des Streitstoffes: *Heinze*, in: Heinze/Wagner (Hrsg.), Die Schiedsstelle des Krankenhausfinanzierungsgesetzes, S. 61, 74 f.

900 Vgl. *Heinze*, in: Heinze/Wagner (Hrsg.), Die Schiedsstelle des Krankenhausfinanzierungsgesetzes, S. 61, 75.

901 Vgl. *Tuschen/Quaas*, Bundespflegesatzverordnung, Erl. § 19, S. 376.

902 Vgl. VG Neustadt a. d. Weinstraße, KRS II, 97.027, S. 1, 8.

Grund der auch im Schiedsstellenverfahren geltenden Dispositionsmaxime[903] gelten, wenn Antragsteller und Antragsgegner erneut in das Vereinbarungsverfahren eintreten wollen.

c.) Rechtsschutz

Zu untersuchen ist, wie der Rechtsschutz ausgestaltet ist, wenn die Schiedsstelle eine Entscheidung zur Sache wegen von ihr angenommener Unzulässigkeit des Antrages abgelehnt hat oder die Sache ohne Sachentscheidung an die Parteien zurückverwiesen hat. Es fehlt ein vereinbarter oder festgesetzter Pflegesatz, der nach dem Wortlaut des § 18 Abs. 5 Satz 1 KHG allein der Rechtskontrolle der Genehmigungsbehörde unterliegt. Hat die Schiedsstelle eine Pflegesatzfestsetzung abgelehnt und ist zumindest eine Partei damit nicht einverstanden, so stellen sich zunächst dieselben grundsätzlichen Rechtsschutzfragen wie in den Fällen, in denen die Schiedsstelle in der Sache entschieden hat. Auf Grund des Erfordernisses der Eröffnung des Rechtsweges gegen belastende Verwaltungsentscheidungen muss Rechtsschutz entweder gegen die Entscheidung der Schiedsstelle oder entsprechend § 18 Abs. 5 Satz 2 KHG gegen die der Genehmigungsbehörde möglich sein. Der Gesichtspunkt, dass § 18 Abs. 5 Satz 1 KHG nur von dem Genehmigungserfordernis der Pflegesätze spricht, könnte zu der Annahme verleiten, Rechtsschutz wäre in diesen Fällen unmittelbar gegen die Schiedsstellenentscheidung gegeben. Hierfür könnte auch der abschließende Charakter eines Beschlusses der Schiedsstelle über die Zulässigkeit des Festsetzungsantrages sprechen, denn das Genehmigungserfordernis scheint entbehrlich, wenn eine „Allgemeinverbindlichkeitserklärung" von Pflegesätzen nicht in Frage kommt. Versteht man die Entscheidung der Genehmigungsbehörde nur als Wirksamkeitsvoraussetzung für die Pflegesätze und nicht auch als notwendige Durchgangsstation zur Eröffnung des gerichtlichen

---

903 Zur Geltung der Dispositionsmaxime im Schiedsstellenverfahren: vgl. *Heinze*, in: Heinze/Wagner (Hrsg.), Die Schiedsstelle des Krankenhausfinanzierungsgesetzes, S. 61, 64.

Rechtsschutzes, so gibt es für die Vertragsparteien in derartigen Fällen keinen Grund, die Landesbehörde einzuschalten. Eine hieraus resultierende
Konsequenz müsste dann aber in Anbetracht des Postulates der Gewährleistung eines effektiven Rechtsschutzes auch sein, dass die Schiedsstellenentscheidung selbst die Grundlage für die Eröffnung des Rechtsweges darstellt.
Naheliegende Folge dieser Annahme wäre dann, den Beschluss der
Schiedsstelle in diesen Fällen als Verwaltungsakt zu qualifizieren.

Aus der Gesamtkonzeption des Pflegesatzrechts ergibt sich aber auch hier
das Erfordernis einer Rechtskontrolle durch die Genehmigungsbehörde,
wenn eine Partei des Schiedsstellenverfahrens eine Entscheidung hierzu
beantragt hat. Es wurde schon festgestellt, dass Genehmigungsinhalt entgegen dem Wortlaut des § 18 Abs. 5 Satz 1 KHG nicht nur die Pflegesätze
sind, sondern die Entscheidung der Landesbehörde umfasst weiter, neben
den Bemessungsfaktoren für die Pflegesätze, die auf Landesebene vereinbart oder festgesetzt werden (beispielsweise die Punktwerte), auch alle pflegesatzrelevanten Faktoren der Pflegesatzvereinbarung oder der entsprechenden Schiedsstellenentscheidung.[904] Da die Rechtskontrolle der Landesbehörde nicht das Vorliegen von vereinbarten oder festgesetzten Pflegesätzen voraussetzt, ist sie auch in diesen Fällen auf Antrag eines Beteiligten des
Schiedsstellenverfahrens gehalten, entsprechend § 18 Abs. 5 Satz 1 KHG
die Rechtmäßigkeit zu überprüfen und entweder zu genehmigen oder die
Genehmigung zu versagen.[905] Nach der gesetzgeberischen Entscheidung
sollte nur die Genehmigungs- nicht aber die Schiedsstellenentscheidung
tauglicher Klagegegenstand sein. Wenig einleuchtend wäre es, die rechtliche
Qualifizierung der Schiedsstellenentscheidung davon abhängig zu machen,
ob die Schiedsstelle Pflegesätze festgesetzt hat oder nicht. Die Rechtsauffassung nach der die Beschlüsse der Schiedsstelle, die den Antrag wegen
Unzulässigkeit ablehnen, der Rechtskontrolle der Genehmigungsbehörde
nicht zugänglich sein sollen, müsste in diesen Fällen zu einer Rechtswegeröffnung unmittelbar gegen die Schiedsstelle führen. Folge hiervon wäre,

---

904 Vgl. oben 2.2.A.I.3.
905 Vgl. VGH Bad.-Württ. DVBl. 1993, 1218, 1219.

dass im Genehmigungsverfahren bereits bestimmte Rechtsbereiche gerichtlich entschieden und damit der Landesbehörde vorgegeben wären.[906] Es entspricht jedoch nicht der gesetzgeberischen Systementscheidung, die der Schaffung der Schiedsstelle nach § 18 a Abs. 1 KHG zu Grunde liegt, dass sich die Gerichte mit einer pflegesatzrechtlichen Streitigkeit befassen noch bevor die Genehmigungsbehörde eine abschließende Entscheidung über die Rechtmäßigkeit des Handelns der Schiedsstelle getroffen hat.

Ebenso wie in den Fällen der Pflegesatzfestsetzung durch die Schiedsstelle ist auch bei den hier angesprochenen Fallgruppen – der abgelehnten Sachentscheidung wegen angenommener Unzulässigkeit des Festsetzungsantrages und der Zurückverweisung der Sache an die Parteien – der Rechtsweg nach § 18 Abs. 5 Satz 2 KHG nur gegen die Entscheidung der Genehmigungsbehörde eröffnet. Die Vertragsparteien können die Versagung der Genehmigung beantragen,[907] denn der Schiedsspruch – über die festgestellte Unzulässigkeit des Festsetzungsantrages oder über die Zurückverweisung an die Parteien – hat einen das Schiedsstellenverfahren abschließenden Charakter. Hat die Landesbehörde dem Beschluss der Schiedsstelle die Genehmigung versagt, so hat diese bei erneuter Anrufung der Rechtsauffassung der Genehmigungsbehörde nach § 20 Abs. 3 BPflV zu folgen. Die Schiedsstelle muss nun im zweiten Durchgang eine Sachentscheidung treffen. Wurde dagegen die Schiedsstellenentscheidung genehmigt, weil die Landesbehörde die Ablehnung der Sachentscheidung für rechtens hält, so kann die hierdurch beschwerte Partei eine Anfechtungsklage erheben.[908] Ist die Klage erfolgreich, so wird die Genehmigung durch das Gericht aufgehoben. Damit ist gerichtlich festgestellt, dass die Ablehnung der Sachentscheidung durch die Schiedsstelle rechtswidrig war. Wird danach die Schiedsstelle erneut angerufen, so ist sie in analoger Anwendung des § 20 Abs. 3 BPflV an

---

906 Vgl. *Dietz/Bofinger*, Krankenhausfinanzierungsrecht, § 19 BPflV Erl. 16.

907 Vgl. hierzu oben 2.2.A.II.1.a.).

908 Der gerichtliche Rechtsschutz wird allerdings hier praktisch kaum relevant werden, da die Beteiligten eher wieder in die Pflegesatzverhandlung eintreten oder die von der Schiedsstelle angenommenen Zulässigkeitsmängel beseitigen werden, als dass sie ein verwaltungsgerichtliches Verfahren anstrengen.

die Feststellungswirkung des Urteils gebunden.[909] Hat dagegen die Landes-
behörde die Genehmigung nicht erteilt, weil es an einem entsprechenden
Antrag einer Partei fehlte[910] sowie den Antrag der Partei auf Versagung der
Genehmigung als unbegründet abgewiesen, so ist die richtige Klageart die
Verpflichtungsklage auf Erteilung der Versagungsentscheidung[911].

2. Teilfestsetzungen mit Zurückverweisung

a.) Schiedsstellenpraxis

Oft werden von den Schiedsstellen nach § 18 a Abs. 1 KHG lediglich Teilfestsetzungen getroffen, obwohl ein inhaltlich umfassender Festsetzungsantrag vorliegt und eine dagegenstehende bindende Teileinigung zwischen den
Vertragsparteien nach § 19 Abs. 2 BPflV nicht besteht.[912] So werden häufig
die Zu- und Abschläge auf Grund von entstandenen Mehr- oder Mindererlösen in Folge der Weitererhebung des bisherigen Pflegesatzes nach 21 Abs.
2 Satz 1, 1. Halbs. BPflV (Zahlpflegesätze) von der Schiedsstelle nicht festgesetzt. Nicht selten setzt die Schiedsstelle nur den Betrag für das Budget
fest oder beschränkt sich darauf, die so genannten pflegesatzfähigen Kosten
des Krankenhauses[913] zu bestimmen. Häufig entscheiden Schiedsstellen
auch nur über pflegesatzrechtliche Vorfragen oder lediglich dem Grunde
nach. In einem Schiedsstellenverfahren wurde die vom Krankenhausträger
geltend gemachte Forderung dem Grunde nach anerkannt, eine Entscheidung über die Höhe der anzuerkennenden Betriebskosten wurde dagegen
abgelehnt, weil *„die Parteien über die einzelnen Kosten noch nicht verhandelt*

---

909 Vgl. hierzu oben 2.3.B.I.1.c.) bb.) (2.) (d.).
910 Vgl. hierzu oben 2.2.A.II.1.b.).
911 Vgl. hierzu oben 2.3.B.I.3.
912 Vgl. *Dietz/Bofinger*, Krankenhausfinanzierungsrecht, § 19 BPflV Erl. 7.2.
913 Vgl. Abschnitt K 5 Nr. 9 der Leistungs- und Kalkulationsaufstellung (Anlage 1 zur Bundespflegesatzverordnung).

haben".[914] In solchen Fällen wird den Parteien dann von der Schiedsstelle aufgegeben, auf der Grundlage dieser Teilfestsetzungen erneut Pflegesatzverhandlungen zu führen oder die Pflegesätze rechnerisch zu ermitteln. Nur teilweise erfolgen diese Teilfestsetzungen mit Zurückverweisung unter ausdrücklicher Zustimmung der Parteien.[915] Hat die Schiedsstelle lediglich auf die Berechnung der Pflegesätze verzichtet, liegen jedoch alle für deren Ermittlung maßgeblichen Größen – durch die Teilfestsetzung selbst und eventuell auch partiell durch eine dem Schiedsstellenbeschluss vorangegangene bindende Teileinigung der Parteien nach § 19 Abs. 2 BPflV – fest, so bedarf es lediglich einer rechnerischen Umsetzung dieser Vorgaben. Ganz anders stellt sich der Sachverhalt dar, wenn die Schiedsstelle nur dem Grunde nach entscheidet oder ausschließlich über rechtliche oder tatsächliche Vorfragen befindet. In diesen Fällen hat die Schiedsstelle eine Feststellung nur zu einer abgrenzbaren pflegesatzrelevanten Fragestellung getroffen, die noch nicht allein die Höhe der Pflegesätze bestimmt; vielmehr bleibt den Vertragsparteien bei der Vollziehung des Schiedsstellenbeschlusses und der Bestimmung der Entgelte im Einzelnen ein oft erheblicher Gestaltungsspielraum.

Die Teilfestsetzung mit Zurückverweisung kann neben einer Verzögerung des Pflegesatzverfahrens zu einer Verunsicherung der Verfahrensbeteiligten führen. Die Genehmigungsbehörde weiß oft nicht, ob ihr ein vereinbarter oder festgesetzter Pflegesatz vorgelegt wird und ob die Parteien eine Pflegesatzvereinbarung geschlossen haben.[916] Anschaulich hierzu ist das Urteil des Verwaltungsgerichts Göttingen vom 19. Dezember 1995.[917] Die gerichtliche Entscheidung basiert auf einem Schiedsstellenbeschluss, in dem der Personalmehrbedarf des Pflegedienstes dem Grunde nach anerkannt und die Sache insoweit wegen der Berechnung an die Parteien vor Ort zurückverwiesen wurde. In Umsetzung dieses Beschlusses ermittelten die Parteien

---

914 Vgl. Beschluss der Schiedsstelle zur Festsetzung der Krankenhauspflegesätze für Baden-Württemberg vom 22.04.1999, Az.: 07 S 99, in: BWKG-Mitteilung Nr. 170/1999.

915 So beispielsweise der Beschluss der Schiedsstelle für die Krankenhauspflegesätze für Rheinland-Pfalz vom 17.05.1999, Az.: 01/99 de.

916 Vgl. *Dietz/Bofinger*, Krankenhausfinanzierungsrecht, § 19 BPflV Erl. 7.2.

917 Vgl. VG Göttingen, KRS II, 95.077.

das Budget und die Pflegesätze. Die Kostenträger gaben zu der Berechnung eine ergänzende Erklärung ab, mit der sie feststellten, dass die rechnerische Umsetzung des Beschlusses der Schiedsstelle nicht die Aufgabe ihrer grundsätzlichen Auffassung zur rechtlichen Bewertung der strittigen Fragen bedeute. Auf Antrag genehmigte die Landesbehörde *„die Festsetzung der Pflegesätze durch die Schiedsstelle"*. Gleichzeitig wurde in dem Bescheid ausgeführt, die Prüfung der Pflegesatzvereinbarung auf Rechtmäßigkeit und Vollständigkeit habe keine Beanstandungen ergeben. In einem späteren Schreiben stellte die Landesbehörde gegenüber den Parteien klar, dass nicht die Schiedsstellenfestsetzung, sondern die Pflegesatzvereinbarung genehmigt worden sei. Das Gericht sah in der Ermittlung und Protokollierung der pflegesatzrechtlichen Größen durch die Parteien eine Vereinbarung, die *„nicht in allen Punkten als ‚freie' Vereinbarung anzusehen"* sei. Die hier aufgeworfene Frage der rechtlichen Einordnung der Entgelte als vereinbarte oder festgesetzte Pflegesätze kann dann erhebliche Bedeutung erlangen, wenn eine Partei eine Klage gegen die Genehmigung beabsichtigt. Eine der Teilfestsetzung der Schiedsstelle nachfolgende Vereinbarung der Pflegesatzparteien gefährdet das Rechtsschutzbedürfnis einer Klage gegen die Genehmigung.[918]

Geht es lediglich um eine rein rechnerische Umsetzung einer Teilfestsetzung der Schiedsstelle, die selbst alle für die Ermittlung der Pflegesätze maßgebenden Größen enthält, ist offen, wie eine Partei zu einer Bestimmung des Endproduktes der Pflegesätze kommen kann, wenn sich die andere Seite weigert, an der rechnerischen Umsetzung mitzuwirken. In einem Schiedsstellenverfahren wurden die maßgebenden Größen für die Pflegesatzregelung bestimmt und den Parteien aufgegeben, auf dieser Grundlage die Pflegesatzverhandlung abzuschließen. Daraufhin wurden die Pflegesätze rechnerisch richtig ermittelt und von den Kostenträgern zur Genehmigung beantragt. Die Landesbehörde hat die Genehmigung abgelehnt, weil der Krankenhausträger, der beabsichtigte, den Verwaltungsrechtsweg zu beschreiten, die „Pflegesatzvereinbarung" nicht unterschrieben hatte. Danach wurde die

---

918 Vgl. oben 2.3.D.I.1.; dazu auch noch unten 2.3.G. I.2.b.).

Schiedsstelle von den Sozialleistungsträgern erneut angerufen, woraufhin sie die Pflegesätze festsetzte.[919]

b.) Rechtsschutz

Aus beidem, der Teilfestsetzung und der Zurückverweisung der Sache im Übrigen, kann ein rechtlich relevanter Nachteil für eine Vertragspartei erwachsen. Die Teilfestsetzung kann materiell-rechtlich fehlerhaft sein, insbesondere dann, wenn sie gegen pflegesatzrechtliche Vorschriften verstößt. Davon zu trennen ist die Frage der verfahrensrechtlichen Zulässigkeit der Zurückverweisung an die Parteien in das Pflegesatzverhandlungsstadium.[920] Nach der hier vertretenen Auffassung kann dies nur im Einvernehmen mit den Parteien geschehen, die einen konkreten Festsetzungsantrag gestellt haben. Parteien, die eine Festsetzung durch die Schiedsstelle begehren, dürfen nicht gegen ihren Willen nach Abschluss der Pflegesatzverhandlung dazu gezwungen werden, diese erneut aufzunehmen. Sie besitzen als Ausdruck der Dispositionsmaxime auch während des Schiedsstellenverfahrens die Verfügungsmacht über den Streitgegenstand. Hat die Schiedsstelle die Sache an die Parteien ganz oder teilweise zurückverwiesen, so können die Vertragsparteien die Versagung der Genehmigung beantragen. Da die Genehmigungsbehörde nicht nur dazu aufgefordert ist, über die Rechtmäßigkeit der Pflegesätze zu entscheiden, sondern bei entsprechendem Antrag eine Rechtskontrolle über jeden Schiedsspruch durchzuführen hat, dem ein das Schiedsstellenverfahren abschließender Charakter zukommt, können die Parteien auch hier die behördliche Rechtskontrolle in Gang setzen. Soweit eine Versagungsentscheidung die Rechtswidrigkeit der Zurückverweisung zum Ausdruck bringt, hat die Schiedsstelle bei ihrer erneuter Anrufung nach § 20 Abs. 3 BPflV im Rahmen des Antrages und unter Beachtung einer

---

919 Vgl. Beschluss der Schiedsstelle zur Festsetzung der Krankenhauspflegesätze für Baden-Württemberg vom 15.04.1999, Az.: 26 S 98a, in: BWKG-Mitteilung Nr. 170/1999.
920 Vgl. hierzu auch schon oben 2.3.G.I.1.b.).

eventuell vorliegenden verbindlichen Teileinigung nach § 19 Abs. 2 BPflV eine vollumfängliche Festsetzungsentscheidung zu treffen.

Im Einzelfall ist festzustellen, ob es sich bei den genehmigten Entgelten, die ihre Grundlage in einer Teilfestsetzung der Schiedsstelle haben, um verein-barte oder um festgesetzte Pflegesätze handelt. Dabei ist es nicht ausge-schlossen, dass die behördliche Entscheidung vereinbarte und festgesetzte Entgelte nebeneinander umfasst, denn die Festsetzungskompetenz der Schiedsstelle betrifft nur die Gegenstände, über die die Parteien nach § 19 Abs. 2 BPflV keine Einigung erreichen konnten. Akzeptieren die Parteien die Teilfestsetzungen der Schiedsstelle und verhandeln auf dieser Grundlage weiter, so ist das dadurch ermittelte Entgelt grundsätzlich ein vereinbarter Pflegesatz.[921] Anders aber, wenn den Parteien bei Zugrundelegung der Schiedsstellenentscheidung keinerlei Gestaltungsspielraum bei der Ermitt-lung des Endprodukts des Pflegesatzes bleibt: In diesen Fällen wird der Be-schluss der Schiedsstelle lediglich rein rechnerisch umgesetzt; die Vertrags-parteien errechnen einen festgesetzten Pflegesatz. Die Bestimmung der Pflegesätze ist hier der Schiedsstelle zuzurechnen; die Parteien haben ledig-lich bei der rechnerischen Umsetzung des Beschlusses der Schiedsstelle Hilfe geleistet. Aber auch in diesem Fall wird das Entgelt zu einem verein-barten Pflegesatz, wenn die Parteien die Teilfestsetzung akzeptieren und hierüber offensichtlich eine Einigung erzielt haben.[922]

Eine Partei, die beabsichtigt, gerichtlichen Rechtsschutz gegen die Entschei-dung der Schiedsstelle in Anspruch zu nehmen, muss ihre weitere Verhal-tensweise hierauf abstellen, damit das Rechtsschutzbedürfnis für eine ver-waltungsgerichtliche Klage fortbestehen kann. Werden die Pflegesätze nach der Teilfestsetzung der Schiedsstelle zwischen den Pflegsatzparteien verein-bart, so haben sie grundsätzlich weder ein Antragsrecht auf Versagung der

---

921 Vgl. auch *Dietz/Bofinger*, Krankenhausfinanzierungsrecht, § 19 BPflV Erl. 7.2.

922 Dies wird man annehmen müssen, wenn die Parteien ausdrücklich die Pflegesätze ver-einbart haben.

Genehmigung[923] noch ein Rechtsschutzbedürfnis im verwaltungsgerichtlichen Klageverfahren gegen die Genehmigung[924]. Hat die Schiedsstelle lediglich dem Grunde nach entschieden oder sich auf die Regelung von Vorfragen beschränkt und kommt den Parteien bei der Umsetzung des Beschlusses ein Gestaltungsspielraum zu, so führt die Regelung des Endprodukts der Entgelte durch die Parteien zu vereinbarten Pflegesätzen. Will sich eine Partei gegen eine derartige Teilfestsetzung der Schiedsstelle wenden und sich daher das Klagerecht offenhalten, so darf sie die von der Schiedsstelle getroffene Entscheidung nicht zur Grundlage einer nachfolgenden Vereinbarung machen; sie hat aber zwei Möglichkeiten: Sie kann nochmals die Schiedsstelle anrufen, um eine abschließende Entscheidung in der Sache zu erlangen und dann hiergegen die Versagungsentscheidung beantragen. Die Partei kann alternativ hierzu auch sofort gegen die Entscheidung der Schiedsstelle die Versagung der Genehmigung beantragen, weil dem Beschluss ein das Schiedsstellenverfahren abschließender Charakter zukommt. Folgt die Genehmigungsbehörde diesem Begehren, so kann die Partei die Schiedsstelle nach § 20 Abs. 3 BPflV erneut anrufen. In ihrer nun anstehenden Entscheidung ist die Schiedsstelle an die Rechtsauffassung der Genehmigungsbehörde gebunden. Hat dagegen die Schiedsstelle alle für die Ermittlung der Pflegesätze wesentlichen Größen festgesetzt und die Sache nur zur rechnerischen Ermittlung der Pflegesätze an die Vertragsparteien zurückverwiesen, so stehen der durch die Teilfestsetzung der Schiedsstelle belasteten Partei ebenfalls diese beiden Möglichkeiten offen. Daneben besteht aber für die Partei im Zusammenwirken mit den anderen Vertragsparteien eine weitere Handlungsoption, indem sie – gemeinsam der Aufforderung der Schiedsstelle folgend – die Teilfestsetzung rein rechnerisch umsetzen. Wenn die Partei, die sich eine spätere Anfechtungsklage gegen die Genehmigung offen halten will, klar zum Ausdruck bringt, dass es sich bei der Ermittlung der Pflegesätze lediglich um eine rein rechnerische Umsetzung des Schiedsstellenbeschlusses handelt und eine Abkehr von der eigenen Rechtsauffassung damit nicht verbunden ist, so kann dem späteren Kläger

---

923 Vgl. hierzu oben 2.2.A.II.1.a.).
924 Vgl. hierzu oben 2.3.D.I.1.

nicht entgegengehalten werden, die Anfechtungsklage sei wegen eines fehlenden Rechtsschutzbedürfnisses unzulässig. Der Kläger hat hier keine Pflegesätze vereinbart, sondern lediglich als „verlängerter Arm der Schiedsstelle" für diese die festgesetzten Pflegesätze errechnet.

II. Untätigkeit von Schiedsstelle oder Genehmigungsbehörde

1. Schiedsstelle entscheidet nicht

Eine Klage gegen die Schiedsstelle muss auch dann ausscheiden, wenn diese im Falle ihrer Anrufung entgegen ihrer Verpflichtung zur Festsetzung von Pflegesätzen untätig bleibt. Die Schiedsstelle ist im gerichtlichen Verfahren nicht beteiligungsfähig.[925] Die allein in Betracht kommende allgemeine Leistungsklage mit dem Ziel des Tätigwerdens der Schiedsstelle scheitert des weiteren auch hier an § 44 a VwGO. Diese Vorschrift betrifft nicht nur die Anfechtungsklage, sondern jeden in der Verwaltungsgerichtsordnung geregelten Rechtsbehelf.[926]

Der betroffenen Vertragspartei bleibt das Recht der Erhebung einer Aufsichtsbeschwerde. Dabei handelt es sich um einen formlosen Rechtsbehelf, der zwar gesetzlich nicht geregelt ist, der sich aber auf das Grundrecht des Art. 17 GG gründet, nach dem jedermann das Recht hat, sich mit Bitten und Beschwerden an die zuständigen Stellen und an die Volksvertretung zu wenden.[927] In Kenntnis der bekannten Unzulänglichkeiten bei der Einteilung von formlosen Rechtsbehelfen auf Grund einer empirisch gewachsenen Systematisierung[928] ist bei dem hier angenommenen Sachverhalt eine Rechtsauf-

---

925 Vgl. oben 2.3.C.II.3.

926 Vgl. *Geiger*, in: Eyermann, Verwaltungsgerichtsordnung, § 44 a Rdnr. 12.

927 Vgl. *Pietzner/Ronellenfitsch*, Das Assessorexamen im Öffentlichen Recht, § 24 Rdnr. 11.

928 Vgl. *Schmitt Glaeser*, Verwaltungsprozeßrecht, Rdnr. 6.

sichtsbeschwerde angesprochen,[929] die an die nach § 18 a Abs. 5 KHG zuständige Landesbehörde zu richten ist. Sie enthält das Ersuchen um rechtliche Nachprüfung des Untätigbleibens der Schiedsstelle. Die Aufsichtsmittel, die der Landesbehörde zustehen, sind im Gesetz nicht erwähnt. Das Schweigen des Gesetzgebers muss im Hinblick auf die Systementscheidung einer Stärkung der Selbstverwaltungsrechte der Beteiligten dazu veranlassen, die Auswahl der in Betracht kommenden Aufsichtsmittel einzugrenzen. Der Landesbehörde steht nur ein Auskunftsverlangen und ein Beanstandungs- und Anordnungsrecht im Bereich der Geschäftsführung der Schiedsstelle zu.[930] Die Anordnung der Rechtskontrolle nach § 18 a Abs. 5 KHG umfasst nicht die Überprüfung einer konkreten Sachentscheidung, betrifft aber den Tatbestand, bei dem die Schiedsstelle trotz Anrufung durch eine Vertragspartei tatsächlich untätig bleibt. Da die Aufsichtsmittel dem Verhältnismäßigkeitsgrundsatz unterliegen, hat die Landesbehörde weitere Informationen von dem Schiedsstellenvorsitzenden und den Beteiligten des Verfahrens einzuholen, bevor eine Beanstandung des Unterlassens der Schiedsstelle erfolgt. Stellt sich danach das Untätigbleiben oder das zögerliche Betreiben des Verfahrens als rechtswidrig dar, weil die Sechs-Wochenfrist des § 19 Abs. 2 BPflV ohne hinreichende Rechtfertigung für die zeitliche Verzögerung bereits verstrichen ist, kann eine förmliche Beanstandung durch die Landesbehörde erfolgen. Die für die Schiedsstelle geltende Sechs-Wochenfrist ist zwar einerseits als Ordnungsfrist[931] anzusehen, so dass ein Verstoß hiergegen zunächst keine unmittelbare Rechtsfolge hat;[932] eine Festsetzung unter Missachtung der Vorschrift ist nicht wegen Fristablaufes unwirksam. Andererseits verlangt der pflegesatzrechtliche Beschleunigungsgrundsatz eine schnellst-

---

929 Nach *Zuck/Quaas*, NJW 1987, 687, 692, ihnen folgend VGH Bad.-Württ. DVBl. 1990, 996, 998, kommt eine Dienstaufsichtsbeschwerde in Betracht. Nach *Zuck*, NJW 1972, 468, 469, ist diese nicht nur personen-, sondern auch sachbezogen. Vgl. zu der Einteilung formloser Rechtsbehelfe: *Hufen*, Verwaltungsprozeßrecht, § 1 Rdnr. 45 ff.

930 Vgl. oben 2.2.B.II.2.

931 Allgemein zu den Ordnungsfristen, die grundsätzlich für die Entstehung eines subjektiven Rechts unbedeutend sind: vgl. *Wolff/Bachof/Stober*, Verwaltungsrecht I, § 37 Rdnr. 10.

932 Vgl. *Dietz/Bofinger*, Krankenhausfinanzierungsrecht, § 19 BPflV Erl. 14.

mögliche Befassung und Entscheidung der Schiedsstelle. Nur in begründeten Ausnahmefällen kann eine Festsetzung nach Ablauf der Ordnungsfrist akzeptiert werden. Dies wird durch die amtliche Begründung zu § 19 Abs. 2 BPflV[933] bestätigt. Dort heißt es, die Sechs-Wochenfrist sei für die Entscheidungen über eine auf Landesebene strittige Höhe der Punktwerte für Fallpauschalen und Sonderentgelte unabdingbar und im Hinblick auf das prospektive Verhandlungsprinzip auch für Entscheidungen erforderlich, die das einzelne Krankenhaus betreffen. Die aufsichtsrechtliche Beanstandung drückt die verbindliche behördliche Feststellung aus,[934] dass das Untätigbleiben der Schiedsstelle rechtswidrig ist. Sie erschöpft sich in dieser Feststellung und in der Aufforderung an die Schiedsstelle, den beanstandeten Zustand der Untätigkeit von sich aus zu beenden. Weitergehende Aufsichtsmittel sind nicht zulässig. Zu beachten sind allerdings die Regelungen in den Schiedsstellenverordnungen, die in Einzelfällen weitergehende Eingriffsmöglichkeiten – bis hin zu einem Abberufungsrecht des Vorsitzenden und seiner Stellvertreter auf Antrag eines Landesverbandes[935] – enthalten.

Fraglich ist, ob einer Vertragspartei ein subjektives Recht auf Tätigwerden der Landesbehörde gegenüber der Schiedsstelle in dem dargelegten Umfang zustehen kann. Grundsätzlich gilt, dass Aufsichtsmaßnahmen gerichtlich nicht erzwungen werden können. Dritte haben in der Regel keinen Anspruch auf aufsichtsbehördliches Einschreiten. Begründet wird diese Feststellung in der Literatur damit, dass Aufsichtsmaßnahmen nicht einmal beiläufig den Interessen von privaten Dritten zu dienen bestimmt sind.[936] Dieser Grund-

---

933 BR-Drucks. 381/94, S. 38.

934 Vgl. *Salzwedel*, VVDStRL 22 (1965), S. 206, 250.

935 Vgl. beispielsweise § 5 Abs. 1 Satz 3 Schiedsstellenverordnung Baden-Württemberg vom 05. März 1990, GBl. 1990, 91. In Nordrhein-Westfalen ist die Abberufung des Vorsitzenden und seiner Stellvertreter durch gemeinsame Erklärung der beteiligten Organisationen möglich; kommt eine gemeinsame Erklärung nicht zu Stande, entscheidet auf Antrag einer der beteiligten Organisationen der Minister für Arbeit, Gesundheit und Soziales; vgl. § 5 Abs. 2 Schiedsstellenverordnung Nordrhein-Westfalen vom 06. Februar 1986, GVNW 1986, 67.

936 Vgl. *Schmidt-Aßmann*, in: Schmidt-Aßmann (Hrsg.), Besonderes Verwaltungsrecht, 1. Abschn. Rdnr. 43.

satz, der keine Allgemeingültigkeit beansprucht,[937] kann für das Pflegesatzrecht in dem jeglicher Rechtsschutz nur gegen die zuständige Landesbehörde eröffnet wird und die unmittelbare Inanspruchnahme der Schiedsstelle ausgeschlossen ist, nicht gelten. Der grundsätzliche Ausschluss eines Anspruchs auf gerichtliche Rechtskontrolle gegenüber der Aufsichtsbehörde muss dann hinter das Grundrecht auf Gewährung eines tatsächlichen und effektiven Rechtsschutzes zurücktreten, wenn der Betroffene keine andere Möglichkeit hat, wegen des Verhaltens der beaufsichtigten Stelle die Gerichte anzurufen. Die Garantenfunktion der Aufsichtsbehörde zu Gunsten des Einzelnen kann nur dann entfallen, wenn der Dritte sich in der Lage befindet, sein Recht gegenüber der unter Aufsicht stehenden Stelle selbst wahrzunehmen. Insoweit ist die Staatsaufsicht im Allgemeinen auf eine Reservefunktion zurückgedrängt.[938] Die Verneinung des gerichtlichen Rechtsschutzes würde hier allerdings bedeuten, dass die Parteien einer Untätigkeit der Schiedsstelle tatenlos zusehen müssten und damit einem faktischen Einigungszwang ausgesetzt wären. Der Schutzzweck des § 18 a Abs. 5 KHG dient nicht nur dem öffentlichen Interesse an einer reibungslosen Konfliktlösung im Bereich der Krankenhausfinanzierung, sondern auch der Verwirklichung der nach § 18 Abs. 2 KHG geschützten Individualinteressen der Pflegesatzparteien. Sie haben die Möglichkeit, eine Leistungsklage[939] gegen das Land (oder die Landesbehörde)[940] zu erheben, wenn die von ihnen angerufene Schiedsstelle untätig bleibt oder das Verfahren nur zögerlich betreibt. Der Anspruch kann auch im einstweiligen Anordnungsverfahren nach § 123 VwGO verfolgt werden. Ziel in dem gerichtlichen Verfahren ist die Beanstandung des Untätigbleibens der Schiedsstelle durch die Landesbehörde und

---

937 Vgl. *Seewald*, in: Steiner (Hrsg.), Besonderes Verwaltungsrecht, I.B., Rdnr. 372 mit Verweis auf die Rechtsprechung des BGH zur Bankenaufsicht: BGHZ 74, 144, 152 f.

938 Vgl. *Schnapp*, DVBl. 1971, 480, 483.

939 Da die Beanstandung nur auf den internen Mitwirkungsakt der Schiedsstellenentscheidung abzielt, hat sie keine Außenwirkung. Die Aufsichtsmaßnahme hat damit anders als in sonstigen Angelegenheiten der Rechtsaufsicht in Selbstverwaltungsangelegenheiten, z. B. im Kommunalrecht, nicht den Rechtscharakter eines Verwaltungsaktes. Damit ist richtige Klageart nicht die Verpflichtungsklage, sondern die allgemeine Leistungsklage.

940 Vgl. 2.3.C.I.

die Aufforderung zum unverzüglichen Tätigwerden. Weitergehende Rechtsschutzmöglichkeiten, etwa ein Anspruch auf Ersatzvornahme des Schiedsstellenbeschlusses durch die Landesbehörde, sind ausgeschlossen; sie wären systemwidrig und würden die Selbstverwaltungsrechte der Beteiligten verletzen.

2. Genehmigungsbehörde entscheidet nicht

Ist über einen Antrag an die Genehmigungsbehörde in angemessener Frist nicht entschieden worden, so kann der Antragsteller eine Untätigkeitsklage nach § 75 VwGO erheben. Der Kläger muss zuvor einen Antrag auf Genehmigung oder auf Versagung der Genehmigung erhoben haben, denn die Behörde muss das Begehren kennen und über eine angemessene Reaktionszeit verfügen, bevor das Gericht angerufen wird. Nach § 75 Satz 2 VwGO kann die Klage im Regelfall nicht vor Ablauf einer Sperrfrist von drei Monaten seit dem Antrag auf Vornahme des Verwaltungsaktes erhoben werden. Nur wenn besondere Umstände des Falles eine kürzere Frist für geboten erscheinen lassen, kann entsprechend früher geklagt werden. Dies wird angenommen, wenn dem Kläger besondere Nachteile drohen oder er dringend auf den Erlass des Verwaltungsaktes angewiesen ist.[941] Ein Abweichen von der Regelfrist wird im pflegesatzrechtlichen Streitverfahren kaum in Betracht kommen, weil zwar die Genehmigungsbehörde über den Antrag nach § 18 Abs. 5 Satz 1, 2. Halbs. KHG unverzüglich[942] zu entscheiden hat, jedoch den Vertragsparteien durch kurzzeitige Verzögerungen meist keine bleibenden wirtschaftlichen Nachteile drohen. Die Ausgleichsregelungen des § 21 Abs. 2 BPflV sorgen dafür, dass Minder- oder Mehrerlöse auf Grund des Weitererhebens des bisherigen Pflegesatzes vollständig ausgeglichen werden. Weitere Voraussetzung der Untätigkeitsklage ist, dass die sachliche Entscheidung der Verwaltungsbehörde ohne zureichenden Grund in angemessener

---

941 Vgl. *Rennert*, in: Eyermann, Verwaltungsgerichtsordnung, § 75 Rdnr. 8.

942 Vgl. hierzu die Legaldefinition in § 121 Abs. 1 BGB: *„ohne schuldhaftes Zögern"*.

Zeit unterblieben ist.[943] Was angemessen ist, bestimmt sich objektiv nach einer Abwägung zwischen Dringlichkeit der Sachentscheidung für den Kläger einerseits und den in § 75 Satz 1 und 3 VwGO angesprochenen Gründen für die Bearbeitungsdauer bei der Behörde andererseits.[944] Bei der Entscheidung über die Angemessenheit der Frist ist besonders zu beachten, dass die Genehmigungsbehörde aufgefordert ist, unverzüglich zu entscheiden. Unter Berücksichtigung dieser gesetzgeberischen Vorgabe wird mit Ablauf der Sperrfrist nach § 75 Satz 2 VwGO regelmäßig, auch bei einer vorübergehenden Antragsflut und Schwierigkeiten in der Sache, die angemessene Entscheidungsfrist verstrichen sein. Für die Durchsetzung des Anspruchs auf Erlass des begehrten Verwaltungsaktes kommt auch ein Antrag auf vorläufigen Rechtsschutz nach § 123 VwGO in Betracht.

---

943 *Bosch/Schmidt*, Praktische Einführung in das verwaltungsgerichtliche Verfahren, § 27 III.2.

944 *Rennert*, in: Eyermann, Verwaltungsgerichtsordnung, § 75 Rdnr. 9.

4. Abschnitt: Rechtsschutz gegen Entscheidungen bei Aufgabenzuweisungen nach dem SGB V

A. Rechtsweg, Rechtsbehelf und zuständiges Gericht

I. Rechtsweg und Rechtsbehelf

Gegen die Entscheidungen der Schiedsstellen nach § 18 a Abs. 1 KHG im Bereich der Vergütungsregelungen für die Leistungen der psychiatrischen Institutsambulanzen, der sozialpädiatrischen Zentren und der vor- und nachstationären Behandlung im Krankenhaus ist der Rechtsweg zu den Sozialgerichten gegeben.[945] Dies ergibt sich aus der Regelung des § 51 Abs. 2 Satz 1 Nr. 2 SGG, denn zu den gemeinsamen Gremien von Krankenhäusern und Krankenkassen nach dem Fünften Buch des Sozialgesetzbuches im Sinne dieser Vorschrift zählt auch die Schiedsstelle nach § 18 a Abs. 1 KHG, soweit sie Aufgaben nach § 115 a Abs. 3 Satz 5 SGB V und § 120 Abs. 4 SGB V wahrnimmt.[946] In diesem Bereich tritt die Zuständigkeit der allgemeinen Verwaltungsgerichtsbarkeit auf Grund einer abdrängenden Sonderzuweisung hinter die der Sozialgerichte, die besondere Verwaltungsgerichte sind[947].

Die Entscheidungen der Schiedsstellen nach § 18 a Abs. 1 KHG im Zuständigkeitsbereich des SGB V sind ebenso wie die Beschlüsse der vertragsärztlichen Schiedsämter als Verwaltungsakte zu qualifizieren.[948] Demnach ist die Beurteilung der Rechtsstellung der Schiedsstelle und die Rechtsnatur ihrer Beschlüsse – abhängig davon, ob sie im Rahmen des Pflegesatzrechts oder

---

945 Zu den Zuständigkeiten der Schiedsstelle in diesem Bereich: vgl. oben 2.1.A.II.2.

946 Vgl. *Meyer-Ladewig*, Sozialgerichtsgesetz, § 51 Rdnr. 33.

947 Vgl. *Rennert*, in: Eyermann, Verwaltungsgerichtsordnung, § 40 Rdnr. 140; *Schulin*, Sozialrecht, Rdnr. 960.

948 Vgl. *Knittel*, in: Krauskopf/Schroeder-Printzen, Soziale Krankenversicherung/Pflegeversicherung, § 120 SGB V Rdnr. 7.

des SGB V tätig wird – differenziert einzuordnen; diese Differenzierung liegt in der vom Gesetzgeber getroffenen unterschiedlichen Systementscheidung begründet. Während der Schiedsstellenbeschluss nach § 18 Abs. 5 Satz 1 KHG genehmigungsbedürftig ist und erst die Entscheidung der Landesbehörde den für den Rechtsschutz maßgeblichen Akt verkörpert, erfüllen die Beschlüsse der Schiedsstelle nach § 115 a Abs. 3 Satz 5 SGB V und § 120 Abs. 4 SGB V alle Merkmale eines Verwaltungsaktes nach § 31 Satz 1 SGB X. Fraglich ist, ob nach § 78 Abs. 1 SGG ein Vorverfahren vor Erhebung der Anfechtungsklage erforderlich ist; entsprechendes gilt für die Verpflichtungsklage nach § 78 Abs. 2 SGG, wenn der Antrag auf Vornahme eines Verwaltungsaktes abgelehnt wurde. Dieselbe Frage wird auch bei dem Rechtsschutz gegen die Entscheidungen des vertragsärztlichen Schiedsamtes diskutiert. Dort lehnt die überwiegende Auffassung in der Literatur[949] das Erfordernis eines Vorverfahrens mit unterschiedlichen Begründungen ab. Entgegen dieser Ansicht ist auf Grund der Regelung des § 78 SGG an der Erforderlichkeit des Vorverfahrens festzuhalten. Die Bestimmung des § 368 i Abs. 5 RVO a. F., wonach ein Vorverfahren im Bereich der Entscheidungen des kassenärztlichen Schiedsamtes nicht stattgefunden hat, wurde in die neueren Kodifikationen des SGB V oder des SGG nicht übernommen. Der Ausschluss des Widerspruchsverfahrens kann weder mit dem Rechtsnormcharakter der Entscheidung,[950] mit prozessökonomischen Gründen,[951] mit einer Analogie zu § 18 Abs. 5 Satz 3 KHG,[952] noch damit begründet werden, dass nach der Regelung des § 85 SGG nur die Schiedsstelle selbst über den Wi-

---

949 *Hess,* in: Kass.Komm., § 89 SGB V, Rdnr. 18; *Jörg,* Das neue Kassenarztrecht, Rdnr. 533; *Hofmann,* Das Schiedsamt im Kassenarztrecht nach dem Sozialgesetzbuch Teil V, S. 117; a. A. *Düring,* Das Schiedswesen in der gesetzlichen Krankenversicherung, S. 147.

950 So für das vertragsärztliche Schiedsamt: *Hess,* in: Kass.Komm., Bd. 1, § 89 SGB V Rdnr. 18; *Jörg,* Das neue Kassenarztrecht, Rdnr. 533.

951 So für die Schiedsstellenentscheidung nach § 120 Abs. 4 SGB V: *Knittel,* in: Krauskopf/Schroeder-Printzen, Soziale Krankenversicherung/Pflegeversicherung, § 120 SGB V Rdnr. 9.

952 Zu Recht ablehnend: *Knittel,* in: Krauskopf/Schroeder-Printzen, Soziale Krankenversicherung/Pflegeversicherung, § 120 SGB V Rdnr. 9.

dersruch entscheiden könnte.[953] Es erscheint wenig überzeugend, wenn einerseits den Entscheidungen der Schiedsämter und Schiedsstellen nach dem SGB V die Eigenschaft eines Verwaltungsaktes zugeschrieben wird und andererseits ein Vorverfahren abgelehnt wird, weil die Entscheidung Rechtsnormcharakter habe. Weiter ist zu bedenken, dass die Einlegung des Widerspruchs im sozialrechtlichen Vorverfahren gemäß §§ 86 Abs. 2, 97 SGG grundsätzlich keine aufschiebende Wirkung hat,[954] so dass insofern keine Verzögerung der Vollziehbarkeit des Festsetzungsbeschlusses eintreten muss. Auch die Argumentation, die Schiedsstelle müsse auf Grund der Identität von Ausgangsbehörde und Widerspruchsbehörde selbst über den Rechtsbehelf entscheiden, überzeugt beim näheren Hinsehen nicht. Die Gelegenheit zur nochmaligen Überprüfung der Entscheidung durch die Schiedsstelle erscheint zwar nicht zwingend erforderlich, aber sie trifft doch voll die Intention, die gerade die Verwaltungsgerichtsordnung in § 73 Abs. 1 Nr. 3 VwGO verfolgt, wenn sie bestimmt, dass in Selbstverwaltungsangelegenheiten die Ausgangsbehörde grundsätzlich selbst über den Widerspruch entscheidet. Auf Grund einer fehlenden gesetzlichen Ausnahmeregelung bleibt es bei dem Grundsatz des § 78 SGG, wonach vor Erhebung der Anfechtungsklage oder Verpflichtungsklage ein Vorverfahren durchzuführen ist.[955] In Ermangelung der Existenz einer gemäß § 85 Abs. 2 Nr. 1 SGG übergeordneten Stelle entscheidet die Schiedsstelle selbst über den Widerspruch.

---

953 Vgl. *Hofmann*, Das Schiedsamt im Kassenarztrecht nach dem Sozialgesetzbuch Teil V, S. 118.

954 Im sozialgerichtlichen Verfahren haben Widerspruch und Klage nur in Ausnahmefällen aufschiebende Wirkung. Kraft Gesetzes kommt dem Widerspruch nur im Falle des § 86 Abs. 2 SGG aufschiebende Wirkung zu; vgl. *Meyer-Ladewig*, Sozialgerichtsgesetz, § 86 Rdnr. 4.

955 Für den Rechtsschutz gegen die Beschlüsse der vertragsärztlichen Schiedsämter im Ergebnis ebenso: *Düring*, Das Schiedswesen in der gesetzlichen Krankenversicherung, S. 147.

II. Zuständiges Gericht

Das sachlich zuständige Gericht zur Überprüfung der Schiedsstellenbeschlüsse über die Vergütungsregelungen der psychiatrischen Institutsambulanzen, der sozialpädiatrischen Zentren und der vor- und nachstationären Behandlung im Krankenhaus ist nach § 8 SGG das Sozialgericht. Es ist grundsätzlich für alle Entscheidungen im ersten Rechtszug über die Rechtsstreitigkeiten zuständig, die der Sozialgerichtsbarkeit zugewiesen sind.[956] Welches Gericht örtlich zuständig ist, wird in den §§ 57 bis 57 b SGG bestimmt. Für die gerichtliche Rechtskontrolle dieser Schiedsstellenbeschlüsse sind nach § 57 a, 4. Alt. SGG, soweit nach Landesrecht nichts anderes bestimmt ist, die Sozialgerichte zuständig, in deren Bezirk die Landesregierung ihren Sitz hat.[957] Bei den Entscheidungen der Schiedsstelle nach § 18 a Abs. 1 KHG auf Grund der Aufgabenzuweisungen des SGB V handelt es sich zwar um Angelegenheiten im Sinne von § 51 Abs. 2 Satz 1 SGG, jedoch um keine Angelegenheiten des Kassenarztrechts nach § 10 Abs. 2 SGG, da durch die Schiedsstelle keine Rechtsbeziehungen zwischen Ärzten, Zahnärzten und Krankenkassen geregelt werden.

B. Klage im sozialgerichtlichen Verfahren

I. Klageart und Klagebefugnis

Als Klagearten kommen eine Anfechtungs-, eine Verpflichtungs-, eine Feststellungs- und eine Untätigkeitsklage in Betracht. Durch die Anfechtungsklage kann nach § 54 Abs. 1 Satz 1, 1. Alt. SGG die Aufhebung des Verwaltungsaktes begehrt werden. Ein entsprechendes Urteil beseitigt die Wirkungen des Schiedsstellenbeschlusses. Klagebefugt sind nur diejenigen, deren Vertragsbeziehungen durch die Festsetzungen der Schiedsstelle betroffen

---

956 Vgl. *Meyer-Ladewig*, Sozialgerichtsgesetz, § 8 Rdnr. 1.
957 Vgl. *Meyer-Ladewig*, Sozialgerichtsgesetz, § 57 a Rdnr. 6.

werden, also die jeweiligen Vertragsparteien der Vergütungsvereinbarungen nach § 115 a Abs. 3 Satz 1 SGB V und § 120 Abs. 2 Satz 2 SGB V.[958] Die klagende Partei würde sich dann mit einem Aufhebungsurteil nicht begnügen wollen, wenn sie durch entsprechenden Klageantrag die Möglichkeit hätte, einen neuen, anderen Schiedsspruch zu erreichen. Die Verpflichtungsklage wird in § 54 Abs. 1 Satz 1, 2. Alt. SGG angesprochen. Da der Schiedsstelle grundsätzlich derselbe Gestaltungsspielraum zusteht wie den Vertragsparteien, muss eine Verurteilung zum Erlass einer anderen bestimmten Festsetzung ausscheiden. Im Allgemeinen darf das Gericht den Beklagten nur dann zum Erlass eines konkreten Verwaltungsaktes verurteilen, wenn die Verwaltung keinen Entscheidungsspielraum mehr hat.[959] Dem Gericht ist es verwehrt, die Schiedsstelle zu einer Festsetzung mit einem bestimmten Inhalt zu verurteilen, denn dies würde voraussetzen, dass die Sache nach § 131 Abs. 2 SGG in jeder Beziehung spruchreif wäre. Dementsprechend hat das Bundessozialgericht die Verpflichtungsklage mit dem Antrag, das Schiedsamt zu einer bestimmten Festsetzung zu verpflichten, für unzulässig gehalten.[960] Die gerichtliche Entscheidung auf die Erhebung einer Verpflichtungsklage gegen die Schiedsstelle kann lediglich ein Bescheidungsurteil sein. Nur so wird der eigenverantwortliche, kontrollfreie Gestaltungs- und Entscheidungsspielraum der Verwaltung in den Fällen gewahrt, in denen ihr ein Ermessens- oder Beurteilungsspielraum zukommt.[961] Steht nach der Überzeugung des Sozialgerichts fest, dass der Schiedsspruch rechtswidrig ist, so kann das Gericht auf eine Verpflichtungsklage des Klägers hin, die Schiedsstelle nur dazu ver-

---

958 Wenngleich § 115 a Abs. 3 Satz 1 SGB V ausdrücklich die Verbindlichkeit der Vergütungsregelung gegenüber den Vertragsparteien nach § 18 Abs. 2 KHG anordnet, so scheidet doch eine Klagebefugnis des einzelnen Krankenhausträgers und der einzelnen Krankenkasse – bei einer Festsetzung der Schiedsstelle nach § 115 a Abs. 3 Satz 5 SGB V – aus. Sie sind nicht Adressaten dieses Schiedsstellenbeschlusses und es fehlt zur Begründung eines Drittschutzes an der hierfür erforderlichen Schutznormausrichtung der gesetzlichen Regelungen.

959 Vgl. *Meyer-Ladewig*, Sozialgerichtsgesetz, § 131 Rdnr. 12.

960 Vgl. BSGE 20, 73.

961 Vgl. *Stüer*, in: Festschrift Menger, S. 779, 790.

pflichten, den Kläger unter Beachtung der Rechtsauffassung des Gerichts zu bescheiden.

Der Kläger kann nach § 55 Abs. 1 Nr. 4 SGG auch eine Klage auf Feststellung der Nichtigkeit des Schiedsstellenbeschlusses erheben. Die Nichtigkeitsfeststellungsklage ist nach der ausdrücklichen Regelung des § 89 SGG an keine Klagefrist gebunden, sondern kann jederzeit geltend gemacht werden. Die Erhebung dieser Klage entfaltet nach § 97 Abs. 1 Nr. 3 SGG eine aufschiebende Wirkung. Die Klage ist begründet, wenn die Entscheidung der Schiedsstelle an einem Nichtigkeitsgrund nach § 40 SGB X leidet.

Entscheidet die Schiedsstelle über die Antragstellung einer Partei nicht in angemessener Frist, so kann diese nach Ablauf einer Sperrfrist von sechs Monaten eine Untätigkeitsklage nach § 88 SGG erheben. Diese Frist kann anders als nach § 75 VwGO[962] nicht unterschritten werden.[963] Obsiegt der Kläger, so wird die Schiedsstelle verpflichtet, den Antrag zu bescheiden.

II. Verfahrensbeteiligte

Die Klage ist gegen die Schiedsstelle zu richten, denn sie hat den anzufechtenden Verwaltungsakt erlassen, den begehrten Verwaltungsakt unterlassen oder die Feststellung der Nichtigkeit betrifft eine von ihr getroffene Entscheidung. Bei der Schiedsstelle nach § 18 a Abs. 1 KHG handelt es sich um ein Entscheidungsgremium im Sinne des § 51 Abs. 2 Satz 1 SGG, so dass sie nach § 70 Nr. 4 SGG befähigt ist, am sozialgerichtlichen Verfahren beteiligt zu sein. Sie ist damit zwar nicht im Verwaltungsprozess,[964] doch aber im Sozialprozess beteiligungsfähig.

---

962 Vgl. § 75 Satz 2 VwGO: „ ....außer wenn wegen besonderer Umstände des Falles eine kürzere Frist geboten ist".
963 Vgl. *Meyer-Ladewig*, Sozialgerichtsgesetz, § 88 Rdnr. 5.
964 Vgl. oben 2.3.C.II.3.a.).

Zu dem Prozess sind die anderen Vertragsparteien nach § 75 Abs. 2 SGG notwendig beizuladen, weil eine Identität des Streitgegenstandes[965] im Verhältnis der Vertragsparteien zu der Schiedsstelle vorliegt. Die Entscheidung kann gegenüber den Beteiligten nur einheitlich ergehen.

Für das Schiedsamt handelt im sozialgerichtlichen Verfahren nach § 71 Abs. 4 SGG der Vorsitzende. Eine entsprechende Regelung ist für die Schiedsstelle nach § 18 a Abs. 1 KHG nicht getroffen worden. Der Verweis in § 71 Abs. 4 SGG auf § 70 Nr. 4 SGG bringt jedoch klar zum Ausdruck, dass hier alle Entscheidungsgremien im Sinne von § 51 Abs. 2 Satz 1 SGG angesprochen sind. Die Schiedsstelle nimmt an dem Prozess damit nicht als Kollegialbehörde teil, sondern die Prozessführung liegt allein in den Händen des Schiedsstellenvorsitzenden. Eine rechtliche Verpflichtung, seine Prozessführung mit den anderen Mitgliedern abzustimmen, besteht nicht, ist aber jedenfalls nicht ausgeschlossen und kann im Einzelfall auch empfehlenswert sein.[966]

---

965 Zu diesem Merkmal: vgl. *Meyer-Ladewig*, Sozialgerichtsgesetz, § 75 Rdnr. 10.

966 *Düring*, Das Schiedswesen in der gesetzlichen Krankenversicherung, S. 145, sieht eine Verpflichtung des Vorsitzenden eines Schiedsamtes zur Abstimmung mit dem Kollegium, wenn im Vergleichswege eine abweichende Sachentscheidung getroffen wird.

3. Teil: Die Schiedsstelle nach § 18 a Abs. 6 KHG

1. Abschnitt: Tätigwerden der Schiedsstelle

A. Bildung und Zusammensetzung

Durch das 2. GKV-Neuordnungsgesetz vom 23. Juni 1997[967] wurde in § 18 a Abs. 6 KHG eine neue Konfliktlösungsstelle vorgesehen. Den Spitzenverbänden der Krankenkassen und der Deutschen Krankenhausgesellschaft wurde aufgegeben, eine Schiedsstelle (Bundesschiedsstelle) zu bilden. Sie besteht gemäß § 18 a Abs. 6 Satz 2 KHG aus Vertretern der Spitzenverbände der Krankenkassen und der Deutschen Krankenhausgesellschaft in gleicher Zahl sowie einem unparteiischen Vorsitzenden und zwei weiteren unparteiischen Mitgliedern. Diese Bundesverbände vereinbaren nach § 18 a Abs. 6 Satz 8 KHG das Nähere über die Zahl, die Bestellung, die Amtsdauer, die Amtsführung, die Erstattung der baren Auslagen und die Entschädigung für den Zeitaufwand der Mitglieder der Schiedsstelle sowie die Geschäftsführung, das Verfahren, die Höhe und die Erhebung der Gebühren und die Verteilung der Kosten. Von dieser breit angelegten Regelungskompetenz haben die Verbände durch die „Vereinbarung über die Bildung einer Schiedsstelle nach § 18 a Abs. 6 KHG"[968] vom 27. August 1997 Gebrauch gemacht. Nur durch den Abschluss der Vereinbarung bis zum 31. August 1997 konnte sichergestellt werden, dass ihr Inhalt nicht im Wege der Ersatzvornahme nach § 18 a Abs. 6 Satz 9 KHG durch das Bundesministerium für Gesundheit bestimmt wird.

Nach § 2 Abs. 1 der Schiedsstellenvereinbarung besteht die Bundesschiedsstelle neben den unparteiischen Mitgliedern aus je neun Vertretern auf Seiten der Krankenkassen und der Deutschen Krankenhausgesellschaft. Ähnlich

---

967 BGBl. I. S. 1520.
968 Im Folgenden: Schiedsstellenvereinbarung.

wie bei der Besetzung der Schiedsstelle nach § 18 a Abs. 1 KHG wird auch hier ein Vertreter der privaten Krankenversicherung einbezogen. So gehört ein vom Verband der privaten Krankenversicherung bestellter Vertreter der Bundesschiedsstelle an, der auf die Zahl der Vertreter der Krankenkassen angerechnet wird.[969] Der Vorsitzende und die weiteren unparteiischen Mitglieder der Bundesschiedsstelle werden von den beteiligten Organisationen gemeinsam bestellt.[970] Kommt eine Einigung nicht zu Stande, so werden die unparteiischen Mitglieder durch den Präsidenten des Bundessozialgerichts berufen.[971] Die Mitglieder der Krankenhausseite werden von der Deutschen Krankenhausgesellschaft, die Mitglieder der Krankenkassenseite von den jeweiligen Spitzenverbänden der Krankenkassen nach einem in der Schiedsstellenvereinbarung niedergelegten Verteilungsschlüssel benannt.[972] Das Mitglied der Privaten Krankenversicherung wird von dem Verband der Privaten Krankenversicherung bestellt.[973] Nach § 4 Abs. 1 der Schiedsstellenvereinbarung beträgt die regelmäßige Amtsdauer der Schiedsstellenmitglieder zwei Jahre.

Durch § 18 a Abs. 6 Satz 7 KHG i. V. m. § 18 a Abs. 3 KHG wird klargestellt, dass auch die Mitglieder der Bundesschiedsstelle ihr Amt als Ehrenamt führen und in dessen Ausübung an Weisungen nicht gebunden sind.

B. Aufgabenzuweisungen

Die der Bundesschiedsstelle zugewiesenen Aufgaben wurden seit ihrer Etablierung mehrfach verändert. Die Regelung des § 18 a Abs. 6 KHG legt die Zuständigkeiten der Schiedsstelle nicht fest, sondern bestimmt lediglich in Satz 1 der Vorschrift, sie entscheide in den ihr nach dem Krankenhausfinanzierungsgesetz und der Bundespflegesatzverordnung zugewiesenen Aufga-

---

969 Vgl. § 18 a Abs. 6 Satz 3 KHG und § 2 Abs. 2 der Schiedsstellenvereinbarung.
970 Vgl. § 18 a Abs. 6 Satz 4 KHG und § 3 Abs. 1 Satz 1 der Schiedsstellenvereinbarung.
971 Vgl. § 18 a Abs. 6 Satz 5 KHG und § 3 Abs. 1 Satz 2 der Schiedsstellenvereinbarung.
972 Vgl. hierzu § 3 Abs. 2 und 3 der Schiedsstellenvereinbarung.
973 Vgl. § 3 Abs. 4 der Schiedsstellenvereinbarung.

ben. Der Gesetzgeber hat die Bundesschiedsstelle im Hinblick auf die der Deutschen Krankenhausgesellschaft und den Spitzenverbänden der Krankenkassen sowie dem Verband der privaten Krankenversicherung übertragenen Aufgaben errichtet. Auf Grund eines erheblichen Kompetenzzuwachses der Vertragsparteien auf Bundesebene sollte eine damit korrespondierende Schiedsstelle etabliert werden.[974] Neben der Regelung über die Schaffung einer Schiedsstelle nach § 18 a Abs. 6 KHG enthielt das 2. GKV-Neuordnungsgesetz vom 23. Juni 1997[975] auch erste Aufgabenzuweisungen. Danach sollte die Bundesschiedsstelle im Falle der Nichteinigung über folgende Gegenstände eine Festsetzung treffen: die Entgeltkataloge nach § 17 Abs. 2a Satz 5 KHG, die Schätzung der Veränderungsrate der beitragspflichtigen Einnahmen der Mitglieder aller Krankenkassen je Mitglied nach § 6 Abs. 1 Satz 3 BPflV a. F. und die abweichenden Vomhundertsätze für Mehrerlöse aus Fallpauschalen und Sonderentgelten nach § 11 Abs. 8 Satz 2 BPflV.

Durch das GKV-Solidaritätsstärkungsgesetz vom 19. Dezember 1998[976] wurden der Schiedsstelle neue Aufgaben zugewiesen. Dem § 15 BPflV wurde ein weiterer Absatz angefügt; nach diesem § 15 Abs. 4 BPflV a. F. hatte die Bundesschiedsstelle im Falle der Nichteinigung auch die Berichtigungsrate nach § 6 Abs. 3 Satz 3 BPflV a. F. festzusetzen. Mit ihr sollten die die Veränderungsrate nach § 6 Abs. 1 BPflV a. F. übersteigenden durchschnittlichen Auswirkungen der von den Tarifvertragsparteien vereinbarten linearen Erhöhung des Vergütungstarifvertrages nach dem BAT und einer vereinbarten Einmalzahlung ausgeglichen werden. Weiter sollte nun die Bundesschiedsstelle im Falle der Nichteinigung auch den einheitlichen Aufbau bestimmter Datensätze und die Grundsätze für deren Übermittlung festsetzen.[977]

---

974 Vgl. Wagener, das Krankenhaus 1997, 666.

975 BGBl. I. S. 1520.

976 BGBl. I. S. 3853.

977 Nach § 15 Abs. 4 Satz 1 i. V. m. Abs. 2 BPflV betrifft dies die Diagnose- und Operationsstatistik nach § 17 Abs. 4 Satz 5 BPflV und die weiteren Teile der Leistungs- und Kalkulationsaufstellung.

Das GKV-Gesundheitsreformgesetz 2000 vom 22. Dezember 1999[978] hat
den Bundesverbänden die Kompetenz zur Vereinbarung einer Veränderungsrate entzogen. Damit korrespondierend ist die entsprechende Festset-
zungszuständigkeit der Bundesschiedsstelle entfallen. Dagegen hat die
Schiedsstelle, soweit eine Einigung auf Bundesebene nicht zu Stande
kommt, weiterhin die Aufgabe, die Entgeltkataloge, die Berichtigungsrate und
den Aufbau und Übermittlung bestimmter Datensätze festzusetzen. Daneben
sind der Bundesschiedsstelle durch die in § 17 b KHG vorgesehene Einführung eines pauschalierten Entgeltsystems neue Kompetenzen zugewiesen
worden. Die Vertragsparteien auf Bundesebene haben ein Vergütungssystem, das sich an einem international bereits eingesetzten Vergütungssystem
auf der Grundlage der Diagnosis Related Groups (DRG) orientiert, zu
vereinbaren. Soweit nach § 17 b Abs. 4 Satz 1 KHG eine Vereinbarung der
Vertragsparteien bis zum 30. Juni 2000 über die Grundstrukturen des Vergütungssystems und des Bewertungsverfahrens sowie der Zu- und Abschläge nicht zu Stande kommt, bestimmt die Bundesregierung unverzüglich
den Inhalt durch Rechtsverordnung. Nach § 17 b Abs. 4 Satz 2 KHG entscheidet, *„im Übrigen auf Antrag einer Vertragspartei die Schiedsstelle nach
§ 18 a Abs. 6".* Die Unbestimmtheit des § 17 b Abs. 4 KHG kann künftig zu
erheblichen Unsicherheiten über das Vorliegen der Tatbestandsmerkmale für
ein Eingreifen der Bundesregierung führen. Auch die Zuständigkeiten der
Bundesschiedsstelle sind im Bereich der Einführung des neuen Vergütungssystems nur unvollkommen definiert. Schließlich kann die Regelung zu Ab-
grenzungsproblemen über die Kompetenzen der Bundesregierung zur Ersatzvornahme und die der Schiedsstelle zur Festsetzung führen.

Die Schiedsstelle nach § 18 a Abs. 1 KHG darf nach § 18 Abs. 4 Satz 1 KHG
nur auf Antrag einer Vertragspartei tätig werden. Die Vorschrift des § 18 a
Abs. 6 KHG macht die Befassung der Bundesschiedsstelle nicht zwingend
von einem Antrag abhängig. Es ist vielmehr möglich, dass ihr durch das
Krankenhausfinanzierungsgesetz oder die Bundespflegesatzverordnung
Aufgaben zugewiesen werden, bei denen sie von Amts wegen tätig werden

---

978 BGBl. I. S. 2626.

muss. Eine dementsprechende Regelung findet sich in der Geschäftsordnung der Bundesschiedsstelle, die als Anlage 1 zu der Schiedsstellenvereinbarung Bestandteil dieses Vertrages ist. Nach § 1 Abs. 2 der Geschäftsordnung hat der Vorsitzende das Schiedsverfahren unverzüglich einzuleiten, sofern das Gesetz zu einem bestimmten Termin das Tätigwerden der Schiedsstelle von Amts wegen vorsieht.

2. Abschnitt: Rechtsstellung der Schiedsstelle und Rechtsnatur ihrer Beschlüsse

A. Rechtsstellung der Schiedsstelle

Fraglich ist die Rechtsstellung der Schiedsstelle nach § 18 a Abs. 6 KHG; insbesondere ist zweifelhaft, ob sie eine Behörde im Sinne des § 1 Abs. 4 VwVfG ist. Für die Landesschiedsstelle nach § 18 a Abs. 1 KHG wurde dies im Rahmen ihrer Aufgabenzuweisung nach dem Krankenhausfinanzierungs-gesetz und der Bundespflegesatzverordnung abgelehnt, weil ihre Tätigkeit – geradeso wie die Vereinbarungen der Vertragsparteien – keine Außenwir-kung entfaltet.

Bei der Bundesschiedsstelle handelt es sich ebenso wie bei den Landes-schiedsstellen um eine besondere Verwaltungseinrichtung der gemeinsamen Selbstverwaltung der Krankenhäuser und Krankenkassen. Auch sie ist nicht den Gerichten zuzuordnen, sondern wird auf der gleichen Stufe wie die Ver-tragsparteien tätig. Dabei ist sie in ihrem Tätigwerden nicht auf die rechtliche Auslegung von Normen beschränkt, sondern gestaltet Regelungen für die Zukunft. Die Schiedsstellen des Krankenhausfinanzierungsrechts haben keine rechtsprechende, vergangenheitsbezogene, sondern eine rechtsgestal-tende, vorwärtsblickende Funktion. Auch ein historischer Rückblick spricht gegen die Zuordnung der Bundesschiedsstelle zur Rechtsprechung, da sie seit ihrem Bestehen – im Falle der Nichteinigung zwischen den Vertrags-parteien auf Bundesebene – Aufgabenbereiche wahrnimmt, die zuvor dem Verordnungsgeber der Bundespflegesatzverordnung zugeordnet waren.[979]

---

979 So sollen die Vertragsparteien auf Bundesebene die Entgeltkataloge nach § 17 Abs. 2a KHG i. V. m. § 15 Abs. 1 Nr. 1 BPflV und deren Weiterentwicklung vereinbaren. Die Be-stimmung des § 17 Abs. 2a KHG wurde durch das Zweite GKV-Neuordnungsgesetz (2. GKV-NOG) eingeführt und hat damit die Vorgängerregelung in der Fassung des Ge-sundheitsstrukturgesetz (GSG) abgelöst, wonach in der Rechtsverordnung nach § 16 Abs. 1 Nr. 1 KHG die Fallpauschalen und pauschalierte Sonderentgelte mit der Vorgabe bundeseinheitlicher Bewertungsrelationen zu bestimmen waren. Die Vertragsparteien

Weiter spricht auch die Unterstellung der Bundesschiedsstelle unter die Rechtsaufsicht des Bundesministeriums für Gesundheit tendenziell für ihre Zugehörigkeit zur öffentlichen Verwaltung.[980]

Die Bundesschiedsstelle müsste, wollte man sie im Sinne des § 1 Abs. 4 VwVfG als Behörde charakterisieren, Aufgaben der öffentlichen Verwaltung wahrnehmen. Das Tätigwerden der Schiedsstellen nach § 18 a Abs. 1 und Abs. 6 KHG – in einem Bereich des Rechts der gesetzlichen Krankenversicherung und jeweils in der Funktion einer öffentlich-rechtlichen Einrichtung – dient in einem erheblichen Umfang den Gemeinwohlbelangen. Die bedarfsgerechte und leistungsfähige Krankenhauspflege ist ein unverzichtbarer Bestandteil der Gesundheitsversorgung der Allgemeinheit und ist als besonders wichtiges Gemeinschaftsgut anzusehen.[981] Da die Bundesschiedsstelle von anderen Einrichtungen abgrenzbar ist, keinen Teil eines Bundesverbandes oder des Bundes darstellt und zudem vom Wechsel der in ihr tätigen Personen unabhängig ist, besitzt sie eine organisatorische Selbstständigkeit. Der Schiedsstelle sind mit der gesetzlichen oder verordnungsrechtlichen Ausfüllung der Regelung des § 18 a Abs. 6 Satz 1, 2. Halbs. KHG, nach der ihr Aufgaben durch das Krankenhausfinanzierungsgesetz oder die Bundespflegesatzverordnung zugewiesen werden können, Zuständigkeiten zur Festsetzung von Regelungsgegenständen zur eigenverantwortlichen Wahrnehmung übertragen worden. Offen ist damit nur noch das Merkmal der Außenzuständigkeit, das bei der Landesschiedsstelle zur Verneinung der Behördeneigenschaft führen muss.[982] Für eine nach außen wirkende Tätigkeit der Bundes-

---

sollen künftig nach Maßgabe des § 17 b KHG ein pauschaliertes Entgeltsystem vereinbaren.

980 Diese Feststellung kann nur eine begrenzte Aussagekraft beanspruchen, denn das geltende Gesetzesrecht kennt auch die Ausübung der Aufsicht gegenüber privaten Wirtschaftsunternehmen; beispielsweise übt das Bundesaufsichtsamt für das Kreditwesen nach § 6 Abs. 1 KWG die Aufsicht über die Kreditinstitute aus. Vgl. allgemein zur Staatsaufsicht über die Wirtschaftsunternehmen: *Bullinger*, VVDStRL 22 (1965), S. 264 ff.

981 Vgl. BVerfGE 82, 209, 230.

982 Vgl. oben 2.1.C.I.5.a.) cc.) (2.).

schiedsstelle spricht das fehlende Genehmigungserfordernis bezüglich ihrer Festsetzungen. Anders als bei den Landesschiedsstellen ist gegen die Entscheidung der Bundesschiedsstelle nach § 18 a Abs. 6 Satz 11 KHG der Verwaltungsrechtsweg gegeben. Diese Schiedsstellenbeschlüsse wirken nicht lediglich verwaltungsintern, sondern betreffen die Vertragsparteien unmittelbar. Die Bundesschiedsstelle erfüllt daher alle Merkmale des funktionellen Behördenbegriffs nach § 1 Abs. 4 VwVfG.

Im Zusammenhang mit der Organisationsform der Bundesschiedsstelle stellt sich auch die Frage nach ihrer Rechtsfähigkeit. Die Etablierung einer neuen Rechtspersönlichkeit durch einen rechtssetzenden Akt würde mindestens einen eindeutigen Hinweis auf einen diesbezüglichen Willen des Gesetzgebers erfordern.[983] An ihm mangelt es bei der Schaffung der Bundesschiedsstelle ebenso wie bei der der Landesschiedsstellen.[984] Daher fehlt es auch der Schiedsstelle nach § 18 a Abs. 6 KHG an der Rechtsfähigkeit. Dennoch kann die Darstellung über die Rechtsstellung der Schiedsstelle nach § 18 a Abs. 6 KHG nicht auf diese Feststellung beschränkt bleiben. Anders wie die Entscheidungen der Landesschiedsstellen tritt die Festsetzung der Bundesschiedsstelle mit Außenwirkung gegenüber den Vertragsparteien in Erscheinung. Nach dem Scheitern der entsprechenden Vertragsverhandlungen ist die Schiedsstelle ohne Mitwirkung einer anderen Behörde für die abschließende verwaltungsbehördliche Entscheidung über den strittigen Regelungsgegenstand zuständig und gegen ihre Festsetzung wird auch unmittelbar der Rechtsweg eröffnet. Der Bundesschiedsstelle wird man wegen der ihr zustehenden vollumfänglichen Regelungskompetenz in den ihr gesetzlich zugewiesenen Aufgaben eine partielle rechtliche Selbstständigkeit zugestehen müssen. Diese Einschätzung wird gestützt durch eine entsprechende Einordnung der in rechtssystematischer Hinsicht vergleichbar ausgestatteten vertragsärztlichen Schiedsämter.[985] Obwohl die Bundesschiedsstelle eine

---

983 Vgl. *Bachof*, AöR 83 (1958), 208, 252.

984 Vgl. oben 2.3.C.II.3.a.) aa.).

985 Hierzu *Ebsen*, VSSR 1990, S. 57, 65; *Vahldiek*, in: Hauck, Sozialgesetzbuch, 2. Bd., § 89 SGB V Rdnr. 19; *Andreas*, Die Bundesausschüsse der Ärzte und Krankenkassen, S. 42; *Schneider*, Handbuch des Kassenarztrechts, Rdnr. 773.

nicht rechtsfähige Institution darstellt, ist sie doch partiell Zurechnungsobjekt von Rechten und Rechtspflichten; man kann sie als ein Verpflichtungs- und Berechtigungssubjekt mit beschränkter Tragweite einordnen.[986] Dabei steht die Pflichtensubjektivität der Schiedsstelle in ihrer Funktion als Konfliktlösungsorgan der Parteien im Vordergrund; sie wird nicht tätig im eigenen, sondern im Interesse der Verfahrensbeteiligten. Die Schiedsstelle nach § 18 a Abs. 6 KHG ist als teilrechtsfähige Einrichtung zu qualifizieren.

Es kann festgehalten werden, dass die Bundesschiedsstelle nicht nur eine behördliche, sondern auch eine teilrechtsfähige Einrichtung der gemeinsamen Selbstverwaltung von Krankenhäusern und Krankenkassen darstellt.

B. Rechtsnatur der Schiedsstellenbeschlüsse

I. Normativer Befund

Gegen die Entscheidungen der Bundesschiedsstelle ist nach § 18 a Abs. 6 Satz 11 KHG der Verwaltungsrechtsweg eröffnet. In § 18 a Abs. 6 Satz 12 KHG hat der Gesetzgeber weiter bestimmt, dass ein Vorverfahren nicht stattfindet und die Klage keine aufschiebende Wirkung habe. Nach der amtlichen Begründung[987] dient Satz 11 über die Eröffnung des Rechtsweges zu den Verwaltungsgerichten nur der Klarstellung. Weiter wird der Wegfall des Vorverfahrens und der Ausschluss der aufschiebenden Wirkung mit der Beschleunigung des Verfahrens und der Sicherung einer sofortigen Umsetzung der Schiedsstellenentscheidung begründet. Der Gesetzgeber hat durch diese Regelungen zum Ausdruck gebracht, dass der Beschluss der Schiedsstelle nach § 18 a Abs. 6 KHG die Rechtsqualität eines Verwaltungsaktes haben soll. Anders wie gegen die Entscheidungen der Schiedsstelle nach § 18 a Abs. 1 KHG hat er kein Genehmigungserfordernis vorgesehen. Die Vorschrift

---

986 Hierzu allgemein und grundlegend: *Bachof*, AöR 83 (1958), 208, 260.
987 BT-Drucks. 13/6087, S. 32.

des § 18 Abs. 5 Satz 1 KHG bezieht sich nicht auf die Festsetzungen der Bundesschiedsstelle, weil der Gesetzgeber nachweislich von einer sofortigen Wirksamkeit der Schiedsstellenentscheidung ausgegangen ist. Auch die Entstehungsgeschichte der gesetzlichen Regelungen und die systematische Stellung des § 18 Abs. 5 KHG sprechen gegen ein Genehmigungserfordernis für die Entscheidungen der Bundesschiedsstelle. Aus § 18 a Abs. 6 Sätze 11 und 12 KHG ergibt sich vielmehr, dass der Gesetzgeber bei der Schaffung der Bundesschiedsstelle eine von den Landesschiedsstellen abweichende Konzeption verfolgt hat. Die Schiedsstellenbeschlüsse sollen ähnlich den Entscheidungen der vertragsärztlichen Schiedsämter ohne Beteiligung eines Dritten unmittelbar verbindlich sein.

II. Merkmale des Verwaltungsaktes

Die Entscheidungen der Schiedsstelle nach § 18 a Abs. 6 KHG wären dann Verwaltungsakte nach § 35 Satz 1 VwVfG, wenn es sich bei ihnen um hoheitliche Maßnahmen handeln würde, die eine Behörde zur Regelung eines Einzelfalles auf dem Gebiet des öffentlichen Rechts trifft und die auf unmittelbare Rechtswirkung nach außen gerichtet sind. Die Bundesschiedsstelle trifft als Behörde im Sinne des § 1 Abs. 4 VwVfG[988] unmittelbar verbindliche Festsetzungen für die Vertragsparteien. Aus dem fehlenden Genehmigungserfordernis ergibt sich, dass den Schiedsstellenentscheidungen unmittelbare Außenwirkung zukommt. Obwohl die Bundesschiedsstelle jedenfalls teilweise Regelungskompetenzen wahrnimmt, die vor ihrem Bestehen dem Aufgabenbereich der Exekutive – durch Ermächtigungen zum Erlass von Rechtsverordnungen[989] – zugeordnet waren, handelt sie nicht im Bereich der Rechtssetzung, sondern jeweils durch Regelung eines Einzelfalles. Die Festsetzungen betreffen einen konkreten Sachverhalt und einen individuell bestimmten Personenkreis. Antragsbefugt gegenüber der Schiedsstelle sind

---

988 Zur Behördeneigenschaft: vgl. oben 3.2.A.
989 Vgl. § 17 Abs. 2a Satz 1 KHG i. d. F. des Gesundheitsstrukturgesetzes (GSG) vom 21.12.1992, BGBl. I. S. 2266, 2310.

nur die Vertragsparteien auf Bundesebene;[990] sie sind alleinige Adressaten der Entscheidung.[991]

Ordnet man die Bundesschiedsstelle als Vertragshilfeorgan ein, so liegt es nahe, der Festsetzung die Verwaltungsaktqualität abzusprechen, weil durch die Schiedsstellenentscheidung die vertragliche Einigung zu Stande gekommen wäre.[992] Nach dieser Ansicht würde sich der Rechtscharakter der Einigung durch den Beschluss der Bundesschiedsstelle nicht ändern.[993] Angesprochen wird hier das Merkmal „hoheitlich" im Rahmen der Prüfung des Verwaltungsakts nach § 35 Satz 1 VwVfG. Durch dieses Merkmal wird die Einseitigkeit der Bestimmung durch die Behörde als Gegenstück zur vertraglichen Regelung betont.[994] Unbeschadet einer funktionalen Affinität der Schiedsstellen zum Vertragshilfeorgan nach § 317 Abs. 1 BGB kann der Entscheidung der Bundesschiedsstelle genauso wie jener der Landesschiedsstellen nicht der Rechtscharakter einer Einigung unter den Vertragsparteien zugestanden werden. In der Festsetzung der Bundesschiedsstelle könnte nur dann eine Einigung auf vertraglicher Ebene gesehen werden, wenn von einer freiwilligen Unterwerfung unter ein vertragliches Schlichtungsverfahren ausgegangen werden könnte. Dagegen sind die Schiedsstellen des § 18 a KHG den Beteiligten vom Gesetzgeber vorgegeben worden, so dass keine vertragliche Schlichtung vorliegt.[995] Bei der Schiedsstellenentscheidung handelt es sich um einen einseitigen Rechtsakt, namentlich um eine hoheitliche Maßnahme nach § 35 Satz 1 VwVfG.

---

990 Vgl. § 15 Abs. 4 BPflV.

991 Die gleiche Abgrenzungsproblematik bei dem Merkmal „Einzelfall" stellt sich auch bei der Tätigkeit der Schiedsstelle nach § 18 a Abs. 1 KHG auf Landesebene: vgl. hierzu oben 2.1.C.II.4.a.).

992 So *Heinze*, SGb 1997, 397, 402.

993 Vgl. *Heinze*, SGb 1997, 397, 402.

994 Vgl. *P. Stelkens/U. Stelkens*, in: Stelkens/Bonk/Sachs, Verwaltungsverfahrensgesetz, § 35 Rdnr. 68.

995 Hierzu auch schon oben 2.1.B.III. und 2.1.C.I.5.b.).

Wesentlich für die Annahme eines Verwaltungsaktes ist, dass gegen die Entscheidung der Schiedsstelle unmittelbar der Rechtsweg eröffnet wird, weiter der Gesetzgeber angeordnet hat, ein Vorverfahren finde nicht statt und die Klage habe keine aufschiebende Wirkung. Der Regelung über den Ausschluss des Vorverfahrens nach § 68 Abs. 1 Satz 2 VwGO hätte es nicht bedurft, wenn der Schiedsspruch kein Verwaltungsakt wäre; denn nur Verwaltungsakte unterliegen überhaupt der Nachprüfung im Widerspruchsverfahren.[996] Weiter deutet die gesetzliche Bestimmung über den Wegfall der aufschiebenden Wirkung nach § 80 Abs. 2 Nr. 3 VwGO auf das Vorliegen eines Verwaltungsaktes hin, da gemäß § 80 Abs. 1 VwGO nur dem Widerspruch und der Anfechtungsklage gegen einen Verwaltungsakt eine aufschiebende Wirkung zukommt. Auch die Spitzenverbände der Krankenkassen und die Deutsche Krankenhausgesellschaft dürften bei der Bildung der Schiedsstelle von dem Rechtscharakter eines Verwaltungsaktes ausgegangen sein, denn nach § 6 Abs. 1 der „Geschäftsordnung für die Schiedsstelle nach § 18 a Abs. 6 KHG"[997] ist die Entscheidung der Bundesschiedsstelle mit einer Rechtsmittelbelehrung zu versehen. Dadurch soll die Klagefrist für die Anfechtungsklage nach § 58 Abs. 1 i. V. m. § 74 Abs. 1 Satz 2 VwGO in Gang gesetzt werden. Wenngleich die Bundesverbände den Rechtscharakter der Schiedsstellenentscheidung nicht beeinflussen können und ihre Ausführungen somit, soweit sie rechtsfehlerhaft wären, in rechtlicher Hinsicht als unbeachtliche Meinungsäußerung einzuschätzen sind, so spricht doch auch dieser Gesichtspunkt für die Qualifizierung des Schiedsspruchs als Verwaltungsakt.

Im Ergebnis stellen die Entscheidungen der Schiedsstelle nach § 18 a Abs. 6 KHG daher Verwaltungsakte im Sinne des § 35 Satz 1 VwVfG dar.

---

996 Zu den entsprechenden Ausführungen des Bundessozialgerichts bei der Begründung des Vorliegens eines Verwaltungsaktes bei der Entscheidung des Schiedsamtes: vgl. BSGE 20, 73, 75.

997 Anlage 1 zur Vereinbarung über die Bildung einer Schiedsstelle nach § 18 a Abs. 6 KHG vom 27. August 1997.

3. Abschnitt: Aufsicht

A. Lückenhafte Regelung

Nach § 18 a Abs. 6 Satz 10 KHG führt das Bundesministerium für Gesundheit die Rechtsaufsicht über die Schiedsstelle. Allerdings lässt die Bestimmung – ähnlich der Regelung über die Anordnung der Rechtsaufsicht über die Landesschiedsstellen in § 18 Abs. 5 KHG[998] – zahlreiche Fragen offen. Zweifelhaft ist, ob die Ausübung der Aufsicht nur über die Geschäftsführung der Schiedsstelle oder auch über deren Festsetzungen zulässig ist. Welche Aufsichtsmittel in Betracht kommen, bleibt ebenfalls offen. Bei Betrachtung des gesetzlichen Befundes bleibt auch unklar, über die Einhaltung welcher Normen die Aufsichtsbehörde überhaupt wachen soll. Wo aber Maßstäbe des Rechts fehlen, mangelt es der Rechtsaufsicht an dem Kontrollmaßstab.[999] Der Gesetz- und Verordnungsgeber hat bei der Bundesschiedsstelle auf anzuwendende Regelungen über das Schiedsstellenverfahren und auf eine Aussage über die Art und Reichweite ihrer rechtlichen Bindung völlig verzichtet. Wenngleich er sich auch für die Schiedsstellen nach § 18 a Abs. 1 KHG mit Regelungen zurückgehalten hat, so existiert für die Schiedsstelle nach § 18 a Abs. 6 KHG noch nicht einmal eine Bestimmung, die dem Regelungsgehalt des § 19 BPflV entsprechen könnte.

---

998 Hierzu oben 2.2.B.
999 *Schmidt-Aßmann*, in: Schmidt-Aßmann (Hrsg.), Besonderes Verwaltungsrecht, 1. Abschn., Rdnr. 41.

B. Gesetzesinterpretation

I. Rechtliche Vorgaben für das Handeln der Schiedsstelle

Teilweise erklärt sich die gesetzgeberische Zurückhaltung bei der Normierung von Vorgaben, die das Handeln der Bundesschiedsstelle betreffen, aus der den Bundesverbänden zugestandenen Befugnis zur Regelung durch Schiedsstellenvereinbarung nach § 18 a Abs. 6 Satz 8 KHG. Da aber die Rechtsaufsicht nicht dazu dienen kann, über die Einhaltung der zwischen den Verbänden selbst getroffenen Vereinbarung zu wachen, kann ein rechtsaufsichtliches Einschreiten nur insoweit in Betracht kommen, als bestehende gesetzliche oder verordnungsrechtliche Vorgaben von der Schiedsstelle verletzt werden. Ohne dass damit schon eine Aussage über die Zulässigkeit eines aufsichtsrechtlichen Einschreitens verbunden wäre, können einige Anforderungen an die Tätigkeit der Bundesschiedsstelle den pflegesatzrechtlichen Vorschriften mittelbar entnommen oder aus der Funktion des Schiedswesens hergeleitet werden. Zwar enthält weder das Krankenhausfinanzierungsgesetz noch die Bundespflegesatzverordnung eine Regelung die der des § 19 Abs. 1 Satz 2 BPflV entspricht, wonach die Bundesschiedsstelle an die für die Vertragsparteien geltenden Rechtsvorschriften gebunden wäre. Dennoch wird man aus der Funktion der Schiedsstellen und Schiedsämter in der gesetzlichen Krankenversicherung schließen können, dass diese verordnungsrechtliche Vorgabe im Allgemeinen Geltung beanspruchen kann, weil die Schiedseinrichtungen bei ihrer Inanspruchnahme stets an die Stelle der Parteien treten und den ihnen vorgegebenen materiellrechtlichen Rechtsrahmen nicht verlassen dürfen. Obwohl es an einer pflegesatzrechtlichen Vorschrift fehlt, die die Schiedsstelle nach § 18 a Abs. 6 KHG im Falle ihrer Anrufung zu einer unverzüglichen Festsetzung verpflichtet, unterliegt auch sie in ihren Entscheidungen dem pflegesatzrechtlichen Beschleunigungsgebot.[1000] Wenn man sich die der Bundesschiedsstelle anvertrauten

---

[1000] Die Regelungen des § 18 Abs. 4 Satz 1 KHG („*setzt die Schiedsstelle ... unverzüglich fest.*") und die Sechs-Wochenfrist des § 19 Abs. 2 BPflV betreffen nur die Schiedsstelle

komplexen Aufgabenbereiche und die fundamentale Bedeutung ihrer Entscheidungen für das Pflegesatzrecht vergegenwärtigt, so erscheinen weitere gesetzliche oder verordnungsrechtliche Vorgaben für ihr Handeln wünschenswert. [1001]

II. Rechtsaufsichtliches Einschreiten

Mit einer Bestandsaufnahme über die für die Bundesschiedsstelle relevanten gesetzlichen Regelungen ist noch keine Aussage über die Zulässigkeit eines aufsichtsrechtlichen Einschreitens verbunden. In Anlehnung an die zur Rechtsaufsicht über die Schiedsstelle nach § 18 a Abs. 1 KHG getroffenen Feststellungen[1002] ist der inhaltliche Gehalt des § 18 a Abs. 6 Satz 10 KHG zu ermitteln. Die Aufsichtsbefugnisse betreffen auch bei der Bundesschiedsstelle nur ein Prüfungsrecht im organisationsrechtlichen und verfahrensrechtlichen Bereich. Eine Rechtskontrolle des Inhalts der Schiedsstellenentscheidung wird von der Anordnung nicht mit umfasst. Dies muss schon deshalb gelten, weil auch die vertragliche Vereinbarung, an deren Stelle die Schiedsstellenfestsetzung tritt, nicht einer aufsichtsrechtlichen Kontrolle unterliegt. Weiter spricht auch ein Umkehrschluss aus § 89 Abs. 4 Sätze 4 und 5 SGB V gegen ein weitergehendes Recht der Aufsichtsbehörde, denn diese Regelungen normieren ausdrücklich eine Vorlagepflicht des Schiedsspruchs und ein Beanstandungsrecht im Bereich der vertragsärztlichen Schiedsämter. Hätte der Gesetzgeber ähnlich weitreichende Eingriffsbefugnisse der Aufsichtsbehörde gegenüber der Bundesschiedsstelle vorsehen wollen, so hätte er dies zum Ausdruck bringen müssen. Aus der Nichtregelung des Lebenssachverhalts kann geschlossen werden, dass die Gesetzgebung bewusst

---

nach § 18 a Abs. 1 KHG. Lediglich die „Geschäftsordnung für die Schiedsstelle nach § 18 a Abs. 6 KHG" vom 27. August 1997 sieht in § 3 Abs. 1 ausdrücklich vor, dass die Bundesschiedsstelle unverzüglich zu entscheiden hat.

1001 Vgl. hierzu *Heinze*, f & w 1997, 8, 10, er hat eindringlich darauf hingewiesen, dass es der Gesetzgeber unterlassen hat, der Bundesschiedsstelle hinreichende Rechtsgrundlagen zur Verfügung zu stellen.

1002 Vgl. hierzu oben 2.2.B.II.2.

dazu schweigt, weil sie ihn nicht geregelt sehen will.[1003] Gerade im Vertragsarztrecht wird deutlich, dass der rechtliche Rahmen für das aufsichtsrechtliche Einschreiten bei Vergütungsvereinbarungen und Vergütungsfestsetzun-
gen deckungsgleich ist.[1004] Ebenso wie im Falle der Vereinbarung eines Ver-
gütungsvertrages sind auch die von den Schiedsämtern festgesetzten Ver-
gütungsinhalte nach § 89 Abs. 5 Sätze 4 und 5 SGB V der zuständigen Aufsichtsbehörde vorzulegen, die die Entscheidungen *„bei einem Rechtsver-
stoß"* innerhalb von zwei Monaten nach Eingang der Vorlage beanstanden
können.[1005] Für die Beschränkung der Aufsicht auf den Bereich der Geschäftsführung sprechen auch die entsprechenden Feststellungen zu den
anderen Schiedsstellen im Krankenhausbereich nach § 18 a Abs. 1 KHG und
§ 114 SGB V.

Die einzelnen Aufsichtsmittel, die dem Bundesministerium für Gesundheit
zustehen sollen, werden im Gesetz nicht aufgeführt. Sie sind ebenso wie bei
der Landesschiedsstelle nach § 18 a Abs. 1 KHG durch eine restriktive Auswahl zu bestimmen; dabei ist der Grundsatz zu berücksichtigen, dass dem
Gesetzgeber aufgegeben ist, die der aufsichtsführenden Behörde überlasse-
nen Aufsichtsmittel ausdrücklich festzulegen. Es ist keine Angelegenheit po-
sitivistischen Beharrens auf gesetzlichen Spezialtiteln, sondern eine Frage
von institutionsgerechter Auslegung von Selbstverwaltungsgesetzen, wenn
grundsätzlich verlangt werden muss, dass der Gesetzgeber selbst die Aufsichtsmittel vorzugeben hat.[1006] Entsprechend den oben dargestellten Ausführungen zur Schiedsstelle nach § 18 a Abs. 1 KHG[1007] wird man hier, wo
der Gesetzgeber die einzelnen in Betracht kommenden Aufsichtsmittel nicht
erwähnt hat, jene ausschließen müssen, denen eine höhere Eingriffsintensität zukommt. Demnach sind auch bei der Anordnung der Rechtsaufsicht über

---

1003 Vgl. *Rüthers*, Rechtstheorie, Rdnr. 899, zu dem Instrument des „argumentum e contra-
     rio" zur Lückenfüllung in Gesetzen.
1004 Vgl. § 71 Abs. 4 SGB V und § 89 Abs. 5 Sätze 4 und 5 SGB V.
1005 *Schneider*, Handbuch des Kassenarztrechts, Rdnr. 764.
1006 Vgl. *Salzwedel*, VVDStRL 22 (1965), S. 206, 254 f.
1007 Vgl. hierzu oben 2.2.B.II.2.

die Bundesschiedsstelle die Eingriffsbefugnisse der Aufsichtsbehörden auf das Informations-, Beanstandungs- und Anordnungsrecht begrenzt.

Im Ergebnis kann das Bundesministerium für Gesundheit, begrenzt auf den Bereich der Geschäftsführung der Schiedsstelle nach § 18 a Abs. 6 KHG, Informationen einholen, Beanstandungen aussprechen und als ultima ratio die Schiedsstelle zu einem bestimmten Handeln innerhalb einer angemessenen Frist verpflichten.

4. Abschnitt: Gerichtlicher Rechtsschutz

A. Rechtsweg, Rechtsbehelf und zuständiges Gericht

I. Rechtsweg und Rechtsbehelf

Nach § 18 a Abs. 6 Satz 11 KHG ist gegen die Entscheidung der Bundes-schiedsstelle der Verwaltungsrechtsweg eröffnet. Zutreffend weist die amtli-che Gesetzesbegründung[1008] darauf hin, dass diese Regelung nur klarstel-lender Natur ist. Die Zulässigkeit des Rechtsweges zu den Verwaltungsge-richten ließe sich ohne weiteres aus § 40 VwGO herleiten, denn es gibt keine *„abdrängende Sonderzuweisung"*[1009] zu den Sozialgerichten.[1010] Ein Vorver-fahren findet gemäß § 18 a Abs. 6 Satz 12, 1. Halbs. KHG nicht statt. Die Betroffenen können damit unmittelbar eine verwaltungsgerichtliche Klage gegen den Schiedsspruch anstrengen.

II. Zuständiges Gericht

Das Verwaltungsgericht entscheidet nach § 45 VwGO im ersten Rechtszug grundsätzlich über alle Streitigkeiten, für die der Verwaltungsrechtsweg offen steht. Auch für eine Klage gegen die Entscheidung der Bundesschiedsstelle ist das Verwaltungsgericht sachlich zuständig. Da die Schiedsstelle keine Bundesbehörde oder eine bundesunmittelbare Körperschaft, Anstalt oder Stiftung des öffentlichen Rechts ist, vielmehr eine Einrichtung der gemein-samen Selbstverwaltung von Krankenhäusern und Krankenkassen darstellt, ergibt sich die örtliche Zuständigkeit für die Erhebung einer Anfechtungs-

---

1008 BT-Drucks. 13/6087, S. 32.

1009 *Rennert*, in: Eyermann, Verwaltungsgerichtsordnung, § 40 Rdnr. 99.

1010 Ebenso bei der Rechtswegeröffnung zu den Verwaltungsgerichten bei Klagen gegen die Genehmigung der Landesbehörde nach § 18 Abs. 5 Satz 2 KHG: vgl. oben 2.3.A.I.

klage nicht aus § 52 Nr. 2 VwGO, sondern aus § 52 Nr. 3 VwGO. Damit ist das Verwaltungsgericht örtlich zuständig, in dessen Bezirk der Verwaltungsakt erlassen wurde. Angesprochen ist der Sitz der Schiedsstelle, der dem jeweiligen Ort ihrer Geschäftsstelle entspricht.[1011] Die Geschäftsstelle der Bundesschiedsstelle wird im dreijährigen Wechsel bei der Deutschen Krankenhausgesellschaft und einem der Spitzenverbände der Krankenkassen geführt.[1012] Bis zum 31. Dezember 2000 hat sie ihren Sitz bei der Deutschen Krankenhausgesellschaft. Örtlich zuständiges Gericht ist derzeit demnach das Verwaltungsgericht Düsseldorf. Entsprechendes gilt nach § 52 Nr. 3 Satz 5 VwGO für die Verpflichtungsklage und gemäß § 52 Nr. 5 VwGO für alle sonstigen Klagen gegen die Bundesschiedsstelle.

B. Klagearten

I. Verpflichtungsklage

Ebenso wie bei einer Verpflichtungsklage gegen die Schiedsstelle nach § 18 a Abs. 1 KHG im Rahmen ihrer Tätigkeit nach § 115 a Abs. 3 Satz 5 SGB V und § 120 Abs. 4 SGB V[1013] ist auch hier zu beachten, dass eine Verpflichtungsklage auf Verurteilung zum Erlass einer bestimmten Festsetzung nicht zulässig ist. Hierzu fehlt es an der erforderlichen Spruchreife nach § 113 Abs. 5 Satz 1 VwGO. Da die Schiedsstelle durch den Schiedsspruch das regeln kann, was auch die Vertragsparteien in freier Vereinbarung regeln könnten, kommt ihr bei der Festsetzung die gleiche Gestaltungsfreiheit zu, wie sie für die Parteien bei der gütlichen Einigung besteht.[1014] Weil demzufolge auch der Bundesschiedsstelle eine Beurteilungsermächtigung eingeräumt ist,[1015]

1011 Vgl. § 8 Abs. 1 Satz 3 der Schiedsstellenvereinbarung vom 27. August 1997.
1012 Vgl. § 8 Abs. 1 Satz 1 der Schiedsstellenvereinbarung vom 27. August 1997.
1013 Vgl. oben 2.4.B.I.
1014 So BSGE 20, 73, 76 entsprechend für das kassenärztliche Schiedsamt.
1015 Näher dazu unten 3.4.E.

bleibt es dem Verwaltungsgericht verwehrt, abschließend über den vom Kläger geltend gemachten Anspruch zu entscheiden. Der Kläger hat sich auf einen Antrag auf Bescheidung nach § 113 Abs. 5 Satz 2 VwGO zu beschränken.[1016] Das Urteil hebt den bisherigen Schiedsspruch auf und verpflichtet die Bundesschiedsstelle, über den Festsetzungsantrag des Klägers unter Beachtung der Rechtsauffassung des Gerichts erneut zu entscheiden. Hat der Kläger auch die Verpflichtung nach § 113 Abs. 5 Satz 1 VwGO begehrt, wird die Klage insoweit („im übrigen") abgewiesen, denn der Verpflichtungsantrag enthält den Bescheidungsantrag „als minus".[1017] Durch diese gerichtliche Entscheidung wird der eigenverantwortliche Gestaltungsspielraum der Schiedseinrichtung gewahrt. Die Verpflichtungsklage ist nach § 74 Abs. 2 i. V. m. Abs. 1 VwGO innerhalb eines Monats nachdem der Schiedsspruch bekannt gegeben wurde – und damit gleichzeitig der vom Kläger begehrte Verwaltungsakt abgelehnt wurde – zu erheben.

Ein weiterer Anwendungsfall kann sich für die Verpflichtungsklage dann ergeben, wenn die Bundesschiedsstelle eine Sachentscheidung abgelehnt hat, weil sie den zwischen den Parteien umstrittenen Regelungsgegenstand für nicht „schiedsstellenfähig" hält.[1018] In diesem Fall wäre der begehrte Verwaltungsakt schon deshalb versagt worden, weil die Zulässigkeitsvoraussetzungen für eine Festsetzung durch die Schiedsstelle als nicht erfüllt angesehen wurden. Der Antragsteller kann hier eine Verpflichtungsklage erheben, mit der er begehrt, die Bundesschiedsstelle zu verpflichten, über die beantragten, zwischen den Parteien im Streit befindlichen Gegenstände eine Festsetzung zu treffen. Dieser Rechtsbehelf wird Erfolg haben, wenn der Festset-

---

1016 So auch BSG, USK, 9782, S. 457, 459; *Düring*, Das Schiedswesen in der gesetzlichen Krankenversicherung, S. 143; jeweils für das vertragsärztliche Schiedsamt.

1017 *Gerhardt*, in: Schoch/Schmidt-Aßmann/Pietzner, Verwaltungsgerichtsordnung, § 113 Rdnr. 75.

1018 Ein vergleichbarer Sachverhalt lag der Entscheidung in BSGE 37, 74 zu Grunde. Dort hat es ein kassenzahnärztliches Landesschiedsamt abgelehnt, die Vergütung für „herausnehmbaren Zahnersatz" zu regeln, weil die Prothetik nicht zur kassenzahnärztlichen Versorgung gehöre und daher nicht „schiedsamtsfähig" sei.

zungsantrag zulässig ist, namentlich der Streitgegenstand „schiedsstellenfähig" ist.

II. Anfechtungsklage

Gegen die Festsetzung durch die Bundesschiedsstelle ist auch die Anfechtungsklage nach § 42 Abs. 1, 1. Alt. VwGO statthaft. Wie bei der Entscheidung durch das vertragsärztliche Schiedsamt kann der Schiedsspruch, der einen Verwaltungsakt darstellt, durch die Anfechtungsklage beseitigt werden.[1019] Die Klage ist auch nicht als so genannte isolierte Anfechtungsklage unzulässig.[1020] Mit dem Ausdruck „isolierte Anfechtungsklage" verbinden sich nicht immer dieselben Vorstellungen. Richtigerweise versteht man darunter eine Anfechtungsklage, mit der der Kläger die Aufhebung eines Verwaltungsaktes begehrt, der die Gewährung einer von ihm beantragten Leistung versagt hat.[1021] Allerdings liegt im vorliegenden Sachverhalt, bei dem der Anfechtungskläger zwar ebenfalls nicht den seinerseits bei der Bundesschiedsstelle beantragten Verwaltungsakt erhalten hat, aber eine andere – jedoch für ihn unzureichend günstige – Festsetzung erfolgt ist, eine andere Ausgangssituation vor als bei der „isolierten Anfechtungsklage". Der Schiedsstellenbeschluss erschöpft sich nicht in einer ablehnenden Entscheidung, sondern trifft selbst eine inhaltliche Regelung. Die Anfechtung der Schiedsstellenfestsetzung, die aus Sicht des Klägers eine unzureichende inhaltliche Begünstigung enthält oder die Erhebung der Verpflichtungsklage auf Neubescheidung bilden hier echte Alternativen.[1022] Im Übrigen ist der Kläger bei der Erhebung der Verpflichtungsklage ohnehin auf einen Bescheidungsantrag beschränkt,

---

1019 Zur Statthaftigkeit der Anfechtungsklage gegen die Entscheidung des Schiedsamts: vgl. BSGE 20, 73, 75.

1020 Zum Meinungsstand über die Rechtsfolgen der Erhebung einer „isolierten Anfechtungsklage": vgl. *Pietzcker*, in: Schoch/Schmidt-Aßmann/Pietzner, Verwaltungsgerichtsordnung, § 42 Abs. 1 Rdnr. 108.

1021 Vgl. *Laubinger*, in: Festschrift Menger, S. 443, 445.

1022 Vgl. zur Anfechtung des „nicht hinreichend günstigen Verwaltungsaktes": *Pietzcker*, in: Schoch/Schmidt-Aßmann/Pietzner, Verwaltungsgerichtsordnung, § 42 Abs. 1 Rdnr. 107.

so dass der prozessökonomische Vorteil dieser Klage gegenüber der Anfechtungsklage in den Hintergrund tritt. Der Rechtsbehelf ist nach § 74 Abs. 1 Satz 2 VwGO innerhalb eines Monats nach Bekanntgabe des Verwaltungsaktes zu erheben.[1023]

Dagegen ist eine Anfechtbarkeit dann grundsätzlich abzulehnen, wenn die Schiedsstellenentscheidung lediglich eine behördliche Verfahrenshandlung betrifft. In diesen Fällen ist nach § 44 a VwGO ein Rechtsbehelf nur gleichzeitig mit der Klage gegen die Sachentscheidung zulässig. „Gleichzeitig" im Sinne der Vorschrift bedeutet allerdings nicht, dass der Kläger zwei getrennte Klagen bei Gericht zur gleichen Zeit einlegen müsste. Gemeint ist, dass die Behauptung, durch die Verfahrenshandlung in einem eigenen Recht verletzt zu sein, im Rahmen der gerichtlichen Überprüfung der Sachentscheidung erhoben werden muss und eine vorherige Überprüfung ausgeschlossen ist.[1024] Eine Verfahrenshandlung ist jede behördliche Maßnahme, die Teil eines konkreten Verwaltungsverfahrens ist, ohne selbst dessen Sachentscheidung zu sein; sie hat vielmehr lediglich vorbereitenden Charakter.[1025] Kein unmittelbarer gerichtlicher Rechtsschutz besteht damit beispielsweise gegen vorbereitende Maßnahmen des Schiedsstellenvorsitzenden, Entscheidungen über die Hinzuziehung von Zeugen und Sachverständigen oder von Dritten, deren rechtliche Interessen berührt sein können.[1026]

Wird die Bundesschiedsstelle nach Aufhebung des Schiedsspruchs von einer Vertragspartei nochmals angerufen, so ist sie an die gerichtliche Entscheidung gebunden. Sie unterliegt als Beteiligte[1027] des verwaltungsgerichtlichen Verfahrens der Rechtskraft des Urteils nach § 121 Nr. 1 VwGO.

1023 Unterlässt die Schiedsstelle die in § 6 Abs. 1 der Geschäftsordnung vom 27. August 1997 vorgesehene Rechtsbehelfsbelehrung, so verlängert sich die Frist nach § 58 Abs. 2 VwGO auf ein Jahr.

1024 *Geiger*, in: Eyermann, Verwaltungsgerichtsordnung, § 44 a Rdnr. 11.

1025 Näher zu dem Regelungsbereich des § 44 a VwGO: vgl. oben 2.3.B.II.1.

1026 Vgl. zum Rechtsschutz gegen die Entscheidung des Vorsitzenden eines Schiedsamts, zu den künftigen Verhandlungsterminen einen Dritten zu laden, dessen rechtliche Interessen berührt sein können: BSGE 56, 215, 219 f.

1027 Hierzu näher unten 3.4.C.

III. Nichtigkeitsfeststellungsklage

Hält der Betroffene den Schiedsspruch nach § 44 VwVfG für nichtig, so steht es ihm offen, anstatt einer Anfechtungsklage die Nichtigkeitsfeststellungsklage nach § 43 Abs. 1, 2. Alt. VwGO zu erheben.[1028] Bei dieser Klage ist das in § 43 Abs. 1 VwGO geforderte berechtigte Interesse durch den Streit um die Nichtigkeit des Verwaltungsaktes indiziert.[1029]

IV. Untätigkeitsklage

Hat die Bundesschiedsstelle über einen Festsetzungsantrag nicht in angemessener Frist entschieden, so kann der Antragsteller eine Untätigkeitsklage nach § 75 VwGO erheben. Die Klage kann grundsätzlich nicht vor Ablauf einer Sperrfrist von drei Monaten seit dem Antrag auf Vornahme des Verwaltungsakts erhoben werden. Nur ausnahmsweise braucht diese Frist nicht abgewartet zu werden, wenn eine kürzere Frist wegen besonderer Umstände des Falles geboten ist. Maßgeblich ist hier das Interesse des Klägers – unter besonderer Berücksichtigung der von ihm wahrzunehmenden Interessen seiner Mitglieder – an einer zügigen Entscheidung der Bundesschiedsstelle im Einzelfall. Für die zusätzliche Sachurteilsvoraussetzung, dass eine Entscheidung ohne zureichenden Grund in angemessener Frist unterblieben ist, hat eine Abwägung zwischen den Interessen der Beteiligten stattzufinden.[1030] Obsiegt der Kläger in dem gerichtlichen Verfahren, so wird die Bundesschiedsstelle nicht zum Erlass eines bestimmten Verwaltungsaktes verpflichtet, sondern nur dazu, über den Antrag des Klägers unter Beachtung der Rechtsauffassung des Gerichts zu entscheiden.

1028 Teilweise wird allerdings die Auffassung vertreten, dass das Gericht, wenn es zu der Einschätzung gelangt, der Verwaltungsakt sei nichtig auf die Anfechtungsklage hin nur ein Feststellungsurteil erlassen kann, weil ein nichtiger Verwaltungsakt nicht aufgehoben werden könne; so *Pietzcker*, in: Schoch/Schmidt-Aßmann/Pietzner, Verwaltungsgerichtsordnung, § 42 Abs. 1 Rdnr. 18.

1029 Vgl. *Happ*, in: Eyermann, Verwaltungsgerichtsordnung, § 43 Rdnr. 38.

1030 Hierzu allgemein: *Rennert*, in: Eyermann, Verwaltungsgerichtsordnung, § 75 Rdnr. 9.

C. Verfahrensbeteiligte

I. Beteiligungsfähigkeit der Schiedsstelle

Anders als im Sozialprozessrecht fehlt es in der Verwaltungsgerichtsordnung an einer Regelung, die ausdrücklich die Beteiligungsfähigkeit der Schiedsstelle regeln könnte.[1031] Dennoch kann der Schiedsstelle nach § 18 a Abs. 6 KHG eine Beteiligungsfähigkeit im Verwaltungsprozess auf Beklagtenseite nicht abgesprochen werden. Die Bundesschiedsstelle ist als Vereinigung im Sinne von § 61 Nr. 2 VwGO beteiligungsfähig, soweit ihr ein Recht zustehen kann, d. h. soweit sie Zuordnungssubjekt eines Rechtssatzes ist. Mit dieser Regelung hat sich im Verwaltungsprozessrecht die These durchgesetzt, dass für die Stellung als Beteiligter Teilrechtsfähigkeit erforderlich, aber auch ausreichend ist.[1032] Obwohl § 61 Nr. 2 VwGO nur von Rechten spricht, reicht die Pflichtensubjektivität aus; sie ist auf der Beklagtenseite von Bedeutung.[1033] Die Bundesschiedsstelle ist zwar nicht rechtsfähig, bei ihr ist aber eine Teilrechtsfähigkeit im Rahmen ihrer gesetzlichen Aufgabenstellung festzustellen, weil sie in dem Bereich ihres Tätigwerdens eine vollumfängliche Regelungskompetenz wahrnimmt und gegen ihre Festsetzungen ausdrücklich der Verwaltungsrechtsweg eröffnet wurde.[1034] Gerade die Regelung des § 18 a Abs. 6 Satz 11 KHG, wonach gerichtlicher Rechtsschutz unmittelbar gegen die Entscheidung der Bundesschiedsstelle nachgesucht werden kann, zeigt, dass der Gesetzgeber ihre Beteiligungsfähigkeit im Prozess vorausgesetzt hat.

1031 Nach § 70 Nr. 4 SGG sind die in § 51 Abs. 2 Satz 1 SGG genannten Entscheidungsgremien beteiligungsfähig. Hierzu werden beispielsweise die Schiedsämter nach § 89 SGB V gezählt.

1032 *Bier*, in: Schoch/Schmidt-Aßmann/Pietzner, Verwaltungsgerichtsordnung, § 61 Rdnr. 6.

1033 Vgl. *Dolde*, in: Festschrift Menger, S. 423, 431.

1034 Vgl. hierzu oben 3.2.A.

II. Hauptbeteiligte und Beigeladene

Hauptbeteiligte im Verwaltungsprozess sind auf der einen Seite der Kläger und auf der anderen Seite die beklagte Schiedsstelle. Die Bestimmung eines anderen Beklagten als der Bundesschiedsstelle im Rechtsstreit um die Rechtmäßigkeit ihres Schiedsspruchs hätte eine ausdrückliche gesetzliche Regelung erfordert.[1035] Die Klage ist gegen die Schiedsstelle nach § 18 a Abs. 6 KHG zu richten, wenngleich § 78 Abs. 1 Nr. 1 VwGO teilrechtsfähige Einrichtungen nicht erwähnt, denn die dortige Aufzählung möglicher Klagegegner ist nicht vollständig.[1036] Nach § 6 Abs. 3 Satz 3 der Geschäftsordnung der Schiedsstelle nach § 18 a Abs. 6 KHG vom 27. August 1997 wird die Bundesschiedsstelle vor Gericht durch den Vorsitzenden vertreten.[1037] Notwendig beizuladen nach § 65 Abs. 2 VwGO sind alle Parteien, die für die Vereinbarung der betreffenden Regelung auf Bundesebene mit zuständig sind. Sie sind alle Adressaten des Schiedsspruchs; eine endgültige gerichtliche Klärung durch das Urteil setzt die Rechtskrafterstreckung auf sämtliche Streitbeteiligten voraus.[1038] Demnach sind bei einem Rechtsstreit über eine Schiedsstellenfestsetzung nach § 15 Abs. 4 i. V. m. Abs. 1 BPflV[1039] alle Vertragsparteien auf Bundesebene[1040] – die nicht selbst Kläger sind – beizuladen. Entsprechendes gilt für eine Schiedsstellenentscheidung nach § 17

1035 Dies ist im Sozialhilferecht in § 93 b Abs. 1 Satz 4 BSHG geschehen. Nach dieser Regelung richtet sich die Klage gegen den Schiedsspruch nicht gegen die Schiedsstelle, sondern gegen eine der beiden Vertragsparteien.

1036 Vgl. *Happ*, in: Eyermann, Verwaltungsgerichtsordnung, § 78 Rdnr. 13.

1037 Es mangelt hierzu in der Verwaltungsgerichtsordnung an einer eindeutigen gesetzlichen Regelung; dagegen im sozialgerichtlichen Verfahren: vgl. § 71 Abs. 4 SGG.

1038 Vgl. auch oben 2.3.C.II.2. die Ausführungen einer entsprechenden Argumentation für eine notwendige Beiladung der Vertragsparteien auf Orts- oder Landesebene.

1039 Dies betrifft nach § 15 Abs. 1 Satz 1 Nr. 1 BPflV die Entgeltkataloge für Fallpauschalen und Sonderentgelte nach § 17 Abs. 2a KHG und nach § 15 Abs. 1 Satz 1 Nr. 2 BPflV die Berichtigungsrate nach § 6 Abs. 3 Satz 1 BPflV.

1040 Dies sind nach § 15 Abs. 1 Satz 1 BPflV: die Spitzenverbände der Krankenkassen, der Verband der privaten Krankenversicherung und die Deutsche Krankenhausgesellschaft.

b Abs. 4 Satz 2 KHG.[1041] Handelt es sich bei der gerichtlichen Rechtskontrolle um eine Schiedsstellenentscheidung nach § 15 Abs. 4 i. V. m. Abs. 2 BPflV,[1042] sind alle Spitzenverbände der Krankenkassen und die Deutsche Krankenhausgesellschaft notwendig beizuladen.

D. Individuelle rechtliche Betroffenheit

Adressaten der Schiedsstellenentscheidung sind die jeweils als Vertragsschließende im Krankenhausfinanzierungsgesetz[1043] oder in der Bundespflegesatzverordnung[1044] vorgesehenen Verbände. Diese Vertragsparteien werden von der Festsetzung der Bundesschiedsstelle unmittelbar betroffen, weil die Entscheidung ihren rechtlich geschützten Lebenskreis in Form der ihnen zustehenden Vertragsautonomie tangiert. Die Klagebefugnis der Vertragsschließenden hatte auch der Gesetzgeber vor Augen, als er die Rechtsschutzsuchenden in § 18 a Abs. 6 Satz 11 KHG auf den Verwaltungsrechtsweg verwiesen hat. Nach der amtlichen Gesetzesbegründung[1045] erfolgt die Eröffnung des Rechtsweges *„für die Vereinbarungspartner".*

Unsicherheiten im Bereich der Klagebefugnis können sich aus dem teilweise vorgesehenen Erfordernis einer gemeinsamen und einheitlichen Entscheidung auf der Kostenträgerseite ergeben. Nach § 17 Abs. 2a Satz 3, 2. Halbs. KHG und § 17 b Abs. 2 Satz 4 KHG gilt § 213 Abs. 2 SGB V mit der Maßgabe entsprechend, dass das Beschlussgremium um einen Vertreter des Verbandes der privaten Krankenversicherung erweitert wird und die Be-

---

1041 Hier handelt es sich um Regelungen im Rahmen der Einführung eines pauschalierten Entgeltsystems nach § 17 b KHG.

1042 Dies betrifft nach § 15 Abs. 2 BPflV Regelungen über den einheitlichen Aufbau der Datensätze und die Grundsätze für die Übermittlung der Diagnose- und der Operationsstatistik nach § 17 Abs. 4 Satz 5 BPflV und der weiteren Teile der Leistungs- und Kalkulationsaufstellung.

1043 Vgl. § 17 Abs. 2a Satz 3 KHG, § 17 b Abs. 2 Satz 1 KHG.

1044 Vgl. § 15 Abs. 1 und Abs. 2 BPflV.

1045 BT-Drucks. 13/6087, S. 32.

schlüsse der Mehrheit von mindestens sieben Stimmen bedürfen. In § 213 Abs. 2 SGB V hat der Gesetzgeber ein gestuftes Verfahren normiert, das immer dann Platz greift, wenn die Spitzenverbände im Sinne von § 213 Abs. 1 SGB V „gemeinsam und einheitlich" Entscheidungen zu treffen haben.[1046] Kann eine Einigung unter allen Spitzenverbänden nicht erreicht werden, so geht die Entscheidungsbefugnis auf ein neunköpfiges Gremium über, dessen Mitglieder nach einem festgelegten Schlüssel von den Spitzenverbänden entsandt werden. Die modifizierte Übernahme des § 213 Abs. 2 SGB V in die genannten pflegesatzrechtlichen Regelungsbereiche könnte nicht nur Auswirkungen auf das interne Einigungsverfahren unter den Kostenträgern im Rahmen einer Vereinbarung auf Bundesebene haben, sondern auch auf deren Recht auf Anrufung der Bundesschiedsstelle und ihr Klagerecht im gerichtlichen Verfahren. Die Regelungen des § 17 Abs. 2a Satz 3, 2. Halbs. KHG und § 17 b Abs. 2 Satz 4 KHG jeweils in Verbindung mit § 213 Abs. 2 SGB V könnten darauf hindeuten, dass nicht nur für die Vereinbarung mit der Deutschen Krankenhausgesellschaft eine interne Mehrheitsentscheidung der Verbände auf Kostenträgerseite maßgeblich ist, sondern dass ein entsprechendes Erfordernis auch für die Anrufung der Bundesschiedsstelle und für die Eröffnung des gerichtlichen Rechtsschutzes gilt. Fraglich ist damit, ob in den Fällen, in denen die pflegesatzrechtlichen Vorschriften auf § 213 Abs. 2 SGB V verweisen, auf Kostenträgerseite nur gemeinsam Klage erhoben werden kann. Erforderlich wäre dann eine Klageerhebung durch die Mehrheit der Verbände entsprechend den Stimmverhältnissen nach der im Pflegesatzrecht modifiziert anzuwendenden Regelung des § 213 Abs. 2 SGB V. Es läge eine echte notwendige Streitgenossenschaft nach § 64 VwGO i. V. m. § 62 Abs. 1, 2. Alt. ZPO vor, denn aus dem materiellen Pflegesatzrecht würde sich der Zwang zur gemeinschaftlichen Klage ergeben. Eine „Einzelklagebefugnis" der Verbände auf Kostenträgerseite müsste verneint werden. Da bei der echten Streitgenossenschaft gemeinsam geklagt werden muss, wäre die Klage eines einzelnen Verbandes wegen fehlender Prozessführungsbefugnis

---

[1046] *Ebsen*, in: Schulin (Hrsg.), Handbuch des Sozialversicherungsrechts, Bd. 1, § 7 Rdnr. 85.

als unzulässig abzuweisen.[1047] Gegen das Vorliegen einer notwendigen Streitgenossenschaft sprechen aber die pflegesatzrechtlichen Regelungen über das Antragsrecht gegenüber der Bundesschiedsstelle. In § 17 Abs. 2a Satz 5 KHG und § 17 b Abs. 4 Satz 2 KHG kommt klar zum Ausdruck, dass die Schiedsstelle auf Antrag *einer* Vertragspartei zu entscheiden hat. Diese Regelung ist insoweit problematisch, als eine bei der internen Beschlussfassung auf Kostenträgerseite unterlegene Vertragspartei es in der Hand hätte, das Scheitern der Einigungsverhandlungen so schnell wie möglich festzustellen, um bei der Bundesschiedsstelle ihre Vorstellungen durchzusetzen.[1048] Abhilfe könnte hier eine klarstellende Aussage des Gesetzgebers schaffen, nach der auch für die Anrufung der Bundesschiedsstelle auf § 213 Abs. 2 SGB V verwiesen wird[1049] oder eine Frist ähnlich der Sechs-Wochenfrist des § 18 Abs. 4 Satz 1 KHG vorgesehen wird, nach deren Ablauf erst die Anrufung der Schiedsstelle zulässig wäre. Solange aber jede einzelne Vertragspartei – ohne eine Mitwirkung der anderen Verbände – die Bundesschiedsstelle anrufen kann, solange ist auch das individuelle Klagerecht der Verbände nicht fraglich. Demnach erfordert die Klage gegen die Festsetzung der Schiedsstelle keine notwendige Streitgenossenschaft auf Seiten der Kostenträger nach § 64 VwGO i. V. m. § 62 ZPO.

Keine Klagebefugnis zur Anfechtung einer Festsetzung der Bundesschiedsstelle kann den einzelnen Krankenhausträgern und Krankenkassen zugestanden werden. Weder sind sie am Einigungsprozess auf Bundesebene beteiligt, noch können sie das Schiedsstellenverfahren in Gang setzen. Aus

---

1047 Zur echten notwendigen Streitgenossenschaft auf Klägerseite im Verwaltungsprozess: vgl. BVerwG NJW 1956, 1295; VGH Bad.-Württ. NJW 1992, 388; *Bier*, in: Schoch/ Schmidt-Aßmann/Pietzner, Verwaltungsgerichtsordnung, § 64 Rdnr. 17. Wollte man hier eine notwendige Streitgenossenschaft annehmen, bestünde allerdings insoweit eine Besonderheit, als dass nicht alle Verbände auf Kostenträgerseite gemeinsam klagen müssten; erforderlich wäre nur die Klage von der Mehrheit der Verbände nach dem im Pflegesatzrecht – auf Grund des Hinzutretens des Verbandes der privaten Krankenversicherung – modifizierten Schlüssels nach § 213 Abs. 2 SGB V.
1048 Vgl. *Heinze*, SGb 1997, 397, 399.
1049 So *Heinze*, SGb 1997, 397, 399.

den Vorschriften, die die Vereinbarungen auf Bundesebene betreffen, lassen sich keine drittschützenden Funktionen für einzelne Krankenhäuser oder Krankenkassen ableiten. Insoweit gelten die Ausführungen über die pflegesatzrechtlichen Entscheidungen auf Landesebene entsprechend.[1050] Den Krankenhäusern und Krankenkassen bleibt jedoch die Möglichkeit der Anfechtung der Genehmigung über die Pflegesätze auf Ortsebene nach § 18 Abs. 5 Satz 2 KHG. In diesem gerichtlichen Verfahren können die pflegesatzrechtlichen Regelungen, die auf Bundesebene getroffen wurden und relevanten Einfluss auf die Pflegesätze des betreffenden Krankenhauses haben, inzident mit überprüft werden.

E. Kontrolldichte

Die Bundesschiedsstelle tritt bei ihren Entscheidungen, wie auch die Schiedsstellen nach § 18 a Abs. 1 KHG[1051] und die vertragsärztlichen Schiedsämter nach § 89 SGB V[1052], an die Stelle der Vertragsparteien. Da den Parteien im Falle einer gütlichen Einigung ein weitgehender Gestaltungsspielraum zuzugestehen ist, muss entsprechendes auch für die Schiedsstellen gelten. Leitbild für den ihnen zukommenden Beurteilungsspielraum ist die Vertragsfreiheit der Vertragspartner im Rahmen der gesetzlich vorgesehenen Beschränkungen.[1053] Die Gerichte sind nicht befugt, ihre Beurteilungen oder Prognosen an die Stelle der Schiedsstellen zu setzen. Die gerichtliche Kontrolle hat sich insbesondere darauf zu beschränken, ob der Entscheidung zutreffend ermittelte Tatsachen zu Grunde gelegt worden sind und ob die Schiedsstelle die Grenzen des ihr zustehenden Beurteilungsspielraums eingehalten hat.[1054] Dabei darf das Gericht die getroffene Entscheidung nur anhand jener Erwägungen überprüfen, die die Schiedsstelle

---

1050 Siehe oben 2.3.D.II.2.
1051 Hierzu schon oben 2.2.A.I.2.a.) bb.).
1052 Vgl. BSGE 20, 73; 36, 151; 51, 58; 52, 253; 56, 215; BSG, USK, 9782.
1053 Vgl. BSGE 36, 151, 153.
1054 Vgl. BSG, USK, 9782, S. 457, 462; auch schon oben 2.2.A.I.2.a.) bb.).

tatsächlich angestellt hat. Tragen diese Erwägungen nicht, so ist die Entscheidung rechtswidrig und muss aufgehoben werden.[1055]

F. Vorläufiger Rechtsschutz

Bei der Untersuchung des vorläufigen Rechtsschutzes gegen die Entscheidungen der Bundesschiedsstelle ist zu berücksichtigen, dass im Hauptsacheverfahren nicht nur die Anfechtungsklage, sondern auch die Verpflichtungsklage statthaft ist. Dagegen ist für den Rechtsschutz gegen die pflegesatzrechtliche Genehmigung nach § 18 Abs. 5 KHG eine andere Ausgangslage anzutreffen, denn dort ist eine Verpflichtungsklage gegen die Landesbehörde auf Erteilung einer von der Schiedsstellenfestsetzung abweichenden Genehmigung unzulässig.[1056] Ein kumulativer vorläufiger Rechtsschutz durch beide in der Verwaltungsgerichtsordnung vorgesehenen Rechtsschutzformen kommt grundsätzlich nicht in Betracht.[1057] Zu ihrer gegenseitigen Abgrenzung ist an das sachliche Begehren des Antragstellers anzuknüpfen[1058] und dabei gemäß § 123 Abs. 5 VwGO der Vorrang der Verfahren nach den §§ 80, 80 a VwGO zu beachten. Verfolgt der Antragsteller im Hauptsacheverfahren eine Anfechtungsklage, so ist die richtige Rechtsschutzform das gerichtliche Aussetzungsverfahren nach § 80 Abs. 5 VwGO; dem Rechtsschutzbegehren einer Verpflichtungsklage entspricht beim vorläufigen Rechtsschutz die einstweilige Anordnung nach § 123 VwGO.

Die Anfechtungsklage gegen die Entscheidung der Bundesschiedsstelle hat nach § 18 a Abs. 6 Satz 12, 2. Halbs. KHG keine aufschiebende Wirkung. Als Ausdruck des pflegesatzrechtlichen Beschleunigungsgrundsatzes kann die Festsetzung trotz Einlegung eines Rechtsbehelfs vollzogen werden. Die

---

1055 *Rennert*, in: Eyermann, Verwaltungsgerichtsordnung, § 114 Rdnr. 22; vgl. zur Relevanz der – von dem Schiedsamt angegebenen – Begründung: BSGE 51, 58, 63 f.
1056 Vgl. oben 2.3.B.I.1.a.).
1057 Vgl. *Finkelnburg/Jank*, Vorläufiger Rechtsschutz im Verwaltungsstreitverfahren, Rdnrn. 89 ff.
1058 Vgl. *Happ*, in: Eyermann, Verwaltungsgerichtsordnung, § 123 Rdnr. 39.

Schiedsstelle kann die Vollziehung nach § 80 Abs. 4 Satz 1 VwGO i. V. m. Abs. 2 Nr. 3 VwGO aussetzen. Der Weg der behördlichen Aussetzung dürfte von untergeordneter praktischer Bedeutung sein, weil die Schiedsstelle von der Rechtmäßigkeit ihrer Entscheidung ausgehen wird und im Übrigen durch eine zeitliche Verzögerung der Umsetzung zusätzliche Nachteile für die Verfahrensbeteiligten befürchten muss. Nach § 80 Abs. 5 Satz 1 VwGO können die Vertragsparteien bei dem Gericht der Hauptsache[1059] beantragen, die aufschiebende Wirkung anzuordnen.

Fraglich ist, ob die Vertragsparteien ein Rechtsschutzanliegen gegenüber der Bundesschiedsstelle im Wege einer Regelungsanordnung nach § 123 Abs. 1 Satz 2 VwGO durchsetzen können. Hat die Schiedsstelle eine Festsetzung getroffen, so können die Parteien im Klageverfahren nur eine Neubescheidung nach § 113 Abs. 5 Satz 2 VwGO erreichen. Der Beurteilungsspielraum, der auch der Bundesschiedsstelle zugestanden wird,[1060] verhindert eine Verurteilung zum Erlass einer bestimmten Festsetzung.[1061] Im Anordnungsverfahren will der Antragsteller auf Grund der Eilbedürftigkeit der Sache oftmals so gestellt werden, als ob die Neubescheidung bereits zu seinen Gunsten ergangen ist. Liegt dem geltend gemachten Anspruch eine Ermessensvorschrift oder wie hier ein Beurteilungsspielraum zu Grunde, so wird überwiegend angenommen, die einstweilige Anordnung auf Verpflichtung zu einer bestimmten Bescheidung dürfe nur bei einer „Ermessensreduzierung auf Null" erlassen werden.[1062] Diese Auffassung basiert auf der Erwägung, dass im vorläufigen Rechtsschutzverfahren nicht das zugesprochen werden dürfe, was im Hauptsacheverfahren nicht erreichbar sei. Zur Vermeidung verfassungswidriger Rechtsschutzlücken gewährt ein Teil der gerichtlichen Praxis bei ermessensfehlerhaften Verwaltungsmaßnahmen vorläufigen Rechtsschutz nach § 123 VwGO, wenn ermessensfehlerfrei wahrscheinlich nur dem

---

1059 Vgl. oben 3.4.A.II.
1060 Vgl. oben 3.4.E.
1061 Vgl. oben 3.4.B.I.
1062 Vgl. BVerwGE 63, 110, 112; SächsOVG SächsVBl. 1995, 107; OVG Berlin NVwZ 1991, 1198; OVG Hamburg NVwZ-RR 1991, 107; VGH Bad.-Württ. VBlBW 1992, 476.

abgelehnten Antrag entsprochen werden kann oder wenigstens prognosti-
zierbar ist, dass die Neubescheidung mit überwiegender Wahrscheinlichkeit
im Sinne des Antrages erfolgen wird.[1063] Nach einer anderen Auffassung
kann das Gericht den Antragsgegner in Anlehnung an § 113 Abs. 5 Satz 2
VwGO verpflichten, über das Begehren des Antragstellers unter Beachtung
der Rechtsauffassung des Gerichts neu zu entscheiden.[1064] Die strikte Ablehnung einer Verpflichtung des Antragsgegners auf Vornahme eines bestimmten Verwaltungsaktes kann zu Rechtsschutzdefiziten führen und wird
auch der richterlichen Gestaltungsbefugnis nach § 123 Abs. 3 VwGO i. V. m.
§ 938 Abs. 1 ZPO nicht gerecht. Mit *Schoch*[1065] wird man davon ausgehen
können, dass der Antragsteller jedenfalls in besonders gelagerten Einzelfällen das voraussichtlich positive Ergebnis der Neubescheidung vorläufig und
vorübergehend bereits in Anspruch nehmen darf, wenn sich wirksamer
Rechtsschutz wegen der zeitlichen Dringlichkeit anders nicht durchsetzen
lässt. Hierbei sind die Anforderungen, die an die Glaubhaftmachung von Anordnungsanspruch und -grund zu stellen sind, erheblich zu erhöhen. In allen
übrigen Fällen, in denen ebenfalls überwiegende Erfolgsaussichten in dem
Hauptsacheverfahren bestehen und eine Dringlichkeit anzuerkennen ist,
bleibt es bei einer Verpflichtung zur Bescheidung entsprechend § 113 Abs. 5
Satz 2 VwGO. Dies gilt insbesondere dann, wenn sich zwar die Ausübung
des Ermessens oder des Beurteilungsspielraumes durch die Behörde nach
summarischer Prüfung als fehlerhaft darstellt, jedoch eine Entscheidung nicht
nur mit dem beantragten Inhalt als rechtsfehlerfrei erscheint, sondern eine
Vielzahl von Regelungen möglich ist. Da den Entscheidungen der Bundesschiedsstelle meist komplexe Sachverhalte zu Grunde liegen werden und
sich die Schiedsstellentätigkeit nicht auf eine reine Rechtsanwendung redu-

---

1063 Schoch, in: Schoch/Schmidt-Aßmann/Pietzner, Verwaltungsgerichtsordnung, § 123
Rdnr. 159 mit Rechtsprechungsnachweisen; in diese Richtung deutend auch VGH Bad.-
Württ. NVwZ-RR 1996, 115, 116: *„Es spricht auch viel dafür, daß die Ag. bei pflichtge-
mäßer Ausübung ihres Ermessens der Ast. eine Aufenthaltserlaubnis erteilen wird."*
1064 Vgl. OVGE Berlin Bd. 17 S. 37, 41; OVG Münster NJW 1988, 89; Pietzner/Ronellen-
fitsch, Das Assessorexamen im Öffentlichen Recht, § 58 Rdnr. 11.
1065 Vgl. Schoch, in: Schoch/Schmidt-Aßmann/Pietzner, Verwaltungsgerichtsordnung,
§ 123 Rdnr. 161.

zieren lässt, muss die Verpflichtung zu einer bestimmten Festsetzung ausscheiden. Dagegen ist eine Regelungsanordnung, die die Schiedsstelle nach § 18 a Abs. 6 KHG verpflichtet, unter Beachtung der Rechtsauffassung des Gerichts erneut zu entscheiden, nicht von vornherein ausgeschlossen. Voraussetzung hierfür wäre allerdings, dass sich überwiegende Erfolgsaussichten in der Hauptsache feststellen lassen und der antragstellenden Vertragspartei – unter besonderer Berücksichtigung der von dem Verband vertretenen Interessen seiner Mitglieder – ein Zuwarten auf den Ausgang des Hauptsacheverfahrens nicht zugemutet werden kann.

4. Teil: Zusammenfassung und Ausblick

Zusammenfassung der wichtigsten Ergebnisse der Untersuchung

1. Die Schiedsstellen des Krankenhausfinanzierungsgesetzes sind Teil des Schiedswesens in der gesetzlichen Krankenversicherung. Sie sind als Schlichtungsstellen einzuordnen; sie treffen im Streitfall eine gestaltende Regelung an Stelle der Parteien. Bei den Schiedsstellen nach § 18 a Abs. 1 und Abs. 6 KHG handelt es sich um außerstaatliche Einrichtungen zur Streitregelung der gemeinsamen Selbstverwaltung der Krankenhäuser und Krankenkassen. Bei ihrer Tätigkeit geht es um eine echte Hilfeleistung bei einem Streit der Parteien bezüglich eines gerechten Interessenausgleiches im Pflegesatzverfahren, also einem Bereich des öffentlichen Rechts.

2. Die Entscheidungen der Schiedsstellen nach § 18 a Abs. 1 KHG haben lediglich verwaltungsinternen Charakter, soweit sie im Rahmen der Aufgabenzuweisung nach dem Krankenhausfinanzierungsgesetz und der Bundespflegesatzverordnung ergehen. Im Rahmen eines mehrstufigen Verwaltungsaktes ist der maßgebliche Rechtsakt, dem Außenwirkung zukommt, die pflegesatzrechtliche Genehmigung. Wird die Landesschiedsstelle im Zuständigkeitsbereich des Fünften Buches des Sozialgesetzbuches tätig, namentlich in den Fällen des § 115 a Abs. 3 Satz 5 SGB V und § 120 Abs. 4 SGB V, so sind ihre Beschlüsse als Verwaltungsakte zu qualifizieren. Auch die Entscheidungen der Schiedsstelle nach § 18 a Abs. 6 KHG stellen – ebenso wie die Beschlüsse der vertragsärztlichen Schiedsämter – Verwaltungsakte dar.

3. Den Schiedsstellen nach § 18 a KHG ist ein Beurteilungsspielraum zuzugestehen, der eine beschränkte gerichtliche Überprüfbarkeit der Beschlüsse nach sich zieht. Bei den Entscheidungen der Landesschiedsstellen wird durch diese Einschätzungsprärogative die behördliche Prüfungsbefugnis im Rahmen des Genehmigungsverfahrens begrenzt.

4. a.) Die Genehmigungsbehörde ist bei der Überprüfung einer Festsetzung der Schiedsstelle nach § 18 a Abs. 1 KHG auf eine Rechtskontrolle beschränkt. Sie hat keine Befugnis zu einer „gestaltenden Genehmigung". Nur einzelne noch offene und untergeordnete Voraussetzungen für die Erteilung der Genehmigung dürfen von der Behörde durch eine Nebenbestimmung geregelt werden.

b.) Der Regelungsgegenstand der Genehmigung umfasst entgegen dem Wortlaut des § 18 Abs. 5 Satz 1, 1. Halbs. KHG nicht nur die Pflegesätze, sondern alle pflegesatzrelevanten Faktoren der Pflegesatzvereinbarung oder -festsetzung. Das Genehmigungserfordernis für die Regelungsgegenstände auf Landesebene betrifft lediglich Bemessungsfaktoren für die Pflegesätze.

c.) Die pflegesatzrechtliche Genehmigung ist als privatrechtsgestaltender Verwaltungsakt zu qualifizieren. Sie bestimmt unmittelbar das zu zahlende Entgelt als Gegenleistung für die Erbringung allgemeiner Krankenhausleistungen gegenüber den Patienten und deren Kostenträgern.

d.) Das Genehmigungsverfahren bezweckt nicht nur eine behördliche Rechtskontrolle über die Höhe der Krankenhauspflegesätze, sondern gewährleistet auch die Einhaltung des Gebots der Einheitlichkeit der Pflegesätze. Die Genehmigung bewirkt die Erstreckung einer vertraglichen Regelung auf Rechtssubjekte, die nicht am Vereinbarungsverfahren beteiligt waren. Entsprechendes gilt für die Genehmigung von Regelungsgegenständen, die durch die Schiedsstelle festgesetzt wurden. Die Genehmigung ist notwendige staatliche Legitimation für die Anordnung der Drittwirkung. Sie kommt damit in ihrer Funktion der Allgemeinverbindlichkeitserklärung nach § 5 TVG sehr nahe.

e.) Die Parteien der jeweiligen Vertragsebene können bei der Behörde nicht nur die Genehmigung, sondern grundsätzlich auch die Versagung der Genehmigung beantragen. Wird von dem Antragsteller die Versagung der Genehmigung beantragt, so kann, soweit nicht eine andere Vertragspartei die Genehmigung beantragt hat, diese von der Landesbehörde nicht erteilt werden.

f.) Durch die Einfügung des § 20 Abs. 3 BPflV wurde eine Rechtsschutzlücke im Pflegesatzverfahren geschlossen. Die Vorschrift betrifft einen Fall der normativ angeordneten Feststellungswirkung einer Verwaltungsentscheidung, indem sie die Schiedsstelle an die rechtlichen Ausführungen der Genehmigungsbehörde in der Versagungsentscheidung bindet.

5. Die Ausgestaltung der Rechtsaufsicht gegenüber den Schiedsstellen ist nur unzureichend normativ geregelt. Die Aufsichtsbehörden können unter Wahrung des Verhältnismäßigkeitsprinzips, beschränkt auf den Bereich der Geschäftsführung der Schiedsstelle, von dieser Informationen einholen, Beanstandungen aussprechen und als ultima ratio die Schiedsstelle zu einem bestimmten Handeln innerhalb einer angemessenen Frist verpflichten. Eine Einflussnahme auf die Sachentscheidungen der Schiedsstellen muss ausgeschlossen sein.

6. a.) Den gerichtlichen Rechtsschutz gegen die Entscheidungen der Schiedsstellen nach § 18 a Abs. 1 KHG im Rahmen ihres Tätigwerdens nach dem Krankenhausfinanzierungsgesetz gewähren die Verwaltungsgerichte.

- Begehrt der Kläger von der Genehmigung abweichende Pflegesätze, so kann er eine Anfechtungs- oder eine Nichtigkeitsfeststellungsklage erheben. Durch das gerichtliche Urteil wird die Schiedsstelle in entsprechender Anwendung des § 20 Abs. 3 BPflV gebunden. Eine klarstellende gesetzliche oder verordnungsrechtliche Regelung zur Bindungswirkung der Schiedsstelle bei Aufhebung der Genehmigung durch das Verwaltungsgericht wäre allerdings unter rechtsstaatlichen Gesichtspunkten dringend erforderlich.

- Der Kläger kann entgegen dem Wortlaut des § 18 Abs. 5 Satz 2 KHG auch eine Verpflichtungsklage auf Erteilung der Genehmigung der vereinbarten oder festgesetzten Pflegesätze erheben.

- Das Verwaltungsgericht ist bei seiner Entscheidung im Anfechtungsprozess gegen die Genehmigung von festgesetzten Pflegesätzen an eine vorangegangene, bestandskräftige Versagungsentscheidung nicht gebunden, soweit diese nicht Gegenstand eines rechtskräftigen Gerichtsurteils war, das ihre Rechtmäßigkeit bereits bestätigt hat.

- Eine Partei kann grundsätzlich eine Verpflichtungsklage auf Erteilung der Versagung der Genehmigung erheben, wenn ihr entsprechender Antrag bei der Genehmigungsbehörde als unbegründet abgelehnt wurde, weil die Behörde die festgesetzten Pflegesätze für rechtmäßig hält.

- Durch die Erhebung einer Verpflichtungsklage kann der Kläger – im Hinblick auf § 20 Abs. 3 BPflV – grundsätzlich auch eine andere Versagungsentscheidung mit einer bestimmten Begründung erlangen. Der prozessualen Durchsetzung des Anspruchs sind allerdings durch den anzuerkennenden Beurteilungsspielraum der Schiedsstelle Grenzen gesetzt.

- Ein unmittelbarer gerichtlicher Rechtsschutz gegen die Festsetzungen der Schiedsstellen nach § 18 a Abs. 1 KHG im Rahmen ihres Tätigwerdens nach dem Krankenhausfinanzierungsgesetz muss gemäß § 44 a VwGO ausscheiden.

b.) Gegen die Entscheidungen der Schiedsstellen nach § 18 a Abs. 1 KHG im Bereich der Vergütungsregelungen für die Leistungen der psychiatrischen Institutsambulanzen, der sozialpädiatrischen Zentren und der vor- und nachstationären Behandlung im Krankenhaus ist der Rechtsweg zu den Sozialgerichten gegeben. Als Klagearten kommen eine Anfechtungs-, Verpflichtungs-, Nichtigkeitsfeststellungs- und Untätigkeitsklage in Betracht. Eine Verpflichtungsklage auf Erlass einer anderen bestimmten Festsetzung scheidet aus.

c.) Gegen die Entscheidungen der Schiedsstelle nach § 18 a Abs. 6 KHG ist der Verwaltungsrechtsweg eröffnet. Da auch der Bundesschiedsstelle ein Beurteilungsspielraum einzuräumen ist, ist eine Verpflichtungsklage auf Erteilung einer bestimmten Festsetzung unzulässig. Der Kläger hat sich auf einen Antrag auf Bescheidung nach § 113 Abs. 5 Satz 2 VwGO zu beschränken. Als weitere Klagearten kommen die Anfechtungs-, Nichtigkeitsfeststellungs- und Untätigkeitsklage in Betracht.

7. a.) Beklagter im Prozess um die Rechtmäßigkeit der Entscheidung der Genehmigungsbehörde ist das Land oder – je nach landesrechtlicher Ausgestaltung – die Behörde selbst. Betrifft die Klage eine Entscheidung der Bundesschiedsstelle oder eine Entscheidung der Schiedsstelle nach § 18 a Abs. 1 KHG, soweit diese im Rahmen einer Aufgabenzuweisung nach dem Fünften Buch des Sozialgesetzbuches tätig wird, so richtet sich die Klage gegen die Schiedsstelle.

b.) Notwendig beizuladen sind die Vertragsparteien der jeweiligen Vereinbarungsebene. Eine Beiladung der Schiedsstelle nach § 18 a Abs. 1 KHG kommt nicht in Betracht.

8. a.) Klagebefugt im gerichtlichen Rechtsschutzverfahren gegen die Festsetzungen der Schiedsstelle oder gegen die Genehmigung der Festsetzung sind die Vertragsparteien der entsprechenden Vereinbarungsebene.

b.) Bei Entscheidungen der Genehmigungsbehörde, die die Ortsebene betreffen, kann sich eine Klagebefugnis aus drittschützenden pflegesatzrechtlichen Vorschriften im Einzelfall auch für den selbstzahlenden Patienten und den Konkurrenten des Krankenhausträgers ergeben.

- Ein rechtlich geschütztes Individualinteresse des selbstzahlenden Patienten ist aus § 17 Abs. 1 Satz 1 KHG, § 21 Abs. 1 Satz 5 BPflV und § 21 Abs. 2 Satz 3 BPflV abzuleiten.

- Der normativen Ausgestaltung des Pflegesatzverfahrens und der Regelung des § 17 Abs. 1 Satz 3 KHG kann auch eine drittschützende Funktion für den Konkurrenten entnommen werden. Der Krankenhausträger, der die Restriktionen des öffentlich-rechtlichen Pflegesatzsystems einzuhalten hat, darf auch erwarten, dass sie zu seinem Schutz von den Konkurrenten beachtet werden. Dabei ist die Rechtsdurchsetzungsmacht eines anderen Krankenhausträgers auf konkrete Konkurrenzverhältnisse beschränkt, die einen relevanten kausalen wirtschaftlichen Nachteil erwarten lassen.

c.) Den Verbänden auf Landesebene, die sich am Pflegesatzverfahren nach § 18 Abs. 1 Sätze 2 bis 4 KHG beteiligen können, steht keine umfassende Klagebefugnis gegen die pflegesatzrechtliche Genehmigung auf Ortsebene zu. Sie sind im gerichtlichen Verfahren darauf beschränkt, die Rechtswidrigkeit des Verwaltungsaktes infolge eines Verstoßes gegen das ihnen zustehende Beteiligungsrecht geltend zu machen.

9. Die Betroffenen können vorläufigen Rechtsschutz in Anspruch nehmen.

a.) Wurde die Genehmigung erteilt, so richtet sich der vorläufige Rechtsschutz nach § 80 VwGO. Die Behörde kann auf Antrag die Vollziehung des Verwaltungsaktes aussetzen. Der Antragsteller kann beim Verwaltungsgericht einerseits die gerichtliche Anordnung der aufschiebenden Wirkung beantragen oder andererseits vorläufigen Rechtsschutz mit dem Ziel der sofortigen Vollziehbarkeit begehren.

b.) Will sich eine Partei gegen die Versagungsentscheidung der Behörde wenden, weil sie die Genehmigung der vereinbarten oder festgesetzten Pflegesätze begehrt, so kommt vorläufiger Rechtsschutz in der Form des § 123 Abs. 1 VwGO in Betracht. Allerdings wird nur ausnahmsweise das Begehren nach einer Regelungsanordnung auf Erlass einer (vorläufigen) Pflegesatzgenehmigung Erfolg haben können.

c.) Die Schiedsstelle kann bei ihrer erneuten Anrufung trotz der Erhebung einer Verpflichtungsklage sofort entscheiden.

d.) Bei den Entscheidungen der Bundesschiedsstelle ist, je nach Begehren des Antragstellers im Hauptsacheverfahren, die richtige Verfahrensart bei der Geltendmachung eines vorläufigen Rechtsschutzes entweder § 80 Abs. 5 VwGO oder § 123 Abs. 1 VwGO. Auf Grund des Beurteilungsspielraumes der Schiedsstelle kann durch eine Regelungsanordnung nur die Verpflichtung zur Neubescheidung unter Beachtung der Rechtsauffassung des Gerichts erreicht werden.

10. Gerichtlicher Rechtsschutz ist auch zu gewähren, wenn die Schiedsstelle nach § 18 a Abs. 1 KHG andere Entscheidungen als (vollständige) Festsetzungen getroffen hat.

a.) Hat die Schiedsstelle eine Festsetzung wegen angenommener Unzulässigkeit des Festsetzungsantrages abgelehnt oder die Sache ohne Sachentscheidung an die Vertragsparteien zurückverwiesen, so können diese die Versagung der Genehmigung beantragen, weil der Beschluss der Schiedsstelle einen das Schiedsstellenverfahren abschließenden Charakter hat.

b.) Hat die Schiedsstelle teilweise Festsetzungen getroffen, aber die Anträge der Parteien nicht vollumfänglich einer Sachentscheidung zugeführt, so ist bezüglich der Teilfestsetzung zu differenzieren.

- Hat die Schiedsstelle alle für die Ermittlung der Pflegesätze wesentlichen Größen festgesetzt, nur auf die Bestimmung des Endprodukts verzichtet und die Sache lediglich zur rechnerischen Umsetzung an die Parteien (zurück-)verwiesen, so sind die von ihnen ermittelten Pflegesätze als durch die Schiedsstelle festgesetzt anzusehen.

- Hat dagegen die Schiedsstelle nur dem Grunde nach entschieden oder sich auf die Regelung von Vorfragen beschränkt und kommt den Parteien bei der Umsetzung des Beschlusses ein Gestaltungsspielraum zu, so führt die Regelung des Endprodukts der Entgelte durch die Parteien zu vereinbarten Pflegesätzen. Hat eine Partei die Absicht, sich gegen eine derartige Teilfestsetzung zu wenden und will sie sich daher das Klagerecht offen halten, so darf sie die von der Schiedsstelle getroffene Entscheidung nicht zur Grundlage einer nachfolgenden Vereinbarung machen. Werden die Pflegesätze nach der Teilfestsetzung der Schiedsstelle zwischen den Pflegesatzparteien vereinbart, so haben diese grundsätzlich weder ein Antragsrecht auf Versagung der Genehmigung noch ein Rechtsschutzbedürfnis im verwaltungsgerichtlichen Klageverfahren gegen die Genehmigung. Will sich eine Partei die Rechtsschutzmöglichkeiten offen halten, kann sie die Landesbehörde anrufen und die Versagung der Genehmigung beantragen, weil dem Beschluss der Schiedsstelle ein das Schiedsstellenverfahren abschließender Charakter zukommt.

Ausblick

Die Schiedsstellen nach § 18 a KHG tragen zur Funktionsfähigkeit der gesetzlichen Krankenversicherung bei. Die ihnen aufgegebene Schlichtung zwischen den Krankenkassen und Leistungserbringern und ihren beidseitigen Verbänden hat eine erhebliche praktische Bedeutung. Das zu bewältigende Konfliktpotential wird in Zeiten einer einerseits nur schwer begrenzbaren Kostenentwicklung im Gesundheitswesen sowie einer wachsenden Anspruchsmentalität der Patienten und einer andererseits anhaltenden stringenten Budgetierung weiter steigen. Ob sich die Finanzierungs- und Verteilungsprobleme im Gesundheitswesen allein durch Rationalisierungsmaßnahmen und durch eine einseitige Betrachtungsweise der Ausgabenseite der gesetzlichen Krankenversicherung bewältigen lassen, erscheint zweifelhaft.

Eine Einbeziehung der Leistungsseite oder alternativ der Einnahmenseite der Krankenkassen ist nahezu unvermeidbar. Bedenklich erscheint es jedenfalls, wenn die Schiedsstellen als alleinige Einrichtungen zur Streitregelung im Pflegesatzverfahren den Beteiligten staatlich vorgegeben werden, jedoch gleichzeitig Tatbestände mit beträchtlichen Konfliktpotentialen nicht „schieds-stellenfähig" sind. So hat der Gesetzgeber in § 6 Abs. 1 Satz 4 Nr. 1 BPflV zwar anerkannt, dass vereinbarte Veränderungen der medizinischen Leis-tungsstruktur oder der Fallzahlen einen Sondertatbestand zur Überschreitung der Veränderungsrate darstellen, jedoch hat er gleichzeitig die „Schiedsstel-lenfähigkeit" des Tatbestandes nach § 19 Abs. 3 BPflV ausgeschlossen.[1066] Die Intention der Kostendämpfung darf aber nicht zu einem Einigungszwang der Vertragsparteien führen sowie das Modell der Streitschlichtung durch die Schiedsstellen in Frage stellen und die Gewährleistung eines effektiven Rechtsschutzes gefährden.

Durch das GKV-Gesundheitsreformgesetz 2000 wurde der Weg eröffnet für die Einführung eines bundeseinheitlichen, durchgängigen, pauschalierten Vergütungssystems. Der Gesetzgeber hat sich damit – wie schon in abge-schwächter Form bei dem Entgeltsystem über die Fallpauschalen und Son-derentgelte – für das Modell eines Flächentarifvertrages entschieden, obwohl die wirtschaftshemmenden Auswirkungen dieses Rechtsinstituts seit länge-rem in anderem Zusammenhang erhebliche Kritik erfahren haben.[1067] Das Gesetz zur Gesundheitsreform 2000 wird durch seine anhaltende dirigisti-sche Normierung und der Schaffung neuer Regelungskompetenzen auf Bun-desebene zu einer Schwächung der Selbstverwaltung auf Orts- und Landes-ebene führen.

Die vorliegende Untersuchung hat ferner gezeigt, dass die gesetzlichen und verordnungsrechtlichen Regelungen über die Schiedsstellen des Kranken-

---

1066 Krit. hierzu Quaas/Trefz, das Krankenhaus 2000, 611.
1067 Vgl. *Heinze*, SGb 1997, 398, 402, zur Einführung der Fallpauschalen und Sonderent-gelte; zum Erfordernis der Reform des Flächentarifvertrages im kollektiven Arbeitsrecht: vgl. Molitor, in: Festschrift Wiese, S. 303 ff.

hausfinanzierungsgesetzes erhebliche Lücken aufweisen. Die Schiedsstellen werden aber nur dann ihre Aufgabe als Konfliktlösungsorgane im Pflegesatzverfahren hinreichend befriedigend erfüllen können, wenn der Gesetz- oder Verordnungsgeber ihnen einen klaren rechtlichen Rahmen für ihr Tätigwerden vorgibt und langfristig angelegte, verlässliche Systementscheidungen selbst trifft. Bei den Aufgabenzuweisungen an die Schiedsstellen sind auch die Grenzen ihrer Leistungsfähigkeit zu beachten. Werden zukünftig die Aufgaben und die Befugnisse der Schiedsstellen eindeutig bestimmt und ihnen nur Kompetenzen übertragen, die sie nicht überfordern,[1068] so hat das Schiedsstellenmodell im Krankenhausfinanzierungsrecht eine Zukunft.

[1068] Zur Gefahr der Überforderung der Schiedsstellen: vgl. *Heinze*, f&w 1997, 8 ff.

Literaturverzeichnis

Adam, Wilhelm / Stiefel, Karl Heinz	Krankenhausfinanzierungsgesetz, Köln u. Berlin 1972.
Andreas, Manfred	Die Bundesausschüsse der Ärzte und Krankenkassen, Bonn-Bad Godesberg 1975.
Armborst, Christian	Wird die Schiedsstelle nach § 94 BSHG ab dem 1. Januar arbeitslos? Eine Diskussion einiger Auswirkungen der zum 1. Januar 1999 in Kraft tretenden Regelungen der §§ 93a bis 93d BSHG, NDV 1998, 191 ff.
Bachof, Otto	Teilrechtsfähige Verbände des öffentlichen Rechts – Die Rechtsnatur der Technischen Ausschüsse des § 24 der Gewerbeordnung, AöR 83 (1958), 208 ff.
ders.	Satzungsgenehmigung und Satzungsoktroi: Verwaltungsakte mit Doppelwirkung?, in: Schneider, Hans / Götz, Volkmar (Hrsg.), Im Dienst an Recht und Staat, Festschrift für Werner Weber zum 70. Geburtstag, Berlin 1974, S. 515 ff.
Bäumler, Helmut	Die Beteiligung mehrerer Behörden am Ver- waltungsverfahren – zur Auslegung des § 9 VwVfG –, BayVBl. 1978, 492 ff.
Bender, Bernd	Die einstweilige Anordnung (§ 123 VwGO), VBlBW 1986, 321 ff.
Berkemann, Jörg	Anmerkung zu BGH, Urteil vom 11.07.1985, DVBl. 1986, 181 ff., in: DVBl. 1986, 183 f.

Bettermann, Karl August	Anfechtbare und nichtanfechtbare Verfahrensmängel – Eine prozeßrechtsvergleichende Studie zu § 46 VwVfG, § 127 AO und § 42 SGB X, in: Erichsen, Hans-Uwe / Hoppe, Werner / v. Mutius, Albert (Hrsg.), System des verwaltungsgerichtlichen Rechtsschutzes, Festschrift für Christian-Friedrich Menger, Köln, Berlin, Bonn u. München 1985, S. 709 ff.
ders.	Anmerkung zu BVerwG, Urteil vom 22.09. 1966, MDR 1967, 950 f., in: MDR 1967, 951 f.
Bieback, Karl-Jürgen	Zwangsmitgliedschaft von Leistungsanbietern der GKV in Körperschaften des öffentlichen Rechts, in: Gitter, Wolfgang / Schulin, Bertram / Zacher, Hans F. (Hrsg.), Festschrift für Otto Ernst Krasney zum 65. Geburtstag, München 1997.
Böckenförde, Ernst-Wolfgang	Organ, Organisation, Juristische Person, in: Menger, Christian-Friedrich (Hrsg.), Fortschritte des Verwaltungsrechts, Festschrift für Hans J. Wolff zum 75. Geburtstag, München 1973, S. 269 ff.
Bönker, Christian	Baurechtlicher Nachbarschutz aus Art. 14 Abs. 1 Satz 1 GG?, DVBl. 1994, 506 ff.
Bötticher, Eduard	Regelungsstreitigkeiten, in: Rosenberg, Leo / Schwab Karl Heinz (Hrsg.), Festschrift für Friedrich Lent zum 75. Geburtstag am 06. Januar 1957, München u. Berlin 1957, S. 89 ff.
Bosch, Edgar / Schmidt, Jörg	Praktische Einführung in das verwaltungsgerichtliche Verfahren, 6. Aufl., Stuttgart 1996.

Brackmann, Kurt	Handbuch der Sozialversicherung einschl. des Sozialgesetzbuchs und angrenzender Gebiete, Bd. II, Sankt Augustin, Stand: September 1989.
Breitmeier, Ingo / Engelke, Helge / Knorr, Karl-Ernst / u. a.	Düsseldorfer Kommentar zur BPflV, 2. Aufl., Düsseldorf 1999 (zit: *Bearbeiter, in: ...*).
Brohm, Winfried	Die Konkurrentenklage, in: Erichsen, Hans-Uwe / Hoppe, Werner / v. Mutius, Albert (Hrsg.), System des verwaltungsgerichtlichen Rechtsschutzes, Festschrift für Christian-Friedrich Menger, Köln, Berlin, Bonn u. München 1985, S. 235 ff.
Brox, Hans	Allgemeiner Teil des Bürgerlichen Gesetzbuchs, 23. Aufl., Köln, Berlin, Bonn u. München 1999.
Bullinger, Martin	Staatsaufsicht in der Wirtschaft, in: Veröffentlichungen der Vereinigung der Deutschen Staatsrechtslehrer, Heft 22, Berlin 1965, S. 264 ff.
Bunte, Hermann-Josef	Gedanken zum Krankenhausvertrag – de lege lata – de lege ferenda, JZ 1982, 279 ff.
v. Campenhausen, Axel / Christoph, J. E.	Staatliche Krankenhausfinanzierung als Erfüllung grundrechtlicher Ansprüche, DVBl. 1985, 266 ff.
Clemens, Thomas	Verfassungsrechtliche Anforderungen an untergesetzliche Rechtsnormen, MedR 1996, 432 ff.

Dietz, Otmar / Bofinger, Werner	Krankenhausfinanzierungsgesetz, Bundespflegesatzverordnung und Folgerecht, Bd. 1 und 2, Wiesbaden, Stand der Kommentierung: Juni 1999 (zit: *Dietz/Bofinger, Krankenhausfinanzierungsrecht ...*).
Dolde, Klaus-Peter	Die Beteiligungsfähigkeit im Verwaltungsprozeß (§ 61 VwGO), in: Erichsen, Hans-Uwe / Hoppe, Werner / v. Mutius, Albert (Hrsg.), System des verwaltungsgerichtlichen Rechtsschutzes, Festschrift für Christian-Friedrich Menger, Köln, Berlin, Bonn u. München 1985, S. 423 ff.
Düring, Ruth	Das Schiedswesen in der gesetzlichen Krankenversicherung, Baden-Baden 1992.
Ebsen, Ingwer	Autonome Rechtssetzung in der Sozialversicherung und der Arbeitsförderung als Verfassungsproblem, VSSR 1990, 57 ff.
Eckart, Wolfgang U.	Geschichte der Medizin, 3. Aufl., Berlin u. a. 1998.
Erichsen, Hans-Uwe	Hrsg., Allgemeines Verwaltungsrecht, 11. Aufl., Berlin u. New York 1998 (zit: *Bearbeiter, in: ...*).
Erichsen, Hans-Uwe / Knoke, Ulrich	Bestandskraft von Verwaltungsakten, NVwZ 1983, 185 ff.
Eyermann, Erich	Verwaltungsgerichtsordnung, 10. Aufl., München 1998 (zit: *Bearbeiter, in: ...*).

Fichte, Wolfgang

Wirkung und Anfechtbarkeit des Schiedsspruchs im Heil- und Hilfsmittelbereich –
eine Erwiderung auf Schimmelpfeng-
Schütte, NZS 1997, 503 – in: NZS 1998,
58 ff.

Fichtner, Otto

Hrsg., Bundessozialhilfegesetz, München
1999
(zit: *Bearbeiter, in: ...*).

Fickert, H. C.

Der Begriff „Einvernehmen" im Bundesbau-
gesetz und seine Handhabung im Bauge-
nehmigungs- und Rechtsmittelverfahren,
DVBl. 1964, 173 ff.

Finkelnburg, Klaus /
Jank, Klaus Peter

Vorläufiger Rechtsschutz im Verwaltungsstreitverfahren, 4. Aufl., München 1998.

Flume, Werner

Allgemeiner Teil des Bürgerlichen Rechts,
1. Bd., 2. Teil, Die juristische Person, Berlin,
Heidelberg, New York u. Tokyo 1983.

Friauf, Karl Heinrich

Die behördliche Zustimmung zu Verwaltungsakten anderer Behörden – Verwaltungsakt als bloßes Verwaltungsinternum,
DÖV 1961, 666 ff.

Gamillscheg, Franz

Kollektives Arbeitsrecht, Bd. 1, München
1997.

Gassner, Erich

Anfechtungsrechte Dritter und „Schutz-
gesetze", DÖV 1981, 615 ff.

Gitter, Wolfgang	Rechtsprobleme der Finanzierung der Krankenhausleistungen – eine rechts-theoretische Betrachtung dieser Probleme, in: Das Krankenhaus zwischen Recht und Wirklichkeit, 13. Deutscher Krankenhaustag und Interhospital 85, Veranstaltung der Fachvereinigung der Verwaltungsleiter deutscher Krankenanstalten e.V., Köln 1985, S. 307 ff.
ders.	Strukturen der Reform der gesetzlichen Krankenversicherung, SGb 1991, 85 ff.
Gottwald, Walther	Streitbeilegung ohne Urteil, Tübingen 1981.
Habscheid, Walther J.	Das Schiedsgutachten, in: Das Deutsche Privatrecht in der Mitte des 20. Jahrhunderts, Festschrift für Heinrich Lehmann zum 80. Geburtstag, 2. Bd., Berlin, Tübingen u. Frankfurt a.M. 1956, S. 789 ff.
Hanau, Peter / Adomeit, Klaus	Arbeitsrecht, 11. Aufl., Neuwied, Kriftel u. Berlin 1994.
Harsdorf, Herbert / Friedrich Gottfried	Krankenhausfinanzierungsgesetz, Bd. 2, 3. Aufl., Köln 1983.
dies.	Krankenhausfinanzierungsgesetz, Textausgabe mit Materialien und einer erläuternden Einführung, Bd. 1, Köln 1972.
Hauck, Karl	Sozialgesetzbuch, SGB V, Gesetzliche Krankenversicherung, 2. Bd., Berlin, Stand der Kommentierung: 01. Juni 1999 (zit: *Bearbeiter, in: ...*).
Heinze, Christian	Das Zusammenwirken von Behörden beim Erlaß von Verwaltungsakten, DÖV 1967, 33 ff.

Heinze, Meinhard	Das Krankenhaus zwischen Kostendämpfung und Versorgungsauftrag, das Krankenhaus 1994, 298 ff.
ders.	Die Vertragsstrukturen des SGB V, SGb 1990, 173 ff.
ders.	Konfliktlösungsmechanismen – Wie können Streik und Aussperrung überwunden werden?, in: Klebe, Thomas / Wedde, Peter / Wolmerath, Martin (Hrsg.), Recht und soziale Arbeitswelt, Festschrift für Wolfgang Däubler zum 60. Geburtstag, Frankfurt a. M. 1999, S. 431 ff.
ders.	Schiedsstellen werden überfordert – Die Krankenhausgesetzgebung 1997 aus der Sicht der Schiedsstellen, f&w 1997, 8 ff.
ders.	Selbstverwaltung durch Zentralismus im Krankenhauswesen? – Neuregelungen für den stationären Sektor aufgrund des 2. GKV-NOG – , SGb 1997, 397 ff.
ders.	Verfahren und Entscheidung der Schiedsstelle, in: Heinze, Meinhard / Wagner, Volker (Hrsg.), Die Schiedsstelle des Krankenhausfinanzierungsgesetzes, Köln, Berlin, Bonn u. München 1989, S. 61 ff.
Hill, Hermann	Das hoheitliche Moment im Verwaltungsrecht der Gegenwart, DVBl. 1989, 321 ff.
Hofmann, Mathias Jan	Das Schiedsamt im Kassenarztrecht nach dem Sozialgesetzbuch Teil V, Dissertation Gießen 1991.
Hromadka, Wolfgang / Maschmann, Frank	Arbeitsrecht, Bd. 2, Kollektivarbeitsrecht u. Arbeitsstreitigkeiten, Berlin, Heidelberg u. New York 1999.

Huber, Ernst Rudolf	Wirtschaftsverwaltungsrecht, 1. Bd., Tübingen 1953.
Hufen, Friedhelm	Verwaltungsprozeßrecht, 3. Aufl., München 1998.
Humpert, Paul-Peter	Genehmigungsvorbehalte im Kommunal-verfassungsrecht, Köln 1990.
Jarass, Hans D.	Verwaltungsrecht als Vorgabe für Zivil- und Strafrecht, in: Veröffentlichungen der Vereinigung der Deutschen Staatsrechtslehrer, Heft 50, Berlin u. New York 1991, S. 238 ff.
Jarass, Hans D. / Pieroth, Bodo	Grundgesetz für die Bundesrepublik Deutschland, 4. Aufl., München 1997.
Jauernig, Othmar	Zivilprozeßrecht, 25. Aufl., München 1998.
Jetter, Dieter	Das europäische Hospital, Köln 1986.
Joeres, Ulrich	Die Rechtsstellung des notwendig Beigeladenen im Verwaltungsstreitverfahren, Berlin 1982.
Jörg, Michael	Das neue Kassenarztrecht, München 1993.
Johlen, Heribert	Besonderheiten des Rechtsschutzes gegenüber Planfeststellungen, in: Bender, Bernd / Breuer, Rüdiger / Ossenbühl, Fritz / Sendler, Horst (Hrsg.), Rechtsstaat zwischen Sozialgestaltung und Rechtsschutz, Festschrift für Konrad Redeker zum 70. Geburtstag, München 1993, S. 487 ff.
ders.	Rechtsfragen bei der Anfechtung eines Planfeststellungsbeschlusses durch eine Vielzahl von Klägern, NVwZ 1989, 109 ff.

Jung, Karl

Aufgaben und Funktion der Schiedsstelle im Rahmen des Krankenhausfinanzierungs-gesetzes, in: Heinze, Meinhard / Wagner, Volker (Hrsg.), Die Schiedsstelle des Krankenhausfinanzierungsgesetzes, Köln, Berlin, Bonn u. München 1989, S. 1 ff.

ders.

Krankenhausfinanzierungsgesetz, Textaus-gabe mit Materialien zum Krankenhaus-Neuordnungsgesetz (KHNG) und einer erläuternden Einführung, 2. Aufl., Köln 1985.

ders.

Krankenhausfinanzierungsgesetz, Textaus-gabe mit Materialien zum Krankenhaus-Kostendämpfungsgesetz und einer erläu-ternden Einführung in die Neuregelungen, Bd. 1, Köln 1982.

Kasseler Kommentar

Kasseler Kommentar – Sozialversicherungs-recht, Bd. 1 und 2, 2. Aufl., München, Stand der Kommentierung: September 1999 (zit: *Bearbeiter, in: Kass.Komm. ...*).

Kiemann, Günter / Eul, Lotte

Krankenhausneuordnungsgesetz – Rechts-grundlagen und Grundzüge des neuen Pflegesatzverfahrens, Die Ortskrankenkasse 1985, 648 ff.

Kisker, Gunter

Zur Rechtsnatur der Schiedsstelle und zur Kontrolle ihrer Entscheidungen durch Genehmigungsbehörde und Gericht, in: Heinze, Meinhard / Wagner, Volker (Hrsg.), Die Schiedsstelle des Krankenhausfinanzie-rungsgesetzes, Köln, Berlin, Bonn u. München 1989, S. 21 ff.

Kloepfer, Michael

Rechtsschutz im Umweltschutz, VerwArch 76 (1985), S. 371 ff.

Knöpfle, Franz   „Tatbestands-" und „Feststellungswirkung" als Grundlage der Verbindlichkeit von gerichtlichen Entscheidungen und Verwaltungsakten, BayVBl. 1982, 225 ff.

Kopp, Ferdinand O.   Verwaltungsverfahrensgesetz, 6. Aufl., München 1996.

Kopp, Ferdinand O. /   Verwaltungsgerichtsordnung, 11. Aufl.,
Schenke, Wolf-Rüdiger   München 1998.

Krauskopf, Dieter   Das Genehmigungsverfahren durch die Verwaltungsbehörde, in: Heinze, Meinhard / Wagner, Volker (Hrsg.), Die Schiedsstelle des Krankenhausfinanzierungsgesetzes, Köln, Berlin, Bonn u. München 1989, S. 39 ff.

Krauskopf, Dieter /   Hrsg., Soziale Krankenversicherung /
Schroeder-Printzen, Günther   Pflegeversicherung, München, Stand der Kommentierung: Juli 1999 (zit: *Bearbeiter, in: ...*).

Krebs, Walter   Subjektiver Rechtsschutz und objektive Rechtskontrolle, in: Erichsen, Hans-Uwe / Hoppe, Werner / v. Mutius, Albert (Hrsg.), System des verwaltungsgerichtlichen Rechtsschutzes, Festschrift für Christian-Friedrich Menger, Köln, Berlin, Bonn u. München 1985, S. 191 ff.

KRS   Behrends, Behrend / Gerdelmann, Werner (Hrsg.), Krankenhausrechtsprechung 1979 – 1994, Ergänzbare Sammlung der Entscheidungen aus dem gesamten Krankenhauswesen, Berlin 1983.

KRS II

Behrends, Behrend / Gerdelmann, Werner (Hrsg.), Krankenhausrechtsprechung, Teil II, Urteile ab 1995, Ergänzbare Sammlung der Entscheidungen aus dem gesamten Krankenhauswesen, Berlin 1996.

Küchenhoff, Günther

Gemeinsame Selbstgestaltung (Autonomie) im Kassenarztrecht, in: Schneider, Hans / Götz, Volkmar, Im Dienst an Recht und Staat, Festschrift für Werner Weber zum 70. Geburtstag, Berlin 1974, S. 833 ff.

Kuhla Wolfgang /
Voß, Lutz G.

Gerichtlicher Rechtsschutz für Kranken-häuser im Pflegesatzverfahren, das Krankenhaus 1998, 689 ff.

Laubinger, Hans-Werner

Der Verwaltungsakt mit Doppelwirkung, Göttingen 1967.

ders.

Die isolierte Anfechtungsklage, in: Erichsen, Hans-Uwe / Hoppe, Werner / v. Mutius, Albert (Hrsg.), System des verwaltungsge-richtlichen Rechtsschutzes, Festschrift für Christian-Friedrich Menger, Köln, Berlin, Bonn u. München 1985, S. 443 ff.

Leber, Wolfgang

Die Genehmigungsfalle, das Krankenhaus 1997, 419 ff.

Lenz, Gisela

Zur Rechtsnatur der Rechtsbeziehungen zwischen Krankenhäusern und gesetzlichen Krankenkassen, NJW 1985, 649 ff.

Löwisch, Manfred

Hrsg., Schlichtungs- und Arbeitskampfrecht, Wiesbaden 1989
(zit: *Bearbeiter, in:* ...).

Löwisch, Manfred /
Rieble, Volker

Tarifvertragsgesetz, München 1992.

Manssen, Gerrit	Privatrechtsgestaltung durch Hoheitsakt, Verfassungsrechtliche und verwaltungsrechtliche Grundfragen, Tübingen 1994.
ders.	Das Schiedsstellenverfahren im Krankenhausrecht, ZFSH/SGB 1997, 81 ff.
Maunz, Theodor / Dürig, Günter / u. a.	Grundgesetz, München Bd. 1: Stand der Kommentierung: Februar 1999, Bd. 2: Stand der Kommentierung: Februar 1999 (zit: *Bearbeiter, in: Maunz/Dürig, ...*).
Maurer, Hartmut	Allgemeines Verwaltungsrecht, 12. Aufl., München 1999.
Merten, Detlef	Möglichkeiten und Grenzen der Selbstverwaltung – am Beispiel des Krankenversicherungsrechts –, in: Detlef Merten (Hrsg.), Die Selbstverwaltung im Krankenversicherungsrecht unter besonderer Berücksichtigung der Rechtsaufsicht über die Kassenärztliche Vereinigungen, Berlin 1995, S. 11 ff.
ders.	Bestandskraft von Verwaltungsakten, NJW 1983, 1993 ff.
Meyer-Ladewig, Jens	Sozialgerichtsgesetz, 6. Aufl., München 1998.
Molitor, Karl	Der reformierte Flächentarifvertrag, in: Hanau/Lorenz/Matthes (Hrsg.), Festschrift für Günther Wiese zum 70. Geburtstag, Neuwied u. Kriftel (Taunus) 1998, S. 303 ff.
Münchener Kommentar zum Bürgerlichen Gesetzbuch	Münchener Kommentar zum Bürgerlichen Gesetzbuch, Bd. 2, 3. Aufl., München 1994 (zit: *MünchKomm.-Bearbeiter ...*).

Mußgnug, Reinhard

Öffentlich-rechtliche Vorfragen im Zivil-
prozeß, in: Wilke (Hrsg.), Festschrift zum
125jährigen Bestehen der Juristischen
Gesellschaft zu Berlin, Berlin u. New York
1984.

ders.

Die Beiladung zum Rechtsstreit um janus-
köpfige und privatrechtsrelevante Verwaltungsakte, NVwZ 1988, 33 ff.

v. Mutius, Albert

Rechtsnorm und Verwaltungsakt, in:
Christian-Friedrich Menger (Hrsg.), Fortschritte des Verwaltungsrechts, Festschrift
für Hans J. Wolff zum 75. Geburtstag,
München 1973, S. 167 ff.

Mutzbauer, Norbert

Die hoheitliche Gestaltung privatrechtlich
vereinbarter Preise durch Rechtsvorschriften
und Verwaltungsentscheidungen, Dissertation München 1988.

Neumann, Volker

Einführung in das Tagungsthema: Ursprung
und Ausstrahlung der Konflikte im untergesetzlichen Vertragsarztrecht, MedR 1996,
389 ff.

Nicklisch, Fritz

Gutachter-, Schieds- und Schlichtungsstellen – rechtliche Einordnung und
erforderliche Verfahrensgarantien, in:
Böckstiegel, Karl-Heinz / Glossner,
Ottoarndt, Festschrift für Arthur Bülow zum
80. Geburtstag, Köln, Berlin, Bonn u.
München 1981, S. 159 ff.

Ortloff, Karsten-Michael

Inhalt und Bindungswirkungen der Baugenehmigung, NJW 1987, 1665 ff.

Paetow, Stefan

Die Teilbarkeit von Planungsentscheidungen, DVBl. 1985, 369 ff.

Palandt, Otto	Bürgerliches Gesetzbuch, 59. Aufl., München 2000 (zit: *Palandt-Bearbeiter ...*).
Papier, Hans-Jürgen	Der Wesentlichkeitsgrundsatz – am Beispiel des Gesundheitsreformgesetzes, VSSR 1990, 123 ff.
Pietzcker, Jost	„Grundrechtsbetroffenheit" in der verwaltungsrechtlichen Dogmatik, in: Püttner, Günter, u. a., (Hrsg.), Festschrift für Otto Bachof zum 70. Geburtstag am 06.März 1984, Müchen 1984.
Pietzner, Rainer / Ronellenfitsch, Michael	Das Assessorexamen im Öffentlichen Recht – Widerspruchsverfahren und Verwaltungsprozeß, 9. Aufl., Düsseldorf 1996.
Preibisch, Wolfgang	Außergerichtliche Vorverfahren in Streitigkeiten der Zivilgerichtsbarkeit, Berlin 1982.
Prütting, Hans	Schlichten statt Richten?, JZ 1985, 261 ff.
Quaas, Michael	Das Pflegesatzverfahren nach neuem Recht (Teil I), KU 1995, 1002 ff.
Quaas, Michael / Trefz, Ulrich	Pflegesatzrecht: Sondertatbestände im Belieben der Kostenträger - Krankenhäuser können sich wehren - Verfassungswidriger Ausschluss der Schiedsstellenfähigkeit des Sondertatbestandes nach § 6 Absatz 1 Satz 4 Nummer 1 BPflV?
Redeker, Konrad	Aktuelle Fragen des gegenwärtigen Krankenhausfinanzierungsrechts, NJW 1988, 1481 ff.
Redeker, Konrad / von Oertzen, Hans-Joachim	Verwaltungsgerichtsordnung, 12. Aufl., Stuttgart 1997.

Rittner, Fritz	Die werdende juristische Person, Tübingen 1973.
Robbers, Jörg	Die Voraussetzungen der Anrufung der Schiedsstelle, in: Heinze, Meinhard / Wagner, Volker (Hrsg.), Die Schiedsstelle des Krankenhausfinanzierungsgesetzes, Köln, Berlin, Bonn u. München 1989, S. 47 ff.
Robert Bosch Stiftung	Hrsg., Krankenhausfinanzierung in Selbst-verwaltung – Komissionsbericht – Vorschläge zu einer Neuordnung der Organisation und Finanzierung der Kranken-hausversorgung, Teil 1, Bericht der Kom-mission Krankenhausfinanzierung der Robert Bosch Stiftung, Gerlingen 1987 (zit: *Bericht der Kommission Krankenhaus-finanzierung der Robert Bosch Stiftung*).
Rosenberg, Leo / Schwab, Karl Heinz / Gottwald, Peter	Zivilprozeßrecht, 15. Aufl., München 1993.
Roth, Wolfgang	Versehentliche Gesetzesreform? Zur Fort-geltung des § 44 a VwGO trotz seiner irrtümlichen Aufhebung durch den Gesetz-geber, NVwZ 1999, 155 ff.
Rüfner, Wolfgang	Zum Problem der Zusammenfassung kirchli-cher und anderer Krankenhausträger in Körperschaften des öffentlichen Rechts, NZS 1996, 49 ff.
Rüthers, Bernd	Rechtstheorie, München 1999.
ders.	Tarifautonomie und Schlichtungszwang, in: Hueck, Götz / Richardi, Reinhard (Hrsg.), Gedächtnisschrift für Rolf Dietz, München 1973, S. 299 ff.

Salzwedel, Jürgen

Staatsaufsicht in der Verwaltung, in: Veröffentlichungen der Vereinigung der Deutschen Staatsrechtslehrer, Heft 22, Berlin 1965, S. 206 ff.

Schenke, Wolf-Rüdiger

Verwaltungsprozeßrecht, 6. Aufl., Heidelberg 1998.

ders.

Rechtsprobleme des Konkurrentenrechtsschutzes im Wirtschaftsverwaltungsrecht, NVwZ 1993, 718 ff.

Scheuing, Dieter H.

Verfassungsrechtliche Zentralfragen der Krankenhausfinanzierung, Freiburg im Breisgau 1985.

Schimmelpfeng-Schütte, Ruth

Die Schiedsverfahren in der gesetzlichen Krankenversicherung, insbesondere im Heil- und Hilfsmittelbereich, NZS 1997, 503.

Schlichtner, Susanne

Isolierte Anfechtbarkeit von Schiedsstellenfestsetzungen nach §§ 18, 18 a KHG vor den Verwaltungsgerichten, das Krankenhaus 1990, 63 ff.

dies.

Die dreiseitigen Verträge nach § 115 SGB V, Karlsruhe 1994.

Schmidt-Aßmann, Eberhard

Hrsg., Besonderes Verwaltungsrecht, 11. Aufl., Berlin u. New York 1999 (zit: *Bearbeiter, in:* ...).

Schmidt-Jortzig, Edzard

Kommunale Selbstverwaltung zwischen bürgerlicher Eigeninitiative und staatlicher Kontrolle, in: Hans Joachim von Oertzen (Hrsg.), Rechtsstaatliche Verwaltung im Aufbau III – Selbstverwaltung und Aufsicht –, Baden-Baden 1994.

Schmidt-Preuss, Matthias   Kollidierende Privatinteressen im Verwaltungsrecht, Berlin 1992.

Schnapp, Friedrich E.   Zum Funktionswandel der Staatsaufsicht, DVBl. 1971, 480 ff.

ders.   Geltung und Auswirkungen des Gesetzesvorbehalts im Vertragsarztrecht, MedR 1996, 418 ff.

ders.   Kompetenzkonflikte durch Normerlaß im Kassenarztrecht, NZS 1997, 152 ff.

ders.   Das Verwaltungsverfahren im Kassenarztrecht, SGb 1985, 89 ff.

Schnapp, Friedrich E. /   Die Rechtsbeziehungen zwischen Kassenzahnarzt und sozialversichertem Patienten nach dem Gesundheitsstrukturgesetz, NJW 1989, 2913 ff.
Düring, Ruth

Schneider, Günther   Handbuch des Kassenarztrechts, Köln, Berlin, Bonn u. München 1994.

Schoch, Friedrich /   Hrsg., Verwaltungsgerichtsordnung, Bd. 1 u. 2, München, Stand der Kommentierung: März 1999
Schmidt-Aßmann, Eberhard /
Pietzner, Rainer   (zit: *Bearbeiter, in:* ...).

Scholz, Rupert   Verwaltungsverantwortung und Verwaltungsgerichtsbarkeit, in: Veröffentlichungen der Vereinigung der Deutschen Staatsrechtslehrer, Heft 34, Berlin 1976, S. 145 ff.

Schröder, Meinhard

Bescheidungsantrag und Bescheidungsurteil, in: Erichsen, Hans-Uwe / Hoppe,
Werner / v. Mutius, Albert (Hrsg.), System
des verwaltungsgerichtlichen Rechtsschutzes, Festschrift für Christian-Friedrich
Menger, Köln, Berlin, Bonn u. München
1985, S. 487 ff.

Schulin, Bertram

Hrsg., Handbuch des Sozialversicherungsrecht, Bd. 1, Krankenversicherungsrecht,
München 1994
(zit: *Bearbeiter, in: ...*).

Schulin, Bertram /
Igl, Gerhard

Sozialrecht, 6. Aufl., Düsseldorf 1999.

Seibert, Max-Jürgen

Die Bindungswirkung von Verwaltungsakten,
Baden-Baden 1989.

Siewert, Joachim

Das Kassenarztrecht, 4. Aufl., Sankt
Augustin 1992.

Skouris, Wassilios

Verletztenklagen und Interessentenklagen
im Verwaltungsprozeß, Köln, Berlin, Bonn
und München 1979.

Sodan, Helge

Normsetzungsverträge im Sozialversicherungsrecht, NZS 1998, 305 ff.

Soergel

Bürgerliches Gesetzbuch mit Einführungs-
gesetz und Nebengesetzen, Bd. 2, 12. Aufl.,
Stuttgart 1990
(zit: *Soergel-Bearbeiter ...*).

Stein / Jonas

Kommentar zur Zivilprozeßordnung, 21.
Aufl., Bd. 7, Teilband 2, Tübingen 1994
(zit: *Bearbeiter, in: ...*).

Steinberg, Rudolf

Grundfragen des öffentlichen Nachbar-
rechts, NJW 1984, 457 ff.

Steiner, Udo	Hrsg., Besonderes Verwaltungsrecht, 6. Aufl., Heidelberg 1999 (zit: *Bearbeiter, in: ...*).
Stelkens, Paul	Verfahrenshandlungen i. S. des § 44 a VwGO, NJW 1982, 1137 f.
Stelkens, Paul / Bonk, Heinz Joachim / Sachs Michael	Verwaltungsverfahrensgesetz, 5. Aufl., München 1998 (zit: *Bearbeiter, in: ...*).
Stober, Rolf	Beiladung im Verwaltungsprozeß, in: Erichsen, Hans-Uwe / Hoppe, Werner / v. Mutius, Albert (Hrsg.), System des verwaltungsgerichtlichen Rechtsschutzes, Festschrift für Christian-Friedrich Menger, Köln, Berlin, Bonn u. München 1985, S. 401 ff.
ders.	Hrsg., Rechtsschutz im Wirtschaftsverwaltungs- und Umweltrecht, Stuttgart, Berlin u. Köln 1993 (zit: *Bearbeiter, in: ...*).
Stüer, Bernhard	Zurückverweisung und Bescheidungsverpflichtung im Verwaltungsprozeß, in: Erichsen, Hans-Uwe / Hoppe, Werner / v. Mutius, Albert (Hrsg.), System des verwaltungsgerichtlichen Rechtsschutzes, Festschrift für Christian-Friedrich Menger, Köln, Berlin, Bonn u. München 1985, S. 779 ff.

Thomas, Heinz / Putzo, Hans	Zivilprozeßordnung mit Gerichtsver- fassungsgesetz und den Einführungs- gesetzen, dem Brüsseler EWG-Überein- kommen und dem Luganer Übereinkommen über die gerichtliche Zuständigkeit und die Vollstreckung gerichtlicher Entscheidungen in Zivil- und Handelssachen sowie dem Anerkennungs- und Vollstreckungsaus- führungsgesetz, 22. Aufl., München 1999.
Tuschen, Karl Heinz	Das zustimmungsfreie GKV-Gesundheitsre- formgesetz 2000 – verpflichtendes Quali- tätsmanagement, integrierte Versorgung und DRG-orientierte Vergütung –, f&w 2000, 6 ff.
Tuschen, Karl Heinz / Quaas, Michael	Bundespflegesatzverordnung, Stuttgart u. Berlin, Köln 1998.
Ule, Carl Hermann	Verwaltungsprozeßrecht, 9. Aufl., München 1987.
Ule, Carl Hermann / Laubinger, Hans-Werner	Verwaltungsverfahrensrecht, 4. Aufl., Köln, Berlin, Bonn u. München 1995.
USK	AOK-Bundesverband (Hrsg.), Urteilssamm- lung für die gesetzliche Krankenversiche- rung, Remagen.
Vollmer, Rudolf J.	Die Reform des Krankenhausfinanzierungs- rechts, NJW 1985, 2161 ff.
Vollmer, Rudolf J. / Graeve, Karl Heinz	Gesetz zur wirtschaftlichen Sicherung der Krankenhäuser und zur Regelung der Krankenhauspflegesätze (Krankenhausfi- nanzierungsgesetz – KHG) – Kommentar –, Bd. I/2, Remagen, Stand der Kommentierung: Juli 1994.

Vollmer, Rudolf J. /
Hoffmann, Gerd

Pflegesatzvereinbarung (Teil III), Ersk 1986,
32 ff.

dies.

Schiedsregelung (Teil IV), Ersk 1986, 74 ff.

dies.

Inhalt und Grenzen des staatlichen Genehmigungsvorbehalts im Pflegesatzverfahren
(Teil V), Ersk 1986, 191 ff.

Voßkuhle, Andreas

Der „relative Verwaltungsakt" – eine unzulässige Handlungsform, SächsVBl. 1995,
54 ff.

Wagener, Andreas

Die Bundesschiedsstelle nach § 18 a Abs. 6
KHG, das Krankenhaus 1997, 666 ff.

Wagner, Volker

Zur Rechtsnatur der Schiedsstellenentscheidung nach dem Krankenhausfinanzierungsgesetz, NJW 1991, 737 ff.

Wannagat, Georg

Gedanken zur Neuordnung der Krankenhausfinanzierung, das Krankenhaus 1984,
335 ff.

Wimmer, Raimund

Verfassungsrechtliche Anforderungen an
untergesetzliche Rechtsetzung im Vertragsarztrecht, MedR 1996, 425 ff.

Wittmann, Arno

Struktur und Grundprobleme des Schiedsgutachtenvertrages, Köln, Berlin, Bonn u.
München 1978.

Wolff, Hans J. /
Bachof, Otto /
Stober, Rolf

Verwaltungsrecht I, 10. Aufl., München
1994.

Wolff, Hans J. /
Bachof, Otto /

Verwaltungsrecht I, 9. Aufl., München 1974.

dies.

Verwaltungsrecht II, 4. Aufl., München 1976.

dies.	Verwaltungsrecht III, 4. Aufl., München 1978.
Zimmer, C. L.	Zur neuen Bundespflegesatzverordnung (BPflV), KU 1985, 759 ff.
Zöllner, Wolfgang / Loritz, Karl-Georg	Arbeitsrecht, 5. Aufl., München 1998.
Zuck, Rüdiger	Bundeskartellamt, Dienstaufsicht und Regreß, NJW 1972, 468 ff.
Zuck, Rüdiger / Quaas, Michael	Rechtsprobleme des Pflegesatzverfahrens, NJW 1987, 687 ff.

Ascheid, Reiner
Beweislastfragen im Kündigungsschutzprozeß
Bd. 1, 1989, 215 + XIX S.,
ISBN 978-3-89085-268-3, *24,54 € (vergriffen)*

Braunert, Ulrich:
Schranken der kollektivrechtlichen Regelung
flexibler Arbeitszeitverträge
Bd. 2, 1990, 298 S.,
ISBN 978-3-89085-490-8, 35,28 €

Oberklus, Volkmar
Die rechtlichen Beziehungen des zu einem Tochterunternehmen
im Ausland entsandten Mitarbeiters zum Stammunternehmen
Bd. 3, 1991, 223 + XLVI S.,
ISBN 978-3-89085-510-3,22,50 €

Urbatsch, Peter
Grundzüge der betrieblichen Altersversorgung und des
Versorgungsausgleichs. Unter besonderer Berücksichtigung der
neueren Änderungen im Recht der Scheidungsfolgen sowie der Reform
der Hinterbliebenenversorgung in der gesetzlichen Rentenversicherung
Bd. 4, 1991, 514 + LII S.,
ISBN 978-3-89085-603-2, *29,65 €*

Hübner, Betina
Die individualrechtliche Versetzungsbefugnis und
Versetzungspflicht des Arbeitgebers unter besonderer
Berücksichtigung von Schwerbehinderten und
älteren Arbeitnehmern
Bd. 5, 1992, 233 + XXXV S.,
ISBN 978-3-89085-636-0, 24,54 €

Boerner, Dietmar
Altersgrenzen für die Beendigung von Arbeitsverhältnissen
in Tarifverträgen und Betriebsvereinbarungen.
Bd. 6, 1992, 356 S.,
ISBN 978-3-89085-705-3, 35,28 €

Schartel, Klaus
Rechtsprobleme unternehmensübergreifender
Sozialplandotierung
Bd. 7, 1992, 205 + XXXV S.,
ISBN 978-3-89085-711-4, 29,65 €

Fecker, Jörg
**Rechte, Pflichten und Regelungsmöglichkeiten des
privaten Arbeitgebers im Hinblick auf Alkoholkonsum
von Arbeitnehmern.** Unter Berücksichtigung der Alkoholkrankheit
*Bd. 8, 1992, 297 + LX S.,
ISBN 978-3-89085-709-1, 34,77 €*

Schulenburg, Werner Graf von der
**Der tarifliche Rationalisierungsschutz im deutschen
und schweizerischen privaten Bankgewerbe**
*Bd. 9, 1993, 239 S.,
ISBN 978-3-89085-718-3, 29,65 €*

Federlin, Ulrich
Der kollektive Günstigkeitsvergleich
*Bd. 10, 1993, 207 + XXX S.,
ISBN 978-3-89085-762-6, 29,65 €*

Ricken, Oliver
**Rechtliche Probleme bei der Standortplanung von
medizinisch-technischen Großgeräten. Eine Untersuchung
unter Berücksichtigung der Vorschriften des Gesundheits-
Reformgesetzes und des Gesundheitsstrukturgesetzes**
*Bd. 11, 994, 224 S.,
ISBN 978-3-89085-979-8, 35,28 €*

Robben-Vahrenhold, Andrea
**Die Haftung der Treuhandanstalt für
Sozialplanansprüche der Arbeitnehmer**
*Bd. 12, 1995, 142 S.,
ISBN 978-3-89085-998-9, 29,65 €*

Lohse, Eva
Grenzen gesetzlicher Mitbestimmung. Eine Untersuchung neuerer
Tendenzen der Rechtsprechung zur Mitbestimmung in Arbeitszeitfragen
*Bd. 13, 1995, 194 + XXXIV S.,
ISBN 978-3-8255-0053-5, 34,77 €*

Poletti, Elisabeth
**Auswirkungen fehlender oder fehlerhafter Beteiligung
des Betriebsrats bei der Versetzung auf das Einzelarbeitsverhältnis**
*Bd. 14, 1996, 226 + XXII S.,
ISBN 978-3-8255-0057-3, 35,28 €*

Sievers, Jochen
Die mittelbare Diskriminierung im Arbeitsrecht
*Bd. 15, 1997, 192 S.,
ISBN 978-3-8255-0136-5, 35,28 €*

CENTAURUS VERLAG